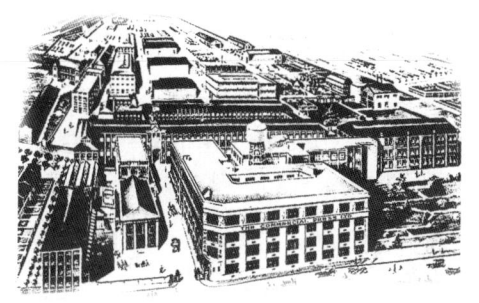

商务印书馆与中国文化的"现代"转型

（1902—1932）

董丽敏　等著

2017年·北京

图书在版编目(CIP)数据

商务印书馆与中国文化的"现代"转型:1902—1932/董丽敏等著.—北京:商务印书馆,2017
ISBN 978-7-100-13994-6

Ⅰ.①商… Ⅱ.①董… Ⅲ.①商务印书馆—历史—研究—1902-1932 ②文化史—研究—中国—1902-1932 Ⅳ.①G239.22 ②K250.3

中国版本图书馆 CIP 数据核字(2017)第 113884 号

权利保留,侵权必究。

商务印书馆与中国文化的"现代"转型
(1902—1932)
董丽敏　等著

商　务　印　书　馆　出　版
(北京王府井大街36号　邮政编码100710)
商　务　印　书　馆　发　行
北京市十月印刷有限公司印刷
ISBN 978－7－100－13994－6

2017年9月第1版	开本 787×1092　1/16
2017年9月北京第1次印刷	印张 28¾
	定价:69.00元

本书为国家社会科学基金青年项目"商务印书馆与中国文学的'现代'转型（1902—1932）"的最终成果。

序　言

熊月之

书籍作为出版机构的产品，兼有一般商品与文化产品的双重属性。与前者联系在一起的是经济效益，与后者联系在一起的是社会责任。出版机构办得成功与否，从根本上说，就是对于经济效益与社会责任关系亦即义利关系处理得当与否。约略说来，结果无非以下三种类型，或曰三种境界：一曰得利失义，以盗版拼凑、低级趣味为利薮，旋起旋灭的书商多属此类；二曰得义失利，有外部资金注入、党派或官府所办、只谋其义、不计其利的出版机构属于此类者为数不少；三曰义利兼得。当然，实际情况要复杂得多，每一类型之中，义利比重又可分为多种层次。那些历史悠久、饮誉遐迩的出版机构，多属第三种境界。近代七大书局，即商务印书馆、中华书局、世界书局、大东书局、开明书店、正中书局与文通书局，无一不属此类。长踞榜首的商务则是其中的楷模。其经营理念的两句话，"在商言商"与"文化本位"，典型地反映了义利兼顾的宗旨。

义利兼顾有两种模式。第一种是义利分途，以利辅义，即出版人常说的以书养书，两类书都出：一类以经济效益为主，赚钱，但文化上没有多少贡献；一类以社会效益为主，得名，但不获利或获利甚微。出版社统筹兼顾，经济上通过前者弥补后者，起助推作用；声誉上通过后者滋养前者，起带动作用。第二种是义利合一，经济效益与社会效益合为一体，一部书既赚钱又得名。不消说，第二种模式最为理想，也最为高超。商务印书馆的成功之处，就在于很多时候能够做到义利合一。

商务初创时的业务，主要是为商家印刷票据广告，翻印《华英初阶》及《华英进阶》之类英语教材，以及适应科举考试的字典、书籍，诸如《康熙字典》《通鉴辑览》与《纲鉴易知录》等，志在谋利，这也是其他出版机构能够做或正在做的事情，文化上并没有什么特别贡献。商务进入义利合一境界，始于张元济的加盟。编写新式教科书，为教育改革打基础；出版严复等人所译西书，为文化启蒙添新知，这些都是时代所呼唤、社会所急需的文化产品。1906年清廷学部审定初等小学教科书共102种，由民营书局发行的有85种，其中商务版就占54种。清末民初鼎革之际，在教科书编印方面，商务一度有些迟钝，让中华着一先鞭，但很快缓过神来，奋起直追，终于重坐头把交椅。到1924年，在中小学教科书市场上，商务占十之六七，中华占十之二三。民国时期，商务编辑出版的以《辞源》为代表的大型汉语词典，以《四部丛刊》《百衲本二十四史》为代表的大型古籍丛书，以《万有文库》为代表的大批知识读物，以《东方杂志》《小说月报》为代表的众多刊物，在传统文化的整理与研究、西方文化的引进与普及、国民素质的培育与提升方面，都有重要价值，都是在现代化、全球化进程中，中华民族健康发展必不可少的文化产品。这些项目的实施，为商务带来了巨大的经济效益，也为商务赢得了崇高的社会声誉。1947年，胡适推荐张元济为第一届中央研究院院士，就特别提到他在古籍整理与研究方面的成就："他对于史学的最大贡献是刊行史籍与史料，他主持的《四部丛刊》与《百衲本二十四史》等，使一般史学者可以容易得着最古本的史籍与古书，其功劳在中国史学界可谓古人无与伦比。"[①]

义利合一，名利双收，出版机构谁不想臻此境界？但真正能够做到的

[①] 转引自张人凤、柳和城编：《张元济年谱长编》下册，上海交通大学出版社2011年版，第1268页。

总是凤毛麟角。考其原因，在于要达此境，必要条件至少有三：一是出版人必须具备宏阔的学术视野、敏锐的时代意识；二是企业实行科学管理，从组稿编稿、印刷发行到成本核算，每一环节都优质高效；三是具有世界一流、超越同行的印刷设备。这三条，人才、制度、设备，互为支撑，缺一不可，商务都具备了。这三条，也是学界论述商务印书馆成功之道时常提及的。这里需要略加申述的是第一条中"敏锐的时代意识"问题。

众所周知，不同时代有不同的经济效益，不同时代有不同的社会责任。从晚清到民国，中国经济结构、社会结构、教育体系、政治制度、国际环境发生了巨大、持久、深刻的变化。从闭关锁国到门户开放，从君主专制到民主共和，从以农立国、社会流动量少而缓慢，到振兴工商、社会流动逐步加大加速，从科举考试到新式学堂、出国留学、职业教育，从诗云子曰到声光化电，新知识、新事物、新职业，层出不穷。一句话，社会发生了全面的转型。是否清楚地意识到社会的转型，意识到不同时代的出版内容、样式、重点具有明显的不同，是衡量出版人是高明还是平庸的最为重要的指标。纵观商务成功之路，从张元济到王云五，高于庸常的地方，就是强烈的转型意识。

张元济是对时代特点极其敏感的人，最突出的表现有以下三点：

一是自学英文。他先前走的是读书做官的老路，相当顺利，23岁中举，26岁中进士，28岁任刑部主事。但是，他不是到此为止，在仕途顺畅时，已经表现出不同寻常的气质，即不安于现状，自觉进行知识更新，从1896年开始学习英文，广读新的书刊，且拜了专门的英文老师。其时，虽然风气渐开，但在科举正途出身的官员中，主动学习外语、研究西学者还是难得一见。张元济入值总理衙门后发现，在那么多章京中，仅他一人能识英文。

二是弃政从文。戊戌政变以后，张元济毅然弃政从文，将自己的聪明才智，集中投放到教育与出版方面。日后他多次遇到重登仕途的机会，但要么旋进旋出，要么辞不就任，一直坚守于文化阵地。1913年袁世凯担任大总统，张元济的科举同年熊希龄出组"名流内阁"，张謇任实业总长，梁启超任司法总长，邀请张元济出任教育总长。张元济坚辞不就。

三是规避政争。张元济在主持商务工作期间，原则上不出容易卷入政争的书籍。康有为在"辛亥"以后，是政争漩涡中人，先是反对民国，1913年他出版《不忍》杂志，宣传"虚君共和"，攻击民主共和制度，1917年参与张勋复辟，失败后被通缉。1918年通缉令取消后，他写信给张元济，想让商务代售《不忍》杂志和他攻击共和政治的《共和平议》一书。康、张私交原本不错，又都是戊戌维新的名角，但张从政治大局出发，对康的请求断然拒绝。1919年，孙中山想将所著《孙文学说》交商务出版。他此前是北洋政府通缉人物，这时通缉令虽然取消，但仍然是个极为敏感的政治人物。对于孙中山的要求，张元济与馆内同事思虑再三，最后还是决定不出。此外，对于政治敏感人物陈独秀的著作，对于他们办的刊物，商务也不肯承印。民国时期，政局动荡频仍，乱哄哄你方唱罢我登场，规避政争，从短时期看似乎不辨是非，明哲保身，但从长时段看，恰恰是对政争本质的透彻了解，也是对转型时代政治特点的准确把握。

继张元济主持商务工作的王云五，更是一个对时代特点有深切感悟的人。他聪明过人，好学成性，知识渊博，自称"旧学没有考过科举，新学没有进过学校"，但其旧学、新学都达到了很高水准，让胡适都刮目相看、赞不绝口。他勇于创新，长于管理，主持馆务以后，借鉴国外出版社先进管理经验，建章立制，起用新人，使馆务大有起色。他策划的《万有文库》有1700多种，包括《国学基本丛书》《汉译世界名著》《百科小丛书》《新时代史地丛书》，以及工学、农学、商学、算学、医学、体育、自然科学小丛书等，包罗万象，影响极大。他发明的四角号码检字法，运思之巧妙，使用之便捷，堪称汉字检索史上的千古奇迹。他有句名言："编著书籍当激动潮流，不宜追逐潮流也。"所谓"激动潮流"，就是对时代变化、社会转型有敏锐的觉解，自觉地站在时代的前列，引领潮流的走向。

序　言

纵观清末民国商务几次大的商机，从新编教科书，出版严译、林译西书，整理中华古籍，到《万有文库》的编辑出版，都与张元济、王云五等人对社会转型的准确把握有直接关系。

商务印书馆是近些年学术界比较热门的话题，国际、国内都有多部著作问世。有的侧重教科书编辑与出版，有的侧重古籍整理与研究，有的侧重企业管理与创新，有的侧重文化市场，有的侧重城市环境。董丽敏等所撰的这部大作，重点探讨商务印书馆与中国文化的现代性转型问题，是从文化理论角度切入的新作。

所谓现代性，按照金耀基先生的解释，是指现代文明体的性格和风貌。现代化是世界各国、各地区发展到一定历史阶段所呈现出来的普遍现象，落实到不同国家与地区，则因其地理、历史、文化特点不同而呈现鲜明的地方特性。世界各地现代化颇多相似，世界各地现代性则少有相同，理一而事殊，此之谓也。因此，讨论现代性，总离不开地方性。本书通过西书翻译、古籍整理、文学期刊、小学国文教科书四个方面，探讨商务印书馆所生产的近代知识，对中国文化现代性的影响。这四个方面，是商务印书馆业绩的主要板块，也是以往研究者重点论述的对象。本书的敏锐和独特之处，在于将这些方面置于近代中国所处国际大环境下讨论，置于一个后发现代化国家反抗帝国主义殖民扩张的特定语境中分析。这样，就将商务诸方面贡献，从"事"的陈述上升到"理"的剖析，将企业的事功，放大为民族的应对。作者指出，近代中国对西方的学习与模仿，经历了从器物、政制再到文化的循序渐进的过程，其蓝本是欧美发达资本主义国家。这一进程，在欧美发达国家，通常表现为一对矛盾运动，即以效率为核心的经济社会现代性与以公平为核心的伦理文化现代性的相摩相荡；而在中国，这种现代性追求，除了表现为西方那样惯常的矛盾运动，还包蕴了对西方帝国主义殖民扩张的特有反抗，这样，既学习西方，又企图反抗甚至消解西方的两面性，注定了近代中国文化现代性在价值指向上的丰富性与复杂性。

序　言

正因为有此丰富性与复杂性，所以商务在展开翻译、古籍、杂志、教科书诸项事功过程中，以一种高远的眼光，既注意古今、中西、新旧之别，又努力打通古今、中西、新旧之间藩篱，纵览古今，涵摄中西，融通新旧，为当下与日后的文化创新提供了开阔的视野，打下了坚实的基础。这一分析，涵泳了安德森《想象的共同体》的思想内核，征之以翔实的史料，很有解释力。

在我看来，商务印书馆在近代知识或文化生产过程中，不刻意偏重西、新、今，不极端菲薄中、旧、古，努力模糊古今、中西、新旧之间的界限，其实与张元济、王云五等一批文化人对天下大势、时代变迁与中国传统有敏锐的觉解有关。追根溯源，他们坚持的那条路径，就是自孔夫子以来中国先贤践行的重视实际、重视当下、重视效果的实践理性，就是从中国社会现实出发的现代化思考，也就是具有中国特性与风貌的现代性。有些事，远看似乎轮廓清晰，身在其中反而界限模糊，有如韩愈所云："天街小雨润如酥，草色遥看近却无。"所谓中西、新旧、古今，在近代许多人那里，并非泾渭分明，而是混沌一团。王国维有云："学之义，不明于天下久矣。今之言学者，有新旧之争，有中西之争，有有用之学与无用之学之争。余正告天下曰：学无新旧也，无中西也，无有用无用也。凡立此名者，均不学之徒，即学焉而未尝知学者也。"[①] 再以资中筠先生的经历与感受为例。她说：

> 我当时所受的教育，以及整个的民国教育，并不存在中西文化冲突的问题。现在动不动就说"西化"怎么样了，中国的传统文化要失传了怎么样。其实我们这一辈人，包括我们上一辈人，都不会觉得中西文化有绝对冲突。我从一年级进学校就唱"大道之行也，天下为公"，三年级开始写文言文，在母亲的发蒙下从小读古书很多，《论语》

---

① 王国维：《〈国学丛刊〉序》，姚淦铭、王燕主编：《王国维文集》第4卷，中国文史出版社1997年版，第365页。

就是母亲教授的。中学除了国文之外,还有经训课,就是四书五经选读,同时念英文,还朗诵美国的《独立宣言》,另外我们还有公民教育的课程。所以,我从小对于现在所谓的普世价值、民主自由、平等这些思想有认同,这些都不会妨碍我同时接受传统道德和文化修养。现在一说西方的东西,都不得了了,洪水猛兽了,非得拿出孔子来镇一镇,这正说明我们整个价值观的断裂。①

这在今人看来,很有些后现代的味道,但在秉持实践理性者那里,这是再正常不过的了。这也是我在上面特别申述张、王等人转型意识的用意所在。

董丽敏博士长期从事文学史、文化理论研究,在现当代女性文学、文学期刊研究方面,下过很深的功夫,对洪深、茅盾、郑振铎、《小说月报》、文学研究会,都有过专精的研究。所著《想像现代性:革新时期的〈小说月报〉研究》《洪深:激流中的呐喊》,在学界获得广泛好评。这次推出的《商务印书馆与中国文化的"现代"转型(1902—1932)》,是她承担的国家社科基金项目的最终成果。我以前做过一点张元济研究,对商务印书馆历史稍有涉猎,承她谬许,嘱我为序。我将书稿反复研读,受益良多,感到全书视野宏阔,思辨深邃,结构严谨,逻辑严密,征引规范而不烦琐,文字灵动而不华丽。最为可贵的一点是,作者有强烈的理论创新意识。全书以导论开场,阐释自己的理论系统,然后通过翻译、古籍、期刊与教科书四编展开论述,最后以结语概括全书要旨。这是一个从论旨、论据到论证逻辑都高度自洽的系统,是一个深思熟虑的创新之作。作者对文学评论界流行的现代化理论、解构主义、东方主义、后现代主义等均谙熟于胸,但取精用弘,简约圆润,浑然天成,绝无生吞活剥之弊。

---

① 资中筠:《不断逃离 回归自我》,《文史参考》2011年第15期。

序 言

关于商务印书馆的著作,尽管已经有了很多部,但是出自文化理论学者的这一部,与以往出自历史学者的那些相比,是很不相同的另一部,也可以说是另一类,是从学术体系、学术眼光、分析工具到学术用语都有诸多不同的另一类,是对于商务印书馆历史、近代出版史、中国现代化理论史研究都有独立贡献的优秀著作。相信读者阅后,自会颔首称是,不以我言为谬也。

特为此序。

塑造新型国民

——《商务印书馆与中国文化的"现代"转型》序言

袁 进

在中国近现代历史上，要论起出版文化的变革，商务印书馆应该说是占据了极为重要的龙头地位。这家19世纪末方才问世的民营出版社，最初只有十来个工人，七八部印刷机，资本额只有3000多元；但是在进入20世纪之后，一跃成为全国最大的出版社。不到40年的工夫，按照王云五的说法：商务印书馆的出版物册数，在1934年占全国出版物总册数的45%，1935年占46%，1936年占52%，几乎占据了当时中国出版业的半壁江山。在中国的出版史上，民营的商务印书馆创造了一个"前无古人，后无来者"的奇迹，这也是商务印书馆近年来成为中国近代文化研究一个热点的原因。

在我看来，董丽敏等所撰写的《商务印书馆与中国文化的"现代"转型》可以说是众多商务印书馆研究著作中的佼佼者。其出色之处在于作者不是把目光聚焦在商务印书馆的发展历史上，而是把它放在中国近现代文化"现代"转型的大文化历史背景下，以文学为中心，揭示商务印书馆与中国文化"现代"转型的互动关系。商务印书馆所创造的奇迹，不仅得益于这家出版社自身的成功经营，更缘于特定时代中空前的文化历史变迁所形成的巨大历史动荡，推动和造就了商务印书馆的成功业绩。

19世纪，人类在西方率先进入了"工业文明时代"，工业文明带来的"资本主义化"促使人类社会进入了一个以西方为中心的"全球化"时代。在这个时代里，人类原有的传统型种族、国别都被打破了。原有的传统型国家、种族、部落如果不能建立与"全球化"相适应的"民族国家",调动自己全部民族资源,投入到"全球化"过程之中,就只能沦为西方国家的殖民地。一般人很容易对"民族国家"产生误解,以为"民族国家"就是有民族以来建立的国家,这其实是望文生义。"民族国家"是"全球化"浪潮下的一个专有名词,指的是"全球化""世界化"潮流中建立的与古代国家形态不同的现代国家形态。因此,建立"民族国家"成为中国近现代"救国"最重要目标。这是一个充满危机感的时代,一直到现在,我们的国歌仍然体现了这种危机感。

民营的商务印书馆正是在这一时代趁势崛起,把握了时代的脉搏。"全球化"建立"民族国家"的需要,逼迫中国原有的"士农工商"型传统社会结构解体,建立与西方国家类似的国家体制和社会结构,传统宗法制的家族社会解体,走向以个人为本位的现代国民社会。随着王朝崩溃,官学衰败,中国文化从原有的士大夫垄断掌控,转为知识分子掌控,走向"国民教育",普及到社会中下层。新型的道德意识、法制意识、科学知识的训练都成为新型"民族国家"国民教育的重要组成部分。《商务印书馆与中国文化的"现代"转型》力图证明商务印书馆在适应和推动时代潮流的过程中的决策依据以及贡献,从而也展示出在这个动荡时代中商务印书馆作为一个民营出版社非常出色的敏感性和包容性。

本书颇具眼光地选择了四个角度来描述商务印书馆与建立"民族国家"之间的互动和它的包容性:首先是开民智的西学翻译,它展示了商务印书馆全方位引进西学,改造中国传统文化,使之适应"全球化"时代的努力。在这方面既有对西方学者研究新学科的经典成果的翻译出版,更重要的,还有普及性的大规模百科全书式丛书《万有文库》的编辑出版。其决策的着眼点主要在改变中国人的知识结构、文化素养,以适应"全球化"的需要,培养新型国民。

其次是古籍整理。这是一个在塑造新型国民中常常为人忽视的方面,过去甚至有人认为它是与建立"五四"新文学对立的。其实，文化为立国之本，一个国家一个民族的文化底蕴，是国家的牢固基础，民族成员强大凝聚力的纽带。犹太民族失国两千多年后还能复国，凭借的正是其文化始终没有溃散，就是一个典型的例子。中华民族具有全世界最悠久而且没有中断过的历史文化，这是立国的根本。但是，面对"全球化"时代，不能再用中国固有的眼光去观照中华民族传统的文化，而必须用全新的"全球化"眼光来重新梳理、定位，使之成为建立"民族国家"的历史文化基础，这就是晚清的康有为、梁启超、严复、章太炎、王国维等学者和留学生们，一面引进西学一面提倡"国学"的原因。这也是"五四"时期胡适在提倡"新文化运动"之后立即提出"整理国故"的原因。他们在对如何整理"国学"的具体定位和评价上尽管看法不同，但是对于建立"民族国家"需要建立新"国学"作为基础并无异议。商务印书馆正是在建立新国学为立国之本这一点上看得很准，它花费了巨大精力出版《四部丛刊》，校订补正《二十四史》，这些都是国学的根基。它所进行的古籍整理，一直到现在依然是我们古籍整理中的重要财富。

第三是文学期刊。商务印书馆是近代工业文明在印刷业的产物，近代工业文明带来的印刷机器化，改变了中国传统的印刷手工业作坊形态，从而也大大降低了印刷的成本，促进了文化的普及。期刊作为一种新型媒体本身就是机器工业的产物，它取代中国传统线装书的同时也意味着文学的作者和读者都发生了重要的转换。在这文化发生重大变迁的急剧动荡时代，随着现代学科意识的加强、妇女地位的提高、儿童文学意识的出现，商务印书馆敏锐地逐步创办了相应的杂志，改变了传统文学/文化的格局。文学期刊的"多元化"显示了商务印书馆在这动荡时代中的敏感性和包容性。1920年代《小说世界》的问世，在新文学刚刚改组了《小说月报》之后，很容易被理解为是保守派针对新文学的阴谋——茅盾当年正是这么看的。其实不然。新文学代表了时代潮流，但是喜欢旧文学的社会群体依然存在，他们也需要属于他们的媒体，需要有人带领他们逐步向新文学/新文化靠拢。我们如果站在今天的历史高度可以发现，当年的鸳鸯蝴蝶派并不反对学习外国文学，也不反对白话文学的普及，他们也曾为建立民族国家做出重要贡献，他们与新文学的差别是改良与革命的差别。商务印书馆考虑到这一群体和市场的客观存在，另办《小说世界》，正是其包容性的体现。《申报》于1930年代改组"自由谈"专栏，原来的主编、鸳鸯蝴蝶派作家周瘦鹃，让位给新文学作家黎烈文；但是没有多久，《申报》便另外创办了一个副刊"春秋"，仍旧由周瘦鹃主编，也显示了这种包容性。这是由当时社会文化的客观环境造成的，商务印书馆能够占据广阔的出版市场与它的包容性显然是分不开的，这种多元化带来的包容性正是商务印书馆成功的原因之一。

最后是教科书。"教科书"概念进入中国，本身就是建立"民族国家"的产物。它的普及正是体现了为建立"民族国家"普及教育，塑造新型"国民"的需要。在中国人自编中小学教科书历程中，商务印书馆可以算是先驱者。中国中小学教科书的基础，是商务印书馆首先奠定的；后来中华书局、世界书局的教科书发展，是建立在商务印书馆所编教科书的基础之上的。商务印书馆也一直努力跟上时代的需要，带领着中国近现代教科书编撰不断向前发展。本书从教科书入手，通过发掘大量资料显示了商务印书馆在建立民族国家过程中所起的重要作用。也正是在编撰教科书的过程中，商务印书馆积累了大量的财力，不断扩展，成为全国最大的出版社。当时其他大出版社如中华书局、世界书局大都是沿着商务印书馆开拓的道路继续往前走，中国近现代出版社的基本格局是由商务印书馆奠定的。

本书揭示了一个民营出版社在中国社会文化发生现代转换时所起的巨大作用。商务印书馆承担了新时代的需要，因缘际会，成功地创造了一个空前的出版界奇迹。

本书主要作者董丽敏是一位非常用功的学者，曾经撰写过论述商务印书馆《小说月报》的专著,写得非常扎实而且很有见解。她在商务印书馆的研究上已经花费了十余年时间,这次又带领研究团队推出新著,全面论述了商务印书馆在建立新文学/新文化运动中的作用和意义,显示了她的功力和在学术上的新进展。希望她百尺竿头,更进一步,再推出更加优秀的学术著作。

目 录

导论　危机语境中的知识、媒介与文化转型
　　——商务印书馆与近现代中国的文化生产 1

第一编　"现代"文化生产中的"翻译"
——商务印书馆的翻译出版研究

第一章　文化版图的拓展：商务印书馆与近代中国的翻译出版 43
　　第一节　从边缘到中心：晚清中国翻译政治的形成 43
　　第二节　作为言语的翻译：商务印书馆翻译出版的缘起 52
　　第三节　介入文化：商务印书馆翻译出版定位的形成 61

第二章　早期商务印书馆译者群的形成
　　　　——以林纾、严复为中心 70
　　第一节　选择译业：近代文人群体的一种转型 71
　　第二节　翻译与出版的结合：传播维度的考察 77
　　第三节　译者与商务的际会："知识共同体"的视角 85

第三章　翻译作为一种"文化政治"
　　　　——民国时期商务翻译出版的定位与传播 92
　　第一节　挑战与回应：商务翻译出版策略的调整 92
　　第二节　激进与保守之间——以《共学社丛书》的出版为例 100

目录

第三节　何种"知识",怎样传播?
　　——以《万有文库》第一集的发行为中心 ……… 109

第二编　另类的"现代"追求
——商务印书馆的古籍整理研究

第一章　危机与转型:近现代中国古籍辑印的缘起 ……… 127
　　第一节　帝国主义殖民危机下的古籍整理 ……… 127
　　第二节　近代学术转型视野中的古籍整理 ……… 134
　　第三节　出版技术变革进程中的古籍整理 ……… 141

第二章　文化权力的博弈:近现代商务印书馆古籍整理概况 ……… 147
　　第一节　从"为古书续命"到普及传统
　　　　——商务印书馆古籍整理理念的演变 ……… 147
　　第二节　考文献而爱旧邦——商务古籍整理实践 ……… 158
　　第三节　知新温故:商务编辑群介入古籍的多元追求
　　　　——以杜亚泉、郑振铎为例 ……… 168

第三章　商务印书馆古籍整理的多种面向 ……… 180
　　第一节　从涵芬楼到东方图书馆:传承地整理 ……… 180
　　第二节　《四部丛刊》:自在地整理 ……… 192
　　第三节　《学生国学丛书》:转化地整理 ……… 203

第三编　"新文学"/"新文化"想象的多元图景
——商务印书馆的文学期刊研究

第一章　从"小说界革命"到"新文化运动"
　　　　——商务印书馆与晚清文学变革 ……… 215

第一节　"发明"小说与近代文学观念的重构 …………………… 216
　　　第二节　潮流内外：商务印书馆与晚清文学新媒介的崛起 …… 225
　　　第三节　新旧之间：商务印书馆的文学者群落 ………………… 238

第二章　悖论与张力：商务印书馆文学期刊的多种面貌 ……………… 250
　　　第一节　"开导社会"下的文学改良
　　　　　　——《绣像小说》的基本风貌 ………………………… 251
　　　第二节　走向"启蒙"及其限度
　　　　　　——《小说月报》的基本风貌 ………………………… 265
　　　第三节　重返"通俗"：变通与困境
　　　　　　——《小说世界》的基本风貌 ………………………… 280

第三章　多种力量博弈场域中的"现代"文学转型
　　　　——关于《小说月报》的革新 …………………………… 293
　　　第一节　"不适宜"：《小说月报》革新的缘由 ………………… 293
　　　第二节　从"半革新"到"革新"：《小说月报》的
　　　　　　转型过程 ……………………………………………… 303
　　　第三节　"拼合"的"现代性"：对《小说月报》革新的
　　　　　　一种解读 ……………………………………………… 314

第四编　新文化创制的"下沉"途径
——商务印书馆的小学国文教科书研究

第一章　开风气之先：商务印书馆与近现代教科书的编印 …………… 330
　　　第一节　扶助教育：商务与新式教科书的兴起 ………………… 330
　　　第二节　在商言商：商务教科书的商业运作 …………………… 338
　　　第三节　庙堂之下：商务教科书的发行渠道 …………………… 342

目录

第二章　想象"新国民":以三代小学国文教科书为中心 ·············· 349
　　第一节　《最新国文教科书》:发现"儿童" ····················· 350
　　第二节　《共和国新国文教科书》:形塑"国民" ················· 362
　　第三节　《复兴国语教科书》:爱国意识与健全公民 ············· 376

第三章　"新国民"的养成:从"国文"到"国语" ··················· 386
　　第一节　"国语"的生产:在普及的维度下 ························ 387
　　第二节　"白话"的政治:历时性的考察 ·························· 393
　　第三节　语言形式更迭的背后:文化自信何以成为问题 ············ 402

结　语 ·· 416
参考书目 ··· 421
后　记 ·· 435

导论　危机语境中的知识、媒介与文化转型

——商务印书馆与近现代中国的文化生产

作为中国近代社会／文化转型的重要的中介／产物，诞生于1897年的商务印书馆在近现代社会的崛起，某种程度上，可以视之为一个意味深长的文化事件。从手工作坊到出版重镇，商务印书馆的发展壮大不仅印证了后发现代性国家民族文化工业可能的运行轨迹，更因为其在文化／知识生产中的卓越贡献而深深地嵌入了晚清以来中国作为"现代"民族国家的形成过程，参与了"现代"中国人的建构，①使得"只要是一个中国人，他们都和商务有过接触，读过它出版的各种读物"，②因此成为讨论中国社会／文化"现代"转型问题的重要场域之一。

在晚清中国内忧外患的殖民危机语境中，商务印书馆到底是如何成长为近现代出版业的巨擘的，其长盛不衰的秘诀何在；在急剧动荡的社会变迁中，商务印书馆是如何与现实政治若即若离，最终确立"吾辈当以扶助教育为己任"③的企业理念的；在西学东渐、中学式微的被动知识生产格局中，商务印书馆是如何摸索出一条不同于激进的新文化运动的另类文化生

---

① 周谷城认为："商务印书馆创馆以后直至今日，凡有一些现代化常识的人，多得力于商务印书馆。"见周谷城：《商务印书馆与中国的现代化》，《商务印书馆九十年》，商务印书馆1987年版，第415页。
② 茅以升：《我与商务印书馆》，《商务印书馆九十年》，第218页。
③ 张元济：《东方图书馆缘起》，张元济：《中华民族的人格》，辽宁教育出版社2003年版，第75页。

产与传播路径的；在编译、印刷、出版等行动中，商务印书馆是如何来想象和塑造"现代中国"国民的；具体到时代风云最为激荡的文学领域，商务印书馆又到底扮演了何种角色……

某种意义上，以商务印书馆为切入口，不仅可以发掘出像"出版"这样的传播媒介如何成为一百多年来知识／文化生产发动机的过程的，更为重要的，是可以触摸到在民族国家作为"想象的共同体"浮出历史地表的过程中，"出版"作为当时最为重要的传播媒介所遭遇的困境、可利用的资源以及可能的转化途径；聚集在"出版"平台上的形形色色的知识者，其内心的痛楚与欣悦、思想与行动、聚合与分化；书籍、刊物等各种出版物在生产与传播过程中意义的附着、消弭与再生产的过程；等等。

一

对于晚清国人来说，肇始于19世纪中叶的帝国主义殖民危机无疑是一个猝不及防却又挥之不去的噩梦。伴随着西方列强坚船利炮肆虐一时的轰鸣声及其背后西方"现代文明"长驱直入的步伐，伴随着怀疑、反思甚至于痛苦的自我否定，苦心经营了五千年的"天朝大国"开始逐渐倾颓瓦解，而西方发达资本主义的"强者"形象则日益深入人心。在此消彼长的格局中，酿成了晚清中国社会各界不得不面对的"亡国灭种"的社会危机／文化危机，这一危机在中日甲午战争后尤其清晰也尤其迫切地呈现在世人面前。康有为这样描述道：

> 我中国屏卧于群雄之间，鼾寝于火薪之上，政务防弊而不务兴利，吏知奉法而不知审时，士主考古而不知通今，民能守近而不能

行远。①

列强虎视眈眈之际，社会各阶层普遍表现出因无力认识并应对这"数千年之未有大变局"的茫然、惶惑和无措，如何拯救岌岌可危的时局，由此也就成为摆在晚清时人面前一道必须要回答的难题。

"自强之方，闻善能徙。所谓穷则变，变则通，通则久也。"② 某种意义上，可以说，沈葆桢的看法代表了晚清时人的一种基本认识，即要摆脱晚清的社会危机/文化危机，必须要建立在"自强"的意识和前提之下，进行自我变革，"变"才能应对"穷"，才能"通"和"久"。问题在于，如何才能"变"，可以用来支撑"变"的资源和路径又是什么呢？郑观应指出："且夫国于天地，必有与立，究其盛衰兴废，固各有所以致此之由。学校者，人才所由出；人才者，国势所由强。故泰西之强强于学，非强于人也。然则欲与之争强，非徒在枪炮战舰也，强在学中国之学，而又学其所学也。"③ 康有为也认为："然泰西之强，不在军兵炮械之末，而在其士人之学、新法之书。凡一名一器，莫不有学：理则心伦、生物，气则化、光、电、重，业则农、工、商、矿，皆以专门之士为之。此其所以开辟地球，横绝宇内也。"④ 在晚清士人看来，"泰西"之所以能够纵横天下，表面上看是基于军事力量的强大，实际上却在于其背后的"人才"的强大，在于培养人才的"士人之学"的强力支撑。而所谓的"士人之学"，与中国传统"士人之学"显然有着巨大差异——在郑观应看来，"泰西"之"学"不仅在于其自成一统，而更在于其用中学之所长，因而能融会贯通，战无不胜；而

---

① 康有为：《京师强学会序》，姜义华、张荣华编校：《康有为全集》（第2集），中国人民大学出版社2007年版，第89页。
② 沈葆桢：《复奏洋务事宜疏》，郑振铎编：《晚清文选》（卷上），中国社会科学出版社2002年版，第201页。
③ 郑观应：《西学》，郑观应：《盛世危言》，陈志良选注，辽宁人民出版社1994年版，第30页。
④ 康有为：《日本书目志·自序》，姜义华、张荣华编校：《康有为全集》（第3集），第263页。

在康有为的视野中,"泰西"之"学"因为更多与"农工商矿""化光电重"等近代"科学"意义上的专门知识联系在一起,由此才能强国富民,成为一种可以统治世界的利器。

这种借助于"泰西"这一参照系所产生的之于"士人之学"的理解,在很大程度上表征了晚清学界学术风向标的变化:一方面,据此可以清晰地辨认出西学东渐对于晚清士人思想观念的深刻影响;另一方面,却也不难由此辨认出清朝中叶以来学术传统的内在流变的轨迹。自乾嘉以来,以训诂、考据为主要手段的汉学一直是学界的主流。然而,尽管乾嘉汉学家们致力于"由声音文字以求训诂,由训诂以求义理",事实上,对义理的追索往往被烦琐的考证、训诂的过程所遮蔽,逐渐沦落到"毕世治经无一言几于道,无一言及于用"①而饱受批评。自道咸年间起,随着内忧外患的出现,学界风气开始发生嬗变,注重"因文见道"的宋学与强调"微言大义"的今文经学逐渐占领上风,经世致用的思想渐入人心。至晚清,时局危殆使得西学与传统经世思想合流,"经世"之"实"与"实学"之"实"开始弥合,学界至此已经不满足于洋务运动仅仅在所谓"器物"层面上所开展的拯救时弊的行动,而开始将视线聚焦到知识/文化的层面上,聚焦到士人应该如何回应资本主义科技文明的兴起及其所推动的发达资本主义国家在世界范围的殖民统治,而调整自己在知识生产中的位置和角色上来。

与清中叶宋学开辟的"欲救人事恃人才,欲救人才恃人心,欲救人心则必恃学术"②的实学传统形成内在衔接,晚清学界进一步强化了学术在社会转型中的巨大作用。梁启超认为:"然则天地之间独一无二之大势力,何在乎?曰智慧而已矣,学术而已矣。"③龚自珍进一步总结道:"自周而上,

---

① 方东树:《汉学商兑·重序》,方东树:《汉学商兑》,清道光四年刊本,第5页。
② 潘德舆:《养一斋集》卷22《与鲁通甫书》,转引自冯天瑜、黄长义:《晚清经世实学》,上海社会科学院出版社2002年版,第76页。
③ 梁启超:《论学术之势力左右世界》,《饮冰室文集点校》,云南教育出版社2001年版,第285页。

一代之治，即一代之学也。"①正是因为将"治"与"学"有机联系在一起，将"智慧"和"学术"看作是可以扭转乾坤的"大势力"，因而好的治理并没有被仅仅寄托在治理者身上，而是被更多寄托在可以挽救危局的知识/知识者/知识转型上，寄托在学术如何有效介入现实、重建自己与现实危机的有效回应性关系上，所谓："士大夫知格致为入圣之门径，即报国之经纶，读有用之书，试诸有用之地，以成其为有用之才。"②在以"格致"为核心创建可以报国的"现代"知识体系进而培养济世之才上，知识者显然被寄予了厚望；而"有用"则被当作衡量知识与现实关系的最为重要的维度。

当知识与知识者的角色和功能被放置在这一层面上讨论时，很大程度上可以说，它被切切实实"政治化"了。事实上，也只有将知识转型放在后发现代性国家特有的"强国保种"的悲情现实政治氛围中，我们才能理解晚清知识生产的复杂面貌。正是与礼崩乐坏的末世情怀形成呼应，"智"开始摆脱现实伦理道德的束缚，从"五德"中脱颖而出，一跃成为晚清知识体系自我重构最为倚重的内容。王韬指出："世以仁义礼智信为五德，吾以为德唯一而已，智是也。有智则仁非伪，义非激，礼非诈，信非愚。盖刚毅木讷近仁，仁之偏也；煦姁姑息近仁，亦仁之偏也。慷慨奋发近义，复仇蹈死近义，皆未得义之中也。礼拘于繁文缛节，周旋揖让，则浅矣。信囿于硁硁自守，至死不变，则小矣。而赖智焉，有以补其偏而救其失。智也者，洞澈无垠，物来毕照，虚灵不昧，运用如神，其识足以测宇宙之广，其见足以烛古今之变，故四者赖智相辅而行。苟无以济之，犹洪炉之无薪火，巨舟之无舟楫也，安能行之哉！"③当仁、义、礼、信等道德意味十足的范畴在危机四伏的现实面前纷纷呈现出其顾此失彼的一面时，"智"的一枝独秀显然别具深意：一方面，它的"脱域"意味着在晚清大变局的冲

---

① 龚自珍：《乙丙之际箸议第六》，《龚自珍全集》，上海人民出版社1975年版，第4页。
② 沈葆桢：《复奏洋务事宜疏》，郑振铎编：《晚清文选》（卷上），第201页。
③ 王韬：《智说》，《邮便报知新闻》1879年6月23日。

击下，一种关于"伦理"甚至关于"人"的认同危机已经浮出水面，因而对知识的"去道德化"处理，可以被理解为时人对于"道德化"的传统知识体系的深深失望以及企图通过"去道德化"重塑可以与时俱进的新知识的努力；另一方面，当"智"被纳入救世的视野中，被当作可以统摄、调适甚至更新仁、义、礼、信的知识转型的发动机时，也可以说，一种不同于仁、义、礼、信的更强调现实适应性的道德体系的建构也由此开始，并且藉由"智"这一中介／通道而获得了某种潜在的合法性；其中的核心则是对"人"之为人的重新想象和定位。

正是建立在对"人"、伦理和"道德化"的知识的质疑以及对"智"的明显倚重上，知识体系的内在分化和重组才成为可能。那么，可以重塑"智"甚至重塑"人"的资源从何而来呢？以"复古"策略激活泱泱大国流变数千年的文化传统，或许是一种选择："今天下竟言洋学矣。其实彼之天算、地舆、数学、化学、重学、光学、汽学、电学、机器、兵法诸学，无一非暗袭中法而成。第中国渐失其传，而西域转存其旧。穷原竟委，未足深奇"，因而"若合天下之才智聪明，以穷中外古今之变故，标新领异，日就月将，我中国四万万之华民，必有复出于九州万国之上者"。[①]然而，即便搁置在如此民族主义意味十足的视野中，也不难触摸到晚清士人在"今不如昔"的慨叹背后所隐藏的那种对于今日西学强大的折服与认可。

因而，在更多主张"放眼看世界"的晚清士人看来，当"人"的重塑是如此密切地与救亡联系在一起的时候，显然，撼动传统中国根基的"西学"以及"西学"得以产生的知识生产机制更应成为当仁不让的起点："古今立国，得人则昌，作养人材，实为图治根本。查五洲各国，其富强最著，学校必广，人材必多。中国情见势绌，急思变计。兴学储才，洵刻不容缓矣。"[②]而"大抵泰西各国，教育人才之道，计有三事。曰学校，曰新闻报馆，

---

① 郑观应：《藏书》，郑观应：《盛世危言》，陈志良选注，第45—46页。
② 袁世凯：《东抚复奏条陈变法疏》，郑振铎编：《晚清文选》（卷下），第146页。

曰书籍馆"。①因而"今日我国之急务，其先在治民，其次在治兵；而总其纲领，则在储材"。②由此，以"五洲各国"的"人才"为参照系，以"学校""新闻报馆"和"书籍馆"等新型文化机构为抓手，晚清的知识界找到了"人才"重塑的基本方案：以救亡图存为知识转型的主要出发点，以泰西之学在国家建构和社会发展中的巨大作用为参照系，通过突出"智"与时俱进的一面，将知识从原先的伦理化的范畴中释放出来，同时希冀借鉴泰西之学得以产生和运行的机制，探寻本国知识转型的历史条件和现实基础。

二

正是基于上述认识，伴随着"人才"重塑和"强国保种"意识的逐渐深入人心，以社会变革为导向的知识/知识者的转型由此拉开了帷幕。

作为知识/知识者转型的关键环节，以科举为核心的传统"教育"制度首当其冲地成为了时人关注的焦点："科举为抡才大典，我朝沿用前明旧制……乃行之二百余年，流弊日深，士子但视为弋取功名之具，剿袭庸滥，于经史大义无所发明，急宜讲求实学，挽回积习。"③当"科举"这样传统的人才教育与选拔制度被认为已经沦为一种现实功利性十足的工具，与文化的推陈出新无涉、与现实关怀脱钩的时候，由此培养出的"士子"当然会被指认为是不合时宜的。如何审时度势，通过改革以科举为核心的传统教育，重新建立其与社会之间的关联，也就成为势之必然。梁启超就认为："故欲兴学校、养人才，以强中国，惟变科举为第一义。大变则大效，小变

---

① 郑观应：《学校》，夏东元编：《郑观应集》（上册），上海人民出版社1982年版，第247页。
② 王韬：《变法》（下），王韬：《弢园文录外编》，楚流等选注，辽宁人民出版社1994年版，第26页。
③ 《会奏变通科举章程》，张静庐辑注：《中国近现代出版史料·近代二编》，上海书店出版社2003年版，第60页。

则小效。"① 张之洞、袁世凯更是警告道："是科举一日不废,即学校一日不能大兴,将士子永远无实在之学问,国家永远无救时之人才;中国永远不能进于富强,即永远不能争衡于各国。"② 当科举的废立被看作是与国之强弱息息相关之时,科举制度的覆没当然就成为顺理成章之事。终于,在运行了上千年后,科举制度于1905年寿终正寝,其在社会方方面面所引起的震动正如罗兹曼（Gilbert Rozman）等所指出的："科举曾充当过传统中国的社会和政治动力的枢纽。……随着科举制度的废除,整个社会失去了作为自己特色的制度。这一变革对于政治结构的重要意义与1949年共产党人的胜利难分高下。"③

与此形成鲜明对应的是,作为可以改革甚至替代传统教育的资源和手段,西方式的"学堂"的重要性开始逐渐为时人所认识,并被寄予了厚望："夫挽世变在人才,成人才在学术,讲学术在合群,累合什百之群,不如累合千万之群,其成就尤速,转移尤巨也。"④ "自强之道以作育人才为本,求才之道尤宜以设立学堂为先。"⑤ "中国欲谋求富强,非大力培养人才不可",国家"亡而存之,废而举之,愚而智之,弱而强之,条理万端,皆归本于学校"。⑥ 张之洞等人的看法无疑代表了时人的一种普遍心态,即国家的富强与时局的拯救,皆系于"学堂"这一教育新生事物能否进入中国,并改变中国的学缘结构和秩序。作为对这些呼声的回应,清政府在维新变法时就开始酝酿采用"学堂"这一新的教育体制,可惜因维新变法运动的失败

---

① 梁启超:《变法通议·论科举》,陈学恂主编:《中国近代教育文选》,人民教育出版社1983年版,第139页。
② 《光绪二十九年二月十三日张之洞、袁世凯奏请递减科举折》,朱有瓛主编:《中国近代学制史料》第二辑上册,华东师范大学出版社1987年版,第104—105页。
③ 〔美〕吉尔伯特·罗兹曼主编:《中国的现代化》,陶骅译,江苏人民出版社1998年版,第320页。
④ 康有为:《上海强学分会序》,姜义华、张荣华编校:《康有为全集》(第2集),第92页。
⑤ 盛宣怀:《拟设天津中西学堂请奏明立案》,郑振铎编:《晚清文选》(卷下),第136页。
⑥ 梁启超:《变法通议·学校总论》,《饮冰室文集点校》(第一集),第29页。

未能全盘实现。1901年，迫于危急的时势，清政府终于颁布上谕，要求"各省所有书院，于省城均改设大学堂，各府及直隶州均改设中学堂，各州、县改设小学堂，并多设蒙养学堂"。①1902年，清政府颁布了《钦定学堂章程》（"壬寅学制"），规定了从蒙学堂到大学堂的各级学堂的属性与时限；1904年，又颁布了《奏定学堂章程》（"癸卯学制"），重新修订了学制系统各段的时限，"学堂"由此在官方层面上获得了合法性。

从"科举"到"学堂"，在后人看来，"实质上是一个由选拔少数道德文化精英从政的制度（即它甚至还不是一种精英的教育培养制度，而只是一种初步的选拔制度），向一个普及全民教育、广泛实施专业、技术培训制度的转变，前者是依附于一个等级社会，而后者是走向一个平等社会"，②因而这一转变不仅仅是制度形式上的变革，更意味着教育目的、理念以及路径在晚清社会危机／文化危机的刺激下的全方位改变。其出发点在于由大众化教育的建构寻唤新的政治结构形态以及社会分层方式，从而探求"富国强民"的现代民族国家图景。

当然，从"科举"到"学堂"，并不是一蹴而就的，而是一个历史阵痛的过程："科举初停，学堂未广，各省举贡人数不下数万人，生员不下数十万人，中年以上不能再入学堂，保送优拔人数定额无多……不免穷途之叹。"③尽管如此，新式学堂的发展还是相当迅猛。据统计，1905年正式废止科举制后，新式学堂学生人数从1902年的6912人猛增到1909年的1,638,884人，1912年达到2,933,387人。④1916年教育部公布的数据表明，学生已达

---

① 《光绪二十七年八月初二日谕于各省、府、直隶州及各州、县分别将书院改设大、中、小学堂》，璩鑫圭、唐良炎编:《中国近代教育史史料汇编·学制演变》，上海教育出版社1991年版，第5—6页。
② 何怀宏:《选举社会及其终结》，生活·读书·新知三联书店1998年版，第392页。
③ 朱寿朋:《光绪朝续东华录》，中华书局1958年版，第5488页。
④ 《宣统元年教育统计表》，转引自桑兵:《晚清学堂学生与社会变迁》，广西师范大学出版社2007年版，第2页。

3,974,454人（不包括川、黔、桂三省和未立案的私立学校学生）。而1921年至1922年"中华基督教教育调查团"的报告表明，"五四"前夕中国学生的总数为5,704,254人。① 在这样的急剧变革下，以"学堂"为核心的新式教育势必承受巨大的压力：如何在晚清知识生产下移的过程中，审时度势、与时俱进地建构新的知识体系，如何寻找到新的更为有效的知识生产机制来支撑新式教育，显然也成为晚清时人必须处理的重要问题之一。

与"教育"催生的对传统的知识生产路径的反省以及对新的知识生产和传播路径的探寻形成内在呼应，承担了跨文化交流功能的"翻译"在知识/知识者转型的初期就受到了晚清时人的重视。事实上，"翻译"在中国已拥有悠久的历史："域外文字，译行于我国，传播于现今者，如象教经论则始于晋，欧西典籍则始于明；……其后如庞迪我、艾儒略、熊三拔、邓玉函、汤若望、南怀仁，遂先后继至。然所译述，大都以宗教、历数、农学之书为多。"② 如果说之前对于欧西典籍的"翻译"其主要目的是"以文化来传教"，翻译的图书以宗教与科技类为主的话，那么，清朝中期之后，随着中华帝国社会危机/文化危机的逐渐呈现，"翻译"的意图、内容、主体乃至传播途径都发生了本质的变化："迨于有清道咸之间，言政俗之书，间有译本。同光以后，则江南制造局、格致书院所编译者盛行于世。若日本文译本，则以光绪甲午我国与日本构衅，明年和议成，留学者咸趋其国，且其国文字迻译较他国文字为便，于是日本文之译本，遂充斥于市肆，推行于学校，几使一时之学术，浸成风尚，而我国文体，亦随因之稍稍变矣。"③ 从翻译主体来看，官译局与民间机构开始取代传教士，成为翻译的中坚力量；从翻译内容看，人文社科类图书异军突起，成为晚清翻译最受关注的

---

① 参见陈景磐：《中国近代教育史》，人民出版社1979年版，第271、305页。
② 诸宗元、顾燮光：《译书经眼录序例》，张静庐辑注：《中国近现代出版史料·近代二编》，第95页。
③ 同上。

领域。在《译书经眼录》统计的 1901 至 1904 年间的 533 种翻译图书中，史志（125 种）、法政（70 种）和学校（48 种）分列前三位，人文社会科学部类图书占到翻译 80% 以上。① 从翻译途径看，这一时期转译自日文的西学书籍比重的确较大。据统计，1896 年至 1911 年，中译日籍（含转译西书）达 958 种，其中包括总类 8 种、哲学 32 种、宗教 6 种、政法 194 种、军事 45 种、经济 44 种、社会 7 种、教育 76 种、史地 238 种、语文 133 种、艺术 3 种、科学 249 种、技术 243 种。② 某种意义上，可以说中译日籍成为了晚清翻译最为重要的内容。

如何来理解晚清时期"翻译"的新特点，其中又隐藏着时人对于"翻译"怎样的认识？康有为认为："夫中国今日，不变法日新不可，稍变而不尽变不可。……不待识泰西文字而通其学，非译书不可。"③ 梁启超也指出："故国家欲自强，以多译西书为本；学子欲自立，以多读西书为功。"④ 康、梁的看法相当典型地传达了时人因为处在内忧外患中而在知识生产上的深深焦虑，即"人生于一群之中，欲自开其智识，则必读书。两群相遇，欲互换其智识，则必译书。两群之中，甲群稍高，乙群稍次，则甲群译乙群之书，尚可暂缓；而乙群译甲群之书，则在所宜急。夫今日者，脑力之世界也，人固不可不读书；而支那者又稍次于欧美者也，更不可不译书。然则今日之支那，其以布帛菽粟视译书也审矣"。⑤ 某种意义上，在欧美诸国的强大面前，"次"已成为晚清时人在自我指认上的共识，也基于此，"翻译"作为"次"（中国）向"强"（欧美）学习的一种不对等的单

---

① 诸宗元、顾燮光：《译书经眼录序例》，张静庐辑注：《中国近现代出版史料·近代二编》，第 100—101 页。
② 参见谭汝谦：《中国译日书综合目录》，香港中文大学出版社 1980 年版，第 41 页。
③ 康有为：《日本书目志·自序》，姜义华、张荣华编校：《康有为全集》（第 3 集），第 263—264 页。
④ 梁启超：《西学书目表·序例》，《饮冰室文集点校》，第 141 页。
⑤ 《论译书四时期》，张静庐辑注：《中国近现代出版史料·补编》，上海书店出版社 2003 年版，第 60 页。

向度文化"进口"举动,就"绝不仅仅是一种语言转换行为,而是译入语社会中一种独特的政治行为与文化行为",①因而需要被视为是一种"翻译的政治"②了。在这个层面上,"翻译"显然具有双重性:一方面,将"翻译"视为类似于布帛菽粟这样的生存必要之物,分明暴露出了晚清时人对于"翻译"的倚重以及对于"翻译"所能达到的目标的憧憬与向往——希冀藉由"翻译"成为欧美列强那样的强国;另一方面,当"翻译"成为译入国基于自身生死存亡的现实判断而产生的文化自救行为时,注定了其一定会在很大程度上回应、凝聚和唤醒译入国文化内在的反抗性。这一双重性使得"翻译的语言或词语具有了地缘文化和地缘政治学的意义"。③

正是在这样的前提下,人文社科类图书逐渐取代格致类的科技图书,成为晚清译书的重点:

> 泰西有用之书,至蕃至备。大约不出格致政事两途。格致之学,近人犹知讲求。制造局所译,多半此类。而政事之书,则鲜有留心。译者亦少。盖中国之人,震于格致之难,共推为泰西绝学。而政事之书,则以为吾中国所固有,无待于外求者。不知中国之患,患学在政事之不立。而泰西所以治平者,固不专在格致也。……即欲兴一新治,亦不至事事仰鼻息于人,或反为愚弄。此翻译政事之书所以较之格致为尤切也。④

晚清学者已经很敏锐地看到了官办译书局在翻译内容方面的弊端,即仅仅落在"格致"层面的译书不足以单独构成改变中国的力量。作为"格致"

---

① 谢天振:《翻译研究新视野》,青岛出版社2003年版,第12页。
② 所谓"翻译的政治",其实质在于翻译过程中的各种权力关系以及相关的操纵策略。参见崔波:《晚清翻译与"翻译的政治"》,《广州大学学报》2007年第4期。
③ 陈永国:《翻译的文化政治》,《文艺研究》2004年第5期。
④ 高凤谦:《翻译泰西有用书籍议》,郑振铎编:《晚清文选》(卷下),第201页。

可以落地生根发芽的社会政治基础,"政事之书"更应成为译介的重点。因而,人文社科类书籍成为翻译重点,并不意味着远离社会语境,而恰恰是文化危机/社会危机落实在翻译的政治层面上的一种必然结果。

在这个意义上,也就可以理解中译日籍何以成为晚清时人最为热衷的翻译路径了。以"东学"作为翻译对象,其实首先包含着时人诸多不得已的苦衷在里面。梁启超直言不讳道:"东学之不如西学,夫人而知矣。何也?东之有学,无一不从西来也。与其学元遗山之诗,何如直学杜少陵?与其学桐城派古文,何如直学唐宋八家?"① 尽管如此,他和当时的许多知识者还是清醒地意识到,"东学"必须成为翻译的一种现实策略,一方面当然还是因为甲午战争的惨痛教训而将明治维新后强大起来的日本当作了学习的榜样,因而如何通过总结"东学"以达到超越日本的目的,就显而易见地成为了"东学"在晚清中国受到重视的现实前提。康有为指出:"日本昔亦闭关也,而早变法、早派游学,以学诸欧之政治、工艺、文学、知识,早译其书而善其治,是以有今日之强,而胜我也。吾今自救之图,岂有异术哉?亦亟变法,亟派游学,以学欧美之政治、文学、工艺、知识,大译其书以善其治。则以吾国之大、人民之多,其易致治强可倍速过于日本也。"② 另一方面,从现实可行性角度来说,与日本同处汉文化圈,语言文字方面的诸多相通性,又使得"东学"成为最易于上手的文化媒介,在晚清西学人才奇缺的情形下,这一点无疑是"东学"作为翻译资源的优势所在:"泰西诸学之书其精者,日人已略译之矣,吾因其成功而用之,是吾以泰西为牛,日本为农夫,而吾坐而食之,费不千万金,而要书毕集矣。"③ 康有为关于"东学"的比喻虽然不是很恰当,却从某一个侧面真实地反映了晚清时人在面对帝国主义殖民危机时,那种因简单比附"成功"而产生的急于

---

① 饮冰室主人:《东籍月旦叙论》,张静庐辑注:《中国近现代出版史料·近代二编》,第93页。
② 康有为:《请广译日本书派游学折》,姜义华、张荣华编校:《康有为全集》(第4集),第67页。
③ 康有为:《日本书目志·自序》,姜义华、张荣华编校:《康有为全集》(第3集),第264页。

摆脱危机的权宜性、策略性与功利性。

正是基于这些特点，可以说晚清的"翻译"在某种意义上，担当了知识/知识者转型的发动机功能，在很大程度上，贯彻了严复所谓的翻译四大宗旨："一曰开瀹民智，不主故常；二曰敦崇朴学，以棣贫弱；三曰借鉴他山，力求进步；四曰正名定义，以杜庞杂。"①在既认同帝国主义殖民宗主国的强大又利用强大得以诞生的资源从而反抗这种强大的悖论性前提下，可以说，晚清以来的"翻译"相当完整地呈现了后发现代性国家的知识生产在夹缝中求生存的勇气与无奈，因而构成了理解中国近现代社会与文化"现代性"追求的重要维度。

作为晚清知识/知识者转型的另类面向，在西学东渐的背景下如何重新认识和定位传统知识/文化成为晚清时人必须面对的另一个棘手问题。作为文化再生产的手段，古籍及藏书楼构成了古代中国文化得以流通和传播的基础，但由于印刷技术和流通手段的限制，古籍及藏书楼往往是文化精英世家才能拥有的文化资本，其公共性相当有限："我朝稽古右文，尊贤礼士，车书一统，文轨大同。海内藏书之家指不胜屈。然子孙未必能读，戚友无由借观。或鼠齿蠹蚀，厄于水火，则私而不公也。"②在经历了清朝中期以来的兵祸战乱之后，古籍面临着离散湮没的危险，而其流通系统也遭到了破坏："自咸同以来，神州几经多故，旧籍日就沦亡，盖求书之难，国学之微，未有甚于此时者也。"③特别是19世纪中期的太平天国运动，因为发生在中华文脉所系的江南地区，对于传统精英文化的冲击尤为剧烈：江南地区兴盛一时的私营刻书业被全面禁止，大量的诸子百家等传统典籍被查禁、删改与焚毁，镇江文宗阁、扬州文汇阁所藏《四库全书》毁于一旦，文化世

---

① 严复：《京师大学堂译书章程》，王栻编：《严复集》（第一册），中华书局1986年版，第100页。
② 郑观应：《藏书》，郑观应：《盛世危言》，陈志良选注，第43页。
③ 张元济：《印行四部丛刊启》，宋原放主编：《中国出版史料·现代部分·第一卷》（下册），山东教育出版社2001年版，第467页。

家及藏书楼分崩离析。① 时人哀叹道："寒家自经太平天国战争之后，向山阁旧藏图书，荡焉无存。"② 孟悦因此总结道："太平天国运动连同清政府对于太平天国的镇压不仅破坏了南方经济文化的连续性，也打破了江南社会，特别是社会精英的文化再生产秩序。"③

传统古籍在物质层面遭受的重创加剧了其"古董化""商品化"的倾向，进一步瓦解了古籍与社会之间的关联，从而使古籍的存在意义饱受质疑并被逐步颠覆："昔之藏书者，皆好读书之人。每得一书，必手自点校摩挲，珍重藏弆，书香之家，即以贻之子孙，所谓物聚于所好也。近来书价骤贵，富商大贾，群起争购，视之若货物，若资产。"④ 很显然，晚清时期古籍与其拥有者之间的关系已经发生了变异，古籍的彻底商品化已经使其拥有者不再成为知识再生产的推动者与参与者，相反，却因为其往往沦为商贾们的私有财产而束之高阁，成为了文化传播的一种障碍。这一现象在辛亥革命后尤为明显，古籍书价骤贵，更是出现了"富商大贾，群起争购"的局面。⑤

而更大的障碍在于，对于晚清时人来说，在帝国主义殖民危机下，对传统文化典籍的角色定位往往存在较大的争议，而使得将其有效纳入知识/知识者转型的进程变得困难重重：一方面，古籍在某种程度上被指认为"国粹"，在"国以有学而存，学以有国而昌"⑥的意义上，它作为构建"中国"形象的文化基础和资源，必须被保留下来，正如史华兹（Benjamin I.

---

① 参见叶再生：《中国近代现代出版通史》（第一卷），华文出版社2002年版，第248—249页。
② 陈乃乾：《上海书林梦忆录》，张静庐辑注：《中国近现代出版史料·现代甲编》，上海书店出版社2003年版，第415页。
③ 孟悦：《商务印书馆创办人与上海近代印刷文化的社会构成》，王晓明主编：《批评空间的开创》，东方出版中心1998年版，第86页。
④ 陈乃乾：《上海书林梦忆录》，张静庐辑注：《中国近现代出版史料·现代甲编》，第416页。
⑤ 高信成：《中国图书发行史》，复旦大学出版社2005年版，第222页。
⑥ 邓实：《国学讲习记》，《国粹学报》1905年第7期。

Schwartz)所指出的,晚清中国"保国"的任务其实是和"保教"密切联系在一起的,①因而,要想"保国"必须首先"保教"。而另一方面,作为"东方的"民族主义②兴起初期通常会遭遇到的悖论的另一面,古籍也常常被指认为是民族落后、愚昧的渊薮,因而在民族走向"富强""进步"的历程中,会遇到被否定、被拒斥的悲剧命运——史华兹在对晚清中国的研究中,同样也指出了这一种情形:"哪儿的民族—国家处在衰败、危险之中,哪儿的民族主义者就几乎不愿意在那些与民族国家富强需求相背的民族过去的气质中去发现价值。"③

当"国粹"与"糟粕"的形象同时被叠加在传统文化典籍上时,如何有效处置传统文化典籍,使它能够在重建其与社会现实关联的基础上被激活,重新被纳入"现代"知识生产体系,从而发挥出更大的作用,无疑是晚清时人在探求知识/知识者转型时亟待解决的问题之一。

三

无论是教育、翻译还是古籍,当它们在晚清中国成为一个新的问题,或者说一个有待于转化的新的知识生产的面向时,必然意味着其对既有的知识生产流程提出了新的挑战。如何收纳这些新的资源,如何在知识者不

---

① 〔美〕本杰明·史华兹:《严复传》,叶凤美译,江苏人民出版社1996年版,第17页。
② 约翰·普拉默那兹(John Plamenatz)将"民族主义"区分为两种类型,一种类型是"西方的",最初出现在西欧;另一种是"东方的",出现在东欧、亚洲、非洲和拉美地区。"东方的"民族主义被认为有着深层次的矛盾:"它对被模仿的对象既模仿又敌对","事实上有两种拒绝,而两者又是自相矛盾的,拒绝外国入侵者和统治者,却以他们的标准模仿和超越他们;也拒绝祖先的方式,它们被视作进步的阻碍,又被作为民族认同的标记"。因而"东方的"民族主义是"既纷乱又矛盾的"。转引自〔印度〕帕尔塔·查特吉:《民族主义思想与殖民地世界》,范慕尤、杨曦译,译林出版社2007年版,第1—3页。
③ 〔美〕本杰明·史华兹:《严复传》,叶凤美译,第18页。

断更新的知识生产与社会现实之间，寻找到可以贯通的通道，也成为晚清学界在推动知识/知识者转型时，需要着重思考的又一个命题。

作为中国古已有之的文化传播路径，"印刷出版"在这一中西文化交汇的大转型时期焕发出了新的生命力，成为沟通和架构不同知识平台的枢纽所在。一般认为，中国最早的雕版印刷技术在隋唐之间已经出现（另一说为汉代），最初被用来出版佛教典籍，大约到9世纪，才被用来印行黄历、年历等。① 到了16世纪中叶，随着技术等因素的改进，印刷难度大为降低，可以大规模地印制宗教书籍、日用类书、交通指南、文学作品、绘画/书法等各种文化消费品。有清一代，形成了较为成熟的印刷出版格局，有"三个半刻书中心"（三个指四川成都、福建建阳、江西抚州，半个指湖南宝庆）和"六大知名印书中心"（成都、北京、南京、苏州、杭州、徽州等）之说。② 19世纪之后，伴随着传教士的传教活动以及外国商人的入境，于传统手工操作的雕版印刷技术之外，更为先进的机器印刷技术作为欧美工业革命的结晶，被逐渐引进到中国来，其中尤以传教士的贡献为著。据李仁渊考证："1810—1895年之间，传教士的传播机构在空间上由边缘渐次中央，由海外、口岸进入内地之际，各种新式的传播媒介随之引入中土，同时几乎所有新式的传播的技术与形式一开始都由传教士因宗教目的引进。"③ 这些由传教士输入的新技术包括石膏版印刷（1870年上海清心堂教士范约翰始刻）、石印术（1876年上海徐家汇天主教土山湾印刷所）、珂罗版印刷（1875年上海徐家汇天主教土山湾印刷所）等。④

---

① 参见〔美〕梅尔清:《印刷的世界：书籍、出版文化和中华帝国晚期的社会》，刘宗灵、鞠北平译，《史林》2008年第4期。
② 参见高信成:《中国图书发行史》，第211页。
③ 李仁渊:《晚清的新式传播媒介与知识分子：以报刊出版为中心的讨论》，（台湾）稻香出版社1994年版，第26页。
④ 参见贺圣鼐:《三十五年来中国之印刷术》，张静庐辑注:《中国近现代出版史料·近代初编》，第257—285页。

印刷技术的革新释放了巨大的文化生产能量，与当时浓重的社会危机/文化危机相互激荡，逐渐催生出了新的媒介形式和文化机构，如报纸、期刊、出版机构等。1815年，英国传教士马礼逊及其助手米怜在南洋创办了最早的中文刊物《察世俗每月统记传》，意欲"阐发基督教义"，由此进行了出版中文报纸的最初探索。在传教士办报潮流的推动下，1857年，黄胜、伍廷芳等人创办了中国最早的报纸《中外新报》，该报更强调新闻性与商业性，无论在宗旨上还是在形态上与传教士所办报纸有着明显的差异。① 自兹开始，中国人开始了自办报纸的探索，但在初期发展缓慢，据统计，从1874年至1895年的20余年间，总共只创办了10种报纸，其中上海5种，香港2种，广州2种，汉口1种，基本集中在通商口岸。② 而甲午战争后，随着帝国主义殖民危机的加剧，维新自强意识渐入人心，第一波国人自办报刊热潮应时而生。1895年新诞生7家报纸，其中中国人自办3家；1896年新诞生11家报纸，其中中国人自办7家；1897年新诞生49家报纸，其中中国人自办45家；1898年新诞生47家报纸，其中中国人自办39家。③

中国现代意义上的出版机构发展情形与此相类似。早在1815年之前，英国东印度公司就在澳门创办了印刷所，印制了由传教士马礼逊编写的《中国语文辞典》(*A Dictionary of the Chinese Language*，又译作《华英字典》或《华英辞典》)，由此自外而内，自沿海而后内地，各国传教士陆续在中国创办印刷出版机构，到19世纪末20世纪初已在中国各地开办了35家基督教背景的出版机构。④ 在此过程中，现代意义上的中国本土出版机构也逐渐出现。1862年，官办的京师同文馆率先成立，在学院体制之下设有译书和出版印刷机构，曾编译和出版了法律、天文、物理、数学、化学等图书

---

① 参见李焱胜：《中国报刊图史》，湖北人民出版社2005年版，第9—21页。
② 参见姚福申：《中国编辑史》，复旦大学出版社2004年版，第270页。
③ 同上书，第272页。
④ 参见叶再生：《中国近代现代出版通史》(第一卷)，华文出版社2002年版，第75—129页。

35种，①自此开启了官办书院出版的潮流，上海广方言馆、广州同文馆、江南制造局翻译馆等纷纷效仿。与此同时，官办书局也开始出现，1860年至1890年间，金陵书局、聚珍书局、江苏书局、浙江书局、湖北书局、广雅书局、山东书局等20余家官书局先后在全国各地成立。②民营出版机构的出现要稍晚于官书局，1871年，黄胜、王韬在香港成立的"中华印务总局"，被认为是中国首家民办出版社。随后，羿园书局、同文书局、鸿文书局、鸿宝斋石印局、扫叶山房、拜石山房、千顷堂书局等晚清著名的民营书局也纷纷在中国内地（主要是上海）出现。③

如何来理解由晚清印刷技术革新及其所促生的报纸、杂志等新式媒体在社会变迁中所扮演的角色？吉登斯（Anthony Giddens）认为"媒介"是组织社会的重要抓手，在近代以来欧美资本主义国家"现代性"形成过程中发挥了巨大作用："印刷或电子媒介明显扮演着核心的角色。从最初的书写经验开始，由媒体所传递的经验，已长久地影响自我认同和社会关系的基本组织。"④而安德森（Benedict Anderson）则将"印刷"看作是欧美"资本主义"扩张在知识/媒介领域的一种权力征用行为："资本主义创造了可以用机器复制、并且通过市场扩散的印刷语言"，通过高度统一化和均质化的印刷语言，"印刷资本主义创造了和旧的行政方言不同的权力语言"，因而他断言："在积极的意义上促使新的共同体成为可想象的，是生产体系和生产关系（资本主义）、传播科技（印刷品）和人类语言宿命多样性这三个因素之间半偶然的、但又富有爆炸性的相互作用。"⑤对晚清以来的中国

---

① 参见叶再生：《中国近代现代出版通史》（第一卷），第272页。
② 同上书，第265—362页。
③ 同上书，第363—380页。
④ 〔英〕安东尼·吉登斯：《现代性与自我认同》，赵旭东等译，生活·读书·新知三联书店1998年版，第5页。
⑤ 〔美〕本尼迪克特·安德森：《想象的共同体》，吴叡人译，上海世纪出版集团2005年版，第42—44页。

而言，处在后发现代性国家的进程中，尽管媒介技术革新在社会语境和历史条件方面，与欧美发达资本主义国家的情形不尽相同，但其产生的效应，仍与发达资本主义国家颇有相似之处。很大程度上，它不仅迅速提升了印刷的质量和产量，更为重要的是，由技术革新所促发，在其与社会、人心彼此缠绕而又博弈的格局中，以报纸、出版机构等新式媒体为场域，一种不同于传统阶层关系或私人关系的"新关系"，逐渐在晚清士人间建立起来："这种关系以报刊为核心，人与人之间跳脱纵向阶序，以一种平等的、非个人的交往模式，公开而理性地讨论公共事务。"① 这种"新关系"无疑会在很大程度上改变士人们的自我角色认定，使他们能在传统的经由"科举"所编织的人际交往网络之外，藉由新式媒介这一新的可以用知识来影响甚至形塑社会的路径，探索一种新的进入社会以及组织人际关系的方式。尽管这一关系及其所附着的场域，并不适合以西方经典的"公共空间"或"市民社会"来加以命名，但大致可以说，一种现代意义上的"公共性"无疑正蕴蓄其间。也基于此，或者可以说，以报纸、杂志等新式媒介为知识生产的枢纽，新型知识者以及新的文化生产格局和形态逐渐形成："在这个印刷生产实践的现代展开过程中，无论是文化人的学术活动，还是维新人士的译书、革命志士的改良革命，无不借重于印刷技术以开展社会舆论的改造。晚清民初的思想文化变化因此而与印刷现代性的展开密切相关。"② 在这个意义上，可以说，"印刷现代性"③ 及其所组织的新的文化生产形态极大

---

① 李仁渊：《晚清的新式传播媒介与知识分子：以报刊出版为中心的讨论》，第369页。
② 雷启立：《晚清民初的印刷技术与文化生产》，《华东师范大学学报（哲学社会科学版）》2008年第5期。
③ "印刷现代性"在西方学术界讨论印刷和现代性问题的理论中具有复杂而丰富的意涵，指由于金属活字印刷技术的广泛使用所带来的现代性问题。在晚清民初的语境中，"印刷现代性"指向因为印刷技术的巨大变革而带来的，在新的民族—国家想象、新文化/文学想象，以及随之而来出现在当时从日常工作、生活到社会文化、生产、组织诸方面的"现代"转型。参考雷启立：《印刷现代性与中国现代文学的发生》，华东师范大学2008年博士论文，未刊稿，第6页。

地推动了晚清知识/知识者的转型，也深深地嵌入到了社会变迁的脉络中。

正如梅尔清（Tobie Meyer-Fong）所注意到的，对"印刷出版"这样的"文化和物质生产"的研究必须"安置于特定的空间语境中"，因此"地方性"就成为考察印刷出版何以会成为一种强有力的社会力量的物质基础。也正是在这样的考察维度下，他发现，18世纪之后，"外国技术"的引进成为提升本地印刷技术最为根本的因素，中国传统的印刷出版中心开始衰落，"像上海这样的商业资本优化组合的大都市"逐渐成为新的更具规模的印刷出版机构的聚集之地。[①]这一发现意味着，在考察晚清知识/文化生产变革时，除了技术这一维度外，"空间"也必须成为我们考察的另一个重点。

作为晚清中国最早的通商口岸之一，上海在鸦片战争之后就成为中西交汇、华洋杂居的通衢之地："为士大夫所走集者，今为上海，乃群天下之图书器物，群天下之通人学士，相与讲焉。"[②]19世纪中期主要发生在江南地区的太平天国运动，更使得没有直接卷入战火的上海藉由租界因素而获得成长的契机，无论在人口、经济还是在文化上，都有了长足的发展。1865年法国公董局的一项人口调查表明，上海公共租界和法国租界内共有外国居民2757人，华人居民146,052人。[③]另一份公共租界工部局1885年年度报告则统计公共租界的中国居民约为10.9万人，其中江苏人4万，占36.7%；浙江人4.1万，占37.6%；广东人2.1万，占19%。[④]上海作为近代崛起的大都市，其"移民社会"的色彩相当鲜明，其特点就是，"来到这里的人们脱离了其原来的大部分社会关系，而重新组合形成新的社会关系。……就在上海这种特殊的社会、政治、经济地域条件下，形成了不同

---

① 参见〔美〕梅尔清：《印刷的世界：书籍、出版文化和中华帝国晚期的社会》，刘宗灵、鞠北平译，《史林》2008年第4期。
② 张之洞：《上海强学分会序》，姜义华、张荣华编校：《康有为全集》（第2集），第92页。
③ 参见汤志钧：《近代上海大事记》，转引自李长莉：《晚清上海社会的变迁》，天津人民出版社2002年版，第25页。
④ 参见乐正：《近代上海人社会心态》，上海人民出版社1991年版，第171页。

于传统社会结构的一个新的小社会。"① 如果说传统社会更多是一个"熟人社会",因而人际交往更多是基于因地缘、血缘、学缘等因素构成的"差序格局"而展开的话,那么近代上海显然已经开始慢慢打破既有的人际交往格局:随着现代工商业的形成及其在社会生活中影响力的加剧,士商地位发生了逆转,传统的尊卑贵贱秩序被颠覆甚至被重构;城市社会的兴起,又培育了一种享乐休闲的消费观念;"重利轻义"观念渐成主流,也使得人际交往中实用主义法则甚嚣尘上。而之所以有这样的变化,显然是基于上海的"飞地"性质:"在上海这个'国内边界'区域,一方面中国文化精英聚集之地的江南地区与富有冒险精神的西方文化相遇,另一方面无论是本已松散的清朝中央政府,或远在天边的宗主国政府,都不能与之严格控管。"② 处于各种政治力量角逐的权力控制边缘地带,上海在政治、经济、社会等方方面面所具有的暧昧性,使其在文化上必然呈现出混杂的"越界"性:

> 世界性与地方性并存,摩登性与传统性并存,贫富悬殊,高度分层,这使得近代上海市民文化呈现驳杂奇异的色彩,有中有西,有土有洋,中西混杂,现代与传统交叉,都市里有乡村的内容和基因。多元,混杂,这就是近代上海民众文化的特点。③

上海文化所具有的这种多元性与包容性,无疑为西学东渐、媒介革新和知识转型提供了弹性发展空间,也为其作为近代印刷出版中心奠定了基础。

与此形成呼应的是,上海之所以能成为近代印刷出版中心,还受益于近代教育转型所带来的特殊的人才优势以及由此形成的社会新阶层。作为

---

① 李长莉:《晚清上海社会的变迁》,天津人民出版社2002年版,第26页。
② 崔波:《晚清的上海公共领域》,《编辑之友》2008年第3期。
③ 熊月之:《异质文化交织下的上海都市生活》,上海辞书出版社2008年版,第465页。

新式教育的最早开办地之一,自19世纪晚期开始,上海的新式教育就呈现出急剧上升之势。据统计,1907年,上海已有学校271所,平均每万人中约有学校2.2所,而同年全国各省有学校37,888所,平均每万人中约有学校0.9所;到1932年,上海已有各类中等学校141所,学生28,320人,每万人中有中学生88.2人,而全国各类中等学校有14,789所,学生总计547,207人,每万人中有中学生12.1人,上海的中学生人数是全国平均值的7.29倍。据此大致可以断定,上海受过中等教育以上的人数远高于中国其他城市,形成了近代教育人口的相对高地。① 但如果仅仅据此来解释上海何以会成为近代印刷出版中心,显然还失之简单。

事实上,因为知识阶层"作为主流文化的负载者,也具有本位文化异体排他性的主导功能,对外来文化的融汇内化力与抵拒排斥力适成正比。而城乡的农工商民,则内化力差,排斥力也弱",② 因而"早期对西方制度器物有所反应者,多半是知识水准较低的一群人,官绅士人对西力入侵反而视而不见,甚至对西方普遍存有较大的误解,以至于官方与支配阶级对西方的反应,要远远落后于民间社会的变化"。③ 对于印刷出版业而言,这一情形尤为明显。据考证,最早参与西人印刷出版传播的华人,集中在广东、福建等沿海地区,而且地位普遍不高,往往在西人企业中担任印刷工人、夹带传递等角色。鸦片战争之后,随着印刷出版中心转移到江南地区,很大一部分因为科举覆没而需要寻找新的生存之道的传统士人,才逐渐加入到这一行业中。④ 但很显然,新的文化领域并不只是将现有的社会群落"现成地"召唤或者挪用到它所需要的岗位上去,一种与之相适应的对于人员的重新改造和组合其实也蕴含在这一过程中,这无疑构成了新行业兴起的

---

① 参见樊卫国:《民国时期上海市民文化素质论略》,朱荫贵、戴鞍钢主编:《近代中国:经济与社会研究》,复旦大学出版社2006年版,第478—483页。
② 桑兵:《晚清学堂学生与社会变迁》,第23页。
③ 李仁渊:《晚清的新式传播媒介与知识分子:以报刊出版为中心的讨论》,第38—39页。
④ 同上书,第39页。

必要条件。孟悦在研究了晚清上海的印刷文化构成后,指出:"工人企业家与'公益型学者'或'行动派学者'的际会",很大程度上,成全了现代印刷出版业。这不仅是指,"工人"蜕变为"工人企业家",使得晚清的印刷出版业拥有了一种不同于传统的全新的企业管理层;"学者"转型为"公益型学者"或"行动派学者",使得晚清的印刷出版业拥有了知识再生产的人力资源保障;更是指,两者仿佛水乳交融般的结合,使得印刷出版业完成了其作为从"知识"到"实践"的知识转化通道的建构,从而成为了晚清最重要的知识/文化再生产的平台。在这一平台上,可以发现,原有的士、农、工、商四民分类及社会结构模式被打破,各种碎片化的社会力量开始自觉不自觉地聚集在由社会危机意识激发的新的知识清理/整合平台上,形成了新的动员和组织社会的方式,也因此,形成了新的社会阶层。而上海,作为"太平天国以后清帝国的都市文化中心发生从江南向海岸线一带的地理大迁移"的最大获益者,因为为"工人企业家与'公益型学者'或'行动派学者'的际会"提供了物理和文化空间上的支持,而不容置疑地成为近代新崛起的印刷出版重镇。①

李仁渊的研究很大程度上也印证了上述观点。他将上海崛起为近代印刷出版中心的缘由归结为三点:其一,"1895 年之前文化产业奠定下来的基础,让上海已经集中了全国最多的印刷机器、印刷工人、出版社与书商,书刊的商业化也已形成"。其二,"由于前述上海汇聚的大量的文化机构,诸如报馆、出版社、翻译处等,让上海渐成为士人聚集之地。一方面长江流域的留日学生都由上海出入……另一方面上海周遭的趋新江南士人,也汇聚到上海,寻求新的发展"。其三,上海租界"处于华洋交界","提供了新式媒体一个政治干预较小的批判性言论空间",因而可以在某种程度鼓励

---

① 孟悦:《反译现代符号系统:早期商务印书馆的编译、考证学与文化政治》,《清华大学学报(哲学社会科学版)》2008 年第 6 期。

各种媒体的兴起。①

无论如何，天时，地利，人和，无疑使得上海占尽了风流，也因此，各种新式媒体在这一新的都市文化空间中不断涌现：1900年以前，国内有9家较为重要的西书翻译、出版机构，其中上海占7个；所出各类西书567种，其中434种由上海出版，占77%；1900年至1911年，国内有74家西书翻译、出版机构，其中58家设在上海，占78%；1902年至1904年，共翻译、出版西书529部，其中360部出自上海，占68%。②仅1907年一年，上海就有15家书局、报馆出版各类小说121种。③1911年5月以前，上海加入书业公所的书局、印刷所就有110多家。④某种意义上，可以说技术、资本与文化的迁徙与融合，使上海从默默无闻的海边小城一跃而替代曾经独领风骚的"江南"，成为各种文化生产要素集聚之地以及新一轮文化资本再分配的中心。

四

1897年2月11日（光绪二十三年正月初十），一家名为"商务印书馆"的手工印刷作坊在上海江西路北京路南首德昌里末弄3号成立，创始人主要为原士林西报馆和美华书馆的职员和工人，有夏瑞芳、鲍咸恩、鲍咸昌、高凤池等，这些人大多有教会学校学习的背景，掌握了现代印刷技术，但在西人的轻慢与欺凌下"极为痛苦"，终于下决心联合姻亲、

---

① 李仁渊：《晚清的新式传播媒介与知识分子：以报刊出版为中心的讨论》，第371—372页。
② 参见熊月之、张敏：《上海通史·晚清文化》，上海人民出版社1999版，第101页。
③ 参见东海觉我：《丁未年小说界发行书目调查表》，张静庐辑注：《中国近现代出版史料·近代二编》，第265—275页。
④ 参见宋原放：《中国近代出版大事记》，《出版史料》1990年第2期。

同乡、同学一起创业。最初商务印书馆的资本额为 3750 元,① 只有十来个工人和七八部印刷机,其业务只是印制名片、广告等小件印刷品,也承揽教会的宣传品的印制,如为广学会印刷宗教书籍、账本等。令人意想不到的是,这家看起来并不起眼的出版小作坊在 20 世纪前后以令人瞠目的速度迅速成长:1901 年资本额变成 5 万元,1903 年为 20 万元,1905 年为 100 万元,1913 年为 150 万元,1914 年为 200 万元,十余年间增长数百倍。② 在辛亥革命前后,商务印书馆已成为当时中国最为庞大的印刷出版帝国。

与商业上的巨大成功形成呼应的,是商务印书馆在文化事业上同样取得突出的成就。何炳松指出:"本馆成立迄今达三十六年。述其贡献之荦荦大者计有四端:即教育教材之供给,中外名著之印行,实际教育文化事业之举办,国货之提倡。"③ 这一说法大致涵盖了商务印书馆在 20 世纪上半叶的实绩。而作为商务印书馆业务的核心构成,出版物的贡献显然是尤为卓著的。据统计,商务印书馆在民国时期,出版物种数约占全国总出版量的 12%。④ 而按王云五的说法,商务印书馆的出版物册数,在 1934 年占全国出版物总册数 45%,1935 年占 46%,1936 年占 52%,⑤ 几乎占据了当时中国出版的半壁江山。在商务印书馆的出版物中,尤以人文社会学科类图书的出版为特色。据李泽彰统计,1897 年至 1931 年间,商务印书馆出版的 7912 种图书中,社会科学类图书有 2390 种,占到了 28.94%,如加上文学(1661 种)、史地(604 种)、哲学(320 种)、宗教(245 种)、语文学(439 种)、艺术(518 种),整个人文社科类图书要占到 86.88%,而自然科学(579

---

① 参见高翰卿:《本馆创业史》,《商务印书馆九十五年》,商务印书馆 1992 年版,第 2—3 页。
② 参见高信成:《中国图书发行史》,复旦大学出版社 2005 年版,第 229 页。
③ 何炳松:《商务印书馆被毁纪略》,《东方杂志》第 29 卷第 4 号,1932 年 10 月。
④ 参见李家驹:《商务印书馆与近代知识文化的传播》,商务印书馆 2005 年版,第 3 页。
⑤ 参见王云五:《十年来中国的出版事业》,宋原放主编:《中国出版史料·现代部分·第一卷》(下册),第 427 页。

种)、应用技术(452种)总共不过占到13.02%,①其在人文社科类图书出版方面的用力可见一斑。

如果探究一下商务印书馆的出版历程与出版构成的话,可以发现,其大致与晚清的知识转型轨迹相一致,形成了四大出版重点。首先,作为出版的缘起,"翻译"带来了商务印书馆最初的商机。敏锐地意识到晚清像上海这样的通商口岸对于英语学习的巨大热情,商务印书馆率先编辑出版了《英华初阶》这样的简易英文教材,并获得了成功。由此出发,基于"欧战止后,中国人无不学英文,西书必大发达"②这样的认识,商务印书馆在翻译方面渐渐形成了优势,并且覆盖了多个文化领域:从《英华进阶》到《英汉大辞典》,商务印书馆成为现代中国翻译语言类工具书最重要的生产商;从严复的翻译集成到"汉译世界名著",商务印书馆的学术翻译涉及政治、经济、文化、宗教、伦理等多个学科,也因此成为近代介绍西学最为全面系统的重镇之一;从林译小说到新文化运动之后对于英、法、俄等国文学经典的大力译介,商务印书馆对于域外文学翻译的专注,无疑使它在以西方文学为参照的20世纪上半叶中国文学的变革中扮演了极其重要的角色。某种程度上,商务印书馆以其阵容强大的翻译群体及丰富多彩的翻译实践,相当及时地应和了社会变迁的脉搏,不只是扮演了幕后的文化推手,更是相当直接地介入了西学东渐的知识生产流程,成为李孝悌所说的"下层社会启蒙运动"的重要组成部分。③

与对西学东渐潮流某种程度上的顺应形成"另类"面向的,是商务印书馆从1909年起酝酿的大规模古籍整理和出版运动,并从1916年开始,先后影印出版了《涵芬楼秘笈》(10集51种)、《四部丛刊》(8548卷2100

---

① 参见李泽彰:《三十五年来中国之出版业》,张静庐辑注:《中国近现代出版史料·现代丁编》,上海书店出版社2003年版,第390—391页。
② 《张元济日记》(上册),商务印书馆1981年版,第267页。
③ 参见李孝悌:《清末下层社会的启蒙运动:1901—1911》,"中央研究院"近代史研究所1993年版。

册)、《续古逸丛书》(46种)、《四部丛刊初编》(8573卷2112册)、《百衲本二十四史》(820册)等一大批大型丛书类的古籍。古籍辑印的前提是商务印书馆特别是其主事人张元济在晚清传统文化崩溃之际那种"为古书续命"的自觉,所谓"睹乔木而思故家,考文献而爱旧邦,知新温故,二者并重。自咸同以来,神州几经多故,旧籍日就沦亡,盖求书之难,国学之微,未有甚于此时者也"。①之所以有这样的强烈意识,一方面,是基于传统印刷技术的局限所导致的古籍的古董化现实:"清代印刷界之特色,乃辑刻古籍之多是也。……乃有以益世之著作,正大之研究,而不印刷行世者,是犹富家豪族获致骨董奇玩,秘藏独赏,靳不示人",②因而要使古籍得以延续,如何利用石印等先进的印刷技术推动其走向大众化,成了商务印书馆辑印古籍的一个出发点;另一方面,正如孟悦所指出的:"随着19世纪晚期帝国主义在文化领域的扩张,包括古籍在内的中国文物已经成为掠夺对象、无价之宝和殖民者取得文化权威的证据。"因而如何通过重印珍本和善本古籍,"抗衡古籍外流"乃至反抗文化帝国主义,③事实上又构成了商务印书馆在20世纪初期一种潜在的现实文化关怀。在这个意义上,可以说,辑印古籍很大程度上也是呼应了启蒙/救亡的历史脉络而与新学的译介有相通之处的。

作为近现代期刊的渊薮,在商务印书馆1903年至1948年间出版的21种期刊④中,《东方杂志》《教育杂志》《妇女杂志》《小说月报》《学生杂志》

---

① 张元济:《印行四部丛刊启》,宋原放主编:《中国出版史料·现代部分·第一卷》(下册),第467页。
② 净雨:《清代印刷术小纪》,张静庐辑注:《中国近现代出版史料·近代二编》,第345页。
③ 孟悦:《反译现代符号系统:早期商务印书馆的编译、考证学与文化政治》,《清华大学学报(哲学社会科学版)》2008年第6期。
④ 分别为《绣像小说》《东方杂志》《教育杂志》《小说月报》《少年杂志》《学生杂志》《妇女杂志》《英文杂志》《英语周刊》《儿童世界》《儿童画报》《小说世界》《出版周刊》《自然界》《东方副刊》《儿童教育画》《健与力》《图书汇报》《少年画报》《东方画刊》《儿童世界画报》。

等各类期刊颇负盛名，在20世纪早期扮演了极其重要的角色。这些期刊大多与商务印书馆的出版重点相匹配，主要分布在教育、时政、文学、少儿、语言等领域，其中文学期刊的出版颇为引人注目。从《绣像小说》（1903—1906）起，商务印书馆就开始介入文学期刊出版领域，并很快崭露头角，成就了《绣像小说》作为晚清四大文学期刊之一的地位。1910年出版的《小说月报》延续了《绣像小说》的遗绪，成为清末民初小说期刊中的佼佼者。随着新文化运动的到来，商务印书馆与时俱进，汲取了当时学界的批评之音，在1921年对《小说月报》进行了全面革新，依托"五四"时期最大的文学社团——文学研究会，使之成为"新文学"中影响最大的文学期刊。尽管如此，商务印书馆似乎并没有完全沿着新文化运动的激进主义道路来设计自己的期刊方阵，却在新文化运动高涨的1923年，出版了旧文学意味十足的鸳鸯蝴蝶派期刊《小说世界》，从而以一种暧昧折中的面貌呈现了民间出版机构在社会／文化转型中的独特定位和作用。

在所有的出版物中，新式教科书无疑是商务印书馆最富有盛誉的文化产品之一。作为现代新式教科书的策源地，商务印书馆从1904年编辑出版中国最早的新式教科书《最新国文教科书》开始，到《简明国文教科书》（1910）、《共和国教科书》（1912），再到《新体国语教科书》（1919）、《新时代国语教科书》（1928）、《复兴教科书》（1933），在1904年至1933年间，应和着辛亥革命、新文化运动、淞沪抗战等历史重大事件，出版了13套中小学教科书。这些教科书覆盖了国文、历史、算术、地理、修身、农业、商业、常识、卫生、音乐、手工、艺术等各科，拥有极高的市场占有率。据统计，1906年，在清朝学部第一次审定的初等小学102种教科书暂用书目中，有商务印书馆出版的《最新初等小学国文教科书》等54种，占到了半数以上。[①] 而《共和国教科书》自1912年出版至1929年间，共重印

[①] 参见李泽彰:《三十五年来中国之出版社》，张静庐辑注:《中国近现代出版史料: 现代丁编》，第384—385页。

了 300 余次，销售了 7000 余万册。① 某种程度上，可以说，新式教科书潮流正是晚清学界自上而下"开民智"的一种产物，所谓"立国根本，在乎教育。教育根本，实在教科书。教育不革命，国基终无由巩固。教科书不革命，教育目的终不能达也"。② 正是基于这样的认识，新式教科书的编纂，特别是国文教科书的编纂，如吴研因所总结的那样，直指以往儿童读物的弊端，即"我国的儿童读物，大约分两种：一种是启蒙的，例如《三字经》《百家姓》《千字文》《神童诗》《千家诗》《日用杂字书》《日记故事》《幼学》等；一种是预备应科举的考试的，例如四书、五经、史鉴、古文辞之类。这些读物，有的没有教育的意义，有的陈义过高，不合儿童生活"，③ 在适应"白话文崛起"和促成"儿童文学抬头"的层面上，④ 新式国文教科书显然汲取了当时社会/文化转型的重要资源，以重塑"儿童"作为建构近代民族国家所需要的"国民"的基石，以"白话文"取代"文言文"作为基本抓手，以文学/文化普及读物的形式切实地加入到清末民初的社会变革历程中，从而在很大程度上践行了"文化启蒙"的任务。

为什么商务印书馆能够成为现代出版巨擘？高凤池在总结其中缘由时指出，商务印书馆的崛起首先是因为其抓住了当时的时代风潮："因为时当甲午失败之后，痛定思痛，变法自强，废科举，兴学校，差不多是朝野一致的主张，正是维新时代。书坊极多，小印书房设得也很多，机会极好，所以说商务之成功半由人事半由机会。"⑤ 而诸宗元等人则认为，商务印书馆的成功除了对机遇的把握之外，还基于其对于人才的延揽、对于文化潮流

---

① 参见宋家修：《怀念商务印书馆》，转引自李家驹：《商务印书馆与近代知识文化的传播》，第 317 页。
② 《中华书局宣言书》，《20 世纪中国著名编辑出版家研究资料汇辑》第二册，河南大学出版社 2005 年版，第 242 页。
③ 吴研因：《清末以来我国的小说教科书概观》，《申报》，1936 年 1 月 30 日。
④ 同上。
⑤ 高翰卿：《本馆创业史》，《商务印书馆九十五年》，第 4—5 页。

的顺应以及对于出版重心的精准设计:"自商务印书馆崛起于申江,延聘通人,注意新籍,开吾华书林之新纪元。……教科书以商务、中华书局编译最早,至今已成书业之重心。"①

具体来说,商务印书馆的成功秘诀大致可以归为以下几点:

首先,从印刷向出版的华丽转身,使得商务印书馆在20世纪初期现代出版媒介兴起之时,就占得了先机。商务印书馆在诞生之初其业务主要以印刷为主,但创始人之一的夏瑞芳从出版《英华初阶》所收获的巨大成功中,意识到了巨大商机,从此开始推动商务印书馆向出版方向转型。其间尽管经历了出版日文书籍的惨败,但因此促成了夏瑞芳下决心引进像张元济这样的中西兼修的饱学之士,并且以编辑和出版中小学教科书为突破口,1902年率先在民间出版业建立独立的编译所②:"君以国民教育,宜先小学,而尤急需有教科书,乃于印刷所外。始设编译所矣。"③夏瑞芳与张元济的相遇,无疑使得商务印书馆获得了将文化与企业融合在一起的契机,探索出使"出版"这一特殊的文化行业得以良性运行的内在规律,从而使得"文化的商务"成为可能;而商务印书馆的编译所一直以人才阵容强大著称,编译所先后聘蔡元培、张元济、高梦旦、王云五等为所长,1921年已有人员120人,1924年达到263人,杜亚泉、蒋维乔、庄俞、周越然、陆尔奎、叶绍钧、沈雁冰、郑振铎、胡愈之、章锡琛、周建人、朱经农、唐钺、竺可桢、任鸿隽、杨杏佛等先后加盟,皆为一时之选。④以这样中西兼容的编

---

① 诸宗元、顾燮光:《译书经眼录序例》,张静庐辑注:《中国近现代出版史料·近代二编》,第97页。
② 据陆费逵回忆:"当时的石印书局,因自己不编译,专翻古书,所以没有什么编译所的名称。大概发行所或编译所另辟一室,专从事校阅。总校一人,一定要翰林或进士出身,月薪三十两。分校若干人,举人或秀才出身,月薪十两左右。"见陆费逵:《六十年中国之出版业与印刷业》,宋原放主编:《中国出版史料·现代部分·第一卷》(下册),第417页。
③ 孟森:《夏君粹芳小传》,《商务印书馆九十五年》,第18页。
④ 参见郑贞文:《我所知道的商务印书馆编译所》,《商务印书馆九十年》,第201—208页;刘曾兆:《清末民初的商务印书馆——以编译所为中心之研究(1902年—1932年)》,(台湾)政治大学历史系研究所硕士论文,1997年9月,未刊稿。

译所作为支撑，也使得商务印书馆在社会/文化转型过程中获得了广泛的文化资本，使得持续的、有序的文化再生产成为可能。

李泽彰指出："从现在追溯到以前三十五年，就是光绪二十三年。从这一年起到最近为止，和出版业有重大关系的三件大事，第一件是革新运动，第二件是新文化运动，第三件是图书馆运动。"[1]以编译所为基础，商务印书馆显然抓住了这几次大的出版机遇。首先借助于革新运动和新文化运动，商务印书馆逐渐成为具有巨大社会影响力与美誉度的新学书籍的最用力编译者："自光绪三十年以来，出版业所出的主要书籍是教科书、法政书、小说书，到了这个时候，风气一变，莫不以发行新文化书籍为急务。……传播新文化的刊物除杂志外又有丛书。其主要者如共学社丛书、世界丛书、北京大学丛书等均由商务印书馆出版。自民八以来，商务便成新文化书籍的中心了。"[2]而借助于图书馆运动，商务印书馆炮制的《万有文库》成为中国县级图书馆的基石："该文库第一集先后售出约八千部，其中由各省政府备款大批订购，分发各县，使向无图书馆者，以此为基础而成立之。……统计借该文库第一集而成立之新图书馆，至少在一千五百所以上。"[3]正是凭借在出版领域的出色表现，商务印书馆的营业结构在30年间发生了质的改变："出版占十分之六，印刷占十分之三"，[4]成为了以出版为主业的文化机构。

其次，与世界出版技术的高度同步性，同时又能因地制宜地革新汉字印刷技术，使得商务印书馆可以在激烈的市场竞争中立于不败之地。1900年，商务印书馆买下了因日人经营不善而倒闭的修文印刷局的全部机器，

---

[1] 李泽彰：《三十五年中国之出版业》，张静庐辑注：《中国近现代出版史料·现代丁编》，第382页。
[2] 同上书，第387页。
[3] 王云五：《王云五回忆录》，九州出版社2012年版，第234页。
[4] 陆费逵：《六十年来中国之出版业与印刷业》，张静庐辑注：《中国近现代出版史料·补编》，第273页。

从而拥有了当时上海滩最先进的印刷设备。从此商务印书馆在技术方面也开始领跑：彩色石印、黄杨版、电镀铜版、铅锌版、彩色版、影印版、珂罗版、雕刻铜版、影写版、铅版印刷机、活字架革新……根据贺圣鼐的研究，商务印书馆在上述技术领域或者属于首创，或者率先引进，或者革新技术，保证了自己处在技术创新的最前沿。[①] 而这一前提，不仅确保了商务印书馆精良的印刷质量，更为重要的是，帮助其拥有了强大的印刷生产力，使得编印像"教科书"这样印量巨大的普及文化读物、影印《四部丛刊》这样的大型古籍、出版《万有文库》这样的大型丛书成为可能。在"印刷即出版"[②] 的意义上，可以说20世纪早期技术革新所释放出的巨大印刷能力，很好地解决了商务印书馆在文化生产方面的一系列重大举措对于技术的需求。

在发展印刷技术的同时，商务印书馆也相当注意与技术相匹配的文化资源的收集与整理。1904年，商务印书馆设立了供编译用的资料室，即后来的"涵芬楼"，至1931年年底，涵芬楼收藏善本3745种35,083本；1926年，隶属于商务印书馆的东方图书馆正式成立，1932年"一·二八"前夕，东方图书馆已有藏书518,000余册，图片、照片5000余种，宋刊书129种254册，地方志2640种25,682册。[③] 正是以其他出版机构无法企及的涵芬楼与东方图书馆丰富的馆藏文献资料作为基础，技术革新所产生的巨大潜能，才能落到实处。可以说，以编译所为枢纽，技术与文献的相互支持、良性互动，在很大程度上成就了商务印书馆辉煌的出版事业。

再次，努力在文化、政治与商业之间寻找出版平衡点，摸索并贯彻了"在商言商"的经营理念，由此建构起庞大且具有整合性的文化传播—发行

[①] 参见贺圣鼐：《三十五年来中国之印刷术》，张静庐辑注：《中国近现代出版史料·近代初编》，第257—285页。

[②] "印刷即出版"是指印刷能力与编辑出版能力之间的平衡。参见雷启立：《印刷现代性与中国现代文学的发生》，华东师范大学2008年博士论文，未刊稿，第80页。

[③] 王绍曾：《记张元济先生在商务印书馆办的几件事》，《商务印书馆九十五年》，第27页。

网络。商务印书馆在其漫长的发展历程中，尽管旗下拥有众多富有影响力的期刊，却始终没有涉足过更有现实针对性与社会效应的报业，这无疑是耐人寻味的。这一选择一定程度上显示了商务印书馆对待现实政治的态度和立场，即在"在商言商"的企业文化理念下"避免和政治接触"，"采取有利于自己的出版方针"。① 如何来理解这一看似带有文化保守主义倾向的经营策略？一方面，对"在商言商"的强调和恪守，使得商务印书馆在社会急剧变化的近现代，会因对辛亥革命结果判断的失误，贻误了对教科书这样的拳头产品（1912年）的更新，也会导致拒斥出版《孙文学说》事件的发生（1919年），而使自己的企业品牌形象受损。在这个意义上，可以说"在商言商"的确具有某种固步自封的保守意味；但另一方面，"在商言商"又使得商务印书馆可以依据市场法则来规避政治风险，走出以商业制衡政治的道路。1903年至1914年间，商务印书馆与日本金港堂的合作经历，无疑正是一例。应该说，尽管1903年中日关系紧张，但"念我国技术经验皆甚幼稚，企业之兴味尤淡，非利用外资，兼取其成法不为功"，② 商务印书馆还是下决心与其开展全方位的合作，并借助日方的资金、技术和经验，在十年间迅速成长为中国出版界的龙头。1914年，商务印书馆同样利用市场法则，通过艰苦的谈判和商业赎买，成功地收回了日方的股份。在这里，可以看到，"在商言商"的策略如何在乱世中又与政治构成了一种奇妙的错位，且事实上推动了商业王国的开疆拓土，使民族文化工业在夹缝中获得迅速的成长。

也正是在"在商言商"的经营策略下，无论是在政府还是在市场，商务印书馆都积累了广泛的人脉关系，其所编的各种教科书在20世纪上半叶能够顺利通过政府的审核而占据半壁江山，《万有文库》能够通过政府系统

---

① 见商务印书馆负责人之一的李宣龚在1950年股东会上的发言，转引自王建辉：《旧时商务印书馆内部关系分析》，《武汉大学学报》2002年第4期。
② 孟森：《夏君粹芳小传》，《商务印书馆九十五年》，第18—19页。

被各级公立图书馆所采购,与商务印书馆的这种人脉积累也有不小关系。应该说也与这样的前提相关联,商务印书馆在成立不到20年的时间里,其分支机构得以迅速扩张:1915年5月30日,全国已有分支馆40处(最多时为86处),1914年在香港开设分馆,1916年在新加坡开设分馆,[①] 逐渐形成了极具市场影响力的文化传播—发行网络。由此或者可以说,"在商言商"其实正是商务印书馆摸索到的民间出版机构在后发现代性国家如何壮大的秘诀之一,当然,可能也是一种富有争议的秘诀。

五

当由晚清的社会危机／文化危机所促发的知识／知识者的转型,经由教育、翻译、古籍等诸种资源和路径,最终需要通过像商务印书馆这样的出版媒介逐渐实现的时候,可以说,商务印书馆在某种程度上就成了一种折射知识生产、出版媒介与文化转型之间错综复杂关系的特定场域,而其成长历程,也显然可以视为上述因素如何在历史情境中逐渐展开的过程。这其中,文化转型无疑是核心环节,它既是出发点也是归宿,很大程度上决定了知识生产和出版媒介的形态和特点。但这并不是说,知识生产和出版媒介只是文化转型的通路和中介,事实上,文化转型向何处转,以何种姿态转,转型的效果如何等等,其实又取决于知识生产和出版媒介在此过程中所实际扮演的角色、所发挥的功能。在这个层面上,又可以说,知识生产、出版媒介与文化转型之间,其实是一种相互依存、彼此博弈的关系。

正因为商务印书馆被搁置在这样的理论脉络中来加以考察,显然,必

---

① 参见高信成:《中国图书发行史》,第229页。

须注意这样几个维度：首先，正如罗伯特·达恩顿（Robert Darnton）是在"启蒙运动的生意"的定位下来讨论《百科全书》的出版及其历史作用一样，如何在"哲学家的沉思"与"出版商的投机"的缠绕中，[①] 以出版物的生产、流通和消费为对象，寻找讨论晚清以来启蒙运动的新路径，进而探寻诠释商务印书馆崛起的内在动力，无疑是需要突破的重要研究领域之一；其次，如果意识到出版媒介作为现代文化工业的重要组成部分，总是要由特定的知识者群体来加以引领和推动的话，那么对商务印书馆的考察无疑也是对于晚清以来知识者的分化、重组与新的知识共同体的考察，因而，知识者的维度显然也是研究者不可忽视的；再次，作为技术含量极高并且总是通过技术革新来完成自身爆发性增长的领域，出版媒介的发展又与印刷技术的更新息息相关，如何从技术史的角度[②]来讨论商务印书馆在中国固有的印刷出版传统与现代印刷技术的渗透双重格局内的位置，同样是值得关注的。

本书之所以选择1902年至1932年间的商务印书馆作为研究对象，很大程度上是基于这样的认识：尽管商务印书馆在1897年就已诞生，但仅仅是具有印刷功能的小作坊，尚湮没于芸芸众生之中，还没有在晚清以来的中国社会/文化转型进程中发出自己的声音。1902年随着编译所的成立，商务印书馆开始自觉地召集和组织"行动派知识分子"，开始从单纯的印刷转向"扶持教育"的出版，逐渐摸索出孟悦所说的"编译"这一后发现代性国家独特的反抗文化殖民主义的文化生产路径，[③] 它才开始真正进入晚清以来的中国社会/文化转型进程中，并打上自己独特的印记。这一起点，对

---

① 〔美〕罗伯特·达恩顿：《启蒙运动的生意：〈百科全书〉出版史（1775—1800）》，叶桐、顾杭译，生活·读书·新知三联书店2005年版，第3页。
② 参考〔美〕梅尔清：《印刷的世界：书籍、出版文化和中华帝国晚期的社会》，刘宗灵、鞠北平译，《史林》2008年第4期。
③ 孟悦：《反译现代符号系统：早期商务印书馆的编译、考证学与文化政治》，《清华大学学报（哲学社会科学版）》2008年第6期。

于商务印书馆乃至整个近代出版业,显然都具有革命性的意义。而在1932年的"一·二八事变"中,作为中国出版业龙头老大的商务印书馆被日本侵略军有意识地作为打击目标而遭受重创,[①] 尽管之后商务印书馆全力以赴进行了复兴,但是,1932年作为商务印书馆发展分水岭的意味显然不言而喻。以1932年为界,商务印书馆在20世纪早期的努力被迫告一段落,而中国的社会/文化转型也因战争的到来进入了一个新的历史阶段。因而,从1902年至1932年,无论是从书籍史、知识分子史还是技术史的角度来说,正好构成了一个较为清晰的周期;同时也因为这一时期的商务印书馆深深地嵌入到了近代以来的文化生产流程中,而可以被作为一个个案来进入对同时代的社会/文化转型的观察和讨论。

以"现代"而不是经典意义上的"现代性"或"现代化"概念,来描述晚清以来的社会/文化转型,是因为:尽管商务印书馆崛起于似乎是资本主义殖民扩张"飞地"的上海,它所从事的印刷出版作为资本主义文化工业的一种类型也似乎应该被归入"现代性"或"现代化"的行列,但是,如果仔细地辨析商务印书馆所表征的中国现代"印刷出版"得以浮出历史地表的缘由,"印刷出版"在晚清以来的中国语境中所承担的历史使命与功能,以及它在1932年日本帝国主义入侵的历史时刻所遭遇的悲剧性命运,就会意识到,"现代"这个看似含糊暧昧的概念,很大程度上的"及物性"——毫无疑问,成为像"泰西"诸强那样的"现代"民族国家是晚清以来国人孜孜以求的目标,但是,这一目标隐含着一个内在悖论,即成为"现代"强国是为了规避"亡国灭种"的危险,是为了有能力抵抗"泰西"诸强。正是因为有这样的悖论存在,需要认识到"现代"在晚清以来的中国语境中,由于对应着的是帝国主义殖民扩张,因而其得以运行的历史条件与它的欧美输出国是不一样的。这样,对"现代"的讨论和使用就更多

[①] "一·二八事变"中,商务印书馆总厂、东方图书馆、编译所、尚公小学等都被炸毁,损失惨重。具体可见何炳松:《商务印书馆被毁纪略》,《东方杂志》第29卷第4号,1932年。

需要在一种"语词误用"的层面上来进行,需要有"历史性的词语误用,是被高度概念化了的生活经验的组成部分"①的理论自觉和反省。基于这一点,或许可以说,"现代"原初的内涵其实在讨论晚清以来的中国社会/文化转型时是需要被悬置起来,甚至被空洞化的,它只是一个看似与"传统"断裂的模糊的方向,而通往这个方向的资源、道路和方法,以及它在不同时空的"流动"中所建构起来的新内涵,是需要在特定历史实践的基础上加以总结和填塞的。

正是在这样的思路下,本书对商务印书馆的研究尽管注意到了其在现代文化市场的形成、内部企业制度的建构、印刷技术的革新等方面的作用,但更关注的是这些物质层面的因素最终是如何聚集在一起,为"现代"中国人重新浮出历史新的地平线服务,并且在"想象的共同体"②的意义上切实推动"民族国家"形成的。围绕着这一基本逻辑框架,"文学/文化"显然有必要作为另一种力量出现在考察商务印书馆的视野中,事实上,相对于晚清以来的社会变革,"文学/文化"往往扮演了某种"启蒙者"的角色。而对于商务印书馆来说,在"印刷等于出版"的20世纪早期,恰恰也是相当充分地表现出了"文化"对于社会/市场的某种强悍的引领作用。因此,能够统摄编辑、出版、技术、经营、市场、读者等各个环节的"文学/文化"书籍/期刊最终成为了本书考察商务印书馆的最直接的入口。

归纳以上种种,本书的研究框架如下:

---

① 〔美〕白露:《中国女性主义思想史中的妇女问题》,沈齐齐译,上海人民出版社2012年版,第2页。
② 本尼迪克特·安德森认为:"'最后一波'的民族主义——大多数发生在亚洲和非洲的殖民地——就起源而论乃是对工业资本主义所造就的新式全球帝国主义的一个反应……经由印刷品的散布,资本主义协助在欧洲创造出群众性的、以方言为基础的民族主义,而这个民族主义则从根本上腐蚀了历史悠久的王朝原则,并且煽动了每一个力有所及的王朝去进行自我归化。"〔美〕本尼迪克特·安德森:《想象的共同体》,吴叡人译,第130页。本书认为,尽管晚清中国并没有沦为纯粹意义上的殖民地,但其所遭遇到的殖民危机以及与此相伴生的印刷资本主义的产生,仍然导致了类似的民族主义的产生。

第一编通过梳理商务印书馆的译者群落和整理其在 1902 年至 1932 年间出版的翻译作品，特别是通过对像林译小说、严复译作、《共学社丛书》、《万有文库》所收录的译作等著名个案的解读，来把握商务印书馆是如何在"翻译现代性"的意识下，努力建构"翻译"在后发现代性国家的社会／文化转型过程中的地位、意义和作用的。

第二编聚焦商务印书馆在 1909 年至 1932 年间对于中国古代文化典籍的整理、抢救和出版，特别是对于《百衲本二十四史》《四部丛刊》等大型古籍的重刊，对涵芬楼（东方图书馆）这样的大型古籍收藏场所的建构，来辨析商务印书馆在晚清以来的帝国主义殖民扩张过程中"为古书续命"的自觉意识和文化立场的历史价值，来探讨辑印古籍如何也构成了新的文化创造的资源和面向。

第三编在"西学"／"中学"、雅／俗、边缘／中心等张力性知识生产结构中，通过清理商务印书馆在 1903 年至 1932 年间所编辑发行的期刊，特别通过解读《小说月报》这样的"转型"文学期刊，来把握商务印书馆如何通过对文学媒介的掌控，直接介入了"现代文学／文化"的塑造；通过对《绣像小说》《小说世界》等通俗文学期刊的解读，来透视商务印书馆的多种文学／文化媒介经营策略，把握其文化观念与实践的复杂性。

第四编以商务印书馆在 1902 年至 1932 年间编纂和发行的各种新式小学国文教科书为对象，来分析商务印书馆如何在汲取日本明治维新以来编纂国文教科书的经验和教训的基础上，结合 20 世纪早期的中国社会语境，以"新国民"的想象与形塑为中心，形成自己的文学／文化教育理念，并且切实地加入了文学／文化变革的进程。

在晚清以来的富有挑战性的知识生产变革中，商务印书馆作为来自于"出版媒介"领域的一个个案，其所提供的经验教训，在一个始终没有完成经典"现代性"意义上的社会／文化转型的后发现代性国家，无疑是值得珍视的。

第一编

"现代"文化生产中的"翻译"

——商务印书馆的翻译出版研究

在晚清所遭遇到的帝国主义殖民扩张威胁之下，如何摆脱"亡国灭种"的危机，始终是盘旋在晚清时人心头上的一团阴霾。正是在这危机意识之下，"睁眼看世界"成为了不管是主动还是被迫的一种选择。基于这一前提，古已有之的"翻译"从知识/文化生产的边缘，逐渐运动到了文化体系转型的中心，担当起了历史赋予其的重大使命。

作为不同地域的文化得以交流的有效中介，"翻译"在人类社会早期就已诞生。然而，由于全球政治、经济、文化发展的不平衡，导致了作为居间者的"翻译"事实上并没有成为不同文化间平等交流的枢纽，反而常常沦为了不平等的政治经济权力关系转换的枢纽。某种意义上，可以说，"翻译"的角色、功能及其在文化结构中的位置，并不是一成不变的，而是常常伴随着不同的历史情境而发生相应的变化。那么，在经历了所谓"三千年未有之大变局"的晚清，"翻译"理念到底发生了怎样的变化；译者主体、译者地位、对译著的期待和态度、译著读者群体、译著对本国思想的影响、译著的生产与传播方式等，是否也会相应地发生变化，从中又会折射出怎样的社会变化呢？

基于上述问题意识，本编试图在文化政治的意义上来讨论"翻译"如何参与了晚清中国的巨变，这其中以商务印书馆为代表的出版业又扮演了何种角色。在具体的研究中，本编主要在中国内生性的文化变迁和外来文化的冲击这两个维度的互动博弈间来展开对翻译功能变化的讨论，以此呈现翻译在近代中国所扮演角色的多面性与复杂性。

第一章 文化版图的拓展：
商务印书馆与近代中国的翻译出版

19世纪中期之后，伴随着帝国主义殖民运动，西学东渐成为晚清时人在形塑自己的文化版图时不得不面对的一个文化潮流，这其中，"翻译"无疑扮演了极其重要的角色。作为跨文化交流的桥梁，"翻译"本身既是一种媒介，却也是一种特殊的文化现象；而搁置在殖民运动中，"翻译"所承担的功能就更为微妙，很大程度上，它不仅仅是言语修辞，更须被当作一种文化政治来看待。

作为近代中国较早介入西学翻译领域的民间出版机构，商务印书馆从19世纪末期起，就开始组织大规模的翻译出版。也因此，商务参与并见证了晚清以来"翻译"作为一种特殊的文化媒介在中国这样的后发现代性国家发生、演变及壮大的过程。因而以商务为个案，既可以观察翻译在晚清文化生产中不容忽视的影响力，也可从中触摸到翻译作为文化政治楔入社会转型的不适与尴尬之处。

第一节 从边缘到中心：晚清中国翻译政治的形成

在古代中国，"翻译"是和朝贡制度联系在一起的。传说早在尧、舜统治时期，就有域外部落首领前来朝贡；到了周朝早期，伴随着朝贡制度渐

趋成熟,①"翻译"应运而生。据《礼记·王制》记载:

> 五方之民,言语不通,嗜欲不同。达其志,通其欲,东方曰寄,南方曰象,西方曰狄鞮,北方曰译。②

古代中国的翻译主要用来处理"天朝"和"四夷"之间不对等的位置/权力关系,这使得作为了解"四夷"之手段的翻译,一直处在文化生产的边缘,无法进入主流知识/文化的视野。晚明以前,除了汉代佛典的翻译对中国文化产生巨大影响外,③翻译及其成果始终居于一个次要的甚至可有可无的位置。然而到了晚明之后,这一切却发生了意味深长的变化。

从明末到清末,中国与西方有过两次接触,分别处在从16世纪至20世纪全球扩张的两次冲击波背景之下。第一次冲击波发生在16、17世纪,第二次出现在19世纪下半叶。前一次主要目标是美洲,依靠的是科学技术上的优势(如火药、罗盘等),扩张方式是欧洲移民在新世界建立定居的殖民地并将欧洲文化制度移植到殖民地;后一次扩张不仅速度比前一次快而且范围也远远大于第一次,包括了亚洲、非洲和太平洋地区,方式是利用国家的力量占领殖民地,殖民地社会大致保持原有文化风俗。④明末利玛窦、金尼阁等传教士来华,正处在第一次冲击波之时。

在第一和第二次冲击波中间,西方出现了最早的政治经济社会一体的"民族国家":英国与法国。民族国家一旦形成,便"能更有成效地动员其

---

① 参见李云泉:《朝贡制度史论》,新华出版社2004年版,第5—8页。
② 《礼记正义·王制》,北京大学出版社1999年版,第399页。
③ 据《中国译学理论史稿》,佛经翻译的历史起于何时学界目前尚无定论,"但至迟,在东汉桓帝建和二年(148)时,安世高已开始较大规模地从事译经活动了"。(陈福康:《中国译学理论史稿》(修订版),上海外语教育出版社2000年版,第6页。)
④ Fieldhouse, David K., *Econimics and Empire, 1830—1914*, London: Macmillan, 1984. 参见金观涛、刘青峰:《中国现代思想的起源——超稳定结构与中国政治文化的演变》第一卷4.1节,法律出版社2011年版。

种种资源",这被视为是一国能快速实现现代化的保障。①具体而言,这种能更有成效地动员种种资源的能力,使得"国家可以有效地汲取农业社会剩余财富和资源,将其转化为现代国防和工业投资,实现工业化的追赶,并动员庞大的人力资源建立现代军事力量"。②这就为他们新一轮的殖民扩张创造了条件。由于当时英法等国的自由主义市场经济体制常导致周期性经济危机,往往只有借助向外扩张、掠夺别国资源、开拓海外市场,才能得以缓解,于是新一轮的海外殖民扩张似乎就成为势之必然。另一方面,英法等国率先实现的民族国家形态,因"军事与行政的现代化"所产生的高效的"现代化动员能力",使其能够在开疆拓土的殖民战争中处于绝对主导性地位,也在很大程度上迫使其他处在弱势境地的国家似乎只能变成类似的民族国家才能与之相抗衡——正如艾恺(Guy Salvatore Alitto)所指出的:"英法一旦开始现代化,建立了官僚制的民族国家,世界的其他国家就算只是要自卫,也被迫非跟着改变不可",③民族国家话语由此获得了某种历史合法性。

鸦片战争前后的中国显然不具备现代民族国家的基本特征,甚至可以说连民族国家的观念也不具备,正如梁启超所观察到的:

> 今我中国国土云者,一家之私产也;国际云者,一家之私事也;国难云者,一家之私祸也;国耻云者,一家之私辱也。民不知有国,国不知有民,以之与前此国家竞争之世界相遇,或犹可以图存,今也在国民竞争最烈之时,其将何以堪之!……民无爱国心,虽摧辱其国

---

① 参见〔美〕艾恺:《世界范围内的反现代化思潮》,贵州人民出版社1999年版,第29—30页。
② 金观涛、刘青峰:《中国现代思想的起源——超稳定结构与中国政治文化的演变》(第一卷),第211页。
③ 〔美〕艾恺:《世界范围内的反现代化思潮》,第29—30页。

而莫予愤也。①

因而，面对政治经济科技一体化的西方民族国家的帝国主义式侵略，②清廷抵抗乏力，节节溃退。如何"师夷长技以制夷"，进行自强维新，成为了不得不做出的决策。陈旭麓指出："如果没有'中体'作为前提，'西用'无所依托，它在中国是进不了门，落不了户的。"③很大程度上，"中体西用"思想的产生以及由此开展的洋务运动，都可以被视为应对帝国主义殖民危机的努力。由"中体西用"的思想出发，洋务派翻译了大量的西方科技书籍，通过兴办学堂培养了一批精通西方语言的人才（如严复、王寿昌等），同时也建立了为数不少的工矿企业。而到了洋务运动后期，洋务派人士甚至突破了只在器物层面学习西方的限制，而逐渐意识到在制度上也应该效仿西方，如郑观应在1892年就曾指出："其治乱之源，富强之本，不尽在船坚炮利，而在议院上下同心，教养得法。"④可以说，在西方第二次冲击波的冲击之下，以正统儒家思想为皈依的古老帝国，开始将西方民族国家政治经济科技一体化特征作为强国之本，因而如何向西方学习，尝试在思想、制度上突破，就成为势之必然。在此情形下，作为中西学之间转换的枢纽，"翻译"的重要性越发得以彰显。

若将"翻译"在晚明与晚清的不同遭际做一比较，可以清晰地发现，"翻译"经历了一个从边缘到中心的变化过程。在晚明时期，由于西方殖民扩张的第一个冲击波并非针对亚洲，当时传教士对于西学的传播并不依赖

---

① 梁启超：《论近世国民竞争之大势及中国前途》，《饮冰室文集点校》，第810—813页。
② 柄谷行人将扩大规模的民族国家称之为"帝国主义"，因为它强制性地同化其他民族。这里的帝国主义采用他的说法。参见柄谷行人：《历史与反复》，汪晖、王中忱编：《区域：亚洲研究论丛》第一辑，清华大学出版社2011年版，第92页。
③ 陈旭麓：《论"中体西用"》，郭双林、王续添主编：《中国近代史读本》，北京大学出版社2006年版，第319页。
④ 郑观应：《盛世危言·自序》，陈志良选编，第13页。

于其背后的国家政治军事力量,因此对于晚明时人而言,西学的进入并没有带来明显的屈辱感和焦虑感,也即西学所指称的"西方"不仅未对中国构成威胁。相反,在中国人眼中,"西方"反而被视为一个野蛮世界。利玛窦就曾充满怨气地说:"中国人把所有的外国人都看作没有知识的野蛮人,并且就用这样的词句来称呼他们,他们甚至不屑从外国人的书里学习任何东西,因为他们相信只有他们自己才有真正的科学和知识。"[1] 由于西方的宗教和科学对于已拥有发达的儒家文明的中国吸引力极为有限,利玛窦甚至不惜用儒家经典论证教义,并主动与中国士绅交往,才使自己较易被中国人接受。在这样的情境中,实际上西学传播者还必须尽量做出迁就的姿态以迎合被传播者才能达成"以学行教"[2]的目的。

其次,晚明时期的翻译主体是西方传教士,翻译的方式主要是传教士口译与中国人笔述相结合,但彼时能够与传教士合作的"中述"人才极少。晚清时译才激增,先是与外籍人士合作的"中述"人才大大增加,其后随着学堂的兴起和大批留学生的出现,能够独立译书的中国人逐渐取代了只能"中述"的译才,伍光建等人甚至以翻译作为自己主要的事业。翻译主体由西而中的变化,使得翻译不只是单向度的西学输入,而在很大程度上演变成了中西文化之间的碰撞与交融。

第三,晚明时期传教士翻译西学的主要目的是"以学行教",中国作为翻译接受体是被动的,接受的基础是求知欲、"好异";晚清时期西学的进入更多与帝国主义殖民扩张相呼应,翻译由此具有了双刃剑效应,既是资本主义世界合法性得以建构的路径,又成为了晚清国人了解世界、救亡图存、变革社会、重塑国民的重要手段。在此格局下,中国作为翻译接受体则先被动后主动,经世致用的动机先于"好异"。[3] 在这种情况下,"翻译"

---

[1] 〔意〕利玛窦:《利玛窦中国札记》,何高济译,中华书局2005年版,第94页。
[2] 郭廷以:《近代中国的变局》,(台湾)联经出版社1987年版,第51页。
[3] 同上。

其实已经与国家的前途与命运息息相关，它既是文化，也是政治，其地位之高无以复加。

当然，伴随着殖民危机的轻重缓急不同，在不同的时期，"翻译"会表现出不同的面向。可以说，在鸦片战争到洋务运动期间，翻译的范围与内容受到了一定的限制。西方列强虽然凭借其坚船利炮在军事上一次次挫败中国，发达资本主义国家的文化也借助这一形势对中国本土文化构成前所未有的巨大威胁，但是思想界的争斗并非如军事战争那样胜负易分，其情形远为复杂。须注意的是，在现实世界的失败面前，对传统文化的眷恋也常会成为晚清时人的心理支撑点。即便是早期洋务派人士，其心灵归宿往往还停留在中国传统的"伦常名教"上，并且认为这是中国文明之"道"；同时，将西方发达资本主义国家的强大指认为是一种工具性的"器"，认为其背后的"道"是付之阙如的，即使有，也要比中国的"道"逊色得多。在这样的"道"为本、"器"为末的认识论框架中，晚清时人建立了一个颇为巧妙的文化利用折中方案：一方面通过对"道"的强调，试图使儒家传统里经世致用的思想得以传承，另一方面，对西方之"器"的挪用又正可以弥补偏重朴学的传统士人"务实"能力的不足。

然而，内在的悖论由此产生：既然"道"为本、"器"为末，那么为什么无"道"而只有"器"的西方会如此强大；其间的逻辑是否存在不能自圆其说的断裂？其实洋务派如此矛盾地处理"道"和"器"的关系，自有其奥妙之处——其中不仅包孕着对中国传统文化刻骨铭心的执着，在客观上也为西学在中国的落地起到了缓冲的作用，因为如此就可以不触碰到中国传统的伦常名教以及皇权统治等敏感问题，为进一步译介与接受西学创造了必要的空间。洋务运动早期的"西学中源"说和后来的"中体西用"说就是在这一形势下出炉的，从林则徐、魏源时期动辄将西方称为"夷"，到洋务运动时期普遍称之为"西学"，晚清时人对西方的态度也在发生着微妙的变化。

某种意义上，上述这些做法仍是一种双刃剑：既打开了接受西学的空间，也使得接受的西学限定在一个相对较窄的范围——更关注器物层面上的西学，对西方的译介也更多落在实用性的法律与科技上，京师同文馆翻译的《万国公法》《格物入门》《化学阐原》等，以及傅兰雅等人在上海江南制造局翻译馆翻译的有关制造、军事、测量、机械方面的书籍（如《轮船布阵》《铁路汇考》等）都可以归入此范畴。相形之下，关于史志、政治等人文社会科学书籍的译介则寥寥无几。

然而，西学一经引入，显然并没有沿着预设的轨道前行。晚清时人在努力学习西方先进科技的同时，很快就窥见了西方器物背后的政治文化体制，并最终醒悟到军事、科技与其背后政治文化体制的一体性，才是西方列强称雄于世界的秘密所在。这一醒悟经过1880年代的酝酿，到了1890年代逐渐成了进步人士的共识，并且"这种认识导向随后的政治革新运动"。[①]客观上，洋务派对西方器物的学习为其后维新派把变革焦点对准国家政治制度，进而试图改变中国文化的内在机理铺平了道路。以康有为为例，康氏曾于1886年请张延秋转告张之洞中国译西书太少，政治方面尤其缺乏，傅兰雅所译西书"皆病医不切之学"。[②]这种感觉"西书太少"的心态正是晚清士人打开视野之后产生的求知不满，所谓"饮泉思渴之心"，[③]这构成了洋务运动失败后士人进一步求索救国强国之路的动力之一。从这点看，当初反对洋务的倭仁担心士人学习西方科技会"变而从夷"并非没有道理。

对西学认识的深化必然导致译书范围的扩大，晚清两本著名的西学书目可以印证这一点。1889年上海格致书院学生孙维新撰写的《泰西格致之

[①] 陈旭麓：《论"中体西用"》，郭双林、王续添主编：《中国近代史读本》，第322页。
[②] 康有为：《康南海自编年谱》，中华书局1992年版，第36—37页。
[③] 傅兰雅：《江南制造局翻译西书事略》，张静庐辑注：《中国近现代出版史料·近代初编》，第20页。

学与近刻翻译诸书详略得失何者为最要论》一书,将西学门类分为算学、重学、天学、地学、地理、矿学、化学、电学、光学、热学、水学、气学、医学、画学、植物学、动物学共 16 种。而仅仅在七年后的 1896 年,梁启超编写的《西学书目表》就将宗教以外的西书分为西学、西政和杂类三类二十八目,西学类包括算学、重学、电学、化学、声学、光学、汽学、天学、地学、全体学、动植物学、医学、图学;西政类包括史志、官制、学制、法律、农政、矿政、工政、商政、兵政、船政;杂学类分为游记、报章、格致总、西人议政之书、无可归类之书。其中西学类基本沿袭了孙维新的分类,但引人注目的是,"西政类"和"杂类"这些西方政治文化书籍不仅进入了编写者的视野,而且拥有了独立而醒目的位置,从中不难看到时代思潮的明显变化。

翻译潮流变化的另一个重要原因,来自于 1894 年"中日甲午之战"给中国知识群体造成的震惊体验,这直接导致整个中国掀起了一股留学日本的新潮。当时日本被视为中学与西学之间的转化桥梁,国人普遍认为日本已掌握了西学精要,而且认为日文学起来较易,[①]且"日本当时翻译西文书籍,差不多以汉文为主",[②]转译成汉语也较便捷,因而以日本为中介可以大大加速国人学习西方的步伐。由于以日本为师是在时代思潮的转变中发生的,因而无论是日人原创著作的汉译还是对日译西学的转译,在内容上已经不同于上一阶段的偏向于科技医学军事类书籍,而转向以政学为主了。

对西方小说的翻译也正是在这一思潮变化过程中开始的。在中国文学传统中,小说一直被当作不入流的"小道",向来不被士大夫阶层重视。直

[①] 如梁启超就曾在《清议报》上论说学日文之易:"学日本文者,数日而小成,数月而大成,日本之学,已尽为我所有矣,天下之事,孰有快于此者?"(梁启超:《论学日本文之益》,《清议报》,第 10 册,1899 年 4 月 1 日,转引自《饮冰室文集点校》,第 1372 页。)

[②] 包天笑:《钏影楼回忆录》,(香港)大华出版社 1971 年版,第 173 页。

到清光绪年间,小说地位才有所提升,甚至连著名经学大师俞樾也加以首肯。① 不过这只是中国文学传统内部的变化,还不足以彻底改变小说的地位。小说的命运真正得以改观,还得归之于19世纪末发生的"小说界革命"。1897年,梁启超、严复、夏曾佑等几乎同时发表了关于变革小说的主张——梁启超以其一贯汪洋恣肆的文风将其理想中的小说定义为"上之可以借阐圣教,下之可以杂述史事,近之可以激发国耻,远之可以旁及彝情,乃至宦途丑态,试场恶趣,鸦片顽癖,缠足虐刑,皆可穷形极相,振厉末俗"②;而严复、夏曾佑则认为:"夫说部之兴,其入人之深,行世之远,几几出于经史上,而天下之人心风俗,遂不免为说部之所持。"③ 这些论述都认定小说具有强大的社会动员和组织能力,能够起到化民觉世、拯救时弊的功用。这一小说认识显然来自于域外,严复、夏曾佑就认为:"且闻欧、美、东瀛,其开化之时,往往得小说之助。"④ 梁启超亦指出:"西方教科书之最盛,而出以游戏小说者尤夥,故日本之变法,赖俚歌与小说之力。"⑤

与这样的小说观念相呼应,翻译小说作为某种令人期待的模板,逐渐大行其时。梁启超身先士卒,带头翻译了日本政治小说《佳人奇遇》,后又翻译了法国小说《十五小豪杰》;林纾于1897年开始翻译《巴黎茶花女遗事》,1899年出版,一纸风行,影响极大,被严复誉为"可怜一卷茶花女,断尽支那游子肠"。自此,晚清的"翻译"形成了自己的路径选择:"以东文为主,而辅以西文;以政学为先,而次以艺学。"⑥ 显然,这一翻译形态既以学习"先进的"西方为目标,又不甘心亦步亦趋地跟随在西方身后,因

---

① 参见袁进:《中国小说的近代变革》,广西师范大学出版社2009年版,第17页。
② 梁启超:《变法通议·论幼学》,《饮冰室文集点校》,第53页。
③ 严复、夏曾佑:《本馆附印说部缘起》,陈平原、夏晓虹编:《二十世纪中国小说理论资料》(第一卷),第17—27页。
④ 同上书,第27页。
⑤ 梁启超:《〈蒙学报〉、〈演义报〉合叙》,《饮冰室文集点校》,第161页。
⑥ 梁启超:《大同译书局序例》,《饮冰室文集点校》,第147页。

而企图通过掌握西方器物背后的政治文化体制以重返强国行列。这其中，"翻译"成为了可以错位地对接殖民宗主国／被殖民地不同欲望的重要文化手段，呼应却也反抗了帝国主义殖民运动，从而形成了后发现代性国家特殊的"翻译政治"。

第二节　作为言语的翻译：商务印书馆翻译出版的缘起

伴随着晚清时人对西学认识的不断深入，在19世纪，翻译出版逐渐成为一种引领晚清社会变革的重要潮流，其在中国大致经历了两个发展阶段：

19世纪初至1860年代，翻译出版基本上是教会机构的天下，以宁波的华花圣经书房（1859年迁往上海后改名"美华书馆"）和上海的墨海书馆为代表，其所出译著大致可分为宗教书籍和科技书籍两类。在1850年代之前，这些出版机构以译介宗教书籍为主；1850年之后，才开始兼及西方科技类图书，主要涵盖地理、法律、医学、数学等方面。

1860年代至1897年商务印书馆成立之前，教会出版机构与官办出版机构双峰并峙。在这一时期，教会译介西学的机构主要有博济书局、土山湾印书馆、益智书会等。在继续以宗教书籍为出版重点之外，这些机构还以技术创新为牵引扮演了印刷出版技术领头羊的角色，如美华书馆负责人姜别利发明了电镀中文字模和排字架，极大提高了印书能力，为日后西学的大规模译介奠定了坚实的技术基础。

须注意的是，19世纪以来，西方教会出版机构所组织的西学翻译出版，混合着多种文化价值诉求，其与帝国主义殖民运动之间的关联，仍有必要引起足够的关注。以19世纪后期影响较大的广学会为例，其负责人之一的英国传教士李提摩太（Timothy Richard）就直言不讳地说："别的方法可以使成千的人改变头脑，而文字宣传则可以使成百万的人改变头脑"，"英国

第一章 文化版图的拓展：商务印书馆与近代中国的翻译出版

有必要更多地控制主要的大学、主要的报纸、主要的杂志和一般的新读物。通过控制这些东西和控制中国的宗教领袖，我们就控制了这个国家的头和背脊骨"。① 与这一意图相吻合的是，广学会在1892年后出版的书籍中，直接议论甚至贬斥中国朝政的书籍成为了重点，其中不乏将中国与英国统治下的殖民地印度进行简单类比的著述，而传播教义的图书反倒退居次要位置。② 很显然，教会出版机构作为有着特殊利益诉求和角色身份的文化机构，对于中国这样的后发现代性国家来说，既可能开启了全新的文化/技术空间，同时也带来了无法控制的文化风险。

应该是意识到了这一点，1862年，京师同文馆成立，标志着一批由官方经办的本土译书出版机构开始介入西学译介，其关注的重点一开始主要是针对西方科技。以京师同文馆和江南制造局翻译馆为例，前者译书26种，③ 主要侧重于国际公法和自然科学；④ 后者为官方历时最久、出书最多、影响最大的译书机构，主要侧重于应用科学技术，特别是兵器制造技术，⑤ 出版译著180种，⑥ 截至1879年年底，共售出31,111部83,454册。⑦ 从上述译著重点不难看出，"救亡图存"仍然是压倒一切的主题，这显然与教会出版机构的出版意图及重点有明显的差异。

这些官办出版机构的译著除了供译馆内和制造局使用外，也为京师同文馆、部分传教士书馆所采用，上海、厦门、烟台这些港口城市的公书院也购买收藏。据傅兰雅估计，如果当时有火车、邮局等设施，则"销售者

---

① 〔英〕李提摩太：《给英驻上海领事白利兰的信》，1899年3月30日，转引自高信成：《中国图书发行史》，第177页。
② 同上。
③ 参见熊月之：《西学东渐与晚清社会》，中国人民大学出版社2011年版，第248页。
④ 参见王建明、王晓霞等：《中国近代出版史稿》，南开大学出版社2011年版，第71页。
⑤ 参见姚福申：《中国编辑史》，第256页。
⑥ 参见熊月之：《西学东渐与晚清社会》，第396页。
⑦ 〔英〕傅兰雅：《江南制造总局翻译西书事略》，张静庐辑注：《中国近现代出版史料·近代初编》，第23页。

必多数十倍"。①此后，江南制造局的译著又经由傅兰雅创办的格致书室公开发售。该书室在上海创办之后，又逐渐设有北京、烟台、奉天、天津、杭州、汕头、福州、厦门、香港等分店，②梁启超、张元济等人都主要是借此渠道获得了大量江南制造局的译著。这种开设分店售书的模式，一定程度上打破了地域隔阂，为译著的纵深传播创造了条件，为后来包括商务印书馆在内的出版机构所继承。

当传统印刷出版文化中心的江南名城（如苏州、南京、杭州、常州等）因战乱开始衰落之时，上海却在此危机中崛起为新的印刷文化中心。③作为相对安全与稳定的通商口岸，上海很快成为教会出版机构、官办书局以及江南城市传统私刻书业的聚集之地；同时，各种新式印刷技术也在此地落地生根，得到了广泛使用；而新式教育的兴起，也为上海培养了一大批新式印刷人才。凡此种种，都为上海成为现代出版业的孕育之地奠定了基础。

商务印书馆正是诞生在这个背景下，并与许多大大小小的民营出版机构一起开启了以译著传播西学的历史新篇章。

1897年2月11日农历正月初十，商务印书馆成立，诸位创始人各司其职，为其迅速壮大奠定了良好的基础：夏瑞芳"身处竞争之中，不怨胜己者，以己之不能取胜为自反之道。喜冒险进取……不以情理见诎于人，知人善任，果断明决"，④表现出了作为掌舵者的把握机遇的能力、敏锐的生意头脑以及灵活的经营手段，并藉此建立了较为广泛的人脉关系；鲍咸恩、鲍咸昌两兄弟对于现代印刷技术的精通，使其有能力先后执掌商务的印刷所；高凤池则利用其担任美华书馆华人经理的身份为商务印书馆提供业务

---

① 〔英〕傅兰雅：《江南制造总局翻译西书事略》，张静庐辑注：《中国近现代出版史料·近代初编》，第24页。
② 参见〔美〕贝内特：《傅兰雅译著考略》，哈佛大学东亚研究中心1967年版，转引自邹振环：《20世纪的翻译与出版与文化变迁》，广西教育出版社2001年版，第18页。
③ 参见孟悦：《商务印书馆创办人与上海近代印刷文化的社会构成》，王晓明主编：《批评空间的开创》，第81—89页。
④ 孟森：《夏君粹芳小传》，《商务印书馆九十五年》，第19页。

行情……良好的经营管理团队使得商务印书馆在创立伊始,就能比较灵活地捕捉到市场行情,先后印刷出版了好几种受读者欢迎的书籍,获得了丰厚的利润。商务印书馆的第一本译著也是第一本畅销书《华英初阶》,就是在这样的背景下诞生的。

在中国,从古代进入近代后相当长的一段时期内,书籍的"拟想读者"基本上都是传统文人群体。他们在总人口中所占比例不多,且较为分散,在读书目的(致仕)、趣味上大致趋向一致。然而,伴随着西学东渐、学堂兴起、科举式微等一系列因素的持续发酵,在与西方接触较深的口岸城市诞生了一大批与传统文人群体志趣迥异的都市知识者群体,他们对书籍的要求逐渐从政治、文化的层面下移,甚至直接将知识和谋生关联起来。英语学习热的兴起就是明证。

大致从1880年代中期到维新变法,在广州、上海等口岸城市及周边城市掀起了一股学习英语的热潮。无论是有维新思想的传统士人还是新诞生的都市知识群体,无不以学习英语为新风尚,但后者在人数上要远远超过前者。究其原因,一是在此期间,学堂开始加速发展。在"甲午战争"之前,中国自办学堂只有25所,而1895年至1899年五年间全国兴办学堂150所。[①]大多数学堂在招考学生时,会将懂一点外语作为入学门槛,在课程设置上也会将英语学习放在重要的位置。据《上海近代教育史(1843—1949)》考证,到了19世纪70至80年代,上海就拥有36个(所)外语培训班和夜校,其中明确带有英华、英话、英字英语、英文、英语等字样的占27个(所),[②]从中不难窥见英语学习在上海这样的通商口岸的火爆程度。二是随着外国人纷纷来华,他们在上海、广州等口岸城市开办了大量洋行与外资企业,并且实际上控制了海关、邮局、铁路等近代新型的企事业机

---

① 参见桑兵:《晚清学堂学生与社会变迁》,第35—37页。
② 参见陈科美主编:《上海近代教育史(1843—1949)》,上海教育出版社2003年版,第64—65页。

构。这些机构因工资待遇高,吸引了更多人加入学英语的行列。不少无心科举的年轻人,都想借着学好英语进入买办机构来改变自己的人生,家在浙江湖州的陈品松就是其中代表。①

在上述种种因素的作用下,齐如山所描述京师同文馆时期那种"学了洋文便是降了外国"、进同文馆学习而被亲戚朋友看不起的现象,逐渐发生改观。正如梁启超所观察到的:

> 其翻译、通事之人,声价骤增,势力极盛,于是都人士咸歆而慕之,昔之想望科第者,今皆改而从事于此途焉。②

在短短几十年中,学习英语就成为了大潮,它迎合了整个社会趋新求变的风气,一定程度上打破了视科举为正途的传统观念,当时甚至在社会中还弥漫着这样一种议论:"迨西历一千九百年时,英语必为万国公言。"③

然而问题随之而来:面对如此庞大的英语学习群体,当时国内却几乎没有一套合适的英语教材。之前国人曾自己编写过一些英语学习书籍,主要有《华英通语》《英语集全》《英话注解》《英字入门》《英字指南》等,其中《华英通话》《英语集全》成书较早,皆用粤语发音的汉字对英语词汇和句子注音,另外三种则成书稍晚。彼时江浙一带已经和外国人交往频繁,后三种书是应这些地方的需要出版的,因此在汉字注音方面大多采用吴语、宁波方言或上海方言。综而言之,除了其中由在上海任职的曹骧编写的《英字入门》"把英语知识从字母发音、词汇、语句由浅入深分为若干

---

① 据周越然《六十回忆》一文的记载,光绪二十三年(1897),其堂兄陈品松想要周教其英语,说:"我在此地,无大出息,想学些洋鬼子的话,将来做外国生意……"该文收入周越然:《书与回忆》,辽宁教育出版社1996年版,第202页。
② 梁启超:《灭国新法论》,《饮冰室文集点校》,第732页。
③ 〔美〕傅兰雅:《江南制造总局翻译西书事略》,张静庐辑注:《中国近现代出版史料·近代初编》,第19页。

课，按部就班，循序渐进"①之外，其余的都不具备教材性质，主要教一些基本会话。有些编者本身发音就不准确，用方言注音更容易以讹传讹，而英文会话有些比较地道准确，有些则全部是洋泾浜英语。以宁波方言注音的《英话注解》就是典型代表，周越然回忆自己少年时学习此书之后与美国传教士对话，不料对方竟一个字也听不懂。②

除这些国人自编的英语学习书籍外，教会普遍采用的英语教材则是后来由谢洪赉③译注、商务印书馆出版的《华英初阶》，原书名 Primer，是英国人在印度推行殖民教育时编写的英语教科书系列中的第一本。全书分为字母表、两字词、三言句、五言句，最后是宗教课程。而且每课一般教授六个新单词，字体放大列于课文之上，其后分别搭配一个例句以及"发音"。在"发音"中，着重强调发音时的唇舌位置。此外，每课还有"教师指导"一栏，每隔两三课又有"复习课"，几乎具备现代英语教科书的雏形了。这一系列教材总称为《印度读本》(Indian Readers)，不仅每本书按照由浅入深的顺序编写，而且整个系列都按照层次高低顺序编写，其后商务出版的《华英进阶》正是其中较高层次的课本。在谢洪赉未译注之前，Primer 已被许多出版商翻印，在上海甚至周边城镇流通，如前述的陈品松在浙江湖州便能购得此书。该教材虽然具备现代教科书按部就班、循序渐进的特点，但其全英文编写的体例，又给中国初学者在使用上造成了很大的不便。

在商务印书馆与谢洪赉合作之前，上海一些重要的出版机构（如点石斋石印书局）仍旧把主要精力放在了传统的文人读者群上，不仅没有看见

---

① 季压西、陈伟民：《从"同文三馆"起步》，第294页。
② 参见周越然：《六十回忆》，周越然：《书与回忆》，第203—204页。
③ 谢洪赉（1872—1916），浙江绍兴人，父亲是基督教长老会牧师。由于受家庭影响，他自幼信奉基督教。1893年，他毕业于苏州博习书院（东吴大学前身），后在上海中西书院任教，兼做翻译工作。他是19世纪末我国少数几个能独立译书者之一。他不仅为商务译注了上述两书，还编译了《华英音韵字典集成》及中学数理化课本多种。他还是商务早期的股东，为商务创业做出了重要贡献。

新的都市读者群的出现,而且因为不了解他们的特殊要求,导致与异域文化进入后产生的广阔市场失之交臂,这无疑为商务的崛起预留下了空间。

而商务之所以能把握这一机遇,不仅在于其主事者因普通工人出身所具有的低调与讲究实际的品性以及对都市中下阶层的了解,而且在于一系列的因缘际会,使得其能寻找到谢洪赉这样合适的文化人作为合作者。早在1894年,谢洪赉就勤奋攻读过以吴语注音的《英字指南》以及《印度读本》等书,并在传教士的指导下,具备了很强的英文能力。此外,谢氏虽从小受洗并在博习书院这样的教会学校读书,但并没有荒废中文,他阅读过大量的儒家经典,对中国文化有着比较深入的了解。中英文皆佳的学养,为其日后译注《华英初阶》《华英进阶》创造了条件,他也因此得到博习书院院长潘慎文的赏识,毕业后被留校任职。1895年潘慎文调任上海中西学院时,谢洪赉也随之任职该校,这也正是其能结识商务创办诸人并与之合作的前提。

谢洪赉对于殖民气息浓郁的 Primer 的改造,主要在于加上了中文的译注,使得该教材开启了"吾国华英文并列之教科书"的先河。① 此举既保留了原书的所有特色,又增添了方便初学者理解的译文。谢洪赉的译文颇为人所称道,如将"my"译成"吾之"、"He and I can go"译成"彼与吾可以去",既准确,又灵活,并不囿于文言的成法,容易被都市普通读者接受。商务印书馆在1910年《华英进阶》的书籍广告中,赞美其为"真教科之善本、译学之模范"。② 后来周越然也曾评价说:"《初阶》《进阶》,虽不得称为尽美,译文甚为明白,有功于初学者非浅",明显也把译文看作其最重要的优势。

---

① 参见商务印书馆为此书撰写的详细介绍,载周振鹤:《晚清营业书目》,上海书店出版社2005年版,第332—333页。
② 见1910年1月出版的《教育杂志》第1年第12期上刊登的商务印书馆第813号广告,转引自邹振环:《〈华英初阶〉和晚清国人自编近代英语教科书的发轫》,上海中山学社编:《近代中国》第十五辑,上海社会科学院出版社2005年版,第154页。

谢洪赉曾在《论英文读本》一文中由初等到高等介绍了《印度读本》，指出"编辑愿意备印度学生考入大书院之用，故英文必须成材"之后，笔锋一转，有些批评意味地说道："吾辈华人子弟习英文者虽多，而能诵习此本（高等本）者已少，缘贸利途众，不待至此已可自见矣。"[①]虽然也道出了一些实情，但从中恰恰可以看出，英国殖民者在印度用得得心应手的"教育驯化"殖民地人民的企图在中国遭到了改造，中文因素以对等化的"译介"姿态的进入，使得英文教材所具有的外来文化强行侵入本地文化的一面被淡化，而其作为技术和工具层面的中介物的一面则被还原，从而容易被译入国民众所接受。某种意义上，可以说，商务印书馆正是抓住了历史转折时期这种微妙的文化心理，在译文上别出心裁，于是该书一出版便广受欢迎，取得了"利市三倍"[②]的成果，为商务印书馆赢得了事业的"第一桶金"。该教材至1917年已印行63版，1921年达77版，直至1946年还在重印。胡适、周作人、叶圣陶、梁漱溟等都从中受益。

应该说，《华英初阶》的出版对于商务印书馆来说意义重大，章锡琛将其看作是"商务印书馆经营出版事业的开端"，[③]后来的研究者邹振环甚至指出，正是《华英初阶》以及随后《华英进阶》的出版使得"商务印书馆在出版界崛起并在英语教育界崭露头角，改变了自己最初印刷商的形象，在文化界奠定了自己独特的出版地位"。[④]

《华英初阶》之所以能获得如此成功，或者更进一步说，商务之所以能

---

① 谢洪赉：《论英文读本》，原载《普通学报》，1901年第2期，转引自邹振环：《〈华英初阶〉和晚清国人自编近代英语教科书的发轫》，上海中山学社编：《近代中国》（第十五辑），第151页。
② 蒋维乔：《创办初期之商务印书馆与中华书局》，张静庐辑注：《中国近现代出版史料·丁编》，第395—400页。
③ 章锡琛：《漫谈商务印书馆》，《商务印书馆九十年》，第106页。
④ 邹振环：《〈华英初阶〉和晚清国人自编近代英语教科书的发轫》，上海中山学社编：《近代中国》（第十五辑），第159页。

在晚清的翻译大潮中脱颖而出，很大程度上是因为商务最初的经营者们不仅敏锐地捕捉到了新的都市读者群体的兴起，而且别出心裁地采用英汉并置的办法出版了适合读者需要的英语教科书。它的出版并不仅仅如上述研究者所揭示的那样，落在对商务自身文化品牌形象的塑造上，更为重要的，其实是这一编译实践有意或无意所显现的"反现代的现代性"自觉。它通过选择、翻译、英汉并置等手段，体现了对原本具有殖民属性的印度小学英语教材的自觉挑战——用孟悦的话来说，主要是因为商务探索了特殊的编译政治："如果说商务印书馆的这种编译活动有什么成功秘诀的话，那么就在于它改变了殖民地教材和传教士工具书的出版目的，为它们带来了另一个服务对象，一个同殖民主义的服务目的相反的服务目的。"[1] 正是着眼于面临帝国主义殖民危机的晚清民众"救亡图存"的强烈需求，而不是依附于帝国主义殖民运动，商务在编辑出版《华英初阶》《华英进阶》时，并没有仅仅停留在语音的对应性上，而是通过对"译文"的强调，使得英文教材不仅具有使用上的便利性，更为重要的是，在一定程度上探索了面临殖民危机的国度如何通过语言文化保留自己历史主体位置的可能性。而这一点，恰恰是之前许多英文教材的编写者所忽视的。

　　孟悦还指出，商务印书馆之所以能有如此不同寻常的选择，关键还在于工人企业家和"公益性学者"的结合——她主要指的是夏瑞芳等人与张元济的合作。但在此之前，商务印书馆与谢洪赉的合作就已经开始摸索这一模式了。据胡贻谷1917年发表的《谢庐隐先生传略》回忆："时商务印书馆正在初创之际，凡关于译著各事，必与先生磋商，先生亦以书籍为教育之利器，著述为开化社会之前驱，辄乐为臂助，商务书馆刊印各书必过目。其所译之《华英初阶》《进阶》等书，实为其最初出版物之一种。商务书馆

---

[1] 孟悦：《反译现代符号系统：早期商务印书馆的编译、考证学与文化政治》，《清华大学学报（哲学社会科学版）》2008年第6期。

总编辑之名，先生虽不居之，而有其实也。"①可以说，在张元济未入商务之前，谢洪赉作为相信"书籍为教育之利器，著述为开化社会之前驱"的具有启蒙气质的知识人，实际上已经在很大程度上担当起了"隐身"总编辑的角色，参与了商务出版方略的制订与实施，这为商务其后更加深入地与学界合作积累了良性的经验。

第三节　介入文化：商务印书馆翻译出版定位的形成

尽管商务凭藉《华英初阶》在翻译出版界小试牛刀，一炮而红，但是要想在此领域中大展身手，显然并非易事。如何在时移世易的晚清把准时代脉搏，应和由译介西学所触发的近代知识生产流程的调整节奏，特别是在"印刷大于出版"的特定历史阶段，如何率先完成由"印刷"向"出版"的转型，成为其中的关键所在。

事实上，在殖民危机浓重的晚清，学习异邦语言仅仅是进入西学的开端。梁启超就曾表示："学英文者经五六年而始成。其初学成也，尚多窒碍，犹未必能读其政治学、资生学、智学、群学等之书也。"②这一表述传递了如下信息：一是学英文见效迟缓，不易成功；二是英文只是工具，学习的根本目的在于阅读人文社科类西学典籍，而这才是在他看来可以变革现实的力量。李端棻进一步指出："所择之书，详于术艺而略于政事，于彼中治国之本末，时局之变迁，言之未尽。至于学校、农政、商务、铁路、邮政诸事，今日所亟宜请求者，一切章程条理，彼国咸有专书，详哉言之，今此

---

① 胡贻谷：《谢庐隐先生传略》，上海青年协会书报部1917年版，第21页，转引自邹振环：《〈华英初阶〉和晚清国人自编近代英语教科书的发轫》，上海中山学社编：《近代中国》（第十五辑），第158页。
② 梁启超：《论学日本文之益》，载《清议报》1899年4月1日第10册，收入《饮冰室文集点校》，第1372页。资生学、智学、群学即通称的经济学、哲学、社会学。

等书悉无译本。"①在他看来，政事是治国根本，学习西学当以此为先，有了政治制度的基础之后，"术艺"才能生根。梁启超、李端棻等人对于西学本末的看法，显然已经超越了国人之前主要在坚船利炮的技术层面上对西学的汲取，意味着甲午战争失败后国人无论是对于西学还是对于洋务运动都有了全新的认识。

那么，如何才能超越语言障碍，快速地学习西方的制度与文化呢？日译西籍作为一种由于语言便利而易于接受的文化替代品，成为晚清国人在内外交困的历史时刻的折中选择。当然，这并不意味着东学就此取代了西学的位置，而更多是因为东学作为西学的一种镜像，被晚清国人投射上了某种危机时刻的急功近利性，才受到了时人的重视。梁启超就指出："然则以求学之正格论之，必当于西而不于东，而急救之法，东固有未可厚非者矣。"②在他的话语逻辑中，西学高于东学，东学只是在明治维新成功所验证的"急救"的意义上才成为国人可资借鉴的文化资源。

正是在"急救"的意识下，从1896年开始，不仅京师同文馆等本土外语学堂开始开设日文课程，而且学堂之外的读书人也开始主动学习日文，张元济、包天笑等人即是案例。更为重要的是，政府于1896年开始派遣学生赴日本留学，并且鼓励学子自费留学日本。因赴日本留学路近、文同、时短、费省、留学生头衔好以及政府有奖励措施等原因，留日学生在短期内迅速增长，到1904年已达1300余人，③而到1906年更是突破了一万人。④

与此同时，翻译日文书籍也逐渐成为新风尚，据谭汝谦统计，从1896

---

① 李端棻：《奏请推广学校设立译局报馆折》，张静庐辑注：《中国近现代出版史料·近代二编》，第6页。
② 梁启超：《东籍月旦叙论》，载《新民晚报》1902年6月6日第9号，收入《饮冰室文集点校》，第1374页。
③ 舒新城：《近代中国留学史》，上海书店出版社2011年版，第35页。
④ 同上书，第31页。

年至 1911 年间，一共翻译日文书籍 958 种，每年平均译书近 64 种，分类情况见下表①：

种类	总类	哲学	宗教	自然科学	应用科学	社会科学	史地	语文	美术	合计
数量	8	32	6	83	89	366	238	133	3	958

由上表可知，这一时期，社会人文译著达 778 种，占 81.2%，自然科学与应用科学 172 种，占 17.9%，明显偏向于社会人文类。在译书主体方面，1900 年之前，主要是日人和一些国内的日文学习者；1900 年之后，留日学生开始成为主要的翻译者。②需要注意的是，这一时期的译著之所以以人文社科类为主，不仅是梁启超等精英知识分子大力倡导的结果，也是作为译书主体的留学生群体赴日之后主要学习人文社科类学科有关。这批留日学生多数未经国内学堂的系统学习，无法研习自然科学、应用科学等基础要求高的专业，因此只能避难就易，"纷纷请习法政"了。③据统计，在 1904 年 1300 多留日学生中，学文科者达 1100 余人。④

除此之外，短短 15 年（1896—1911）的时间出现了这么多的译著，与近代出版业的推波助澜也大有干系。在整个社会学习日本热潮的推动之下，译自日文的新学书籍十分畅销，出版社纷纷寻找稿源以获利，这成为了翻译日本图书的又一个强大动力。出版社的需求是如此旺盛，以至于在找不到足够译者的情形下，国内一些粗通日文的读书人也被出版社招入译书，如包天笑进上海广智书局编译所时，就曾以他只学习了三个多月的日文水平翻译过一本"讲开发道路沟渠工程的种种事"的书籍。⑤在这个风气之下，

---

① 参见谭汝谦：《中国译日本书综合目录》，香港中文大学出版社 1980 年版，第 45—49 页，转引自李广超、陈伟明：《近代中国留日学生的译书活动（1896—1937）》，《广西社会科学》2008 年第 5 期。
② 参见黄福庆：《清末留日学生》，"中央研究院"近代史研究所 1975 年版，第 157 页。
③ 舒新城：《近代中国留学史》，第 132 页。
④ 同上书，第 35 页。
⑤ 包天笑：《钏影楼回忆录》，第 245 页。

甚至还出现了像"作新社"这样由日人夏田歌子和留日学生戢元丞合作开办并以印刷出版日文书籍中译本为主的出版社。①

当然，在当时出版中译日文书籍的风潮下，无论是出版社还是译书群体都难免泥沙俱下，良莠不齐。对于出版社而言，他们跟风出版是需要承担风险的，尤其是在对日文书籍没有深入认识的情况下；然而从另一角度言之，新的出版潮流也在很大程度上促使已经成型的出版格局重新洗牌。风险与机遇并存的格局，显然给了商务印书馆这样的民间出版作坊的崛起机会。

有必要先回顾一下商务在1901年前后遭遇的困顿：当时商务主事人夏瑞芳跟风出版了一批中译日文书籍，但因翻译质量不高无人购买，致使亏损近万元。②而此时张元济因为维新运动失败之后被"革职永不叙用"，担任了上海南洋公学译书院院长，因业务关系，得与夏瑞芳结识。夏瑞芳因此请张元济审阅并组织专人修改完善这些译本以挽回损失，结果却依然未能奏效。此事刺激了商务的经营者，从此下定决心自设编译所，③改变原先以印刷为主、内容外包的经营策略，试图打通从编辑、印刷到发行的各个环节，建立全产业链的全新经营模式。

设立编译所显然必须聘请具备文化底蕴同时又有出版韬略的高层次文化人来主持大局，夏瑞芳深谙其理，先后延揽了蔡元培、张元济等名动一时的晚清翰林来担任编译所所长一职。为了将张元济请进商务印

---

① 参见邹振环：《20世纪上海翻译出版与文化变迁》，广西教育出版社2000年版，第67页。夏田歌子是日本女教育家，作新社出版了不少有一定影响力的翻译书籍，如杨荫杭译加藤弘之的《物竞论》。据刘禾的发现，作新社还曾把斯密司《支那人气质》的日文版译成了文言文出版。因为鲁迅一直没看到过这一版本，所以在去世之前还呼吁有人能把这本书译成中文。（参见刘禾：《跨语际实践——文学、民族文化与被译介的现代性》，生活·读书·新知三联书店2008年版，第80页。）
② 参见章锡琛：《漫谈商务印书馆》，《商务印书馆九十年》，第106页。
③ 参见王绍曾：《记张元济先生在商务印书馆办的几件事》，《商务印书馆九十五年》，第24页。

书馆，夏瑞芳不惜用重金礼聘：提出要付张元济350元月薪，而彼时张元济在南洋公学的月俸只有100两。① 夏瑞芳一心要与文化人合作的诚意打动了张元济，而张元济也逐渐意识到在现代出版业才能更好地实现他的理想。于是，他于1902年年初正式加入商务印书馆，执掌编译所。

进馆之初，张元济就与夏瑞芳约定"吾辈当以扶助教育为己任"，这显示出他作为"行动派学者"以文化出版作为教育救国手段的抱负，也使商务印书馆在出版宗旨上超越了那些单纯追求商业利益的出版机构，赢得了像蔡元培、严复等一批具有社会责任感的精英知识分子群体的好感与认同，使得他们乐于与商务合作，从而开创了现代出版行业与文化人合作的传统。商务印书馆最早的新学丛书《帝国丛书》就在这个氛围中诞生了。

《帝国丛书》于1902年2月至10月间出版，丛书名称据称是由"大清帝国"而来，② 也可能是照搬整套丛书的日文原名。由于年代久远，这套丛书详细完整的出版状况已不可考，综合邹振环与肖斌如的研究，可以得知这套丛书至少有八种，见下表：

书名	原著者	商务出版时间	备注
明治政党小史	东京《日日新报》编	光绪二十八年（1902）二月	
帝国主义	〔日〕浮田和民	光绪二十八年（1902）三月	
中国现势论	〔法〕爱姆士	光绪二十八年（1902）三月	

---

① 据陈明远《文化人的经济生活》（陕西人民出版社2010年版）的换算，20世纪初一两白银大约相当于1995年人民币100元，而一块银元相当于70元，则张在南洋公学的月薪是10,000元人民币，商务给他的月薪为24,500元左右，后者是前者的两倍有余。
② 参见肖斌如：《帝国丛书——商务印书馆最早的新学丛书之一》，《图书馆杂志》1982年第2期。

续表

书名	原著者	商务出版时间	备注
埃及近世史	〔日〕柴四郎	光绪二十八年（1902）四月	此书译者非"出洋学生编译所"，商务先后有麦鼎华、章起渭两个译本。其中麦鼎华译本先由广智书局初版，后商务将其编入《帝国丛书》。
扬子江	林安繁（日本法科大学生）	光绪二十八年（1902）十月	
各国宪法略	东京《日日新报》编	不详	凡七章分载宪法之渊源，后附国家思想异同之要，详列细目。①
各国国民公私权考	〔日〕井上毅	不详	
近世陆军	东京《日日新报》编	不详	

八种之中，《扬子江》《中国现势论》《埃及近世史》三书皆有译序。《扬子江》译序指出：

> 萧何收秦图籍而定汉业，读史者皆服此举之智也。呜呼！庸讵知今日他国之为萧何者，如林如雨，而吾华人固无贤否贵贱，吾华土无远近大小，皆在其所收图籍之中哉？知己知彼，百战百胜。何他国之智于知我，而我华人则不惟不知彼，且竟不自知己也。不惟不自知己，且并他人所知之我，而已亦不知之矣，呜呼，是何待战而后败，是何有收图籍者而不能达其志者哉！

译者悲叹帝国主义国家早已欲瓜分中国而国人竟不自知，既不知己也不知彼，更不知彼之知己程度之深，完全处于被动挨打的局势之中，其忧心时

---

① 参见王云五:《商务印书馆与新教育年谱》，江西教育出版社2008年版，第19页。

势艰难之意跃然纸上。《中国现势论》则指出一条帝国主义列强步步入侵所可能导致的可怖的亡国之路："其始也，见其土地之广袤，人口之蕃衍，则惊之；其继也，窥其国力之孱弱，则侮之；其终也，知其政府之腐朽，其人民精神之窳臭，而鱼肉牛羊之念生焉。"《埃及近世史》两个译本皆含序言，麦鼎华译本自序中明言："欲鉴中国之前途，不可不读埃及史。"而章起渭译本则由张元济写序，沉痛总结埃及的亡国原因为"不务其实而务其名，徒以为涂饰耳目娱乐外人之用。未行之前，不暇推究，既行之后，遂无一不与国势民情相触，以至溃败决裂而不可收拾也"。以史为鉴，以他国为鉴，规避亡国灭种危险，显然成为这两个序言的基本出发点。

总体而言，该丛书的出版意图主要体现为以下三点：一是通过展示他种文明的亡国史来反观当时中国的亡国危机，二是通过剖析列强瓜分中国的企图来刺激国人奋起反抗的意识，三是通过对别国富强以及宪政的描述来探寻中国的自强之路。应该说，该丛书紧紧抓住了当时的时代脉搏，寄托了译者对中国未来命运的忧患意识，曲折地传达了出版者商务印书馆希冀以译介西学来推动社会良性发展的文化理想，奠定了商务此后出版译著的基本出发点。

应该说，在商务印书馆出版史中，译著的出版始终占有相当的份额。据邹振环的统计，1902年至1910年间商务出版的865种图书中，译著至少330种，[①]占总数的38%。而根据李家驹统计，从1897年创馆至1949年，商务印书馆出版的译著共3880种，占商务总体品种数的25.63%，而从1903年开始，译著的出版数目大抵呈上升趋势。1903年之所以成为分水岭，与该年张元济成为编译所所长以及商务与日本出版企业金港堂的合作密不可分。通过将人才、资金、技术以及股份公司制管理模式等种种优势集成在一起，商务获得了明显的后发优势，在全国的译著出版中独占鳌

---

① 邹振环：《20世纪上海翻译出版与文化变迁》，第47页。

头。根据李家驹统计，1912年至1940年，被中国翻译书籍最多的国家按序有以下五国：英、美、日、法、德，共有译书5938种，而商务之于这五国的译著总数约占了全国译著出版总数的一半；从1897年到1949年，仅上海一地就先后出现290家大小出版机构，[①]而商务印书馆以一家之力就占据了半壁江山，可见其在出版译著上的龙头地位不可动摇。需要强调的是，商务印书馆在大量翻译英美列强书籍之外，还兼顾了其他国家包括弱小国家书籍的译介，如匈牙利、捷克、波兰、埃及、奥地利、冰岛、印度、古巴、南斯拉夫等。商务在译著内容选择上也包罗万象，包含了外国文学、自然科学、经济、哲学、政治、教育、心理学、历史等多种类型，其中人文社科类书籍是其译著出版的主体。此外，商务还和大量的译者合作，从建馆到1949年，共出版了1848名译者的3558种译著，[②]从这个数字可见商务与文化界交往之广。值得注意的是，商务印书馆在风云激荡的近现代，探索建构了一种折中的翻译出版立场：既与新式知识分子群体保持着广泛的联系与合作，整体上与时代节拍相一致，又避免在政治上过于激进，妨碍自己的发展。

商务印书馆通常以"丛书"的形式成规模地将译著推向市场，这些丛书包括：《帝国丛书》《政学丛书》《战史丛书》《历史丛书》《说部丛书》《尚志学会丛书》《共学社丛书》《世界丛书》《世界文学名著丛书》《汉译世界名著丛书》以及涵盖面极为广泛的《万有文库》等。这些丛书的出版大致可分为三个阶段：20世纪早期出版的《帝国丛书》《战史丛书》《历史丛书》等，多由留日学生从日文转译过来，呼应了当时国人"强国富民"的思想；"五四"前后出版的《尚志学会丛书》《共学社丛书》《世界丛书》等，多由留学英美的新式知识分子翻译，在很大程度上回应了"态度同一性"的总

[①] 根据宋原放、孙颙主编《上海出版志》（上海社会科学院出版社2000年版）一书中"1843—1949年上海出版机构一览表"统计得出。

[②] 参见李家驹：《商务印书馆与近代知识文化的传播》，第185—186页。

体"启蒙"氛围；1928年之后出版的《世界文学名著丛书》《汉译世界名著丛书》等，则聚焦于"经典"的译入与传播，意味着世界学术与文学已经开始按照自身的脉络演进进入中国，其对中国现实的直接回应性则相对减弱和淡化。

上述几类翻译丛书以外，商务出版的《说部丛书》因出版时间跨度大（《说部丛书》"四集系列"从1903年开始到1924年结束，前后长达22年之久[①]）、作品多而显得相对特殊。《说部丛书》主要译介世界文学，有两个系列，即"十集系列"与"四集系列"。前者共分十集，每集10种，合计100种；后者共分四集，前三集每集100种，第四集至少22种，合计至少322种。整个"十集系列"是"四集系列"的一部分，即"十集系列"的100种小说恰好作为"四集系列"的初编。《说部丛书》既有大量名著译本，又有通俗小说，影响极大，尤其是其中林纾的译作闻名遐迩。

商务在以丛书形式打造品牌的同时，对知名译者如严复、林纾等，又会重点加以介绍。与大多译著的译者模糊不详相比，大凡严复和林纾的译作，都着重强调译者的身份，会在醒目的位置标明"严译""林译"字样。如在《群己权界论》的广告中，在书名上一行，又会另加"严又陵先生新译"一行字；又如将林纾小说从《说部丛书》中又全部抽出，装一纸匣，另名为"林译小说"，整套销售。这些销售策略进一步挖掘了图书市场的潜在购买力。此外，在1897年至1904年间，商务的"译印之书，以小册为多，售价大多数每种一元以下，定价为一元或数额有超过一元者，其售价较昂者，皆为影印式排印旧籍"，[②]可见商务对翻译书籍有着明确的读者定位。这些都反映出其在翻译出版上既有文化追求又深谙销售之道，从而将文化理想与商业追求结合得极为紧密。

[①] 参见付建舟：《谈谈〈说部丛书〉》，《明清小说研究》2009年第3期。
[②] 王云五：《商务印书馆与新教育年谱》，第38页。

第二章　早期商务印书馆译者群的形成
——以林纾、严复为中心

"译才并世数严林。"1913年康有为在《琴南先生写万木草堂图题诗见赠赋谢》一诗中首次将严复与林纾并列为翻译奇才，其主要依据显然在于：一是严、林皆为福建人士；二是严、林都自觉采用桐城派古文作为自己的翻译语言；三是严、林在各自所从事的翻译领域都取得了出色的成就，产生了其他译者无法替代的巨大影响；四是严、林都与商务印书馆有不解之缘，"严译名著"与"林译小说"都是商务经营的著名"品牌"，不断再版，销量巨大。因而，尽管两者翻译风格存在着明显差异，[①]且并不认同彼此的翻译成就，后世的研究者也常常厚此薄彼，[②]但将二者齐名并列，互为彼此

[①] 严、林在翻译上的差异是明显的：林纾以翻译外国小说为业，因小说内容的生活化、俚俗化，原本严谨的桐城派古文的语言就不得不变化为钱锺书后来评价的那种"较通俗、较随便、富于弹性的文言"。（钱锺书：《林纾的翻译》，载《林纾的翻译》，商务印书馆1981年版，第39页）相比而言，严复因翻译的对象是西方社会科学著作，较易采用渊雅的文言，而严复自己又坚信用"汉以前字法句法"才更容易达到他心目中的"达"，所以他的译笔得到了当时桐城派古文大家吴汝纶的赏识，欣然为其《天演论》作序，称赞其译文"骎骎与晚周诸子相上下"，并认为"文如几道，可与言译书矣"。（《天演论·吴序》，商务印书馆1930年版，第2页）钱锺书在《谈艺录》中给严复译著的评语是"所译之书，理不胜词"，虽然对严译里所展现的"理"不看好，但对其文字还是认可的。（钱锺书：《谈艺录》（上卷），生活·读书·新知三联书店2001年版，第84页）

[②] 因林纾后来的保守立场以及译作质量下滑，再加上"五四"时期新文化阵营对林纾的刻意贬低等原因，部分学者在并提到两人时，对林纾评价甚低，如梁启超在《清代学术概论》里大赞严复的贡献之余，顺带称林纾"所译本率皆欧洲第二三流作者""于新思想无与

"不在场的存在",则几成定论。

　　围绕两人的翻译活动,形成了一系列理解近代翻译的核心问题:为什么近代两位影响最大的翻译家都出自福建?是什么样的时代氛围、地域特征、前提条件以及动机使得二人都选择了翻译事业?他们又是怎样与地处上海的商务印书馆发生关联,彼此之间相互吸引的因素有哪些?本章试图以商务印书馆为切入口,分析近代新式媒体在"严译名著""林译小说"的生产与传播中到底扮演了何种角色。

第一节　选择译业:近代文人群体的一种转型

　　置身于由西方发达资本主义国家所主导的殖民运动之中,晚清中国政治、经济、社会、文化等各个领域出现了一系列变化。然而中国幅员广阔,地方差异较大,各地步伐并不一致。正如美国学者柯文在《在中国发现历史》一书中所指出的:通商口岸、现代工商业、大众传媒、基督教徒、总理衙门、海关、留学生等新生事物的出现与西方入侵直接相关,这些作为中国的"外层带"最易受到西方入侵势力的冲击;而包括语言与书法、本土思想、农村的风俗习惯与生活方式等在内的所谓中国的"内层带"具有强大的稳定性,西方影响很难在短期内抵达并被接受。①而严复、林纾的家乡福建作为通商口岸正处在中国的外层带上。

　　（接上页）焉"等。汪家熔在《近代出版人的文化追求》一书中,虽然承认数量多、读者多的林译小说"对于影响当时的读者去认识世界,应该有一定作用,更对后来新文学的产生,起到一定的借鉴作用"(第134页),"但从社会效果看,严复半本《天演论》就能顶上林琴南的一大堆"。(第94页)笔者认为胡适在《五十年中国之文学》(1922)一文中对严、林二人的评价较为公允:"严复是介绍西洋近世思想的第一人,林纾是介绍西洋近世文学的第一人。"(陈平原主编:《中国现代学术经典·胡适卷》,河北教育出版社1996年版,第601页)

① 〔美〕柯文:《在中国发现历史》,林同奇译,中华书局2002年版,第42—43页。

第一编 "现代"文化生产中的"翻译"

16世纪起，由葡萄牙人开始的对华贸易，使得澳门、福建、广东一带与西方有了接触，自此涌现出一批最早的以翻译为生的中国"通事"。尽管这些"通事"掌握的外语有限，但他们消息灵通，较易接受新事物，富有开创精神，因而在最初的中西（贸易）交流中扮演了重要角色。19世纪中叶之后，随着中西交流日繁，中国沿海地带的风气也开始发生微妙的变化：科举制度对年轻人尤其是贫寒子弟的吸引力日益衰退；与此同时，新式学堂开始兴起，在科举功名之外寻找另一种人生由此成为可能。第一所近代海军学堂"福州船政学堂"（因校址在马尾，也称"马尾船政学堂"）于1866年在船政大臣沈葆桢的主持下设立，就吸引了一大批福建籍子弟，也因此培养了一大批具有新知识结构的人才，严复即是其中之一。而林纾最早的合译者王寿昌，幼年也肄业于马尾船政学堂，并被派往法国巴黎大学留学，归国后曾在马尾船政学堂任法文教习。也正是在此期间，林纾与其相识，才在一次偶然的交谈后有了《巴黎茶花女遗事》的翻译，而这本译作的成功正是林纾踏上漫长而多产的翻译之路的关键。

需要注意的是，柯文所指称的层带区分不仅体现在地域上（通商口岸—内地），也表现在个人的身份、识见、经验和思想，特别是个人身上的各种矛盾和分裂上。以近代学堂学生为例，一方面，作为新式学堂里的学子，他们开始接受西方近代知识体系而对正统文化有所警惕和反省；但另一方面，在进入学堂之前，他们往往已熟读儒家的启蒙读物，大抵认定通过中科举走一条修身齐家治国平天下的平坦大道方为正途。这种社会转型所造成的知识结构上的矛盾，使得近代学堂的学生成为历史过渡时期新旧杂糅的存在，令人喜忧参半："吾始闻学生以将来之主人翁自命，吾狂然喜者屡矣。迨默而察之，其事实多与所期者相负，则闻学者相告曰：某校卒业如何保奖某举贡某进士。教育以此励，学者以此趋，一若舍此虚名而不足以自立也者。不知国民之尊贵，而加以此等一人私许之名，已降主人一等矣。吾悲之，吾耻之。"① 在此情形下，新式学堂在晚清常常饱受争议，特别是在内地——天津的北洋水师学堂于1881年成立之初，即使招生条件优厚，也无法在北方招满生员。桑兵因此指出："从士人到学生既非摇身一变而成，也没有不可逾越的鸿沟。在交替过渡时期，向心力与离心力交相作用，使这个一身二任的群体历经磨难。"②

在这样的情势下，新学人士的处境颇为尴尬，即使其在新学传播领域已取得了令人瞩目的成就，假如未能取得科举功名，也很难得到社会认同，其社会影响力也颇为有限。严复即是例证，他自幼就学习过儒家基本经典，也意识到"不由科举出身，政所言每不见听"，③因而在回国的第二年（1880年），他就拜吴汝纶为师，潜心学习古文以图科举功名。然而从1885年至1893年，严复参加了四次乡试皆以落第告终，不得不最终放弃。因而他曾经作诗自嘲："当年误习旁行书，举世相视如髦蛮。"④ 林纾在科举上的遭遇亦与严复相似。尽管他在1882年中了举人，但其后参加多次礼部考试都是无果而终，从此林纾也就不图仕进。1901年即使有礼部侍郎郭曾炘的保荐，林纾都坚辞不参加该年的经济特科考试。看透官场腐败自是其中一个主要因素，在翻译事业上成功、人生另有寄托也是重要缘由。

翻译人才在晚清中国的遭遇，在一定程度上折射出了社会转型时期的特有征候：一方面，为应对帝国主义殖民侵略，近代中国亟须培养新式人才；另一方面，文化变革却又滞后于危急时势，使得新式人才往往报国无门，殊少用武之地。这一情形直到"甲午"之后才有所变化，才会产生1905年严复到上海演讲时连那些对其译述一无所知的人也会赶"时髦"⑤来听讲的盛况。

---

① 愚公：《二十世纪之中国民》，《振华五日大事纪》第6期，1907年5月11日。转引自桑兵：《清末兴学热潮与社会变迁》，《历史研究》1989年第6期。
② 桑兵：《晚清学堂学生与社会变迁》，第162页。
③ 严璩：《侯官严先生年谱》，王栻编：《严复集》，第1547页。
④ 严复：《送陈彤卣归闽》，王栻编：《严复集》，第731页。
⑤ 参见包天笑：《钏影楼回忆录》，第228—229页。

严、林所处的时代正是中国内忧外患极其严重的时候："甲午"战败进一步加剧了中国被殖民的危机感，戊戌变法的失败使得时人对朝廷更加失望，1900年"庚子之变"八国联军攻占北京更使山河飘摇，国势危颓。在这样危机四伏的情境中，假如没有西学东渐潮流与国人"睁眼看世界"的自觉的合流，没有报刊、出版社等新式媒体的出现，那么可以肯定，像严、林这样科场屡屡失意的传统文人，已经无法一朝中举跻身士大夫阶层实现自己的入世抱负，也就只能归隐乡里或看透世情或牢骚满腹在诗酒耕读中消磨人生。但是时代变换与由此带来的文化转型给他们提供了新的选择——最终他们还是通过自己的翻译事业参与到了"救国保种"的时代大潮中。

翻译之所以能被视为救国的利器，与严、林在"甲午"之后对危急时势的反思以及由此产生的个人在历史中新的站位设想直接相关。严复感慨："观今日之世变，盖自秦以来未有若斯之亟也。"然而经此巨变，其时国人却仍然未能走出天朝大国的迷梦，也没有对西洋列强强大的缘由产生足够的认识，严复因而批评道："夫士生今日，不睹西洋富强之效者，无目者也。谓不讲富强，而中国自可以安；谓不用西洋之术，而富强自可致；谓用西洋之术，无俟于通达时务之真人才，皆非狂易失心之人不为此"。[①] 清醒地意识到学习西洋之术已刻不容缓，如何将西洋之术有效引入中国，因之成为严复介入翻译的重要出发点。他指出："盖政如草木焉，置之其地而发生滋大者，必其地肥硗燥湿寒暑，与某种族最宜者而后可。否则，萎墄而已，再甚则僵槁而已。"[②] 在他看来，引入西洋之术着眼点在于变革中国政制；如何改变作为政制支撑基础的民众成为当务之急，而之前的种种改革显然都见不及此，造成"民力已茶〔苶〕，民智已卑，民德已薄，虽有富强之政，莫之能行"[③]，因此，他认为如何"鼓民力""开民智""新民德"已成为晚清

---

① 严复：《论世变之亟》，《直报》1895年2月5日。
② 严复：《原强修订稿》，王栻编：《严复集》，第26页。
③ 同上。

中国走出颓势的必由之路。在这样的认识下，严复选择翻译赫胥黎《进化与伦理》(*Evolution and Ethics*，即《天演论》)就在情理之中了。① 1901年，经历了"戊戌""庚子"之变的严复更加坚定了自己的想法，他在给张元济的一封信中表示：

> 复自客秋以来，仰观天时，俯察人事，但觉一无可为。然终为民智不开，则守旧维新两无一可。即使朝廷今日不行一事，抑所为皆非，但令在野之人与夫后生英俊洞识中西实情者，日多一日，则炎黄种类未必遂至沦胥；即不幸暂被羁縻，亦将有复苏之一日也。所以屏弃万缘，惟以译书自课。②

严复清楚意识到，在欧美列强肆虐的时代，"翻译"对于中国来说，在很大程度上承担了开启民智、维新自救的历史使命，因而"以译书自课"成为了他自觉的选择。

林纾对"翻译"的认识与严复大致相似。他也认为译书对于开民智极为重要，认为译书的必要性要胜过"立学堂"和"立会演说"："吾谓欲开民智，必立学堂；学堂功缓，不如立会演说；演说又不易举，终之唯有译书。"③ 早在翻译《巴黎茶花女遗事》之前，林纾就有翻译政治思想小说以"改良群治"的意图，并有心翻译有关拿破仑、俾斯麦等政治人物的传记。④

不过，虽然二人皆欲以翻译开启民智，但对自身翻译的期许却不无差

---

① 严璩：《侯官严先生年谱》1895年条里说："和议始成，府君大受刺激，自是专力于翻译著述。先从事于赫胥黎（T. Huxley）之《天演论》(*Evolution and Ethics*)，未数月而脱稿。"收入王栻编：《严复集》，第1548页。另，王蘧常《民国严几道先生年谱》将《天演论》的翻译放在了1896年的夏初。(见该书，[台湾] 商务印书馆1985年版，第29页）
② 严复：《与张元济书（一）》，王栻编：《严复集》，第525页。
③ 林纾：《译林序》，陈平原、夏晓虹编：《二十世纪中国小说理论资料》（第一卷），第42页。
④ 参见邱炜萱：《客云庐小说话·挥麈拾遗》，阿英编：《晚清文学丛钞·小说戏曲研究卷》，中华书局1960年版，第408页。

别。严复认定自己所译乃"学理邃赜之书",因而务求渊雅;其拟想读者为"多读中国古书之人"的知识精英,因而其对自身的期待也远较林纾为高。在《群己权界论》一书的《译凡例》中,对这部译稿失而复得的经历他感叹道:"鸣呼,此稿既失复完,将四百兆同胞待命于此者深,而天不忍塞其一隙之明欤。"① 此种自信与初到北洋水师学堂时喟叹自己"不由科举出身,政所言每不见听"有了天壤之别。显然,严复对于翻译作用的信心,不只来自对自身素养和识见的自信,更来自对其拟想中的知识精英读者可以改变中国的极大信赖。在这个意义上,就可以理解,当梁启超对严复过于渊雅的语言有所微词时,严复为何会特别敏感,立即写信为自己辩护。② 有研究者因此认为,严复提出"信、达、雅"三大翻译原则,寄寓着被压抑的主体如何借助翻译呈现自我的努力,因而须被当作隐含不同权力关系的翻译政治来看待:"其中'信'体现的是传统翻译活动中原文与译文、作者与译者之间的权力支配关系;'达'意味着译者以己意对原文进行选择、改动、删削、附益,从而将翻译改造为挪用,体现出一种'思想挪用的政治'或曰'译者主体的政治';'雅'代表了译者在主体文化与客体文化的特定权力关系背景下,通过归化策略护存主体语言之纯粹性、主体文化之凝聚力的努力,构成了一种'语言归化的政治'或曰'文化抵抗的政治'。"③

与严复有所不同,林纾则更注重以译书"俚浅"以启发民智,因而其主要翻译的是小说,特别是更易为民众所接受的通俗小说,意在借助文学作品特有的情感力量打动人心,所以他在译书的序跋之中多次指出翻译目的为"震动爱国之志气"④"冀吾同胞警醒"⑤,强调如此才会"人人咸励学问,

---

① 严复:《群己权界论·译凡例》,商务印书馆1930年版,第5页。
② 参见严复:《与〈新民丛报〉论所译〈原富〉书》,王栻编:《严复集》,第516页。
③ 徐蕾、李里峰:《严复译著与"翻译的政治"》,《广东社会科学》2006年第2期。
④ 林纾:《〈爱国儿童子传〉达旨》,薛绥之、张俊才编:《林纾研究资料》,知识产权出版社2010年版,第101页。
⑤ 林纾:《〈不如归〉序》,薛绥之、张俊才编:《林纾研究资料》,第92页。

人人咸知国耻,终乃力屏联军,出之域外",①由此实现"振作志气、爱国保种之一助"。②林纾虽一再唶叹自己已年老,报国时日无多,力量微弱,但其呼吁青年人奋起保国之心却极为赤诚,"翻译"显然也在一定程度上与其"爱国保种"的热望联系在一起,被寄寓了一种类似于文化抵抗的意味。

总之,严、林所处地域的开放性使二人较易接触到外面的世界,相对于当时内地大多数死守儒家经典的传统文人而言,他们目光远为开阔、对时代的变化也更为敏感,这为他们能较早接触到西方文学与思想并最终选择翻译事业提供了可能性。当然,传统文人凭借科举而实现的功名进阶之路也充满诱惑,但仕途堵塞封死了他们的这一追求。在人生遭遇危机之际,翻译显然给他们提供了一个机会:身在庙堂之外却能发挥庙堂之内士大夫们的作用。这一间接渠道是对传统文人经世致用道路的替代性方案,也因此,严、林实际上已经从传统文人开始向现代知识分子转化。需要注意到的是,正是因为严、林处在时代转折之中,新旧两股势力始终在撕扯,这就必然造成了其思想的驳杂性——对翻译语言的选择和维护(严、林),对拟想读者的预设(严),从当初认为翻译十分必要到后来对自己的翻译不屑一顾(林),以及在生命后期思想渐趋保守(严、林)等等,值得进一步分析。

第二节 翻译与出版的结合:传播维度的考察

尽管在晚清危局中翻译群体渐成气候,然而,译书潮流要真正有效介入社会文化转型,成为一股不容忽视的社会变革力量,显然仍有赖于新式

---

① 林纾:《〈滑铁卢战血余腥记〉序》,阿英编:《晚清文学丛钞·小说戏曲研究卷》,中华书局1960年版,第207页。
② 林纾:《〈黑奴吁天录〉跋》,薛绥之、张俊才编:《林纾研究资料》,第91页。

传播媒介、技术和渠道等要素的集聚和支撑。

在中国古代，书籍刻印主要有官刻、家刻和坊刻三种。官刻依托各级官署和各种官办学校，坊刻主要通过商业流通网络，家刻数量不多，其流通大多限于一个地域。整体而言，由于受到地理交通、文化传承、宗族观念、社会地位、制作成本等一系列因素影响，凭借上述三者构成的流通网络，实际上书籍向整个社会的流传面并不广，大致的情形是"各个刻书中心都是图书流通的辐射中心，离中心越远，流通的数量就越少"。[①] 清代（尤其是太平天国运动之后）的刻书中心主要集中在苏州、常州、南京等江南名城。在尚未经历"三千年未有之大变局"的清朝中前期，文人为了实现儒家"三不朽"中的"立言"之理想，自有著书立说和编刊文集的动力，但在这样的出版格局之下，其著述的影响力显然是有限的。钱锺书曾言："大抵学问是荒江野老屋中二三素心人商量培养之事，朝市之显学必成俗学。"[②] 这正能代表他们对待自己作品的态度：并不追求读者人数之众，而更多追求"藏诸名山，传之其人"，能为少数知己认可即可。

然而，时移世易，处在"救国保种"的晚清殖民危机之中，开民智以救国成了近代知识分子的共识，翻译作为开民智的手段变得越来越重要，如何有效地进行翻译传播，也随之成为一个重要的问题。"甲午"之后，维新人士普遍意识到报刊这一新式传播媒介对于宣扬维新思想、进行国家变革的重要性。严复、林纾显然深受这一思潮的影响，主动开始与新式媒介合作——严复先是在天津《直报》上密集发表文章，阐释其维新思想，如《原强》《辟韩》《救亡决论》等，后又在天津联合王修植、夏曾佑、杭辛斋等人创办《国闻报》和《国闻汇编》。林纾虽然没有第一时间在报纸上直接发表文章表达政见，却公开出版自己的第一本著作《闽中新乐府》来讽喻

[①] 李瑞良：《中国古代图书流通史》，上海人民出版社2000年版，第432页。
[②] 转引自郑朝宗：《钱学二题》，《厦门大学学报（哲社版）》1988年第3期。

时事倡导新政。1901年，在杭州期间，他也终于亲自参与创办了《杭州白话报》。①除此之外，他们主要的精力还在译书，于是为译稿寻找合适的出版机构变得十分重要。

以严复为例。尽管严复对译著读者的范围预期没有梁启超那样广，但显然依旧想争取更多的拟想读者，因此，他不仅在《国闻汇编》上连载《天演论》的部分译稿以扩大影响，而且提前将《天演论》出版后的销售问题提上了议事日程。他曾为此请教吴汝纶，后者则在1898年2月10日给吕秋樵的信中为严复提供了一系列建议：

> 近日阅报者尚不能多，又阅者未必深通中国古学，不过略猎书史，得《时务报》已拍案惊奇。如几道之《天演论》，则恐"大声不入里耳"，知德者希，难冀不胫而走，似宜凭藉威力，请夔帅札饬各属购阅，仿香帅主持《时务报》之例，乃望畅行乞转达几道与王观察裁幸！②

吴汝纶认为《天演论》的阅读门槛甚高，召唤的是那些既具有开明思想又"深通中国古学"的知识精英，但是当时兼具两者的人士并不很多。王佐良曾经这样描述这一群体的整体样貌：

> 这些人足以左右大局，然而却保守成性，对外来事物有深刻的疑惧；只是在多次败于外夷之手以后，才勉强转向西方，但也无非是寻求一种足以立刻解决中国的某些实际困难的速效方法。③

---

① 参见包天笑：《钏影楼回忆录》，第168页。
② 吴汝纶：《答吕秋樵》，《吴汝纶全集》（三），黄山书社2002年版，第181页。
③ 王佐良：《严复的用心》，商务印书馆编辑部编：《论严复与严译名著》，商务印书馆1982年版，第26页。

对于"保守成性"的士大夫阶层而言，不用非常之手段，显然是不会主动接受西方事物尤其是不能顷刻见效的学术思想的。因而，吴汝纶才会想到仿效张之洞推广《时务报》的先例，建议以行政命令强行推广《天演论》。不过此举后来并未实施，原因可能是在严复翻译、修改过程中，稿本已经被梁启超、卢靖①等人借抄。他们都劝严复将《天演论》"早日付梓"，卢靖更亲自为促成该书出版而出力：他将抄本寄到家乡沔阳弟弟卢弼②处，而后者成了《天演论》第一个版本"慎始基斋本"的出版者。③可以说，上述几位人物都是受新学影响较深同时兼具旧学功底之人，且在当时也较为年轻，对时局的把握比吴汝纶更加敏锐，因而更能体味到《天演论》之切中时弊，并且预判到其可能引领潮流，从而打消严复对销路的顾虑。

事实上，以当时的情势，吴汝纶之"恐大声不入里耳，知德者希"的担心实在有点过虑了。某种意义上，可以说，《天演论》所提出的"物竞天择""适者生存"的话语逻辑呼应了国人内心的焦虑，并在一定程度上标示出了国家落后的缘由以及发愤图强的动力，因而受到了时人的格外关注，以至于《天演论》一出，"最顽固的蒙师，也谈起'弱肉强食'来了，也讲起'适者生存'来了"④、"达尔文、斯宾塞之名腾于众人之口，物竞天择之语见于通俗之文"⑤、"'物竞'，'争存'，'优胜劣败'等词，成为人人的口头禅"⑥。

---

① 卢靖（1856—1948），湖北沔阳人。1885年中举，曾任天津武备学堂算学总教习。1887年起历任知县、保定大学堂督学。1905年赴日本考察学务，后任提学使。1911年后在天津经营实业。
② 卢弼（1876—1967），湖北沔阳人。清末两次留学日本。1913年后，任国务院秘书长等职。50岁后辞官，潜心学术研究。
③ 参见俞政：《严复著译研究》，苏州大学出版社2003年版，第14—15页。
④ 周越然：《追忆先师严几道》，载《上海杂志》1945年8月号第15卷第5期，收入苏中立、涂光久编：《百年严复——严复研究资料精选》，福建人民出版社2011年版，第109页。
⑤ 王国维：《论近年之学术界》，转引自《百年严复——严复研究资料精选》，第288页。
⑥ 蔡元培：《五十年来中国之哲学》，转引自《百年严复——严复研究资料精选》，第272页。

王国维在评论法国 18 世纪的自然主义在 20 世纪初中国学界引起的思潮时说:"附合此说者,非出于知识,而出于情意。彼等于自然主义之根本思想,固瞢无所知,聊借其枝叶之语,以图遂其政治上的目的耳。"① 严复《天演论》的流行也应作如是观,这一点胡适在 30 多年后论述得很清楚:

> 读这书的人,很少能了解赫胥黎在科学史和思想史上的贡献。他们能了解的只是那"优胜劣汰"的公式在国际政治上的意义。②

然而,《天演论》的翻译所引发的社会接受语境的误读,仍可以放在"创造性叛逆"的角度来进行理解。一般说来,"翻译总是一种创造性的叛逆","文学翻译中的创造性叛逆特别鲜明、集中地反映了不同文化在交流过程中所受到的阻滞、碰撞、误解、扭曲等问题"。③ 也就是说,"物竞天择""适者生存"这一类概念被从其具体文本系统中抽离出来而流行于译入地的背后,其实隐藏着译入地在域外文化进入时保存文化主体性的"叛逆"意识在里面,是译入地根据自身的社会文化语境自觉选择的一种结果。就这一点而言,仅仅将上述现象归咎为技术层面因"陌生感"而产生的理解与接受上的失误,是很不够的。

不过,由于晚清中国尚处在前文化工业时期,书籍一类的文化产品往往会受到印刷技术与传播路径的限制,因而在讨论《天演论》的思想影响时,隐藏在其思想背后的物质性因素也须格外关注。如果梳理一下《天演论》的生产与传播过程,可以看到,《天演论》最初的传播(大约 1897 年前后)是通过抄本形式,主要读者是严复的师友以及其朋友圈等,大多为

---

① 谢维扬、房鑫亮主编:《王国维全集》(第一卷),浙江教育出版社 2009 年版,第 122 页。
② 胡适:《四十自述·在上海(一)》,欧阳哲生主编:《胡适文集》(1),北京大学出版社 1998 年版,第 70 页。
③ 谢天振:《译介学》,上海外语出版社 1999 年版,第 5、13 页。

士人阶层，如张汝纶、梁启超、卢靖、孙宝瑄[①]等。1898年，《天演论》第一个通行定本慎始基斋木刻本发行之后，嗜奇精舍石印本也于该年10月在天津发行，并于12月第二次石印。黄遵宪、蔡元培等读到的正是这两个版本中的一种。

在上述时间段，《天演论》的读者面相对有限。主要是因为此时图书出版受地域、技术等限制，其传播一般以出版地为中心向四周散布，但传播半径并不大，不在此传播范围内的读者往往难以见到此书。伴随着《天演论》的口碑逐渐传开，各地开始以类似于"接力赛跑"的方式印刷"本地"版本，由此形成了一个以沿海城市群为中心的生产与销售的网络：1901年南京出了富文书局的石印本，该年赴南京矿路学堂读书的鲁迅读到的极有可能是这个版本；1903年杭州和上海又出过多个版本，如杭州的史学斋石印本、《吴京卿节本天演论》等。

这一时期《天演论》的出版大多采用了可以大规模生产的石印技术，其传播由此得以迅速展开，并慢慢进入了正规的知识生产体制，逐渐影响到新式学堂里的学生——1901年鲁迅在学堂读书时，《天演论》基本上以学生自购自读为传播方式；1905年胡适在学堂读书时，《天演论》已经作为上课时的读本了。[②]尽管《天演论》出版数量大幅增加，仍然满足不了读者对新学不断增长的阅读需要，因此，虽然有多个版本，却仍有人因购买不到而手抄成书。[③]

[①] 孙宝瑄（1874—1924），浙江钱塘人。生于官宦世家，其父孙诒经，曾任光绪朝户部左侍郎。其兄孙宝琦，曾任清朝驻法、德公使。本人以荫生得分部主事，补员外郎，先后在工部、邮传部及大理院任职。民国初，任宁波海关监督。生前写有大量日记，保存至今者已整理成《忘山庐日记》，1983年由上海古籍出版社出版。这些日记中对自己读《天演论》之思想过程有较详细的记载，其中就提到第一次阅读到的版本为《赫胥黎治功天演论》，从书名推测，应是未正式出版的传抄本。
[②] 参见胡适：《四十自述·在上海（一）》，欧阳哲生主编：《胡适文集》（1），第70页。
[③] 参见俞政：《严复著译研究》，第19页。

1905年6月，商务印书馆的铅印版《天演论》正式上市，此后一印再印，到1925年已经出版到22版。借助铅印这一当时最先进的印刷技术，商务版《天演论》制作精良，印数庞大，一经面世，其他版本逐渐销声匿迹，商务版成了后世公认的唯一版本。可以说，是商务印书馆出版的《天演论》，才使其成了真正意义上的常销书，也推动其作为一种知识权力而真正楔入社会文化转型的进程中。

对林纾《巴黎茶花女遗事》出版情况的考察，则让人无法忽略新式媒体的力量。据张天星考证[①]，《巴黎茶花女遗事》最早版本"畏庐藏板"应于1899年3月21日至4月20日之间完成刻板并进行了试刊行，但印数极少，并未传播开来。直到昌言报馆的铅印本在5月下旬问世，影响才逐步扩大，最终形成"国人诧其未见，不胫走万本"[②]的"轰动效应"。但细查其中的"时间差"，可以发现《茶花女》的风行绝对有迹可循，如果没有汪康年在《中外日报》等报纸上大量刊登书籍预售以及正式出售的广告，如果没有依托上海这一近现代印刷文化中心发达的报刊业以及覆盖全国多个地方的图书发行网络，那么"茶花女效应"至少在短期之内是不可想象的。

从《天演论》《茶花女》等在当时产生巨大影响的翻译出版个案中，可以发现，译著和出版之间存在密不可分、相互生成的关系：由于受当时局限于一地的出版发行渠道等条件的限制，译著需要在不同地域分别出版，才能形成有效的传播网络，从而产生全国性影响。而江浙沪一带作为近代中国的印刷出版中心，辐射全国的影响力最大，译著一旦在这些地方出版，则会产生巨大的连带效应与轰动效应。在传播过程中，传统的雕版木刻印刷逐渐退出历史舞台，石印技术、铅印技术等开始引领

---

① 参见张天星：《报刊与晚清文学现代化的发生》中篇第四章第一节"汪康年铅印林译《茶花女》考论"，凤凰出版社2011年版。
② 钱基博：《现代中国文学史》，上海书店出版社2007年版，第125页。

印刷技术的变革，日趋现代的印刷技术使得书籍成本大大降低，更多的读书人从中受益，书籍传播的广度和深度都因此得到拓展。此外，由于不断更新的技术使得印刷能力有显著提升，中西资本的汇聚使得像上海这样的印刷出版中心获得了加速发展，如何借助印刷出版获取更大的利益，必然要求它不断寻找能产生轰动效应的出版资源，因此全国的知识/文化资源就不得不重组，逐渐向上海这样的大城市集中，形成了文化资源分布的不均衡，乡村和城市之间的差距与隔膜由此愈加明显。

在书籍出版资源的流动和整合过程中，商务印书馆发挥着很大的作用，具体表现在：首先，巨大的人才和资金吸引力，[①]以及由此形成的品牌效应与社会美誉度，足够吸引当时最优秀的译者；其次，从1903年以后，商务就集编译、出版、发行于一体，三者环环相扣，而且不断在上海以外的地方设立分支部门。据庄俞发表于1931年的《三十五年来之商务印书馆》的统计，商务印书馆在全国各地设分、支馆共34个，此外还有支店六家、分厂两家，这些还不包括中途建立后又裁撤的分、支店，可见商务实际上建立起了一个覆盖面极广的传播、销售、组织网络。这一网络是同时代其他任何一家出版社所不具备的，能够使出版资源在全国流动起来，不仅能广泛地搜集图书市场行情，还可以通过散布各地的分、支馆售卖所出图书，最大限度地发掘潜在的阅读群体。比如后来成为中国青年党骨干的李璜，就是在成都青石桥街商务印书馆分馆开始大量接触到林译小说，并且首次阅读严译名著的。[②]商务印书馆在译作出版方面的强大影响力可见一斑。

[①] 如前文所述的严复一样，林纾后也以高额的稿费入股商务印书馆，成为商务的股东之一。参见东尔：《林纾与商务印书馆》，《商务印书馆九十年》，第543页。
[②] 参见熊月之：《西学东渐与晚清社会》，第572页。

第三节　译者与商务的际会："知识共同体"的视角

美国社会学家柯林斯在《哲学的社会学——一种全球的学术变迁理论》一书中，批判了以往思想史研究中存在的"观念产生观念"和"个人产生观念"两种观点，指出："在相当大程度上说，哲学的历史就是群体的历史。这里说的不是任何抽象的东西——就是朋友群体、讨论小组、同人圈，他们通常都具有社会活动的特征。"[①] 这一见解颇给人以启发——以往学界对严复、林纾的研究，大多集中在对二人思想演变及译文差异等内部因素上，较少从"知识共同体"的角度，来讨论译者作为社会交往网络中的一个节点，与知识圈/社会的交互作用以及由此产生的影响。本节试图从这一角度来进一步解读严、林二人翻译影响的形成。

生活在由士农工商组成的"四民社会"之中，中国传统文人的社会交往主要是建立在血缘、地缘、学缘等关系上，他们特别看重同宗、同乡和同年等因素形成的社会关系网络。近代以来，尤其是1895年之后，发生了从"士绅社会"到"知识人社会"的转化，学校、社团与传媒构成了知识人社会的公共网络平台。[②] 但是，在这个被学者张灏命名为"转型时代"的时间段（1895—1925）中，[③] 实际上传统士绅社会的血缘、地缘、学缘网络仍然发挥着作用，这使得转型期知识群体的交往呈现出较为复杂的面向。

在这一"转型时代"，大量文人已经无法通过科举取士谋得安身立命之所：18世纪中国人口迅速膨胀，必然会导致科举考试人口相对增多，但

---

① 〔美〕柯林斯：《哲学的社会学——一种全球的学术变迁理论》，吴琼、齐鹏、李志红译，新华出版社2004年版，第1—4页。
② 参见许纪霖：《近代中国知识分子的公共交往》第一章"总论：近代中国的'知识人社会'"，上海人民出版社2008年版。
③ 参见张灏：《中国近代思想史的转型时代》，许纪霖主编：《现代中国思想的核心观念》，上海人民出版社2011年版，第3页。

朝廷对士子的吸纳却并没有随着考生的增多而同比增加；① 此外，清政府早在康熙朝就为了增加财政而颁布了捐纳制度，之后通过捐纳获官职的人也越来越多。② 然而，"洋务运动和军事地方化所带来的城市社会结构的变化，恰恰给这些无法向传统仕途发展的读书人以新的拓展空间"：③ 1880年严复回国后前往天津水师学堂任职，并于1891年在李鸿章的保举下获得道员身份，得以频繁往来于京津之间；1899年林纾也在出版了《闽中新乐府》和《巴黎茶花女遗事》后，掌教杭州东城讲舍。1901年，举家迁京担任金台书院讲席和五城学堂总教习，又受聘到京师大学堂译书局为"笔述"。

在职业／身份辗转流动的过程当中，林、严二人的社会交往圈不断扩大。严复1880年到了北洋水师学堂之后，就拜任教于保定莲池学院的桐城派末代宗师吴汝纶为师，学习古文，从此与吴汝纶有了师生之谊；而林纾则在1901年迁京之后与吴汝纶结识，后者夸赞其古文"遏抑掩蔽，能伏其光气者"。④ 无疑，与吴汝纶的相交对严、林二人都影响至深。

林纾定居京城约一年后，严复接受了管学大臣张百熙的聘请，在天津任开平矿务有限公司华部总办，同时兼任京师大学堂译书局总办。二人是同乡，同在京师，自然有了交往，林纾在译书局的"笔述"一职就是受严复之聘。不过在此之前，林纾就已结识了严复之侄严君潜。严复开始关注林纾应是通过严君潜的中介，且在未面见之前就对林纾给予甚高评价。如在1902年给张元济的信中就言"琴南豪爽恺悌"，是"真君子人也"。⑤ 严复任译书局总办之后，二人交往频繁，林纾为严复绘制《尊疑译书图》，同

---

① 参见〔美〕费正清编：《剑桥中国晚清史》，中国社会科学出版社1990年版，第16页。
② 参见梁严冰、刘蓉：《清代的捐纳制度》，《历史教学》1996年第9期。
③ 许纪霖等：《近代中国知识分子的公共交往》，第3页。
④ 参见林纾：《畏庐续集·赠马通伯先生序》，转引自张俊才：《林纾年谱简编》，薛绥之、张俊才编：《林纾研究资料》，第21页。
⑤ 王栻编：《严复集》，第547页。

时撰写《尊疑译书图记》，也对其颇为推崇，称赞其译著《群学肄言》"不母乎名数诸学，其穷理也无程，范物也鲜度"。[1]

应该说，严、林二人各自的社会交际网络，仍是建立在传统的地缘、血缘、学缘基础上的，但是，近代社会结构的变动显然又丰富和拓展了这种社会交际网络的构成与内容——如学缘不仅仅指师徒、同窗、同年，还包含在新式学堂里的同事、同学等。此外，"甲午"战败之后，维新人士取代洋务派登上历史舞台。他们在办报、著述方面十分积极，通过新式媒介，更容易声气相通，彼此呼应，因而突破了以往的交往限制，大大延展了自己的交往圈。维新变法运动能够在较短时间内掀起如此大的声浪与此有莫大关联。

在翻译《天演论》前后的1895年至1896年，严复在天津《直报》上密集发表了阐释维新思想的文章，这些文章使其与维新派代表人物梁启超、汪康年、黄遵宪等建立了联系，之后他们交往密切，时有书信往来。[2] 正是在这样的背景下，1896年任职天津水师学堂的福建人严复才会与在京任翰林院庶吉士的浙江人张元济开始相识订交。[3] 其时，作为维新人士的张元济正热心办学，严复在天津水师学堂的办学经验正是他所需要借鉴的。张元济所办的西学堂之所以改名"通艺学堂"，就是听取了严复"国子之教，六艺是职，艺可从政，渊源圣门"的建议而修改的。[4]

林纾为张元济所知，就目前的文献判断，最早应在1899年。其时《巴黎茶花女遗事》风行全国，张元济也已读到，并称赞此书。林纾得知后，在给汪康年的信中表达了自得的心情，并对张元济也不吝赞辞。[5] 严复对此

---

[1] 转引自张俊才:《林纾年谱简编》，薛绥之、张俊才编:《林纾研究资料》，第22页。
[2] 参见孙应祥:《严复年谱》，福建人民出版社2003年版，第71—85页。
[3] 参见张树年主编:《张元济年谱》，商务印书馆1991年版，第18页。
[4] 参见《通艺学堂章程》，转引自张树年主编:《张元济年谱》，第21页。
[5] "闻张菊生颇称吾书，此君品学皆高，恨未之见，怅甚。"语见林纾:《致汪康年（二）》，《中国近代文学大系书信日记集一》，上海书店出版社1992年版，第122页。

也有所耳闻,并在给张元济的信中感慨道:"林君最佩足下,虽相与未必甚稔,然察其用情,骨肉不啻,足下何以得此于林君哉?"① 这些都为日后林纾和商务建立联系埋下了伏笔。

可以注意到,无论严复还是林纾,都是通过与张元济结识进而与商务印书馆发生关系的。可以说,由于张元济与当时许多重要的知识精英皆有较深交往,因而以他为中心,构筑起了庞大的知识精英网络。日后随着张元济加盟商务印书馆,商务自然获得了雄厚的文化资本。

严复 1901 年来上海后,尚未成为商务正式一员的张元济就曾代商务邀请其给商务的《英华字典》(该书于 1902 年出版时,书名改为《华英音韵字典集成》)作序,这是严复与商务交往之始。其后,严复翻译发表的九部书稿,②除宓克《支那教案论》由南洋公学译书院出版后未再版外,其他八部译作都曾在商务印行过(大多再版多次),其中有四部初版即在商务。1931 年商务将包括《天演论》在内的八种严复译著以"严译名著丛刊"这一著名品牌系统出版,流行于世。详见下表:③

书名	原书名	原著者	原版出版年份	译著初版	译著字数(万)	商务再版年份及次数
天演论	Evolution and Ethics	赫胥黎	1893	通行本于 1898 年由湖北沔阳卢氏慎始基斋木刻出版	6	1905—1927,共 27 次
原富	An Inquiry into Nature and Causes of the Wealth of Nations	亚当·斯密	1776	1901—1902 年分八册由南洋公学译书院陆续出版	55	1903 年

---

① 王栻编:《严复集》,第 547 页。
② 实际上,严复还翻译过其他书籍,如《富国真理》《有机天演》《国计学·甲部》《计学浅说》等,但都未出版。参见皮后锋:《严复评传》,南京大学出版社 2006 年版,第 549 页。
③ 此表来自邹振环:《20 世纪上海翻译出版与文化变迁》,第 55 页;并对照皮后锋《严复评传》第 545—548 页的表格进行了适当修改。

续表

书名	原书名	原著者	原版出版年份	译著初版	译著字数（万）	商务再版年份及次数
群学肄言	The Study of Sociology	斯宾塞	1873	1903年5月由文明编译局出版	22	1903—1919，共10次
群己权界论	On Liberty	穆勒	1859	1903年10月由商务印书馆出版	8	1903—1920，共7次
社会通诠	A History of Politics	甄克斯	1900	1904年由商务印书馆出版	11	1904—1909，共4次
法意	L'esprit des lois	孟德斯鸠	1743	1904—1909年分七册由商务印书馆出版	52	1904—1913，共4次
穆勒名学（上半部）	A System of Logic	穆勒	1843	1903年1月部甲由上海金栗斋木刻出版；1905年上半部出版	29	1912—1913，共2次
名学浅说	Primer of Logic	耶芳斯	1909年由商务印书馆出版		9.5	1909—1921，共11次

除了译述出版，严复与商务还有各种联系：他与在南洋公学译书院任职的张元济之间的通信显示，有关译员的报酬、翻译西学书籍的选择、编译译名对照表、译书版税等问题，二人都进行过探讨，这对后来商务印书馆编译所建立有关翻译的规范有很大的帮助。此外，严复还经常在商务主办的刊物上发表文章和演讲稿，会应邀给商务出版的书籍写序，甚至晚年的严复主要依靠商务的版税、稿酬利息以及股息收入维持生活。[①] 这些都可说明严复与商务印书馆交往的长久与密切。

而另一译者林纾与商务发生关联，也是借力于张元济、严复等人的交往。商务出版林纾的第一本译著为《伊索寓言》，据相关史料[②] 可以推测，林纾译此书时应为1902年。其时林纾已在北京五城学堂与严复之侄严君潜

---

① 参见陈应年：《严复与商务印书馆》，《商务印书馆九十年》，第526页。
② 参见孙应祥：《严复年谱》，第172页；张俊才：《林纾年谱简编》，薛绥之、张俊才编：《林纾研究资料》，第22页。

（字培南，1895年10月，毕业于北洋水师学堂驾驶班）相识，不久便与严君潜及严复之子严璩（字伯玉，北洋水师学堂毕业后赴英国伦敦大学留学）合作翻译了此书。[①] 可以推测，此书能在商务出版，严复自是出力不少。自此以后，林纾便与商务有了紧密的合作。多产的林纾一共在商务印书馆出版或在馆属杂志上发表共计100多本译著[②]、多本自撰文集和小说。

一般认为，林纾与商务联系的主要中介是时任商务印书馆编译所第三任所长的高凤谦[③]（字梦旦）。如钱基博在《现代中国文学史》里就曾说，凤谦"主干商务印书馆编译事，则约纾专译欧美小说，前后一百二十三种，都一千二百万言"。[④] 这种说法有一定的道理。高梦旦是林纾同乡，为福建长乐人。他有两位兄长，大哥高凤岐，二哥高而谦，兄弟三人都是林纾的挚友。[⑤] 林纾与高氏兄弟的结识是因与高凤岐为举人同年（1882年）。[⑥] 根据高梦旦《书〈闽中新乐府〉后》[⑦]中记载，甲午战败后，高梦旦来到时在马江船政局工程处任职的表兄魏翰家中为其子做家庭教师。高而谦以及王寿昌此时也正在马江船政局任职。林纾因此与魏瀚、王寿昌等人开始交往。后期林译小说因数量过多导致翻译水准大大下降，给出版方商务带来了一些麻烦，如何处理此事，张元济一般都与高梦旦协商，[⑧] 这也从一个侧面说明高梦旦在商务出版林译小说一事上介入之深。

---

① 参见东尔：《林纾与商务印书馆》，《商务印书馆九十年》，第536—537页。因此书非小说，后没有收进《说部丛书》，也没有收进《林译小说丛书》。
② 参见马泰来：《林纾翻译作品全目》，《林纾的翻译》，商务印书馆1981年版，第60—98页。
③ 高凤谦这一名字是在其两位兄长高凤岐和高而谦的名字里各取一个字作为自己的名字，到晚年其只以自己的字"梦旦"作为唯一的名字。
④ 钱基博：《现代中国文学史》，第125页。
⑤ 陈衍在《林纾传》里说："初，纾与长乐高氏凤岐、而谦、凤谦诸兄欢。"
⑥ 参见张俊才：《林纾年谱简编》，薛绥之、张俊才编：《林纾研究资料》，第14页。
⑦ 参见薛绥之、张俊才编：《林纾研究资料》，第112页。
⑧ 如《张元济日记》（商务印书馆1981年版）1916年8月10日载："梦旦查告，琴南小说，今年自正月至八月手稿十一种，共五十七万二千四百九十六字，计费三千二百零九元零八分。梦意似太多。余意只得照收。已复梦翁。"

除林纾之外，高梦旦还因与严复交谊深厚而成为其与商务交往过程中又一个重要的联络者。高、严二人交往频繁，常有信件往来。严复常应约给商务主办的杂志写文章，给书籍作序，其中有几篇就是高梦旦一手促成的。郑贞文在后来回忆商务编译所时说："早期商务所出文哲政经等书刊，福建的作家却占相当的地位，主要的原因是因为高氏兄弟和当时福建人士如严复、林纾等有同学同年的交谊，鼓励他们写作以丰富稿源。"[①]这一说法充分肯定了高梦旦在建构商务"知识共同体"特别是在团结一批福建籍作家、翻译家方面的重要贡献。

当然，商务之所以能牢牢吸引住如严、林这样的优秀译者，不仅仅依靠关系网络的力量，它本身逐渐表现出的实力也极为重要——雄厚的资本、先进的印刷技术、多元股份制[②]以及发达的发行网络等，能够切实保障译者的利益；同时译者往往兼为作者与股东，这种复合型的身份又能最大限度地激发译者对于企业的认同度和贡献力。

可以说，处在晚清社会文化转型中的商务印书馆之所以能和众多优秀的译者合作，并彼此支撑，构成良性互动，其中既有血缘、地缘、学缘等传统因素的纽带作用，又在很大程度上依托了其作为近代民营出版机构最典型代表所拥有的巨大社会影响力——这股"现代"影响力深深吸引了在科举崩溃之后仍企图以另类方式"修齐治平"的知识精英们。两者的紧密结合与良性互动，正是商务印书馆作为新式媒体平台独具的魅力所在。

---

① 郑贞文：《我所知道的商务印书馆编译所》，《商务印书馆九十年》，第206页。
② 如前文所述严复的情况一样，林纾后也以高额的稿费入股商务印书馆，成为商务的股东之一。参见东尔：《林纾与商务印书馆》，《商务印书馆九十年》，第543页。

第三章　翻译作为一种"文化政治"

——民国时期商务翻译出版的定位与传播

随着自身在近代中国出版业中的龙头地位不断巩固，商务"在商言商"、疏远政治的稳健经营策略越发清晰；然而，狂飙突进的"五四"新文化运动的到来，显然又在一定程度上挑战了商务的这一定位——如何在保守／激进、政府／民间、政治／学术等一系列复杂关系中取得平衡，无疑成为商务能否抓住机遇的关键。这其中，如何调整与激进思潮关系最为密切的西学书籍的翻译出版，成为考验商务应变能力的关键。

作为商务在这一时期的标志性翻译出版物，《共学社丛书》和《万有文库》的刊行较为典型地反映出了商务审时度势调整定位的历程：通过对前者的性质、译者以及出版过程的考察，可以捕捉到商务企图从"五四"所引发的出版危机中"突围"的多少有些另类的文化追求；通过对后者的性质、主事者以及传播方式的考察，可以发现，在国民党政权相对统一的情境下，《万有文库》对于西学经典化的努力所暗含的弥合国家与民众、学术与政治之间缝隙的企图，以及民间出版与政府合作何以能激发巨大的"开民智"力量及其局限性所在。

第一节　挑战与回应：商务翻译出版策略的调整

按照周策纵的定义，作为中国现代史开端的"五四"新文化运动是

"一种复杂的现象",包含了"新思潮、文学革命、学生运动、工商界的罢市罢工、抵制日货运动以及新知识分子的各种社会和政治活动",①所以起点应设在1917年。彼时"新起的思想界人士"开始以《新青年》和北京大学为中心发起新思想和新文化改革思潮,这场运动于1919年发展到了高潮,而大致在1921年进入尾声。

然而,置身于风云激荡的新文化运动大潮中,商务印书馆却在一开始就被新文化阵营视为"保守""落后"而饱受批评:早在1918年9月,陈独秀就曾在《新青年》上发表《质问〈东方杂志〉记者——〈东方杂志〉与复辟问题》,以决绝的语气向当时商务旗下最为著名的期刊《东方杂志》发起攻击,送了《东方杂志》一顶为时人所深恶痛绝的"复辟"大帽子,挑起了东西方文化论战。随后,罗家伦又在1919年4月1日的《新潮》杂志上撰文《今日中国之杂志界》,一口气批判了商务旗下的十种杂志,且言辞刻薄,称《东方杂志》是"杂乱派"杂志,《教育杂志》是"市侩式"杂志,《学生杂志》是"一种极不堪的课艺杂志",《妇女杂志》"专说些叫女子当男子奴隶的话,真是人类的罪人"等。而孙中山对于《孙文学说》被商务拒绝出版之事一直耿耿于怀,在《致海外国民党同志函》(1920年1月29日)中,也对商务痛加批判,称商务"为保皇党余孽所把持""所出一切书籍,均带有保皇党气味,而又陈腐不堪读"。②一时之间,"保守"的商务成为众矢之的,承受了来自于社会方方面面的巨大压力。

应该说,上述对于商务的批评尽管不无偏颇之处,却也并非空穴来风。事实上,自1914年夏瑞芳遇刺身亡后,商务在内部管理上的确出现了某种不合时宜的"保守性":首先,公司内部以高凤池为中心形成一派保守的势力,他们基本为公司元老,把持着印刷所和发行所,较易满足于现状,倾

---

① 〔美〕周策纵:《五四运动——现代中国的思想革命》,周子平等译,江苏人民出版社1999年版,第5页。
② 中国社科院近代史研究所等编:《孙中山全集》(第五卷),中华书局1985年版,第210页。

向于稳定，不愿革新承担风险。而以张元济、高梦旦为代表的"书生派"，主要在编译所任职，他们有自己的文化诉求，危机意识较强，愿意革新公司以适应时代。二者矛盾逐渐凸显，形成了或隐或现的派系斗争，以至于商务印书馆一度同时并存两种气象。1918年进入商务的茅盾不到半年就察觉到了这种现象，并将之命名为商务印书馆的"怪"："一方面似乎搜罗人才，多出有用的书籍，而另一方面却是个变相的官场，处处讲资格，讲人情，'帮派'壁垒森严。"① 而在公司内部两种经营思路的争斗中，保守派在一开始处于上风。张元济在资历上显然不如高凤池，因此在高、张的冲突中，张元济常常处于守势地位，无法压制住高凤池的反对意见。

其次，商务长期以来形成的"在商言商"的经营定位，使其倾向于尽量规避包括政治风险在内的各种风险，以维持企业的可持续发展。不过，在"五四"新文化运动这样的历史转折时刻，规避风险也就意味着要与激进时代拉开距离，必然会显现出某种易受诟病的保守倾向。当然，商务这一倾向的形成也与其独执行业牛耳的江湖地位以及与政府的交往有关——相比其他默默无闻的小型出版企业，商务显然更易吸引当局的注意，也就更容易瞻前顾后、缩手缩脚。

再次，即使持变革立场的张元济其实也一向不认同过于激进的政治主张，从维新变法时期他以教育救国的改良思想劝说康有为就可感知。② 1919年商务拒印《孙文学说》一事，更可以印证张元济等人其实并不认同激进革命并有意识与之疏离的立场。对"五四"激进思潮，张元济的态度也有所保留，明确表示"不能一切迎合"。③ 持改良主义思想的张元济在晚清曾一度站在时代前列，但在"五四"时期，却显然并没有与新时代、新思潮

---

① 茅盾：《商务印书馆编译所和革新〈小说月报〉的前后》，《商务印书馆九十年》，第154页。
② 大约在1898年8、9月间，张就劝康先回籍办学堂，"搜罗人才，讲求种种学术。风气大开，新进盈廷，人才蔚出，再图出山。则变法之事不难迎刃而解"。见张树年主编：《张元济年谱》，第27页。
③ 张树年主编：《张元济年谱》，第184页。

步调完全一致,因此不可避免地被"先进"人士以保守视之。

在内忧外患的双重压力下,商务的声誉和经营明显受到了影响:杂志销售额从 1917 年的 14.6 万元降到 1918 年的 11.1 万元,[①] 到 1919 年初,积压和滞销的书刊更多达 60 万余册;[②] 与此同时,商务 1919 年的出书数量相比前一年也有大幅度的减少。据李泽彰《三十五年中国之出版业》一文的统计,商务印书馆 1917 年至 1919 年三年出版书籍的种类册数分别为 322 种 641 册、422 种 640 册、249 种 602 册。王云五后来在《商务印书馆与新教育年谱》一书中对商务历年出版的书籍做了更详尽的分类统计,具体情况见下表:[③]

年份	总类	哲学	社会科学	语文学	自然科学	应用科学	艺术	文学	史地	宗教	总计
1917	13	4	89	27	7	26	49	83	22	2	322
1918	23	18	126	29	27	32	58	76	32	1	422
1919	7	9	56	21	25	17	31	71	11	1	249

可以说,较之前两年,1919 年商务的出版堪称溃退。

具体到翻译出版领域,可以发现,"五四"前后的商务也已呈现出了某种力不从心。作为商务在西学译介方面的双璧,严复与林纾曾开风气之先,为其在国内文化界、出版界独领风骚立下了汗马功劳。但到了"五四"前后,两人皆已被时人视为保守主义者而饱受诟病。

辛亥革命后,以推广"物竞天择、适者生存"的社会达尔文主义而为世人所瞩目的严复,因为逐渐流露出了回归帝制、支持复辟的倾向,而与日益转向激进变革的时代渐行渐远。在 1914 年发表的《〈民约〉平议》中,

---

① 参见《张元济日记》(下册),商务印书馆 1981 年版,第 505 页。
② 在 1919 年 3 月 14 日的日记中,张元济记下:"昨查图书盘存簿,见有若干滞销书均列帐。当属符、俞两君复阅一过,将滞销者摘出。本日据符君报告,有六十余万,内实用书三十余万,历年杂志十一万余,当约许笃斋、王莲溪及叔、拔诸君详商。"见张元济:《张元济日记》(下册),第 551 页。
③ 表格据王云五:《商务印书馆与新教育年谱》(上),第 95、98、103 页。

严复较为明确地表现出了对"民主""自由""平等"等"现代"核心概念的质疑——而这恰恰是被日后的新文化运动奉为圭臬的理念。他认为,时人若将卢梭的《民约论》"奉若玉律金科,以为果足以救世",将会"一误再误,不能自还",其缘由在于"今之所急者,非自由也,而在人人减损自由,而以利国善群为职志",并且断言,如放任"自由""平等"等成为社会主流价值,其危险较之于专制更甚:"往往一众之专横,其危险压制,更甚于独夫。"① 也正是基于这样的逻辑,他在给友人的信中,甚至认为"袁氏(袁世凯)四年中,行事所最为中外佩服者,即其解散国会一事",指出"今日最难问题,即在何术脱离共和"。② 由此认识出发,严复还积极参加筹安会,为袁世凯复辟帝制摇旗呐喊,在很大程度上走到了"共和"的对立面。史华兹指出,尽管严复的"保守的政治倾向"并不"等同于向传统倒退"③,但显然,"旧文化的风格和特性在他们身上留有不可磨灭的印记"④,因而作为"过渡的一代",严复晚年走向文化保守主义亦是有迹可循。

林纾的境遇与此有相似之处。"辛亥"之后,面对风起云涌的时代变革大潮,林纾每每有力不从心之感:"革命军起,皇帝让政,闻闻见见,均弗适于余心",⑤ 这一"弗适"感受显然在很大程度上与其自晚清之后的身份认同危机有关。罗志田指出,林纾在清末民初暴得大名主要在于"一是古文做得好,被许多人认为是清季桐城文派的一个殿军;一是大译西人小说,流布甚广。但在新旧不能两立的民国初年,这两端本身已非十分和谐。林氏的认同危机,也正隐伏于此"。⑥ 也就是说,尽管林纾因为广译欧美小说

---

① 严复:《〈民约〉平议》,王栻编:《严复集》,第337页。
② 严复致友人熊纯如函,1916年9月10日。括号内内容为引者加。转引自卢云昆编选:《社会剧变与规范重建——严复文选》,上海远东出版社1996年版,第564—565页。
③ 〔美〕本杰明·史华兹:《寻求富强:严复与西方》,叶凤美译,江苏人民出版社1995年版,第195页。
④ 同上书,第199页。
⑤ 林纾:《〈畏庐诗存〉序》,薛绥之、张俊才编:《林纾研究资料》,第120页。
⑥ 罗志田:《林纾的认同危机与民初的新旧之争》,《历史研究》1995年第5期。

而成为20世纪初期中国新文化重要的起源性力量,然而无论是他自己抑或是后来的新文化人,显然都没有将其翻译事业作为其学术主业来看待。相反,林译小说更多被看作是社会转型期一种折中的文化策略——以古文作为译文的载体,使得林译小说在风云变幻的历史转折期具有了可以被多重解读的空间,既可以被解读为以古文传播新文学,也可以理解为以新文学为掩饰以图古文存续。事实上,林纾不仅在"辛亥"之后多次通过谒陵表明自己的眷念故主之心,[①]也在诗文中多次表达对故朝的认同与执守。如1922年他在给郑孝胥的信中说:"弟自始至终,为我大清之举人。谓我为好名,听之。谓我作伪,听之。谓为中落之家奴,念念不忘故主,则吾心也"。[②]对于这些举动尽管可以做出多种解释,然而由此传达出的林纾作为追念逝去文化的形象显然是毋庸置疑的。由此出发,可以看到,在历史的转折时期,作为桐城派传人,林纾更多以传承古文为己任。据韩洪举统计:"1908—1924年间,林纾相继出版了十卷本《中学国文读本》、二卷本《左孟庄骚精华录》、十卷本《古文辞类纂选本》,还出版了《左传撷华》《庄子浅说》以及《深浅递进国文读本》等。"[③]在维新求变、变法图强的20世纪早期,林纾的这些做法显然是具有浓厚的保守主义色彩的。

更为人诟病的,是林纾在新文化运动时期,还撰写了《论古文之不宜废》《致蔡鹤卿书》等文章,公开与蔡元培、钱玄同、陈独秀等人就古文存废问题展开针锋相对的论争。他认为:"若尽废古书,行用土语为文字,则都下引车卖浆之徒,所操之语,按之皆有文法,不类闽广人为无文法之啁啾,据此则凡京津之稗贩,均可用为教授矣",[④]公开对白话文运动冷嘲热

[①] 据彭秀良考证,"从1913年4月12日首次谒陵到1922年4月5日最后一次谒陵,九年间林琴南共拜谒崇陵11次,其中,清明节谒陵3次,光绪帝宾天之日谒陵8次"。见彭秀良:《林琴南的晚年心境》,《文史精华》2013年第2期。
[②] 朱羲胄编:《贞文先生年谱》卷二,世界书局1949年版,第59页。
[③] 韩洪举:《林译小说研究》,中国社会科学出版社2005年版,第23页。
[④] 《致蔡鹤卿书》,《公言报》1919年3月18日。

讽，明显流露出作为精英知识阶层凌驾于草根阶层之上的文化优越感以及对既有的哪怕是活力已经丧失了的文化秩序的大力维护。不仅如此，他还发表了具有影射意味的小说《荆生》《妖梦》，竭力为主张"以伦纪立国"的孔孟之道进行辩护，对倡导新文化诸人进行具有人身攻击意味的批判，认为其所发乃"伤天害理之言""禽兽之言"，[①]讥讽蔡元培等人为"鬼之杰出者"，甚至幻想有鬼界的阿修罗王"直扑白话学堂，攫人而食"。[②]由此，林纾走到了新文化的对立面，成为以三纲五常为核心、以孔孟之道为统领的传统儒家文化的守灵人，在新旧不能两立的"五四"时期益发显得不合时宜。

显然，无论是市场经营、内部管理还是文化站位，此时的商务都已显示出某种不能与时代合拍的滞后性，如何与时俱进、革故鼎新，已经迫在眉睫。

1920年2月3日，在商务印书馆的年终董事会会议上，时任经理的张元济着重分析了1919年商务书籍出版减退的情形，认为："现在各省自编教科书，又新思潮激进，已有新妇女、新学生、新教育出版"，而"本馆不能一切迎合，故今年书籍不免减退"。据此，张元济建议董事会"应该注重印刷，力求进步。现在成绩不宜视为止境"，而重点在于"人才实在缺乏，极宜留意"。[③]显然，张元济已经充分感受到新思潮带来的巨大冲击，尽管他仍以"不能一切迎合"表达其一贯谨慎做事的心理，但"力求进步"之语则透露出其内心的焦虑以及意欲突破困局的决心。

一个多月之后，张元济愈加感到商务面临危机的严重性，坚持要辞去商务经理的职务，张元济在给梁启超的信件中道出辞职的理由是"与总经理高君翰卿宗旨不合。弟意在进步，而高君则注重保守。即如用人，弟主

[①] 《荆生》，《新申报》1919年2月17—18日。
[②] 《妖梦》，《新申报》1919年3月18—22日。
[③] 张树年主编：《张元济年谱》，第184页。

张求新，而高君则偏于求旧。隐忍五年，今乃爆发"。①不过，辞职并非表明张元济的灰心，相反恰恰显示出了其意欲全面革新的决心。在给同事孙壮、孙伟二人的信中，张元济曾极为诚恳地谈到辞职理由："使弟果为一己计，则公司目前尚称顺境，尽可遇事敷衍，悠游卒岁。然吾辈一存此心，公司败坏之根即种于此。且吾辈脑力陈旧，不能与世界潮流相应，若不引避贤路，恐非独于公司无益，而且于公司有损。弟实不忍公司陷于困境，而志不得行，故毅然辞职，以为先去为望之计。"②也就是说，为了让公司引进新人有更好的发展，张元济才不惜退位让贤。另一方面，张元济的辞职在客观上也是对以高凤池为首的保守派进行施压，迫使他们不得不做出让步以求挽留住张。经过斡旋，张元济从经理的位置上退下来改任监理，而高凤池也放弃了总经理的位置与张元济一样任监理。在这一系列的冲突中，张元济等人最终赢得了主动权。

应该说，这是商务在应对激进思潮时悄然进行的一次成功的自我调整。张元济等人可以说是两面作战：一方面，是作为有着改革意识的新派人物，在商务内部与日益保守的旧派势力做了一次清理与整顿；另一方面，是作为尚不能完全跟上激进的新文化进程的历史过渡时期人物，也藉此进行了一次自我加压和自我淘汰，张元济与高凤池的同进退某种意义上正是验证了这一点。通过这看似矛盾的两面作战，张元济及其领导的商务，试图以类似于"历史中间物"的姿态走出因"保守"之名而带来的合法性危机，重新站到了时代的风口浪尖上。

在新旧两派互相博弈的过程中，商务的一系列改革就已经正式启动，这些改革包括：聘用更有时代感的新型知识分子担任商务的主事人，招募更多的中西学兼备的学人进入编译所，改革内部管理机制……具体到译著出版方面，商务也及时进行了调整：以严、林为核心的以传统学缘乡谊为

---

① 张树年主编：《张元济年谱》，第191页。
② 同上书，第190页。

核心的译者网络逐渐退出历史舞台，一批与时代声息更相通的具有欧美留学背景的新型知识分子群体逐渐掌握了文化领导权，成为可以掌控翻译潮流的新译者群。通过与后者的逐渐合作，商务先后出版了《尚志学会丛书》《共学社丛书》以及《世界丛书》等一系列具有广泛影响的西学译丛，使自己在波诡云谲的历史变革格局中，重新占据了知识生产的中心。

第二节　激进与保守之间

——以《共学社丛书》的出版为例

"五四"新文化期间，商务应和新文化思潮，出版了四套丛书：《尚志学会丛书》《共学社丛书》《世界丛书》《北京大学丛书》。除了最后一种基本为北大教师的课程讲稿外，前三种或多或少包含有译著。其中《尚志学会丛书》和《共学社丛书》背后的"尚志学会"与"共学社"的发起和创办人基本相同，两部丛书的选目亦有很多相近之处；而《世界丛书》的主编则来自于新文化阵营，主要有蔡元培、胡适、蒋梦麟等。

《共学社丛书》的策划与出版尤其值得关注。该丛书包含的83种书籍中译书占了75种，而且在西学书目的选择上具有鲜明的倾向性，也是这一时期商务最为看重、付出心血最多的丛书之一。因此，考察该丛书的总体性质及其出版过程，无疑可以把握"五四"时期商务在翻译出版上定位的变化。

《共学社丛书》主要依托梁启超所组织的"共学社"，其社团成员主要是"研究系"知识分子。"研究系"是以梁启超、汤化龙、林长民为首的宪法研究会的通称，来源于1913年成立的以立宪派为主体的进步党，1916年在袁世凯去世之后改组，并改称此名。"研究系"知识分子则是指"五四"前后以梁启超为中心的知识分子团体，包括张东荪、张君劢、蒋百里、蓝公武等。他们拥有《时事新报》、《晨钟报》(后改为《晨报》)、《国民公报》、《改造》(前身为《解放与改造》,1920年9月第三卷开始变更为此名)等舆论阵地。① 在"五四"时期,他们极为活跃,十分自觉地加入到新文化的合唱之中,② 贯彻了其"培养新人才,宣传新文化,开拓新政治"的社团宗旨。

《共学社丛书》的出版缘起于梁启超的欧游归国。1920年3月5日,梁启超结束欧洲之行回到上海,当晚即留宿张元济寓所。实地考察欧洲的结果,使梁启超对西方现代资本主义文明感到失望,认为近百年欧洲处在"病的状态中",③ 因此欧洲对于中国而言,不应是学习的对象,而毋宁是批判的对象。这一观感再加上受欧洲社会主义新思潮的影响,使梁启超在思想上开始产生社会主义倾向。他认为社会主义中的互助精神与中国传统礼教的克己精神与牺牲精神相符合,④ 认同其中平均分配、互助合作的精神;但据此思考中国实际时,他又自觉对其进行调适,认为因为中国国情特殊(工业化未发展),只能在先"奖励生产"的范围内争取平均分配,奖励生产则必须允许发展资本主义,但尽量约束资本家的贪婪以及努力调和由此必然产生的劳资冲突。梁启超还认为,社会主义战胜资本主义是最终目标,不过实现的途径不是靠暴力的革命行为,而是尽量用缓和的方式在资本主义生产中培养出劳动阶级,再通过协会、工会的作用,逐渐取代资本主义。⑤ 梁启超之所以会对基尔特社会主义持接纳和肯定的态度,正

---

① 参见吴炳守:《研究系知识分子的文化权力及其基础》,《史林》2002年第1期。
② 民国九年七月二日蒋方震《致任师书》中商讨《改造》杂志办刊方针,指出杂志还是要响应新文化运动,有如下一条原因:"新文化问题虽空泛,然震(引者按:指蒋方震本人)以为确有几种好处,现在批评精神根于自觉,吾辈对于文化运动本身可批评,是一种自觉的反省,正是标明吾辈气质,是向深刻一方面走的。"(丁文江、赵丰田编:《梁启超年谱长编》,上海人民出版社2009年版,第586页)
③ 《梁任公在中国公学演说》,《申报》1920年3月15日,转引自丁文江、赵丰田编:《梁启超年谱长编》,第578页。
④ 同上书,第579页。
⑤ 参见梁启超:《复张东荪书论社会主义运动》,《饮冰室文集点校》,第3616—3622页。

因为其否定阶级斗争，只欲在工会基础上成立专门的生产联合会来改善资本主义。可以发现，此时的梁启超不仅转向了社会主义，而且带有一定的文化保守主义特征，而前期的"自由主义调适性现代化方案"已被他放弃。①

与梁态度类似的还有"研究系"同人张东荪。张东荪也不满西方近世以自由与竞争为主要特征的文明形态，只将之作为连接古代宗教文明和未来以"互助与协同"为特征的社会主义文明的中间状态；他更认可以分配公平消除阶级差别的社会主义价值观，认为社会主义文明将大行于世。②在具体实现途径上，他认为只有用温和的改良办法调和资本主义与社会主义才符合中国国情。因此，他鲜明地反对苏俄的集权共产主义道路，认为只有基尔特社会主义才是最圆满的社会解决方案。③

正是在这种思想背景下，他们推崇同样倾向于基尔特社会主义的英国哲学家罗素。罗素认为基尔特社会主义制度处在将权力主要赋予国家的马克思国家社会主义和无政府主义之间，既避免了国家权力的过分扩张侵害产业团体的自治权，又避免了生产的无政府状态。在这种制度下，人类就可以在物质上取得前所未有的发展，精神上也将摆脱有史以来的一切奴役而获得真正的解放。④1920年梁启超等人联合邀请罗素来华讲学，意在藉此扩大和深化基尔特社会主义在中国的影响力。因而，当罗素在返国之际明确主张中国应走苏俄式国家社会主义道路时，张东荪就很不以为然，不久就撰文公开批评这位他曾经极为推崇的西方大哲。

---

① 参见高力克：《五四时期研究系的"第三条道路"》，《中共杭州市委党校学报》2002年第5期。
② 参见张东荪：《第三种文明》，蔡尚思主编：《中国现代思想史资料简编》（第1卷），浙江人民出版社1981年版，第612—615页。
③ 参见高力克：《五四时期研究系的"第三条道路"》，《中共杭州市委党校学报》2002年第5期。
④ 参见冯崇义：《罗素访华缘起》，《学术研究》1992年第6期。

除了基尔特社会主义，同仁之中原本也信奉自由主义的张君劢则对德国的社会民主主义发生了兴趣，并在国内研究系主办的《改造》杂志上发表多篇文章介绍社会民主主义。社会民主主义可以被看作是一种改良的社会主义学说，它在政治上主张采行议会民主制，经济上主张实行公私共有和福利社会的国家资本主义。①《共学社丛书》中的《马克思研究丛书》一向被认为是商务在"五四"时期西学译介方面的主要贡献之一，其中《马克思经济学说》一书的著者考茨基正是德国社会民主主义重要理论家，张君劢在德国留学期间就曾拜会过他。

在这样的思想背景下，他们也开始反省此前政党政治运动失败的原因——蒋方震在《代军阀而兴者谁》一文中，就指出政党政治的失败在于政党没有阶级基础，致使政党只能游离于社会之中，本身没有改变国家的力量。②其次，他认为，政治权力与财阀的勾结是社会根本问题，而能克服此问题的只能是市民阶级。③张东荪与蒋方震对现实的判断大体相同，他指出市民阶级是"有力的阶级"，只有通过扩大市民的自治才可以避免腐败和分裂。④

在这样的逻辑中，如何用"文化启蒙"的方式争取市民阶级并发挥其力量，就成了"研究系"知识分子探索中国出路的关键所在，而启蒙的原则和目标正是他们所倡导的温和社会主义。由此便可理解"共学社"的宗旨：通过宣传改良的社会主义"新文化"达到文化启蒙的目的，培养出市民阶级"新人才"，最终形成没有腐败与分裂的"新政治"格局。很明显，与胡适、李大钊、陈独秀等新文化阵营的主将们相比，共学社成员对中国未来"新文化"的想象与之既有相当的差异性，又有不谋而合之处，从而

---

① 高力克：《五四时期研究系的"第三条道路"》，《中共杭州市委党校学报》2002年第5期。
② 蒋方震：《代军阀而兴者谁》，《改造》第3卷第3号，1920年11月15日。
③ 同上。
④ 参见张东荪：《现在与将来》，《改造》第3卷第4期，1929年12月15日。

构成了"五四"众声喧哗的文化场域中一股重要的力量。

新的思想带来了新的传播渴望。梁启超归国后立刻与商务印书馆密切接触，希望借助商务印书馆在文化传播上的巨大影响力获取更多的社会支持。而梁启超和商务协商出版新书之时恰好是张元济争取到一定的主动权力图革新公司之时，因此1920年3月13日当梁启超来到商务商谈出版事宜时，张元济立即响应并表示出极大的热忱。当日，梁启超不仅要在商务出版自己的著作，还提出"拟成一团体"，同人之著译均交商务出版。① 这个"团体"正是后来的"共学社"，同人著译即为《共学社丛书》。

《共学社丛书》由17种小丛书构成，实收各类作品83种，其中8种为著作，其余均为译作。列表如下：②

编号	小丛书名称	所收主要书籍
1	马克思研究丛书	柯祖基《马克思经济学说》（陈溥贤译） 拉尔金《马克斯派社会主义》（李凤亭译）
2	今人会丛书	柯尔《社会论》（张东荪、吴献书译） 柯尔《基尔特社会主义》（吴献书译）
3	文学丛书	托尔斯泰《艺术论》（耿济之译） 萧伯纳《不快意的戏剧》（袁㵧等译）
4	史学丛书	蒋方震《欧洲文艺复兴史》 梁启超《清代学术概论》
5	时代丛书	柯祖基《人生哲学与唯物史观》（徐六几等译） 施罢戈《布尔什维主义底心理》（陈国榘译）
6	社会丛书	安锐戈佛黎《社会主义与近世科学》（费觉天译） 格雷西《社会主义之意义》（刘建阳译）
7	社会经济丛书	克鲁泡特金《互助论》（周佛海译） 罗利亚《社会之经济基础》（陈震异译）

---

① 参见张树年主编：《张元济年谱》，第187页。
② 此表根据《中国近代现代丛书目录》（上海图书馆编印，1979年版）一书第414—416页对《共学社丛书》的统计。需要说明的是，该书共统计出丛书86种，但其中有几种书重复统计，如《相对论与宇宙观》既在科学丛书一栏中出现也在通俗丛书一栏中出现，只是版本不同而已，类似情况还有《社会心理学》和《西洋哲学史》，因此实际收书籍83种。

续表

编号	小丛书名称	所收主要书籍
8	罗素丛书	《罗素算理哲学》（傅种孙、张邦铭译）、《政治思想》（程振基译）、《战时之正义》（郑太朴译）、《德国社会民主党》（陈与漪译）、《哲学中之科学方法》（王星拱译）全五种
9	经济丛书	爱尔窦登兄妹《统计学原理》（赵文锐译）
10	政治丛书	刘文岛《政党政治论》
11	科学丛书	嚇尔勃特《几何原理》（傅种孙等译） 司密士《相对论与宇宙观》（闻齐译）
12	俄罗斯文学丛书	托尔斯泰《复活》（耿济之译） 屠格涅夫《前夜》（沈颖译）、《父与子》（耿济之译）
13	俄罗斯戏曲集	歌郭里《巡按》（贺启明译） 阿斯德洛夫斯基《雷雨》（耿济之译） 柴霍甫《海鸥》（郑振铎译）
14	哲人传记丛书	梁启超《墨子学案》
15	哲学丛书	赫凯尔《生命之不可思议》（刘文典译） 顾西曼《西洋哲学史》（瞿世英译）
16	通俗丛书	爱因斯丹《相对论浅释》（夏元栗译）
17	教育丛书	杜威《平民主义与教育》（常道直编译）

可以发现，《共学社丛书》引进的西方学说看似"五花八门，什么观点都有"①，实际上却是经过了严格筛选，有着明确的倾向性：《今人会丛书》收入了多本介绍基尔特社会主义的书，《罗素丛书》也多选择社会改良思想、民主主义思想的著作与"五四"时期形成的社会主义译介热潮呼应；"研究系"知识分子所择取的社会主义学说主要偏向于温和改良的一派，与陈独秀、李大钊等人着重引入的强调阶级斗争与激进革命的马克思主义学说形成了明显的差异。

仍须指出的是，如果将"研究系"诸人选择的这些看似温和的书目，与这些学说得以产生的时代背景联系在一起的话，仍可以发现，温和的背

---

① 子冶：《梁启超和商务印书馆》，《商务印书馆九十年》，第505页。

后包蕴着某种有待于认识的激进性——各种社会主义学说本身就是对资本主义的反动和批判，而身处所谓"前资本主义"时代的梁启超等人将其作为"新文化"的重要组成部分译介到中国来，就不能简单地被视为是对西学的复制，其超前性及其暗含的对资本主义的自觉不自觉的克服甚至超越的企图，仍然延续了晚清以来中国先知先觉的知识精英对殖民主义的反抗意识，以及希冀藉由"群治"达到"善治"的理想。从这个意义上说，《共学社丛书》的书目编选，仍然体现了历史转折时期所特有的激进与保守复杂交错的特征，并不能一言以蔽之。

不管如何，从译者的学养、原作的影响力以及译文功底等方面看，《共学社丛书》的翻译质量已经有了极大的提高，不少译书甚至成为翻译史上的"经典"。这其中，由译者与商务共同实施的对于翻译流程的掌控，有不少可圈可点之处。

为了确保这套丛书的系统性和整体性，梁启超等人采取的是先行开列需要编译的书目清单，再请共学社社员自认的办法，[①] 而且所选书目亦是慎之又慎，必要时甚至要组成评议会来进行决议。[②] 为了确保译书质量和效率，他们又借鉴中华书局出版《新文化丛书》的举措，登报招徕优秀译稿。[③] 经过了晚清以降西学东渐大潮的洗礼之后，西学译才的质与量都有了明显的提高，采取登报招徕优秀稿件的方式正是对这一资源的有效调配。值得注意的是，由于梁氏等人抱着启蒙国民的目的，因而除了选书的倾向性之外，他们在所编译书籍的内容与语言上也有很强的自觉，更追求"浅近简明"效果。如在罗素 1920 年来华之前，曾在英国留学、师从罗素的傅铜负责登报招译《罗素丛书》的工作，他所列的译稿要求中就有如下两条："文体不求词费之白话，不取源晦之文言，一须明，二须简"、"译体宜取意译，原

---

① 梁启超：《与张东荪书》，转引自丁文江、赵丰田编：《梁启超年谱长编》，第 582 页。
② 参见吴统续：《致新会先生书》，同上书，第 584 页。
③ 张东荪：《与任公先生书》（1920 年 5 月 15 日），同上书，第 585 页。

书铺张之处，琐屑之处，或惟与英文有关之处，少为削略亦可"。①

需要注意的是，这些诉求背后实际上也有商务的影子。在策划这套丛书之初，商务高层在与梁启超的商谈中，就强调"要求读者易于了解、完毕"②，这显然被梁启超采纳，进而成为共学社成员的共识。只不过落实到具体处，傅铜诸人并不欢迎当时大力倡导的白话，批评其"词费"，这也和后来所认定的"五四"主流思潮颇有龃龉之处。

从出版过程来看，张元济从头至尾的支持显然是《共学社丛书》得以顺利问世的重要原因。与梁启超初议此事不到一月，张元济就致信梁，强调："前尊意拟集同志数人，译辑新书，铸造全国青年之思想，此实为今日至要之举"，表示愿意在资金方面大力支持梁启超在文化事业上的"久大之计划"，准备在原拟每年两万元拨款的基础上再增加两万元。③两月之后，张元济又再次表达迫切心情："甚盼有好书来，一慰世人渴望新知之愿。"④此外，张元济对梁启超其他的文化活动也予以充分支持：如对于梁聘请柏格森来华讲演，张元济代表商务表示愿意承担其旅费和演讲费；⑤对梁牵头组织的讲学社，张元济也代表商务表示在财务上予以支持，不仅打算每年资助五千元"专为聘员来华讲演之用"，而且对来华讲学的外国学者在商务出版的讲稿还额外付给稿费。⑥种种举措反映了张元济对梁启超等人所从事文化事业的期许之深。正是基于共学社成员与张元济等商务人的共同努力，《共学社丛书》出版迅速，从动议（1920年3月）到开始陆续出版（1920年9月），只经历了半年左右的时间，可谓神速。

---

① 傅铜：《致任公先生书》（1920年8月8日），转引自丁文江、赵丰田编：《梁启超年谱长编》，第590页。
② 张元济1920年3月13日日记，《张元济全集》（第7卷·日记），第194页。
③ 张元济：《与任公同年兄书》（1920年4月10日），转引自丁文江、赵丰田编：《梁启超年谱长编》，第581页。
④ 张元济：《致任公吾兄书》（1920年6月12日），同上书，第585页。
⑤ 张元济：《致任公同年兄书》（1920年5月3日），同上书，第584页。
⑥ 张元济：《致任公同年兄书》（1920年12月9日），同上书，第595页。

之所以如此，不仅仅因为梁启超和张元济私交深厚，其归国又恰巧赶上后者赢得主动权正准备放手改革商务之时；也不仅仅在于这套丛书接续上了"五四"启蒙思潮，主动推动该丛书的出版，可以在一定程度上使商务改变其在当时人眼中渐趋保守的面目；更为重要的是，这套丛书及其背后社团的性质、宗旨、思想倾向与商务对自身的定位有着深层次的契合。正如前文所论述，共学社诸人在接纳社会主义时，更倾向于其中强调改良调适的学说流派，而且同人之间常常彼此审查、互相监督，尽量不触碰现实政治——比如，在梁启超发表几篇针对现状的政论文章后，张东荪立即就有不满的表示。傅治在致张东荪的书信中也表达了对梁启超"摆脱政治之泛运动"的期望，他认为共学社同人更应该关注文化教育："学校问题，最为切实……此为吾辈文化运动、社会事业、政治运动（间接关系）之重要基本。"[①] 很明显，共学社企图通过文化教育等间接方式而不是以直接介入政治来改变中国社会，而这与张元济及商务所恪守的"吾辈当以扶助教育为己任"的出版主张高度吻合。可以说，这种吻合才是张元济及商务与共学社诸人紧密合作的深层次原因所在。

其实不仅是《共学社丛书》，从《尚志学会丛书》《世界丛书》《北京大学丛书》等另外三种丛书的选目来看，也可以发现，即使是在"五四"新文化运动这样的狂飙突进时代，即便是承受了来自于新文化阵营的巨大压力，商务也并没有因此完全亦步亦趋，仍然保留了自己的文化底线，那就是有意识地回避激进主义的文化／政治，谨慎地介入文化／社会变革，即使在翻译出版领域，也是如此。因而，与清末民初时期的商务相比，此时商务"趋新"的姿态显而易见；然而，与同时代更为激进的新文化阵营相比，商务却又并不是割裂自身传统意义上的"全新"。从这一富有

---

① 傅治：《致东荪先生书》（1920年10月15日），转引自丁文江、赵丰田编：《梁启超年谱长编》，第593页。

内在张力的历史站位上看，不管时代风云如何变幻，商务其实仍然还是那个世人所熟识的趋新而又不废旧的稳健的"商务"。

第三节　何种"知识"，怎样传播？
——以《万有文库》第一集的发行为中心

作为商务印书馆第四任编译所所长王云五上任以后最富雄心的出版计划，《万有文库》本定名为"千种丛书"，后改为此名。王云五自述其名"嗣思千种之数犹有未足，乃定名为万有文库。分集编印，以一万册为最后目标"。① 如果没有抗日战争的打断，使得丛书出到第二集便无法继续，王云五确实有希望实现"一万册书"的计划。当然"万有"不仅是实指，更有包罗万象的意思。

《万有文库》第一集于1929年正式出版，包含1100种合计2000册图书，此外还附参考书10种10大册，原计划要销售5000套，实际共售出8000套左右，② 被认为"于数日之内，使国内各地，因此新设之小图书馆，多至数千所"。③《万有文库》的巨大成功，使其成为现代中国文化发展史上一个值得关注的重要事件。

《万有文库》的出版缘起于王云五个人作为自学者所亲历的求书之难："我创编万有文库的动机，一言以蔽之，不外是推己及人。就是顾念自己所遭历的困难，想为他人解决同样的困难。"④ 旧时读书人——尤其寒门子弟，除了可以阅读到《三字经》《千家诗》之类的启蒙读物以及应科举必读的

---

① 王云五:《商务印书馆与新教育年谱》，第268页。
② 参见王云五:《岫庐八十自述》，上海人民出版社2007年版，第74页。
③ 《商务书馆新总经理王云五君出洋考察》，《申报》1930年3月8日。
④ 王云五:《商务印书馆与新教育年谱》，第267页。

"四书五经"外，一般很难有机会接触到其他书籍。山西举人刘大鹏在1893年（36岁）时偶然看见杂货摊上出售《三国志》，竟然"爱不释手，遂用三百廿钱买之，如获至宝"。① 而这并非仅仅因为山西属于"穷乡僻壤"，求书不易，身在苏州的包天笑十三四岁面临是继续读书还是从商的选择时，其舅祖吴清卿劝其从商，理由就是"读书要有本钱，要请名师教授，而且家中要有书可读"。可见，即使在苏州这样的江南印刷文化中心，书籍获取之难，亦是普遍现象。

面对这种读书之"难"，王云五的出现恰逢其时。他有着强烈的百科全书情结，同时掌管着当时最大的知识生产与传播机构（商务印书馆）和最大的知识保存机构（东方图书馆），这为他进行各种系统的知识整理直至形成《万有文库》提供了他人无法企及的便利条件。王云五进入商务后成功策划的第一套书就是《百科小丛书》，其后策划组织的《农业小丛书》《工业小丛书》《商业小丛书》《师范小丛书》《体育小丛书》《算学小丛书》《医学小丛书》《新时代史地丛书》《国学小丛书》《学生国学丛书》等，都具备百科全书式的系统性。这些丛书分门别类，由相关学家撰写和整理，向读者提供各种学科的基础知识，且取得了销售上的成功。在这样的情形下，王云五甚至集商务的财力与人力组织了百科全书委员会，一面以西方百科全书为蓝本对其词条进行翻译，一面请专家撰写与中国相关的条文，试图编纂中国版大型百科全书，但终因工程浩大、人员过多，导致各词条质量良莠不齐，整体水平未达预期，最终只能作罢。②

某种意义上，可以把《万有文库》的编辑出版看作是对上述努力的一种改良。《万有文库》以王云五初掌商务以来出版的各种小丛书为基础，再加入《汉译世界名著》以及《国学基本丛书》而形成，内容涉及国学以及

---

① 刘大鹏：《退想斋日记》，山西人民出版社1990年版，第22页。
② 参见蔡佩玲：《商务印书馆：中国图书馆发展的推手》，（台湾）商务印书馆2009年版，第340页。

新学各学科。据《申报》上商务登载的预售广告，新、旧学书籍数量之比大致是7:3。具体构成见下表：

丛书名	种类数	册数	每册字数（单位：万）
新时代史地丛书	80	80	4-10
国学小丛书	60	60	4-10
学生国学丛书	60	60	4-10
百科小丛书	300	300	2-4
农学小丛书	50	50	2-4
工学小丛书	65	65	2-4
商学小丛书	50	50	2-4
师范小丛书	60	60	2-4
算学小丛书	30	30	2-4
医学小丛书	30	30	2-4
体育小丛书	15	15	2-4
国学基本丛书初集	100	900	5-10
汉译世界名著初集	100	300	5-10
参考书	10	10	
合计	1010	2010	

附加参考书如下：《三民主义与建国大纲》《建国方略》《国民政府法令大全》《国际条约大全》《辞源》《中国人名大辞典》《中国地名大辞典》《历代名人生卒年表》《中国形势一览图》以及《世界形势一览图》。十种参考书的装帧、大小都与丛书不一样。

值得注意的是，"文库"中的《国学基本丛书》以及《学生国学丛书》，实际上并非"旧学"二字能够概括的，正如王缁尘在《国学讲话》（1935）一书中所论述的，"国学之名，古无有也，必国与国对待，始有国家观念，于是始以己国之学术称为国学"，①"国学"诞生于晚清由于西方入侵而造成的国与国的对立之中，它服务于现代国家的建构，应被视为"现代"的产

---

① 王缁尘：《国学讲话》，世界书局1935年版，第1页，转引自李杨：《文学史写作中的现代性问题》，山西教育出版社2006年版，第321页。

物之一，而区别于邓实所定义为"君学"的旧学。①因此便很能理解"文库"将梁启超用西方观念总结整理清代学术史的《清代学术概论》列入"国学基本丛书初集"之中这一事实——在时人看来，"国学"本身并不等同于"四书五经"这样的传统经典，而是需要用现代眼光重估旧学并使之在新的历史条件下被激活，以达到养成现代国民之目的。尽管《万有文库》的丛书集成性质颇有新瓶装旧酒之嫌，然而，将"文库"定性为一次"新学"的大汇集并不为过，它试图从民间出版机构的角度，提供成为一名"现代中国人"所需具备的全方位知识。

在《申报》上有关《万有文库》的诸多广告中，商务还依据西方的学科分类方法，提供了另一种知识分类：

学科	册数
史地	383
文学	406
美术	106
应用技术	254
自然科学	158
语文学	120
社会科学	336
哲学	193
总类	47
宗教	7
总计	2010

按照这一分类，除了总类47种外，人文社会科学类图书有1551种，占77%；而科学技术只有412种，占20%。可以看到，商务关于"现代"知识/人的想象，主要仍然是搁置在人文社会科学范畴内的。而如何选择这些书籍，王云五也很费了一番心思，其筛选原则如下："所收书籍以必要者

---

① 参见罗志田：《国家与学术：清季民初关于"国学"的思想论争》，生活·读书·新知三联书店2003年版，第34—43页。

为准。编著新书,务求提纲挈领,要言不烦;翻印旧书,择注疏精当,少有讹误之本;移译外国书籍,则慎选各大家代表著作,以信达之笔,译为国文。"①这一筛选原则确保了《万有文库》的总体质量,同时也因为既要考虑原本的经典性(非大家不选)又要考虑译笔的高质量(既信且达),选目就不得不与现时代拉开了一定的距离。商务初期《帝国丛书》所呈现出的译著回应时代主题的急迫性与直接性,由此被《万有文库》中《汉译世界名著》的精致性、经典性、学术性所取代;最初商务意欲通过译著出版构造一种新的国家形态与政治空间的粗糙而元气淋漓的特征,发展到《万有文库》时期,已经演变成一种在学术范围内的自我设限。

这段时期恰恰是中国政治和思想领域最为躁动不安的时期,南京国民政府虽然已于1929年完成了名义上的全国统一,然而社会矛盾却不仅没有缓和反而愈演愈烈。②与此同时,左翼革命思想却得到空前的传播,如在文学领域,就掀起了一轮波澜壮阔的"革命文学"运动,③由此带动了"一批以出版新文艺和社会科学类新书为主的中小型书店"④的蓬勃发展,"上海的新书店在1928年前后呈'突然'爆发之势"。⑤据统计,在1928年,除去专门印行、贩卖碑帖、古籍和旧小说的出版单位如文明书局、广益书局等,上海的出版机构(包括老牌的商务、中华在内)一共有60家以上。⑥这些中小型新书店抓住了左翼思想勃兴这一大好时机,冒险出版大量含有激进思想的刊物和书籍,并积极参与到当时已成潮流的"革命文学"论争

---

① 《万有文库编译凡例》,《万有文库第一集一千种目录》,商务印书馆1930年版,第1页。
② 参见费正清等主编:《剑桥中国民国史》(下),中国社会科学出版社1994年版,第134—142页。
③ 参见旷新年:《1928:革命文学》,山东教育出版社1998年版,第10页。
④ 刘震:《左翼文学运动的兴起与上海新书业(1928—1930)》,人民文学出版社2008年版,第39页。
⑤ 同上书,第72页。
⑥ 参见包子衍:《1928年间上海的书店》,宋原放主编:《中国出版史料·现代部分·第一册》(下册),第444页。

当中，赢得了发展空间，而这些恰恰是像商务这样的大型出版机构不愿涉足的。

对于商务而言，这一时期介入时代社会更为稳妥的方式，是通过像《万有文库》这样的大型丛书，以商业化的方式探索与时代相向而行的"现代"知识的生产与传播，这不仅是作为商务主事者的王云五基于个人的成长经历和商业素养所做出的判断，更是商务基于长期以来的历史站位特别是在成为了出版界的巨擘之后所做出的一种看似顺理成章的抉择。如此才能理解，为何这一时期的商务更倾向于做知识整理、分类、集成等工作，因而常常被诟病"保守"甚至"商业气"十足；也才能理解编辑出版《万有文库》的另一个意图为何会落在满足"图书馆"这样的"现代"公共文化机构的需求上。

中国有着悠久的藏书楼传统，但藏书楼的最大特（缺）点是"私有""封闭"与"专享"，[①]它是属于宗族的私产，一般不对外开放。近代以后，具有"公共""公开""共享"性质的图书馆逐渐得到国人的重视，郑观应就在《盛世危言》一书中将图书馆作为"泰西各国教育人才之道"的"三事"之一，[②]近代图书馆运动也在"集最有用之书籍，施以最合经济之方法，供给大众之应用"[③]的目的下得到了蓬勃发展。在这个背景下，商务原本只供编译所人员使用的内部图书馆涵芬楼被改建为东方图书馆，并于1926年正式对外开放，而王云五正是东方图书馆建置与经营的主要执行者之一。[④]

在筹划《万有文库》时，王云五既是商务印书馆编译所的所长，又兼任了东方图书馆的馆长。东方图书馆有数十万册的私藏图书，王云五不仅

[①] 参见吴晞：《从藏书楼到图书馆》，书目文献出版社1996年版，第9页。
[②] 另"二事"分别为学校与新闻报馆。转引自蔡佩玲：《商务印书馆：中国图书馆发展的推手》，第28页。
[③] 杨昭悊编：《图书馆学》，商务印书馆1923年版，第3页。
[④] 参见蔡佩玲：《商务印书馆：中国图书馆发展的推手》，第190页。

尽可能让更多的当地民众能接触馆藏，而且试图打破地域限制，以《万有文库》的方式将馆藏资源向中国各地方扩散："把整个的大规模东方图书馆化身为千万个小图书馆……协助各地方、各学校、各机关、甚至许多家庭，以极低的代价，创办具体而微的图书馆。"①

可以说，《万有文库》的规模和系统性正是筹建一个小型图书馆所必需的，王云五主编这套大型丛书也正是以此为主要目的，因此在书籍广告就自我定位为："故购备万有文库一部，立可成一图书馆。"② 为了方便图书馆对于《万有文库》的管理，王云五预先按自己创制的中外图书统一分类法将套书归类，书脊上标明类号，每种书都附有图书检索卡，再依照他发明的四角号码检字法注明编码，自成一套检索体系，使用甚为便捷。③ 除此之外，为了更好地普及丛书，《万有文库》在装帧上也力求轻巧、简洁以降低成本。"文库"的概念显然受日本影响，在1926年后，"文库"指的正是"一种廉价且外型便于携带，以普及为目的的小开本出版形态"。④ 这种装帧设计有效地降低了成本，使得本应定价在1000多元以上的书籍在实际预售⑤时只需要360元。由于该文库的规模大、系统性强、价格低，王云五深信能够销售5000套。⑥ 这个估算反映出王云五对当时的文化市场深怀信心，同时也可见他欲推动现代知识传播的文化抱负。当然，如果没有这么大的发行量，如此规模的丛书也较难获取利润。然而，根据最初预售的市场反应来看，这一数字也多少显得有些盲目乐观。正如王云五后来反省的，他当时确实"对营业未尝做深刻的研究"，所以一发现市场反应平淡，就不免开始焦虑。如果没有7月初浙江省某一政府官员突如其来的公款购书的决

---

① 王云五：《商务印书馆与新教育年谱》，第267页。
② 《万有文库对图书馆的贡献》，《申报》1929年7月9日。
③ 参见郭太风：《为〈万有文库〉殚精竭虑的王云五》，《世纪》2001年第5期。
④ 参见蔡佩玲：《商务印书馆：中国图书馆发展的推手》，第342页。
⑤ 其时出版社向社会发行书籍，一般在书籍未正式出版前的三个月为预售期，接受社会订单。
⑥ 参见王云五：《岫庐八十自述》，第73页。

定，以及南京国民政府成立之后颁布一系列和图书馆相关的法令，《文库》肯定不会出现后来销售至8000套的辉煌业绩。

因此，讨论《万有文库》的成功，仍须注意以下两项重要时代背景：其一，1927年南京国民政府成立之后，大学院公布图书馆条例，明确规定"各省区应设图书馆"[①]；其二，1928年全国教育会议决议请政府通令全国各学校均须设置图书馆，并于每年全校经常费用内提出5%以上为购买图书费。[②]这两条行政法令，一是针对地方政府，一是针对全国各学校，两者正是《万有文库》后来主要的销售对象，所以这对《万有文库》的发行而言无疑是重大利好，但商务一开始显然并没有充分意识到并利用好这一点。

应该承认，《万有文库》预售之初，在如何吸引读者购买方面，商务印书馆花了很大的心思。在1929年7月3日、7月9日和7月14日的《申报》上，商务登载了三篇不同的广告：《成功之基础》《万有文库对图书馆的贡献》《学校家庭化》。《成功之基础》强调："由金钱、势力、地位种种途径以达成功之域者，在昔不乏其例，今则不然。今日之世界，事事着重实际。非有真正学识，不足以图存。万有文库为万有智识之无尽实艺，亦即成功之基础。地方图书馆：借此书一部，可为社会造就无数的人才；学校图书馆：借此书一部，可以养成许多有为的青年；个人：借此书一部，可以引导自身及子孙达于成功之域。"以成才为基本诉求，《万有文库》由此与个人成功联系在了一起。而所谓"成功"，指的就是与现代社会相适应而成为一名"现代人"，适应的方法则是汲取融新、旧学于一体的"现代知识"。在这里，"现代"似乎成了不证自明的确指，"成才成功"成为了个人学习"现代"知识的全部动力所在，个人对"现代"社会的适应成为了"主体"建构的主要路径，这套逻辑在一定程度上总结出了"现代"成功学

[①] 严文郁：《中国图书馆发展史——自清末至抗战胜利》，（台湾）中国图书馆学会出版社1983年版，第64页。

[②] 参见王云五：《四十年来之中国出版界》，《东方杂志》第37卷第12期，1940年。

之"秘诀",具有很强的吸引力。《万有文库对图书馆的贡献》则中规中矩,指出这套文库"内容精当""管理便捷"以及"检查迅速",用十分经济的语言将"文库"的最大特色一一点明,并且用大号字加下横线的方式说明:"故购备万有文库一部,立可成一图书馆。"而《学校家庭化》则强调家庭教育因不受时间、地点的限制,比学校读书更加便利,而"文库"就是一部"广博而最有系统的教科书",指出家庭中各个角色都能从"文库"中获益。尤其值得注意的是,这篇广告词引入了女性的教育问题,指出:"妇女勤于家事,不便附校读书,家置文库一部以供闲暇时翻阅,获益无穷。"这则广告与王云五试图将图书馆散入家庭的思想十分相符。此三则广告一出,基本上将"文库"的特点、意义向潜在的购买群体广而告之。

出乎预料的是,广告并没有取得立竿见影的效应,预约者寥寥无几。显然,从家庭/个人而言,即使360元"性价比"很高,却也不是一般的家庭/个人能承担得起的;而且如果没有购书癖,个人也似乎没必要购全涵盖如此众多学科的《万有文库》。而从地方/学校图书馆方面来说,截止到《万有文库》发行前的1928年,全国只有图书馆642所,[①]即使它们全部购进《万有文库》,也达不到王云五的期望值。商务对于《万有文库》的推销一时陷入了困境。

8月中旬以后,《万有文库》的销售有了重要转机——时任浙江省财政厅厅长钱新之在朋友推荐下,用闲置的公款一下子买了80多部《万有文库》,分赠给浙江省所辖各县。此举对于王云五来说,可以算得上是"救星",使其一下子找到了发行的绝佳渠道,马上要求商务印书馆各地分馆与所在地省的教育厅或其他主管机关接洽,走官方渠道销售《万有文库》。

《万有文库》的广告诉求也因之一变。在1929年8月27日的《申报》上,商务刊载了《图书馆与人才的关系》的广告,此则广告图文并茂,上

---

① 参见蔡佩玲:《商务印书馆:中国图书馆发展的推手》,第44页。

方有一"清代文人分配图",以阿拉伯数字按省份标明了人才的数量,指出江浙一带人才繁盛。而之所以如此,与两地藏书多、得书易大有关系:"人才之分配与图书之数量有关系为理所必然。"然而晚清时期购书不易,书价又贵,且"当时西学输入无多,可致之图书惟限于国学而已",由此引出了《万有文库》的诸般优点。值得注意的是,广告还强调"领袖人物"在订购"文库"中的重要作用:"各地领袖人物欲为地方造就人才,或父兄为其子弟成就计,请订购本文库,此为根本之图,亦为轻而易举之事。"而之所以强调"领袖人物"显然有着明确所指:"本文库自发售预约以来,各地教育行政机关,社会教育机关,学校,家庭,图书馆竞相订购,而浙江省政府独购一百余部,分派各县学校图书馆及重要机关。"可以看出,商务已经将《万有文库》的销售希望寄托在各级国家行政首脑(领袖人物)及其掌控的行政机关、教育机构上。浙江省政府作为个案被特别提出,显然是因为浙江地处江南文化核心地带,自古文人辈出,而这被认为与其旧时藏书多、得书易息息相关;此次购买《万有文库》又以该省最为突出,因而隐含了一种文化资本加固的意味在里面,亦包含了对其他省份需要通过大量购买《万有文库》以便迎头赶上的潜在劝告。该则广告的刊出时间(8月22日)离最后的截止日期(8月31日)只有十天,所以还在醒目位置用粗大字体打上了预约期限"只余十天"的倒计时。此后在结束预约之前,《申报》上几乎每一天都有《万有文库》的广告(除8月24日、8月28日未登),尽管内容不尽相同,但倒计时无一不在。这样颇具"现代"时间紧迫感的书籍预售广告,是商务印书馆的创举。藉此,商务探索了一种以区域文化竞争力建构为核心、以民间经营与官方渠道互动为抓手的新的营销模式。

如此内外用力、双管齐下,使得《万有文库》的销售终于获得了突破性的进展。在原定的预售截止日期(8月31日)之后的9月5日,《申报》上刊登了一则有关《万有文库》的启事,将预约期又延长至10月底。商务利用这次启事的机会,总结了前期的预售业绩:"浙江省政府一次整购一百零五部,湖南教育厅一次整购七十部,辽宁教育厅亦拟订购百部,山西省党部已编列预算为各县党部图书馆各购一部。"可见,由于商务改变了读者目标群体定位和销售策略,《万有文库》初期预售的窘迫局面被迅速打破,销售业绩不断攀升。

与此同时,《万有文库》也不断获得社会各界知名人士的题辞肯定。这些题辞无疑是《万有文库》的绝佳广告,商务自然要充分利用,于是便将主要手迹都影印刊登在了9月25日《申报》上,且占据了整个头版版面。这些题辞人有政界人士,如蒋介石、张人杰、赵戴文、邵元冲(宣传部部长)、戴传贤(考试院院长)等;有学界人士,如蔡元培、马相伯、蒋梦麟、陈三立等。其中蒋介石题的是"万有文库实为训政时期启发民智之利器",蔡元培的题辞为"万有文库是给现代中国人以自由取得常识之机会"。两者都隐含了一个基本判断,即中国国民尚未成为合格的"现代"国家国民,仍有继续启蒙、教育之必要。不过蒋介石很有意识地将《万有文库》启发民智的"利器"功能限制在孙中山所说的"训政时期",因此《万有文库》中所展现的"现代知识"在他这里是受到严格规训的;而蔡则是在"现代中国人"的前提下强调"文库"的常识性,并且也点出了"文库"的平民性与开放性,但他强调的"常识"也隐含了"文库"提供的知识与社会之间的不那么紧张的关系。蒋介石与蔡元培是政、学两界最具代表性的人物,其题辞也基本上概括了作为"现代知识"集中地的《文库》所具有的最基本特征:既给"现代中国人"以教育,具备一定的启蒙性;同时这样的启蒙性,又被限制在了现实允许的安全范围内。

商务印书馆显然对名人题辞所可能带来的广告效应了然于心,因此在10月10日中华民国国庆这天,于《申报》头版上又用整版的篇幅以"恭祝国庆"的名义将《万有文库》所获得的荣誉(即题辞)再一次以影印的方式刊登了出来,除了将原有的蒋介石、蔡元培等人的题辞放在最醒目的位置之外，又新加进了张学良、于右任等人的赞誉之辞。这样的大张旗鼓，无疑为《文库》借重这些有影响力的人物扩展自身美誉度、进一步扩大销售网络奠定了舆论基础。

在这样的情形下，《万有文库》进一步被美化，被描述成了"学校、图书馆、官厅、公团、家庭均不可不备之知识宝库"。①值得注意的是，"学校、图书馆、官厅、公团、家庭"这样的排列顺序，在一定程度上反映了商务对目标购买人群的重新定位，"家庭"的重要性已明显降低。正是基于对购买群体的新认识，《万有文库》在预约延展期（1929年9月至10月）的广告诉求进一步得到了明确：

首先，"学校"被明确当作了《万有文库》询唤的主要对象。9月12日的《申报》广告已在标题上将《万有文库》定位为"学校十八年度应有的新设备"。在这则广告中，将最初的广告词"故购备万有文库一部，立可成立一图书馆"，修改为"订购万有文库一部，立可成立一学校图书馆"。10月23日，还将订购《万有文库》的各大学一一罗列了出来，进一步夯实了《文库》作为立校之本的形象角色。

其次，政府党政机关尤其是县一级的党政机关，成为了《万有文库》依傍的目标。此时《万有文库》的广告似乎成为了政绩宣传的一种有效路径——凡是购买过《万有文库》的机构都"榜上有名"，而在标题旁的醒目位置，或配置蒋介石的上述题辞，或配上该地方政要有关《万有文库》的题辞（如在公布辽宁省政府购买《万有文库》情况时，即在最上方将张学良的相关题辞印出），或引用党部的令文（《党部之提倡》，10月27日《申报》）。如此必然使得已购买者欣然，也使得尚未购买者以挤入这一榜单为荣，从而加快了《万有文库》的传播速度，扩展了传播范围。

总之，《万有文库》的大获成功，不仅对于商务、王云五而言，是一

---

① 《申报》1929年10月2日。

个值得重视的大事件;对于现代中国文化史来说,同样影响深远:《万有文库》在很大程度上,以并非新颖的拼盘方式,实现了晚清以降国人对中外知识的一次重新整合以及对西学东渐成果的经典化确认,从此"西学"作为"现代"知识的主体地位难以撼动;借助《万有文库》,商务还探索了民间文化机构与官方行政渠道互动、对接的有效途径,对接了近代以来新式图书馆大规模建构过程中所面临的藏书"缺乏新著"的困难;① 通过《万有文库》,商务也在一定程度上想象并提供了作为一名"现代中国人"所需要具备的"现代"知识——尽管这一"现代"知识内涵、范围与功能仍然是充满争讼的,却又似乎是"现代"中国人难以抗拒的,而这一难题,显然也是商务提供的一种值得进一步深究的经验。

本编小结:明末清初之后,以儒家文化为主导的中央集权体制实际上已经开始遭遇内在危机,具体表现在,在文化上兴起的"经世致用"思想,构成了对之前占主流的重道德修身的程朱理学的反拨;在政治制度上,以民间为主导的地方自治也开始摸索推进,而官方主导的里甲制则开始逐渐崩溃。后者在日本中国思想史研究者沟口雄三看来特别重要,它是中国"内发性近代"的主要线索,② 而近代欧美列强的入侵就是在这样的背景下发生的。必须要承认,如果没有这一内在演变的潜流,西方帝国主义殖民运动的冲击不会如此惨烈,让几乎每一个身处其中的人都生发出"三千年未有之大变局"的感慨。尽管西方帝国主义的冲击借此潜流获得了前所未有的力量,但它也干扰甚至破坏了这一内发现代性的进程,从而将自己烙印在了中国现代社会/文化的转型之中。其中最重要的一点是:由于近代西方帝国主义对中国的冲击是以其民族国家体制为支撑的,对它的抵抗往往也

---

① 参见王云五:《商务印书馆与新教育年谱》,第267页。
② 参见〔日〕沟口雄三:《中国的冲击》第5章"中国近代的源流",生活·读书·新知三联书店2011年版,第89—102页。

只能变自身的"天下"制为现代民族国家体制，在这一前提下，"开民智"以培养出有现代国家意识的现代国民，似乎就成了毋庸置疑的必由之路。而要实现这一点，在西学东渐的大潮中迎头而上，主动普及西学，也就似乎成为了拯救危颓时局的不二之选。

将商务印书馆放在这样的背景下来考察，就可以看到，其西学书籍出版和传播过程，具体而生动地体现了内外两股力量相互联合、拉扯、僵持所制造出的"开民智"的程度和限度。具体而言，可以发现：商务早期试图通过出版《帝国丛书》唤醒国人的亡国危机感，以培养国民对于"民族国家"这一"想象的共同体"的认同意识，其背后显然有着传统的经世致用思想，同时却也通过将域外思想文化与中国本土语境相结合，强调文化与现实政治相连通，以发挥文化的现实能动作用。而严复、林纾与商务合作的过程，则是内在与外在双重因素引起的社会/文化变迁的结果：福建作为通商口岸地区的开放风气，由人口增长所引发的仕途拥堵，城市化带来的传统文人的流动，同乡、同年、同学构成的交往网络，新式媒体搭建的聚合平台，太平天国运动引发的印刷出版中心的转移……种种因素错综复杂地交织在一起，催生了特殊的时代变局，也推动传统文人审时度势，在强烈的"开民智"的意识下，通过与西学结缘、与传媒耦合探索新的人生道路。

到了"五四"时期，作为国内民间出版业的龙头老大，商务由于主事者张元济等人受传统崇实思想的影响而形成的稳健思路显然受到了挑战。其为响应"五四"新文化运动而筹划的《共学社丛书》既有与"五四"合拍的一面，然而，调和中西、偏于改良的内容选择，也显示了其与"五四"新文化主流之间微妙的差别，从而展现了在激进的大时代中中国现代性选择的多样性。

而在《万有文库》出版与发行的时候，中国的社会/文化转型已经有了一定的成熟度。王云五显然意识到，要完成他的文化理想和《万有文库》

本身的销量，就必须借助一个更有力量的实体，尽可能地推动"文库"既向内地拓展，同时也向更大的人群发行。而当时国民政府建立不久，肩负着培养符合国家需要的现代国民的重要任务，必须借助所谓的"现代知识"，同时却又必须对"现代知识"所蕴含的破坏性力量保持警惕。某种程度上，《万有文库》所具备的经典性、系统性，使得这套作为"现代知识"载体的丛书与当时现实的张力关系并不显著。它既是现代知识的一次集中展示，又是一次自我设限；它既满足了政权教育国民的需要，又对现政权保持了一定的安全距离。正是基于这样的原因，《万有文库》才会顺利地进入官方渠道并获得巨大的商业成功；也因此，《万有文库》的发行可以被视为一次既在政治之中又包含去政治化倾向的现代知识传播事件。而借助《万有文库》的传播，官方系统与民间系统相互配合，共同推动规模性、系统性"现代"知识实现了从城到县的广泛覆盖，极大地扩展了"现代"知识在中国广大地域上的传播度。

当然，由于国民政府本身的局限性以及国民教育的不彻底性，主要依靠官方从上到下行政手段推行的"文库"最多渗透到县一级的市民阶层，无法抵达更为广袤的乡村。实际上，要想文字下乡（实际上就是现代思想散播到农村），通过文字的力量完成现代化的动员过程，就必须像费孝通在《乡土中国》中论述的那样，首先要使"中国社会乡土性的基层发生变化"，[①] 而这一对农村乡土结构的根本改造在国民政府那里并没有完成，直接影响了文化传播的溢出效应。

总之，商务通过对西学的编译出版在中国社会/文化转型中扮演了重要而复杂的角色，但由于种种局限，其藉此"开民智"的文化实践仍然是有限度的。

---

① 费孝通：《乡土中国》，北京大学出版社2007年版，第23页。

第二编

另类的"现代"追求

——商务印书馆的古籍整理研究

在应对晚清以来的社会危机／文化危机时，在中／西对峙、转化的格局内，以西学"翻译"为路径的"开民智"，固然是一种看似"有效"的解决路径；然而，一个大问题也由此横亘在近现代中国知识界面前：如果说"保教"和"保国"很大程度上可以被看作是一个问题，甚至时人更多还认为"保教"才能"保国"的话，那么，在西学"翻译"所带来的巨大文化冲击面前，在"中学"根基已渐渐危殆之际，如何处理传统文化资源，显然就成为了时人不得不面对的知识生产困局。

也就是说，在近现代中国知识生产内部，除了要面对中／西不同的知识生产状况和面向，还必须解决由此衍生的古／今的知识断裂／衔接的问题。正是在这样的交错型知识生产格局中，如何在危机意识下重新整理"中学"的内在知识体系，重构"中学"与现实的回应性关系，构成了晚清以来在西学译介之外的又一个重要领域。

1909年商务印书馆就开始筹划大型古籍的辑印，这一设想在1914年之后逐步成为现实。自此，面对各种新思潮的冲击，商务印书馆始终坚持古籍整理出版，哪怕是后来经历"一·二八事变"，东方图书馆被炸，商务都未曾终止过古籍的出版，坚持至抗战爆发。也因此，商务在很大程度上造就了20世纪早期古籍整理的"中兴"气象。如果与20世纪早期方兴未艾的新文化运动对照看，这一波古籍整理的"中兴"气象无疑是耐人寻味的。

那么，为何在科举废除、西学强势、经学覆没而新学全面兴起的历史转折时期，作为掌舵中国出版业且被美誉为与北京大学齐名的商务印书馆，会关注指向传统价值的古籍整理？作为传统知识／文化的古籍在近代文化转型中到底扮演了怎样的角色？商务印书馆又是如何完成庞大的古籍出版实践的？

本编将研究视角引向新文化进程中商务的古籍整理，探讨古籍整理依托新的文化生产机制所发生的新变化，以"古籍整理"与"新文化运动"这一长久以来被忽视的文化生产关系为主要研究线索，以期从一个侧面清理中国文化"现代"转型的复杂性。

第一章　危机与转型：近现代中国古籍辑印的缘起

清道咸年间,"尤其是鸦片战争以来,西学凭借武力全面东侵,迫使中国人由师夷长技而中体西用。朝廷和士大夫对西学先进性的承认导致中国固有文化权威的动摇,这种情况在八国联军之后演变成真正的危机"。[①] 中国传统文化饱受冲击而全面衰微,亟待寻找新的自为之道:科举制度的覆没瓦解了传统文化与社会变迁之间的互动机制;传统经史子集均衡发展的学术格局被打破,新史学的崛起使得中学的重建之路出现了些许生机;欧美先进印刷技术的引进改变了中国传统的文化生产模式……

在上述种种力量的共同作用下,传统文化迅速"古籍"化,如何对待古籍在晚清中国也成为了问题。

第一节　帝国主义殖民危机下的古籍整理

19世纪中期以降,晚清中国不断遭遇西方列强的入侵,如何在危机面前寻找自强与自存之道,显然成为社会各界不得不面对的重大时代命题。1901年,迫于巨大的舆论压力,清政府进行了科举制度的改革;至1905年,

---

① 桑兵:《晚清民国的国学研究》,上海古籍出版社2001年版,第2页。

彻底废除了科举制。中华帝国延续了一千多年的知识/士人生产与再生产的链条在极短时间内土崩瓦解，整个社会流动、整合与凝聚的核心机制瞬间崩塌。科举制度的废除，对于中国社会方方面面的影响无疑是巨大而深远的。

传统社会平民向官僚阶层的流动，主要是通过科举考试来完成的。"在中国，士的社会地位十分特殊，它高居四民之首，属于民却以官为皈依，兼有士、仕双重身份，并与在野官僚——绅息息相通，在官民对峙中保持仰势，形成对集权统治的向心运动。士由民到官的社会流动是君主专制顺利运行的重要条件，不仅保证官僚阶层源源不断地吸收民间精英，而且通过士的影响维系社会秩序的稳定。而为之沟通官民间距的桥梁就是科举制度。"[①] 科举制度具有一定的开放性，它能给予不同地域、不同阶层、不同年龄段的人群以相对公平的机会，给想要进入权力阶层的贫寒子弟带来希望，因而，借助科举制度，中华帝国可以在一定程度上维持文化知识传播的有序进行，避免阶层固化，缓和各阶层之间因为权力的简单世袭而出现重大的矛盾冲突，有利于稳定社会秩序。另一方面，通过科举制度，中华帝国也不断地从各个阶层中获取新鲜的"血液"来保证自我的更新，从而巩固政权，发展社会。更为重要的是，文人只有全方位学习由统治阶级钦定的儒家经典才能获得功名，学习儒家经典的过程，其实就是学习"以儒家为立身行事的标准的社会化的过程"，[②] 因而在根本上，科举制度的运行确保了儒家规范在社会各阶层的有效普及和认同，保证了社会价值一体化的运行，对传统社会的文化控制起到了至关重要的作用。

在这样的格局中，20世纪初期科举制度骤然被废，对于社会的震荡效应显然是难以估量的。严复指出："此事乃吾国数千年中莫大之举动，言其

---

① 桑兵：《清末兴学热潮与社会变迁》，《历史研究》1989年第6期。
② 萧功秦：《从科举制度的废除看近代以来的文化断裂》，《战略与管理》1996年第4期。

第一章　危机与转型：近现代中国古籍辑印的缘起

重要，直无异古者之废封建、开阡陌。"① 传教士林乐知（Young John Allen）更是认为："停科举一事，直取汉唐以后腐败全国之根株，而一朝断绝之，其影响之大，于将来中国前途当有可惊可骇之奇效。"② 之后，科举被废的后果逐渐显现出来："科举制度的废除造成皇权体制与职业官僚系统逐渐剥离，并导致皇权权威的丧失，政权重心下移。这样人们对旧有权威的认同感与归属感也急剧降低"，同时，"科举制度的废除也堵塞了社会流动的渠道，加剧了社会的不稳定"，③ 使得原本可以通过科举实现政治权力分配、社会阶层流动的传统士人群体因此被抛出了正常的人生轨道和社会格局，成为特殊意义上的"流民"。④ 从精英到流民，知识阶层身份/角色的急剧变化印证了科举制度覆没所带来的社会"脱序"。与此形成呼应的是，原本依赖科举制度的传统知识/文化再生产机制也就面临着解体，科举制度所负载的文化资本逐渐消弭，传统文化的保存、利用与传播遭遇到前所未有的危机。而最为重要的是，传统文化内部也出现了分化，伴随着科举制度的废除，它所支持的儒家经典必然遭受质疑，流传了数千年的传统意识形态无所依傍，自然也就失去了凝聚人心的作用，整个社会的核心价值濒于崩溃。张灏指出："普世王权的崩溃不仅代表着政治秩序的崩溃，也象征着基本宇宙观受到震荡而动摇。重要的是，在转型时代，与这基本的宇宙观一向绾合在一起的儒家基本价值也在受到侵蚀而逐渐解体。"⑤

在这样巨大的历史变动面前，如何整理并创造出新的社会价值体系，使之成为社会整合新的核心力量；如何生产出新的生存与文化空间，重新

---

① 严复：《论教育与国家之关系》，王栻编：《严复集》，第166页。
② 林乐知：《中国教育之前途》，《万国公报》第39本，（台湾）华文书局1985年版，第24014页。
③ 杨齐福：《科举制度的废除与近代社会的转型》，《中州学刊》2002年第4期。
④ 由于江南地区历来为文人荟萃之地，科举之盛冠于全国，因而科举废除对传统文人集团的冲击更为明显。参见王敏：《江南文人与晚清上海报刊业》，《上海档案史料研究》（第一辑），上海三联书店2006年版，第151页。
⑤ 张灏：《中国近代思想史的转型时代》，《二十一世纪》第52期，1999年4月。

第二编 另类的"现代"追求

吸纳那些被历史的车轮无情地碾压过的"过渡时期"的知识群体；如何构建新的本土知识再生产体系以实现文化的更新与传承，成为晚清中国不得不面对的重大时代命题。

裹挟在晚清声势浩大的西学东渐潮流中，这一系列问题显得尤为明显。可以说，作为中西文化交流的必然产物，异域文化的输入在历朝历代并不鲜见，也很少作为一个问题出现——作为天朝大国的中国有足够的文化自觉和文化自信来应对和消化这一"万邦来朝"必然出现的文化副产品，某种意义上，可以说，中华民族的文化传统本身就因为具有对异文化的强大的吸附力和辐射力而呈现出"多元一体"的格局。①然而，19世纪中叶以来，西学东渐的潮流显然打破了中西文化交流的既有格局。与帝国主义殖民运动有着千丝万缕联系的西学东渐潮流，其实是当时不平等的世界政治经济秩序的重要组成部分。它的蔚为大观，使得中西学之间既有的良性互动与循环不复存在，取而代之的是西学以文化霸权的姿态单向度地输入中国。

在晚清，这种中西学之间的不平等关系显然并没有被知识界充分意识到，相反，基于危急的被殖民现实，这一不平等关系反倒可能被内化了。王韬在分析中西强弱时，认为："呜呼，世变至此极矣！中国三千年以来，所守之典章法度，至此而几将播荡澌灭，可不惧哉！夫古今无异治，强弱无异民，非古之强远胜今，亦非今之强远逊古。善用之则强，不善用之则弱。然而强弱之势已见者，何哉？则时为之也。"②当"善用"成为拯救时局最重要的原则时，晚清学界已经在很大程度上，默认了西学作为强权势力的代表其存在的合法性，中西学位置的逆转才是可以被接受的："吾国开化

---

① "中华民族多元一体格局"是著名社会学家和人类学家费孝通先生提出的。1989年夏，费孝通先生赴香港中文大学做了一次学术讲演，题目是"中华民族多元一体格局"。所谓"多元"，是指中华民族不是单一的民族，而是由56个兄弟民族所组成的复合民族共同体。所谓"一体"，是指结成一个有机的整体，这个整体是逐步形成和完善的。中国历史上各民族生息、繁衍，在历史舞台上扮演了不同角色，最终形成了多元一体的格局。参见费孝通：《中华民族多元一体格局》，中央民族学院出版社1989年版。
② 王韬：《答强弱论》，郑振铎编：《晚清文选》（卷中），第525页。

虽早，而闭塞已久；当今之世，苟非取人之长，何足补我之短。……苟能以新思想新学术渊源输入，俾跻吾国于强盛之域，则旧学亦必因之昌大，卒收互相发明之效。"①类似的表述看似不偏不倚，实质上以西学作为主导来冲击甚至改造中学的意味历历可辨，而中学作为闭塞、守旧的象征似乎是毋庸置疑的。

与顺应西学东渐潮流形成鲜明差异的，是另一部分文人在传统文化崩溃之际作为文化守灵人的强烈的本土文化认同意识，所谓"睹乔木而思故家，考文献而爱旧邦，知新温故，二者并重"。②在张元济等长久浸淫在传统文化中因而有着明显家国情怀的文人视野中，一方面，三千年未有之大变局促使他们意识到，中学的衰微已是不可逆转的历史潮流；但另一方面，在他们的心目中，中学以及古籍的命运却又是因为与旧邦、故家的没落遭际息息相关，不容忽视："是则学亡之国，其国必亡，欲谋保国，必先保学。"③也正是在这个意义上，打捞旧邦文献，保存故家典籍，就不只是一种怀旧，也寄寓着那些文人介入危急时局、重建国学的期待，因而与顺应西学东渐潮流者的选择，存在着某种呼应。

当然，无论是顺应潮流还是固守本位，有一点是晚清知识界需要共同面对的，那就是文化传统在各种势力的冲击下，已经四分五裂，溃不成军；古籍的没落自然也就顺理成章，时人回忆道："当丧乱之后，士夫若梦初醒，汲汲谈新学倡学堂，窃喜墨守之习之由是而化也。入琉璃厂书肆，向者古籍菁英之所萃，则散亡零落，大非旧观，闻悉为联军搜刮去，日本人取之尤多。而我国人漠然无恤焉，以为是陈年故纸，今而后固不适于用者也，心又悲之。"④中学的古籍化，古籍的湮没化，使得是否需要对古籍进行抢救

---

① 《译书交通公会序》，张静庐辑注：《中国近现代出版史料·补编》，第57页。
② 张元济：《印行四部丛刊启》，宋原放主编：《中国出版史料·现代部分·第一卷》（下册），第467页。
③ 许守微：《论国粹无阻于欧化》，《国粹学报》第7期，1905年。
④ 《张南祴辑印佚丛自序》，《国学萃编》1905年第6、7期。

性整理和传播,成为又一个充满争议的文化焦点。

在传统社会中,古籍的整理、保存与传播,通常被放置在版本学、目录学、辑佚学、校勘学等范畴中;其与当时社会的回应关系,主要是通过作为其重要组成部分的"经学"并且借助"科举"这一通往权力中枢得以完成的。某种意义上,科举构成了古籍生命力的合法性依据,是其中传统文化价值得以再生于不同时代的制度保障,也是古籍整理不只是皓首穷经的文献增殖行为而是暗含了形而上价值指向的途径支持。

随着"科举"退出历史舞台,同时西学强行揳入近代中国知识生产的中枢,"古籍"丧失了影响,其在社会/文化中的位置日益尴尬:一方面,作为传统文化经由"现代"冲击祛魅之后的一种凝固化载体,古籍日益成为一种学术史的研究对象,沦落为悬置在历史变动格局和民众日常生活之上却又不再承担价值询唤功能的文化剩余物;另一方面,古籍作为昔日文化辉煌的象征物,在面临着严重殖民危机时,常常被有意无意当作一种具有抵抗意蕴的文化存在,而需要承担其难以承受之重。由此,在晚清中国,"古籍"的这一看似悖论性的命运,指向了后发现代性国家特有的文化分裂征候,是帝国主义殖民危机下被迫出现的一种特殊的文化现象。

如果将这一现象搁置在更为开阔的空间视域中,就会发现,"古籍"的角色可被多重解读,在国人对其莫衷一是的争议之外,在欧美殖民宗主国那里,传统中国的古籍同样具有耐人寻味的两面性。孟悦就曾注意到,"古籍"被殖民者当作落后保守的中华帝国象征物的背后,其实还隐藏着其掠夺作为文物的文化典籍的意图在里面:"随着19世纪晚期帝国主义在文化领域的扩张,包括古籍在内的中国文物已经成为掠夺对象、无价之宝和殖民者取得文化权威的证据。"[①] 而何伟亚对1900年前后八国联军对北京

---

① 孟悦:《反译现代符号系统:早期商务印书馆的编译、考证学与文化政治》,《清华大学学报(哲学社会科学版)》2008年第6期。

的掠夺研究更是表明："古籍和绘画等珍贵文物已经取代茶叶、物器甚至现金而成为帝国主义者首要的占有对象。"① 对精神层面上的"古籍"的蔑视甚至摧毁与对器物层面上的"古籍"的迷恋与掠夺，错综复杂地交织在一起，促成了帝国主义殖民者不无矛盾的文化殖民举动；同时也进一步加固了后发现代性国家的知识界在面对自身饱受重创的文化传统时难以抉择的心态。

在这样的背景下，近代中国的古籍整理及出版，其意义自然也就溢出了学术传承的范围，而变得意味深长。如果仅仅在文化保守主义或者抵抗殖民主义的单一维度上判定这一行为的实质，显然都是片面的。可以说，在科举覆没和西学东渐的双重压力下，整个社会已经失去组织文化生产的有效机制，古籍整理及出版就不得不承担起收容成为"流民"的传统士人群体并使其重新职业化的社会功能，同时，也不得不以"仓储"的方式保存传统中国文化的碎片，因而古籍整理及出版既是社会转型一种悲剧性结果，同时却又蕴蓄着有待于被未来激活的文化能量。而在殖民与反殖民的博弈间，古籍整理及出版的意义就更加难以定位：一方面，古籍整理及出版本身就是帝国主义殖民运动促生的，从"古籍"的命名到"古籍"的保存与传播技术，都在很大程度上呼应了帝国主义殖民运动"在地化"统治的需要，因而所谓"现代"的知识分类体系以及"现代"的技术，恰恰呈现出历史反动的一面；另一方面，"替古书续命"的古籍整理及出版，尽管不无文化保守主义意味，却因为支持了文化的多元化保存，因而自觉不自觉地契合了后发现代性国家的文化自觉而具有对抗殖民运动的意味。

---

① James Hevia, "Looting Beijing, 1860, 1900", *Token of Exchange: The Problem of Translation in Global Circulations.* 转引自孟悦：《反译现代符号系统：早期商务印书馆的编译、考证学与文化政治》，《清华大学学报（哲学社会科学版）》2008 年第 6 期。

第二节　近代学术转型视野中的古籍整理

正是在科举黯然退场、西学强势进入的情形下，传统中国的知识体系内部开始分化，知识生产相应地出现重大调整。而这，构成了考察晚清中国古籍整理的又一维度。

一般来说，传统中国的知识体系可分为经、史、子、集四部，各部所承担的使命各有不同："经部者为研究国学，专精某经之用；集部者，为摹拟古文，以备得科举后，为人撰被铭传序，所谓敲门砖者也。至于子、史两类，乃藏书家所搜辑，以备四部，及考据家参考，以炫博学，非普通一般所阅读也。"[①] 在传统中国的知识分类中，经学往往被当作"国学"最为重要的组成部分，也是科举制度最为倚重的内容，因而在内忧外患的晚清，经学格外受到质疑、挑战与颠覆，显然是意料之中的。值得注意的是，经学的这一境遇既与时势变迁大有关系，也与其自身在历经了上千年唯我独尊的学术统治后所面临的后继乏力的发展轨迹有关。

尽管有着科举制度的强力支撑，晚清中国经学还是逐渐显示出了难以为继的窘态：囿于知识谱系传承的"内循环"属性，经学日渐封闭，也日益丧失活力；其对经典的笺注和阐释往往画地为牢，与现实世界隔阂越来越大；每一时代所产生的知识/经验尽管对于经学传统不无完善和补充，但经学自身强大的包容性与吸纳力，又常常使新鲜知识/经验无声无息地消融于既有体系中。有清一代，以训诂为核心的朴学的极度发达，又使得经学的传承囿于学术史的谱系，在很大程度上远离了其作为时代思想生产者的使命。当以经学为中心的传统知识体系无法同当时社会变革对知识的需求相对接时，其失势自然在所难免："从'纯学术'走向'致用之学'，是乾嘉到道咸的一种带有趋势性的学术转向。在乾嘉朝曾经极一时之盛的考据学风逐渐衰落，潜

---

① 谢兴尧:《书林逸话》，张静庐辑注:《中国近现代出版史料·补编》，第417页。

心考据的汉学家们开始关注风俗人心，颂法程朱的理学家们也讲起经济事功，并出现了善于用危言耸动舆论的今文经学。"①学术的转型内蕴着知识内部自我清理和再造的冲动，指向了在危机情境下重构知识体系的努力。

尽管经、史、子、集四部分类的方式在中国传统学术理路中延续千年，②但"中国学问的主流是反对将学术分而治之"③的，总体而言，古人治学，多以经学为主，兼治他学，汇而通之。而当这种学术格局随科举制度的废除而瓦解崩塌后，以经学为首的本土学术在"经世致用"的迫切需求下逐渐暴露出其回应现实的缺陷，今古文之争撕开了经学的神圣面纱，迫使国人重新审视本土学术传统内在的危机。科举的覆没、西学的大举进入直接迫使这种危机浮出地表，使得原本在中国传统社会知识体系中充当核心角色的经学，彻底失势沦为时代急于撇清关系、无情剔除的"糟粕"。这一变故可以说从根本上撼动了国人的整个价值体系，儒家意识形态两千年的正统地位因此丧失了维系与运作的基础。

面对学术转型的巨大压力，康有为、梁启超等一批先觉者都已认识到传统的四部分类无法满足当时社会的知识需求，从而尝试构思西方现代意义上的学术分科。④梁启超《新史学》开篇有言："于今日泰西通行诸学科

---

① 冯天瑜、黄长义：《晚清经世实学》，第67页。
② 关于四部分类的认识问题，罗志田认为这只是图书分类（详见罗志田：《西学冲击下近代中国学术分科的演变》，《近代中国史学十论》，复旦大学出版社2003年版）；而刘龙心则认为其为学术分类（详见刘龙心：《学术与制度——学科体制与现代中国史学的建立》，新星出版社2007年版）。在此基础上，本文以为经、史、子、集四部分类表明了一种以经学为主导的，有别于西方学术分科思想的知识分类方式，代表了一种看待本土学术的传统思维。四部分类究其本质，仍旧是讲求会通而非专精，故而学问间的界限也往往是模糊的。
③ 罗志田：《西学冲击下近代中国学术分科的演变》，《近代中国史学十论》，第4页。
④ 需要指出的是，其时所提出的譬如"义理、考据、词章、经世"的分类方法已与西方以知识性质分科的分类原则相类，体现出沟通整合中西学术的思想。具体可参考〔日〕井波律子：《论王国维的学风——经史子集的革命性转换》，《东方学报》第61册，1989年3月；罗云锋：《现代中国文学史书写的历史建构——从清末至抗战前的一个历史考察》，华东师范大学出版社2005年版；刘龙心：《学术与制度——学科体制与现代中国史学的建立》，新星出版社2007年版。

中，为中国所固有者，惟史学。史学者，学问之最博大而最切要者也，国民之明镜也，爱国心之源泉也。今日欧洲民族主义所以发达，列国所以日进文明，史学之功居其半焉。"[①] 短短数语却道出晚清以降学界的重要转变，即：在经学日益衰微、无法承担历史使命的前提下，向来处于知识生产边缘的"史学"的作用有必要被重新认识。

"打破史部在传统分类架构中的定位""让史学与其他社会科学等列"[②]的观念亦在蔡元培、梁启超、王国维等学人的学术实践中得到彰显。例如蔡元培受西方知识分类概念的影响，将史学置于社会学范畴，又将原本属于史部的社会学科独立出来与史学并列。梁启超在《新史学》中亦强调史学与他学之关系，用平行等列的关系取代四部分类的垂直关系。王国维更在1911年提出"科学、史学、文学"的分类方式，都充分体现了对西式分科观念的体认，而史学与文学的分界意识也较为明晰。[③]

在本土学术与西洋学术碰撞对接的转型过程中，现代教育制度的逐步确立起到了至关重要的作用，本土学术的激变促使传统知识必须在新的学术分科系统中找寻到自己的位置。

1903年《奏定学堂章程》颁布，成为中国近代第一个付诸实施的学制，[④]将大学分为经学、政法、文学、医科、格致、农科、工科、商科八科，这里"文学"一科的概念更接近于今天的"文科"，史学和文学是皆属其下的学门。尽管文、史仍旧纠缠于大文学的框架之下，然而毕竟"文学"一科已与经学划清界限，就总体而言，传统学术的分类痕迹此时已大大淡化了。

---

① 梁启超：《新史学·中国之旧史》，《饮冰室文集点校》，第1628页。
② 刘龙心：《学术与制度——学科体制与现代中国史学的建立》，第65页。
③ 参见刘龙心：《学术与制度——学科体制与现代中国史学的建立》，第63—65页；罗云锋：《现代中国文学史书写的历史建构——从清末至抗战前的一个历史考察》，第195—200页。
④ 参见张亚群：《废科举与学术转型——论清末科学教育的发展》，《东南学术》2005年第4期。

1912年至1913年国民政府颁布的《壬子癸丑学制》废止了经科在大学的位置,"对于文史哲三科独立意识的萌现有着相当重要的影响,经史分途、文史分家亦是以此为起点。然而在学科体制建立之时,文史哲三科事实上依旧为'国学'概念所涵纳,彼此在学科界域上并未能有清楚而明确的界定"①。尽管1919年《北京大学研究所国学门启示》将国学"暂分为文字学、文学、哲学、史学、考古学五类",②使得文学、哲学、史学在制度的层面上得到了区分,然而一方面文史不分的传统观念沿袭已久,学科之间的界限在实践层面上依然难以划分;另一方面从"大文科"中分化出来的文学、史学及哲学又在现代教育制度的演变过程中愈加强调自身的独立意识,对重整学科范围提出了要求,出现了"由广入狭"的转化。

以北大为例,文学门自1919年以后将文学的研究对象从此前经史子集无所不包收缩为诗、词、曲、赋、小说、戏曲等"纯文学"内容,北大历史系主任朱希祖在《中国文学史要略·叙》中指出:"文学必须独立,与哲学、史学及其他科学,可以并立,所谓纯文学也。"③同时他又在史学系的课程中强调:

> 吾国史学文学,自古以来,均混而为一;且往往以史学为文学之附属品。观近代史学名家章学诚尚著《文史通义》,其他可知。惟唐刘知幾深恶文人作史,史学脱离文学而独立,特著《史通》以表其义。兹故以《史通》20卷为讲演之书;而以《文史通义》为参考之书。④

---

① 刘龙心:《学术与制度——学科体制与现代中国史学的建立》,第119页。
② 《北京大学国学门启示》,《新潮》第1卷第3号,1919年1月1日。
③ 朱希祖:《中国文学史要略》,转引自刘龙心:《学术与制度——学科体制与现代中国史学的建立》,第120页。
④ 《国立北京大学编》,《国立北京大学史学系课程指导书》(民国十三至十四年度),第2—3页,转引自刘龙心:《学术与制度——学科体制与现代中国史学的建立》,第120页。

朱希祖对《史通》与《文史通义》的区别对待，旨在凸显史学应摆脱文学羁绊以确立其学科独立的重要性，即用近代西方的学术体系替代中国传统的知识结构，强调的是"专家之业"而非"通人之学"。而这种思维取向进入1930年代以后更进一步得到了制度上的确定和巩固。北伐结束后，民国政府全面实行教育标准化的原则，"1929年清华国学研究院的停办、《大学组织法》的颁布以及北大史学系推动第三次课程改革"等事件"代表了一个学术分科时代的来临"。①

这种学术分科的思路暗合了梁启超等人之于史学研究专门化的设想："今日所需之史，当分为专门史与普通史之两途。专门史如法制史、文学史、哲学史、美术史……等等；普通史即一般之文化史也。治专门史者，不惟须有史学的素养，更须有各该专门学的素养。此种事业，与其责望诸史学家，毋宁责望诸各该专门学者。"② 专史的提出说明了史学研究专门化之大势所趋。的确，原本传统史部之学所包含的诸多内容在专史的分化下，逐渐被析出，形成各自独立的专业学科③，因此作为一门学科的"史学"范围确实大大缩减。

然而这不过是问题的一个面向，"收缩"的目的是为了"扩充"，史学在将过去与之相关的学科划分为各专门领域的同时又与它们建立起了一种结盟的关系，政治、经济、文学、哲学等作为一门学科出现时，都需要借助"历史的眼光"的介入，这反倒从另一维度扩大了史学的研究范围。因为"历史的眼光"非但是一种平视一切材料的眼光，更关键的是，它建构了一种"时间"的观念。随着史学专门化的提出，梁启超还特别强调了

---

① 《国立北京大学编》，《国立北京大学史学系课程指导书》（民国十三至十四年度），第2—3页，转引自刘龙心：《学术与制度——学科体制与现代中国史学的建立》，第161页。
② 梁启超：《中国历史研究法》，上海古籍出版社2006年版，第37页。
③ 以北大为例，"北大史学系所开列的各种专史科目——经济史、美术史、文学史或哲学史等，其实大多并不开设于本系，而是将其划归各专门学系中，让学生透过选科制度到外系选习"。详见刘龙心：《学术与制度——学科体制与现代中国史学的建立》，第124页。

"治专门学之人"所需的"两种觉悟":

> 其一,当思人类无论何种文明,皆须求根柢于历史。治一学而不深观其历史演进之迹,是全然蔑视时间关系,而兹学系统终未由明了。
>
> 其二,当知今日中国学界已陷于"历史饥饿"之状况,吾侪不容不亟图救济。历史上各部分之真相未明,则全部分之真相亦终不得见。而欲明各部分之真相,非用分功的方法深入其中不可。此绝非一般历史学家所能办到,而必有待于各学之专门家分担责任,此吾对专门史前途之希望也。①

所谓"觉悟",其核心在于治学要从"历史"做起,而"历史"恰是一种"时间关系"的表达。他在定义"历史"时也曾说:"史者何?记述人类社会赓续活动之体相,校其总成绩,求得其因果关系,以为现代一般人活动之资鉴者也。"②因为"历史"必须是"赓续"的,所以"人类活动在空际含孤立性,在时际含偶现性、断灭性者,皆非史的范围。其在空际有周遍性,在时际有连续性者,乃史的范围也"。③"历史"表达了一种"时间"上不断发展的连续性特征,人类的活动应该在这种时间发展的脉络中予以观察并求得其"因果关系"。④因此,唯有注重"时间关系"的"历史"作为一种基本前提,才会有"历史上各部分之真相"与"全部分之真相"的

---

① 梁启超:《中国历史研究法》,第37页。
② 同上书,第5页。
③ 同上书,第6页。
④ 罗志田曾援引李弘祺的研究(李弘祺:《泛论近代中国史学的发展与意义》,《读史的乐趣》,(台湾)允晨文化出版公司1991年版,第188页)强调过这个问题:"'发展'(development)这一概念是19世纪西方思想史上一个极重要的突破,既然所有的人事现象都是依时间发展的结果,了解人与事就必须了解其历史。"(罗志田:《走向国学与史学的"赛先生"》,《裂变中的传承:20世纪前期的中国文化与学术》,中华书局2003年版,第235页)而近代中国知识分子对历史的这种认识很大程度上与这一西方思想的传入有关。

关系讨论,也只有"史学的素养"已然成为奠定好的基础,才谈得上"更须有各该专门学的素养"一说,而胡适所言"我们无论研究什么东西,就须从历史方面着手。要研究文学和哲学,就得先研究文学史和哲学史……寻出因果的关系、前后的关键"①,实应与任公之语作同解。

凡此种种,已经道出民初学界的一种普遍风气:研究一门学问很大程度上成为研究这门学问的"历史"。"历史(史学)"在完成自身学科化、专门化的同时,不仅因其"学科"特质通过现代知识分类的思维方式转化了传统学术,更因其代表了一种从"时间"入手进行对象研究的"科学"方法而统摄了学术研究的各个领域,甚至在这里,"历史(史学)"几乎成了其时学人认识和理解世界的一种基础。

事实上,从晚清民国学科体制的变革路径中,能够看到当时中国学界一种较为普遍的倾向,用罗志田的话来说:"以西学分科为基准强调学科的专科化大约是20世纪中国学术与前不同的主要特征之一","而西学分类被尊崇为惟一'正确'或'正当'的体系后,只能是中学适应西学,也就只能是所谓在传统之外改变,这更增添了中学分类的困难。且怎样处理既存学术与新确立的学术分类体系的关系,直接牵涉到什么学科才具正当性的敏感问题,不仅偏于守旧者无法回避,趋新一方尤其关注"。②至此,"史学"成为解决分科衔接困境的重要关注对象。但必须注意的是,这里的"史学"从学科性质来说,已非传统的史部之学,而应视作经现代学科体制转化之后与哲学、文学等其他社会科学相区别的独立学科。只不过近代史学在完成专门化的过程中,始终肩负着中学体系在西方学科分类体系的压迫下如何重塑的沉重使命。

尽管废除科举所带来的经学地位的最终颠覆给古籍整理工作蒙上了巨

---

① 胡适:《研究国故的方法》,欧阳哲生主编:《胡适文集》(12),北京大学出版社1998年版,第93页。
② 罗志田:《西学冲击下近代中国学术分科的演变》,《近代中国史学十论》,第2、3页。

大的阴影，但与此同时，应运而生的"新史学"却又以其"历史的眼光"重新赋予了古籍某种具有"现代"意味的正当性。正是在这样的博弈间，传统中国的知识体系在被历史的变革无情地斧削去其价值功能更多只剩下"史料"功能之后，却又因为碎片化状态可以与"现代中国"的文化重塑有效对接，而成为想象与构建"现代"知识体系不可或缺的文化记忆/基因，从而又具有了被"现代化"的可能性。这一仿佛是双刃剑的矛盾，实际上为20世纪初的古籍整理运动的萌生提供了巨大空间。

第三节 出版技术变革进程中的古籍整理

清末国门大开，不仅带来了西学东渐的潮流，同时也带来了新的文化生产与传播技术。伴随着传统中国的以木活字与雕刻为主的印刷技术被西方机械化的铅印和石印技术所取代，晚清中国的文化生产格局出现了巨大的变化，尤其是在古籍的印刷和装订形式方面。因而，古籍整理的"现代"意义也需要在技术维度上去加以讨论。

先秦时期中国已出现印章，在造纸术发明后，这种通过复制的方式以保存、传播文明的技艺得到挖掘，开始于隋朝的雕版印刷，经北宋毕昇发展、完善，成形为活字印刷术。然而这种传统印刷方式，不仅在铸刻、制版上技术要求高，掌握的人数少，且手工刻印费时长、效率低，用于印刷的木制活字在耐用性、印刷质量、生产数量上也都有所限制，"为了保护木板，最好连续使用50次就要停下来，几个月以后才能再用，印数大约在每次50部左右，至于刷印版次则视需要三两次不等"。[①] 然而，对于强调流传"时间"而非传播"空间"的传统文化来说，可以用漫长时间或廉价人力完

---

① 刘乃和:《从〈励耘书屋丛刻〉说到中华书局——陈垣生前著作的出版情况》，中华书局编辑部:《回忆中华书局》(下编)，中华书局2001年版，第48页。

成的事情似乎都不值一提。因此，印刷的技艺并未在其出产地得到更多的发展，而传统古籍整理的意义也就更多止于保存，并非传播、流通。

传统中国有官藏、私藏以及私办公助藏书机构等三大藏书系统。从周代开始，历代政府皆设藏书机构，但是，官藏只能被帝王权贵享用，平民知识分子无法使用；改朝换代时，官藏图书又常常遭遇兵灾。因此，从传播知识和保存版本的角度来说，有时反而不如私家藏书。明清时候很多著名的私家藏书楼崛起，包括明代宁波范氏天一阁、常熟毛氏汲古阁、江阴李氏得月楼等，以及清代山东聊城杨氏海源阁、常熟瞿氏铁琴铜剑楼、归安陆氏皕宋楼、杭州丁氏八千卷楼等，私家藏书在这一时期达到了巅峰。而寺院藏书和书院藏书等私办公助的藏书系统也有不小的规模，尤其是佛寺藏书因为元代和清代少数民族统治中原提倡佛教而藏书大增。三种藏书系统所占的比重虽有明显的不同，但是它们却有同样的特点：私有、封闭、专享，① 这与殖民危机下启蒙民众、动员民众的时代要求背道而驰，因而探索新的知识生产／传播途径迫在眉睫。

古代官藏与政权的稳固性、私藏与藏书世家的经济支持、寺院藏书与朝廷对宗教的扶持力度之间，在大部分情况下，存在着前者依托后者而存在的关系。所以，当政权与经济出现重大问题时，就会在根本上撼动古代藏书的稳定体系。

古代藏书系统所具有的封闭性的特点，使得藏书在遭受兵祸等灾难后少有"复兴"的可能。转机出现于近代图书馆运动以及印刷市场的崛起。

晚清时期，伴随着西方传教士以文化传播宗教活动的加剧，不仅出现了不少有影响的介绍西方图书馆的西人著作，而且开始设立藏书楼、图书馆。如上海就出现了徐家汇天主堂藏书楼、上海图书馆、亚洲文会北中国支会图书馆、圣约翰大学罗氏图书馆、格致书院藏书楼等，其中很多已经

---

① 参考蔡振翔：《中国古籍在近代社会的开放及利用》，《图书馆》2002年第6期。

采用了比较完备的西方图书馆的运行管理模式。

　　清末公共图书馆运动的兴起使得大量古籍不再束之高阁，而为民众所共享。由此，公共图书馆成为文化典籍流通的重要"推行者"。这无疑是古籍命运"转机"之一。

　　古籍命运"转机"之二则依托新崛起的现代印刷市场。除雕版印刷外，石印和活字印刷是流行于晚清的两种印刷技术。其中，由于活字印刷制版、排版等技术问题，以及相关机械技术、动力等多方面配合未成熟，操作相对简单的石印取而代之，随着1830年代早期传教士的引入而渐为人所知。

　　石印主要利用照相原理，将文字、图像通过影印、绘制到大理石石板，就可精确翻印印制品。但因新教传教受限于官方，石印技术未能得到有效推广。太平天国运动时期，被保存下来的藏书多流转各地，江南地区的藏书一般都流转到了上海，当时上海的印刷市场已经初具规模。至1880年代，外国在华势力日长，石印随西方基督教、天主教传教活动再次浮出水面，继而得以推广。

　　由于石印比雕版制版节省不少时间和费用，使得书价更为便宜，原本二三十块钱的书采用石印印刷以后定价只有两三块，读书人能够承担得起，上海的石印印书业因此发达一时。以当时热销的《康熙字典》为例，在1880年之前，点石斋用照相石印影印了对于当时学人来说极难得见的《康熙字典》，非常畅销，"第一批印四万部，不数月售罄。第二批印六万部，适某科举子北上会试，道出沪上，每名率购备五六部，以作自用及赠友之需，故又不数月而罄"。① 名噪一时的上海同文书局在当时石印翻印了《康熙字典》《殿版二十四史》《二十五史》《二十六史》以及使其名声大振的多达10,040卷的类书《古今图书集成》，得到了清政府的赏识，于是清政府委

---

① 姚公鹤：《上海闲话》，上海古籍出版社1989年版，第12页。

托其印制《图书集成》送各国政府。"又有宁波人开拜石山房,与点石斋、同文书局鼎足而立。后来更多,如富文阁、藻文书局、文澜阁等。雕版印刷史专家张秀民在其《中国印刷史》第590页列举了点石斋等企业名56个","因为有利可图,连讲究版本、看不起洋法的藏书家,如李盛铎,居然也开办了蜚英馆石印印书局"。①上海成了西法印刷的中心,由德国引进的石印印刷术终在19世纪八九十年代掀起了重印古籍的热潮,在上海形成了一个以古书为主的书刊市场。著名出版人陆费逵这样回忆石印技术引进中国后对于出版潮流带来的改变:

> 石印业印书多而营业盛。因为科举时代携带便利的缘故,各种经书及《大题文府》《小题十万选》一类的书,都缩成极小的版本。后来科举改革,要考史鉴策论,于是《廿四史》《九通》《纲鉴》以及各种论说,又复盛行一时。一方为供参考玩赏起见,所有文学书画任何书籍,如《佩文韵府》《骈字类编》《佩文斋书画谱》……各种诗文碑帖等,均翻石印;一方为投一般民众的嗜好,所有旧小说如《三国演义》《水浒传》《红楼梦》等书,也都以石印印行。当时最著名的石印书局如点石斋、蜚英馆、慎记书庄……都很著名。

> 当时的石印书局,因自己不编译,专翻古书,所以没有什么编译所的名称。大概发行所或编译所另辟一室,专从事校阅。总校一人,一定要翰林或进士出身,月薪三十两。分校若干人,举人或秀才出身,月薪十两左右。②

按照孟悦的说法,传统的私家藏书和书院藏书因战乱尤其是太平天国

---

① 汪家熔:《近代出版人的文化追求》,广西教育出版社2003年版,第240页。
② 陆费逵:《六十年中国之出版业与印刷业》,宋原放主编:《中国出版史料·现代部分·第一卷》(下册),第417页。

运动以来的战事颠沛流离，印刷市场于是开始成为重要的书籍补充来源。印刷文化"从私家藏书和书院藏书转变成市场化的书籍生产和流通方式"①，不仅有效地弥补了各家藏书楼藏书流失所造成的遗憾，同时也为古籍刊刻打开了新的局面，采用西法印刷铸就了一个以版本优良的古籍和科举用书为中心的印刷市场。

一方面，石印印刷印速快，产量大；另一方面，石印用印机、油墨需求量大，完全依靠进口，增加了成本，在没有相对大而稳定的市场前提下，难以维持。因此，在晚清本土学术经历了废科举的大震动后，书刊市场为科举用书所占据的局面被迫扭转，随着大量译介西学的图书在市场上风行，新型的教科书成为近现代出版市场上的主力军，并不具备多少编译能力的石印书局陷入了困境。

19世纪后期，随着传教士大规模机械化铅字印刷的不断尝试，铅印终于基本达到了可投入生产的阶段。清心书馆等外国在华机构开设的半工半读学校培育了大量的铅印印刷人才。据相关史料记载："1893年，福州卫理工会书馆拥有能印优质印刷品各种型号和功能的铅印刷机近10台，中英文活字各7幅，罗马活字5幅以及150套零件活字……书馆除了能印制普通汉文书籍外，还开设分所，印刷福建地方方言著作。"②

事实上，清末民初新式报刊之所以能登上历史舞台，来自于印刷技术的支撑功不可没，而铅印的日渐成熟和普及，更使得晚清"印刷即出版"的格局得以稳定和推进。新的印刷技术迅速成为推动社会、文化变革的有效生产力，促生了新的具现代意义的出版机构，也因此带来了社会生活的巨大变革："印刷技术召唤来的资本规模的扩大和资本逻辑的增强……印刷技术大规模的展开，逻辑地带来了具有'现代'意义的社会文化变革。在

---

① 孟悦：《商务印书馆创办人与上海近代印刷文化的社会构成》，王晓明主编：《批评空间的开创》，第88页。

② 范慕韩主编：《中国印刷近代史初稿》，印刷工业出版社1995年版，第83—84页。

这个'现代'展开的逻辑中,技术、资本、生产、消费、市场与知识群体对于社会理想、民族—国家文化建设的意义和价值的理解夹缠在一起,既围绕着新的出版机构的运作来进行,又深刻地渗透到社会文化生活的各个领域。"[1] 古籍整理正是在这样的契机下,借助现代印刷出版技术,依托大型出版机构,迎来了历史的新篇章。

---

[1] 雷启立:《印刷现代性与中国现代文学的发生——以清末民初的出版活动为中心》,华东师范大学 2008 年博士论文,未刊稿,第 54—55 页。

第二章　文化权力的博弈：
近现代商务印书馆古籍整理概况

在清末民初的古籍整理及出版传播的过程中，商务印书馆颇为引人注目。作为以"现代"方式辑印古籍的始作俑者，早在1909年，商务印书馆就率先萌生了出版古籍的想法。而这一设想在1916年也就是新文化浪潮最为高涨之时得以展开，并着力实践：商务不仅设立了涵芬楼以收集保存古籍善本，更先后整理出版了《涵芬楼秘笈》《四部丛刊》《续古逸丛书》《百衲本二十四史》和《丛书集成》等，使奄奄一息的古籍得到了大规模的整理和流通。

在社会转型的语境下，可以说，商务在中国近现代大规模整理出版古籍，是与知识重构的各项因素组合在一起的，这些因素包括：新的参与者、新的生产方式、新的社会需求，以及参与知识重构的各种资源的调整等。因此，梳理近现代文化的变迁轨迹以及商务古籍辑印策略的相应变化，大致可以看到二者之间的呼应、互动以及背离等种种复杂关系。

第一节　从"为古书续命"到普及传统
——商务印书馆古籍整理理念的演变

梳理商务古籍整理的脉络，可以发现，商务之所以介入这一看似颇具争议的出版领域,与其两任主事者张元济和王云五对于古籍的基本看法以及由此形成的决策有着直接的关联。

作为晚清难得的中西兼备的知识者,如何在西学东渐的潮流冲击下,重拾中学传统以建构新的出版领域,显然一直是张元济入主商务后萦绕于心的大事之一。初入商务印书馆,张元济就考虑:"古籍散亡,印术日新,余恒思择要影印,以饷学者",① 然而依据当时商务的财力物力人力,这一想法显然难以实施。张元济因而采取了循序渐进的方式,先从古籍善本珍本的搜集入手,开始筹备未来的古籍影印之事。早在1909年年初,《教育杂志》就刊载了张元济所撰的《收买旧书广告》:

> 兹为保存国粹起见,拟搜罗旧学书籍。无论经、史、子、集,只须版本精美,的系旧刊,或据善本影抄,或经名人手校,均可收购。海内藏书家有愿割爱者,祈将书名、册数、撰人姓氏、序跋姓氏、刊印时代、行款、纸色、有无残缺损破、欲得售价若干,逐项开示,径寄敝寓。信资自给,合用者即当函商一切,否则恕不答复。伏维雅鉴。上海新垃圾桥浜北北长康里沿马路 武原张公馆谨启。②

作为闻名江南的藏书楼涉园的后人同时也是著名的版本目录学家,张元济对搜集散落在民间的各种典籍表现出了浓厚的兴趣。根据柳和城的考证,张元济通过各种途径搜罗得来的古籍,除一部分自用外,有很大一部分其实是为商务代购的,③ 而这构成了日后商务古籍辑印的基础。有意味的是,尽管如此,当1909年前后缪荃孙建议张元济影印古籍以便传布时,张元济回信表示:"所商影印古书一事,一再受教,谨志勿谖。此时尚应者寂寥,

---

① 顾廷龙执笔:《涵芬楼烬余书录序》,《张元济诗文》,商务印书馆1986年版,第282页。
② 《教育杂志》第1卷第2号,1909年。
③ 参见柳和城:《张元济涉园善本藏书钩沉》,《天一阁文丛》第6辑,宁波出版社2008年版,第213页。

而鄙意期于必得，终当有禽羽之雅，慰我嘤鸣。"①显然张元济尽管当时已立意影印古籍，但并不认为时机成熟。

这一看似矛盾的处理态度，相当典型地折射出张元济对于古籍辑印的基本看法。首先，在张元济刊布的征书广告中，古籍似乎已经挣脱了原有的价值赋予，更多是以其物理形态被指认出来，因而张元济可以用相对冷静的态度，从版本、行款、纸色、破损程度等技术同时也是商业的角度而不是从思想价值层面来定位古籍，这种技术主义的处理原则固然与传统中国既有的版本目录学传统一脉相承，但同时也折射出在晚清古籍古董化、商业化的命运，以及由此被迫资源化的困境。正是基于这样的变化，张元济对于古籍的征集，已经不同于传统藏书家的路数，而是按照一般商业法则来进行的。

进一步分析会发现，张元济既征集古籍却暂不影印古籍的决定，又在很大程度上折射出处在知识转型期的晚清中国知识者自我角色的内在演变。如果仅仅立足于作为涉园后人以及作为著名版本目录学家的职责所系，张元济完全有理由以古籍的守护者和传播者自居而大力推动古籍的影印。张之洞就曾经说："凡有力好事之人，若自揣德业学问不足过人，而欲求不朽者，莫若刊布古书之一法。……且刻书者，传先哲之精蕴，启后学之困蒙，亦利济之先务，积善之雅谈也。"②但显然此时，张元济作为传统读书人的身份让位于他作为商务主事人的角色。这意味着"在商言商"的职业伦理精神开始占据上风，逐渐克服了张元济作为传统士人的知识生产本分，从而折射出晚清士人在以科举为中心的仕途之路堵塞之后，职业精神如何成为时人为人处世最重要的前提。

更深层的原因在于，尽管张元济有着家学渊源，且本人的中学修为精深，但显然并不属于文化保守主义的阵营。作为晚清中国难得的新旧兼修

---

① 《张元济致缪荃孙》，《张元济书札》，商务印书馆1981年版，第2页。
② 张之洞：《书目答问二种》，生活·读书·新知三联书店1998年版，第263页。

的知识者，张元济恰恰是强调西学在济世层面上的重要性并因此大力提倡译介西学的前提下，才开始介入古籍整理领域的。早在1896年，张元济就指出："鄙意新出紧要图籍，尤宜从速译印。"① 1908年，他又认为："政法书籍亟宜着手编译，为公为私均不可缓。"② 从中可以看出，资本主义殖民危机的文化冲击既给予了张元济这代文人以知识结构上的重创，却也与清中叶以降的经世致用潮流相汇合，从而打开了他们看待世界的视野。而更值得注意的是，尽管着眼于"政法书籍"等可以迅速缓解时局之困的济世之术，张元济却并不认为建立在资本主义殖民扩张基础上的西学代表了人类文明的全部追求，相反，在其内心深处，对此不无警惕与抵制。在其1902年创办的《外交报》上，他这样反思道：

> 盖人之生也，无不以自利为宗旨者；国之立也，即无不以自利其国为宗旨者，是以有凌侮劫夺之事。凡以凌侮劫夺人为事者，例不以见凌侮劫夺为怪，是以彼我之间，荡荡然无界畔、无契约，缘隙生事，罄竹不胜书。及其迭经自然、人为之两淘汰而残存于兹者，渐趋知力平等之势，又以经历既多，识见渐澈，知前者凌侮劫夺之为两不利，而自利者不得不行以两利之术，于是人与人有伦理，而国与国有外交。要之，以保有主权，不受凌侮劫夺为界说，是故外交其表面，而排外其里面也。③

正是发现了帝国主义殖民运动"凌侮劫夺"的反文明实质，张元济才提出了"文明排外"的主张，试图以此既对抗以力取胜的帝国主义殖民法则以及由此制造的不平等的世界政治—经济秩序，同时也超越以暴制暴的后发

---

① 《张元济致汪康年》，《张元济书札》，第9页。
② 《张元济致高梦旦、陶惺存、杜亚泉》，《张元济书札》，第182页。
③ 《外交报·叙例》，转引自张树年主编：《张元济年谱》，第41—42页。

现代性国家图强自存的惯常思路。或许，这一想法在晚清的血雨腥风中显得过于理想化，但是从中可以看出，处在中西文化碰撞夹缝中的晚清知识者既不甘于亡国灭种又企图寻找更为文明的人类发展前景的努力。

将张元济"为古书续命"的文化理想与上述"文明排外"的思想理路联系在一起，才可以发现，在张元济的视野中，"古籍"内蕴的复杂性：它不仅仅在本土的格局中具有民族文化传统的象征意味，也被视为是一种可以用作"文明排外"的文化资源。在这一层面上，张元济对古籍的识取，显然就不可能再落入专业化的窠臼，而更是一种基于文化自觉的历史责任感的体现了："窃以典章文物，尽在图书，其存与亡，民族安危所系；守先待后，匹夫匹妇亦与有责。"[①] 因而，作为文人同时也是出版人，"吾辈生当斯世，他事无可为，唯保存吾国数千年之文明，不至因时事而失坠。此为应尽之责。能使古书多流传一部，即于保存上多一分效力。吾辈炳烛余光，能有几时，不能不努力为之也。"[②] 只有在这样的知识生产格局中，古籍才不是因为外力的冲击而可以被轻易淘汰的，相反，作为中华悠久文明的寄寓之所，同时也作为可以贡献给世界的一种文明力量，古籍必须在危殆时势中被保存下来。由此出发，张元济才最终形成了整理出版古籍的完整想法："一是为抢救民族文化遗产，使其免遭沦亡；二是为了解决学者求书之难，满足基本的阅读和学术需要；三是汇集善本，弥补清代朴学家所未能做到的缺陷。"[③]

尽管如此，张元济在1909年还是克制了辑印古籍的冲动，或许原因在于，具有浓厚基督教背景并且前期以编译新学书籍见长的商务印书馆，其实还没有做好充分的准备。商务建立初期，虽也零星地排印过几本古书，如《五经备旨》《通鉴辑览》《通鉴知易录》等，但"仅仅是翻印，谈不上

---

① 张元济：《影印四库全书珍本初集缘起》，宋原放主编：《中国出版史料·现代部分·第一卷》（下册），第478页。
② 《张元济、傅增湘论书尺牍》，商务印书馆1983年版，第145页。
③ 顾廷龙：《回忆张菊生先生二三事》，《商务印书馆九十年》，第17页。

整理二字"。① 在这个阶段，商务对古籍的印行，显然只是停留在二传手式的印刷行为，并未上升为自觉的出版行为。辑印古籍需要积累大量的珍本善本，商务此前致力于西学和新式教科书的编译，对于古籍素无积累，需从头做起。从外部环境来说，古籍大量成为文化市场的流通品，要到辛亥革命前后。据考证，"张氏善本藏书大都购于辛亥前后。时值革命，清廷遗老们的藏书大量散出，那时商务正处于兴旺时期，张元济个人经济也较宽裕"。② 也就是说，从古籍辑印的内容准备来说，商务在1909年也才刚刚起步。

从资本运作角度来说，大规模辑印古籍的条件亦不具备。当时商务正处在与日本金港堂的合作期，日股尚在，即便中方有保存文化典籍之愿，日方也未必就能轻易答应。对日方而言，选择何种出版领域显然更多是一笔经济账，这笔经济账是否合算还是一个未知数，毕竟当时文化市场对古籍的需求远远不如对西学的需求那样迫切与巨大。古籍出版不仅没有明确的市场消化能力，而且是一项费时费力费钱的大工程，若没有充足的资本作为后盾，将导致商务在资金周转上出现问题而把企业逼入绝境。因而张元济在和顾廷龙谈到影印几部大书时，颇为感慨："影印之事，如果早十年，各种条件没有具备，不可以做；迟二十年，物力维艰，就不能够做。"③

对于1909年的张元济来说，作为西学的学习者、作为版本目录学家和作为商务决策者这三重身份之间的矛盾和博弈，使他只能以折中但不失清醒的心态来处理古籍辑印问题。

可以说，在张元济的商务生涯中，他始终在为其多重身份的博弈寻求一个平衡点。为古书续命的文化理想，需要包括人力、技术、资本等多方面条件的支持。这是一项浩大的事业，能够依靠的必然是像商务印书馆这样的大型文化机构。然而商务毕竟是以盈利为目的的企业，作为商务的掌

---

① 汪家熔：《商务印书馆古籍出版工作概述》，《商务印书馆史及其他》，第211页。
② 柳和城：《张元济涉园善本藏书钩沉》，《天一阁文丛》第6辑，第214页。
③ 顾廷龙：《回忆张菊生先生二三事》，《商务印书馆九十年》，第14页。

舵人，如何出色地完成盈利目标，向商务各股东、员工有所交待，仍是张元济面临的头等大事。由此，如何在作为事业的文化和作为产业的文化之间寻找到平衡点，一直是贯穿张元济出版生涯的最重要的命题，也是他最为人所称道的地方。

总体而言，以张元济为首的商务领导层在1909年对古籍辑印看似矛盾的处理，与当时的社会经济文化状况显然是一致的，从中相当明显地体现出张元济在中西、古今和新旧之间进行整合的努力，以及尽力将作为知识者的人文关怀渗透进作为出版者的商业行为的企图。而这，构成了1916年之后商务印书馆大规模辑印《涵芬楼秘笈》《四部丛刊》《丛书集成初编》《续古逸丛书》《百衲本二十四史》等古籍的行为，不能仅仅纳入商业盈利模式，也不能简化为旧式文人趣味的基本前提。

在1921年王云五入主商务后，尽管张元济依然在古籍整理方面担当重要角色，尽管大规模地辑印古籍的潮流依然方兴未艾，商务在古籍辑印的立场、理念与做法等方面还是发生了一些微妙的变化。

与出身传统文化世家且又具有极精深的中学修养的张元济不同，王云五属于自学成才，丰富的人生经历使他在进入商务后，能够审时度势，灵活应变，呈现出更为务实的经营作风。在出版理念上，他主要将"普及教育"和"科学方法"作为商务出版的出发点，这使得这一时期商务的古籍出版，除了仍保留有张元济时代"为古书续命"的追求外，还出现了新的特点。

1923年3月，王云五从治学门径入手，按照现代学科分类方式，主持编印了各科入门小丛书——《百科小丛书》。丛书深入浅出，符合大众对新知识的需求，加之价格低廉，颇受读者欢迎。这一开门红为他之后组织出版更大规模的《万有文库》奠定了基础。《万有文库》意在打造小型图书馆，其目的在于"开启民智"与"铸造常识"。有意思的是，在此意图下，"国学"成为了《万有文库》重要的内容构成。仅《万有文库》第一集，就收录了《学生国学丛书》《国学基本丛书》《国学小丛书》等三个系列计220

种图书，占到了总共 1010 种的 22%。

如果考虑到晚清以来有关国学的种种非议，特别是新文化运动之后国学遭遇的重创，《万有文库》主动收录国学丛书，似乎具有某种文化反动性。值得注意的是，王云五却认为他的新式丛书"以编译新著为主"，"参入整理过的国学书籍"，正是新文化运动的产物。① 其间的反差显然需要进一步深究。

可以说，在张元济时代，"为古书续命"终究还是被视为是一种因为个人的学术趣味、商业利益、文化民族主义等因素纠缠在一起而产生的特定的印刷出版行为，而其之所以可行，主要还是因为古书所代表的中学传统已经丧失了介入现实社会生活的能力，而更多沦为有待于进一步被整合和激活的碎片化文化资源，因而，像商务这样的新式出版社对古书进行整理，还是一种可以被接受的看似安全的文化行为。但在王云五这里，大张旗鼓地以"国学"面目出现的古籍，显然已经被赋予了某种现实的合法性，并因为被抬高到了"国学"的高度上而变得理直气壮了许多。由此，至少在商务这里，就呈现出了一种和主流叙述不一样的行进路线图——似乎不是以新文化运动为核心的经典现代性的行进路径，而是更接近于所谓的"另类现代性"。② 而当这一轨迹更多是由看起来更趋新的王云五而不是由更具备文化遗产守护资格的张元济来勾勒的时候，其所折射出来的问题，自然会让人更为困惑——显然，与张元济相比，王云五更缺少传统意义上的文化资本。

将王云五的选择放置在"五四"新文化运动前后发生的"整理国故"

---

① 王云五：《五十年来的出版趋向》，《学生杂志》第 22 卷第 2 期，1945 年。
② 阿里夫·德里克（Arif Dirlik）认为亚洲各社会喜欢用的"另类现代性"概念，"在于挑战以欧美为中心的现代性概念……但它忽视了一点：尽管这些新的'另类'是对全球霸权加以重塑后的产物，但依旧陷于早期现代性的霸权假设之中。"〔美〕阿里夫·德里克：《从历史角度反思现代性：能得到"另类现代性"的结论吗？》，陈波译，《社会科学研究》2013 年第 4 期。

第二章 文化权力的博弈：近现代商务印书馆古籍整理概况

的运动中去加以考察，也许才能理解其缘由所在。1919年，胡适发表了《新思潮的意义》，提出了"整理国故，再造文明"的口号，他认为："中国的一切过去的文化历史都是我们的'国故'。"① 胡适认为，国故有精华与糟粕之分，须加以明确，而研究国学的目的是为了让大家了解中国的文化史，从而再造文明。因为我们的国故并不像欧美学术那样有系统，而是杂乱无章的，所以出于求真的目的，须用科学的方法去区分、去整理。陈独秀在《新教育是什么——在广东高师演讲词》中也说："讲哲学可以取材于经书及诸子，讲文学可以取材于《诗经》以下古代诗文，讲历史学及社会学，更是离不开古书的考证，可见即以教材而论，也没有新旧的分别。"② 在上述表述中，可以看到，在经历了"五四"对于传统文化的全盘否定后，新文化运动的主将们开始谨慎地以复古主义的姿态为文学革命寻找新的支撑，试图将"一时代有一时代之文学"的文学变革合理性与依傍传统的存在合法性进行衔接，重新建构新文学的知识谱系。

在这一思路下，胡适在《论国故学——答毛子水》中纠正毛子水关于"世界上的学术，比国故更有用的有许多，比国故更要紧的亦有许多"的主张，强调"学问是平等的，发明一个字的古义，与发现一颗恒星，都是一大功绩"，③ 也正式提出了"研究问题，输入学理，整理国故，再造文明"的口号，并提出要从三方面来推进国学研究："第一，用历史的眼光来扩大国学研究的范围。第二，用系统的整理来部勒国学研究的资料。第三，用比较的研究来帮助国学的材料的整理与解释。"④ 1923年，在蔡元培的支持下，北大的《国学季刊》出版，胡适任编委会主任。他在《发刊宣言》中指出，这份刊物正是新文化运动"整理国故"的重要组成部分。整理国故之风自

---

① 胡适：《〈国学季刊〉发刊宣言》，欧阳哲生主编：《胡适文集》（3），第10页。
② 原载于1921年1月3日《广东群报》，又刊于同年第8卷第6号《新青年》杂志。
③ 胡适：《论国故学——答毛子水》，欧阳哲生主编：《胡适文集》（3），第327—328页。
④ 胡适：《新思潮的意义》，欧阳哲生主编：《胡适文集》（2），第551页。

此愈盛。

尽管胡适等人企图用科学的方式重新整理国故并赋予其新的生命力，因而可以将其看作是再造传统文化以重构与新文化相适应的知识谱系的一种行为，但由于整理国故的主张又在一定程度上暗合了清代以来的朴学传统，因而在整理国故运动中，各种学派、各种观点纷纷出现。1925年，曹聚仁就注意到了不同学派之间的差异："北京大学之国学研究所，以国学为帜；无锡之国学专修馆，亦以国学为帜；上海同善社之国学专修馆，亦以国学为帜。三者虽同标一帜，其实三者必不能并立……北京国学研究所之国学，赛先生之国学也；无锡之国学专修馆，冬烘先生之国学也；上海之国学专修馆，神怪先生之国学也；三者在理决无合作之余地。"①然而，不管被寄予了何种想象，在1920年代的中国，"整理国故"作为一种颇有影响力的学术和社会潮流，已是不争的事实。

在这一背景下，可以说，王云五从出版传播的角度进入古籍领域，显然并不是与时代背道而驰，而恰恰是迎面而上、顺应潮流。从学理上来说，王云五对于古籍的态度更接近于胡适，强调以"现代""科学"分类系统方法有效介入古籍整理。据王云五回忆，《万有文库》"二集甫就，张菊生君勉余以同一意旨，进而整理此无数量之（中国古籍）丛书；并出示其未竟之功以为楷式。余受而读之，退而思之，确认是举为必要"。在张元济的鼓励下，王云五开始编辑一部丛书的丛书——《丛书集成》，以实用与罕见为标准，以各类齐备为范围，打破四部分类，按照王云五的中外图书统一分类法，将4000余种书先分10大类，次分541小类，经王云五、张元济几次审核，集结而成。②这套丛书以排印为主，大大降低了出版的

---

① 曹聚仁：《春雷初动中之国故学》，许啸天编：《国故学讨论集》（上），上海书店出版社1991年版，第84—85页。
② 参见朱蔚伯：《王云五和商务印书馆》，《中华文史资料文库》（第16卷），中国文史出版社1996年版。

成本，增强了市场竞争力。并且打破了传统四部分类的套路，对当时流行的杜威分类方法做了进一步提升，切合二三十年代整理国故运动以新法整理的潮流，因而受到了各界的欢迎。

具体来说，王云五的古籍整理方法，大致有以下几项："（一）高处俯瞰……对于旧学的全貌先从高处俯瞰，具体言之，就是从目录学入手，因为目录学可以助人认识学术的全貌。（二）细处着眼。研究国学，一方面固须从大处入手，他方面还须在细处着眼；……细处着眼的方法，莫如编制和利用书籍的索引。……（三）淘沙见金。我国古籍多非有系统的著作。除经史两部之大部分及子部一部分之性质尚分明外，他如子部中之杂家小说家类，与集部中之别集类，内容复杂细碎，殆无所不包，如欲就其中选取需要之参考资料，殆如淘沙见金。且不仅一书之内容如此，即一部丛书所收之各书除专科丛书外，性质亦相去甚远。欲就其中选读所当读之书，亦须经过同样的淘金手续。……（四）贯珠成串。我国古籍的内容，既如上述，大多数复杂细碎；欲就其中搜罗一系的资料，自非采取贯珠成串的方法不可。换句话说，仿佛按上述淘沙见金的方法，将淘得的金沙，变为有用的珠子，而把一条线将他们贯串起来。……（五）研究真相……（六）开辟新路……开辟一条关于检查字书辞书所编制索引的新路，就是发明了四角号码检字法，在初时颇有些人反对，但十几年来，至少已有五百万人利用此法检查字书辞书和索引，而感觉其易学速检。"[①] 可以看到，在王云五这里，传统的古籍需要经过"现代"眼光的重新遴选，才能化为当下的可用之物。传统的版本学、目录学、校勘学等治学方法，显然已无助于完成这一任务，而需要借力于隐喻意义上的"贯珠成串""开辟新路"等欧美学术资料整理方法。这种方法的抉择，一方面是着眼于方便实用，易于为一般非专家的普通读者所掌握；另一方面过于强调异域方法的主体位置，却也

---

① 王云五：《岫庐论学·旧学新探》，（台湾）商务印书馆1975年版，第95—97页。

会因此将已经去历史化的古籍进一步对象化、碎片化，使之再无法成为一个有机的整体。

无论如何，迎合整理国故运动，同时与1920年代逐渐深入的现代图书馆运动相结合，王云五颇具商业眼光地将张元济主政时"为古书续命"的古籍辑印理想，以现代科学方法进行重新遴选和组织，外化为直接对接细分市场的各种丛书，从而使之进入普通大众的日常生活，走出了一条古籍的大众普及之路，也因此获得了商业上的巨大成功。

从张元济到王云五，商务大致探索了两种辑印古籍的理念：一种是由张元济所主张的知识精英的角度，以充分尊重传统的姿态，以版本学、目录学等传统的治学手段，以影印为制作工艺；一种是由王云五探索的普及传统的角度，面向现实需要，以舶来的分类系统的"现代"方法，以经济实惠的排印为制作工艺。当然，这两种理念并非是简单的此消彼长的关系，在1920年代后的商务内部，两者更多是并行不悖、互为补充的关系。由这两种理念所支撑的商务古籍辑印格局，反映了社会转型期建立在民族主义基础上的国粹主义、着眼于普通民众的文化启蒙运动以及追求市场利润的媒介商业主义之间犬牙交错的复杂状况。

第二节 考文献而爱旧邦

——商务古籍整理实践

20世纪初期，商务印书馆逐渐从印刷票据的家庭小作坊成长为中国文化出版业的掌舵手，主要是得益于抓住了"维新运动所带来的思想解放与文化革新的时代取向"[①]这一特定的历史契机，而且充分利用了上海这座

[①] 史春风：《商务印书馆与中国近代文化》，北京大学出版社2006年版，第20页。

第二章 文化权力的博弈：近现代商务印书馆古籍整理概况

"近代中国最早具有近代化品格的城市"①特殊的区位优势，同时，工人企业家与行动派知识分子的结合、新旧优秀知识分子群体的大批加盟、良好的社会关系网络等因素，亦是商务得以发展壮大的不容忽视的优势所在。天时，地利，加上人和，使得"1914年商务已稳居中国出版的龙头地位，再没有哪家出版社能在印刷技术、出版声誉等方面与之匹配"。②这一雄厚的基础无疑为商务日后组织大规模的古籍辑印提供了必要的保障。

在资金的积累和技术的更新上，商务印书馆通过和日本金港堂的合作，资本得以迅速扩大，1914年清退日股时，商务已经拥有两百多万元的雄厚资本。③在技术上，由于创始人出身于印刷技术人员，使得商务对技术革新愈加重视，不仅在与金港堂的合作中得到了日本技师的指导，而且大量买进欧洲先进印刷设备，见下表：

1903—1923年间商务改进印刷技术的措施④

年份	技改内容
1903	采用网点照相法
1904	输入雕黄杨版技术
1905	输入彩色石印技术
1907	采用珂罗版印刷
1908	采用平版印刷术、洋铁印刷术
1912	始用电镀铜版
1913	引进汤姆生自动铸字炉
1915	采用胶版印刷
1918	仿制镏版印刷机成功
1919	使用机器雕刻字模，宣纸套印十五色彩印成功
1920	使用直接晒版法
1921	采用彩色胶印照相技术
1923	设立影写版部，《东方杂志》插图用影写版印刷

---

① 史春风：《商务印书馆与中国近代文化》，第22页。
② 同上书，第27页。
③ 数据来自上海档案馆馆藏《商务印书馆历年资本比较表》和《商务印书馆历年营业比较表》。
④ 王建辉：《文化的商务——王云五专题研究》，第21页。

商务对于技术的重视不仅表现在其坚持更新设备这一点上，从1906年商务在《东方杂志》上刊登的一则名为"专售各种印书机器"的广告中也能略窥一二。广告写道：印刷术"输入文明，其用兹大。敝馆建设十年，知中国教育前途日益发达，所有赖于印刷术者甚亟，因向外洋运入各种纸墨及印书机器等件，以应全国之需"。①商务在技术革新上一直处于业界的领跑地位，这使得其具备了强大的印刷能力："由于摄影石印、珂罗版印刷等印刷技术的便利，已具备的印刷机械需要大量的印刷业务支撑。"②商务率先进入了所谓的"印刷大于出版"的时代，亟待寻找新的可以满足其强大印刷能力的出版领域。

到1914年前后，商务古籍影印的基础——涵芬楼藏书已经发展到一定规模，大致可以支撑商务以此为母体，在机器大生产的时代迅速进行文化资源的良性循环，从而获得丰厚的商业回报。"一般选题和书籍成稿太慢，而涵芬楼（后扩充为东方图书馆）、中华书局藏书楼（后改为中华书局图书馆）所收藏的古籍需要利用，这些古籍的印制成本和利润也难于像其他书籍一样核算成本和利润。显然，对于这些典籍的出版，在操作过程中是超越于简单的利益核算的。"③

于是，商务在1909年萌生的古籍辑印理想在1914年开始变为现实。这一年，张元济以汲古阁本为底本，影印出版了《唐四名家集》《五唐人诗集》《唐六名家集》《唐人八家诗》《元人十种诗》等五种小丛书。在积累了相关制作工艺与市场传播经验的基础上，1916年，以《涵芬楼秘笈》的影印为契机，商务正式开始大规模的古籍辑印。

据不完全统计，在1916年至1938年间，商务出版了《涵芬楼秘笈》

---

① 王建辉：《出版与文明》，河南大学出版社2006年版，第49页。
② 雷启立：《印刷现代性与中国现代文学的发生——以清末民初的出版活动为中心》，华东师范大学2008年博士论文，未刊稿，第66页。
③ 同上。

第二章　文化权力的博弈：近现代商务印书馆古籍整理概况

《四部丛刊》《续古逸丛书》《百衲本二十四史》《四库全书珍本初集》等大型古籍丛书，成为现代中国辑印古籍最为用力的出版机构。①

商务印书馆辑印古籍举要②

书名	出版时间	备注
涵芬楼秘笈	1916—1926	以涵芬楼所藏旧抄、旧刻中零星小种而世间罕见者汇编而成。其中影印的宋、元、明、清抄本和稿本最为特色。该书共10集51种，多集多寡不一，少则三种，多则七种。
四部丛刊	1919—1922	初版本集合经、史、子、集之书凡323部8548卷2100册。
续古逸丛书	1919—1938	《古逸丛书》本来是清光绪中遵义黎庶昌出使日本时，在彼邦搜得古书，属杨守敬为之校刻的一部丛书，始于1882年，终于1884年。商务印书馆辑印《续古逸丛书》，先后已出46种，取丛刊之体，以续黎氏之书。所收悉为天水旧刊，稀世秘笈，纸墨精审，悦目惬心，宜为士林欣赏，几与古刻同珍，如《永乐大典》写本《水经注》等。
正统道藏	1923	约十万页。
学生国学丛书	1925	王云五、朱经农主编，出版90余种。

---

① 另据刘霞统计，商务古籍辑印的种类更为庞大："张元济主持商务印书馆后，于1914年开始大规模古籍出版。其中以涵芬楼和商务编辑人员名义辑印的丛书有13种，包括《四部丛刊初编》《四部丛刊续编》《四部丛刊三编》《续古逸丛书》《百衲本二十四史》《影印元明善本丛书》《道藏举要》《十通》《戊戌六君子遗集》《旧小说》《宋人小说》《孤本元明杂剧》《涵芬楼秘笈》（其中影印为28种，排印23种）。以涵芬楼名义影印的丛书有17种，如《汉魏丛书》《唐六名家集》《唐人八家诗》《唐人四集》《元人十种诗》《学海类编》《学津讨原》《别下斋丛书》《涉闻梓旧》《佚存丛书》《二十四史》《顾氏文房小说》《元曲选》《宋诗钞初集》《道藏》《续道藏》《续藏经》；还有排印的旧本丛书和近人所辑丛书，如《说郛》《宋诗抄补》《沈氏三先生文集》《百家词》《杨升庵夫妇散曲》《章氏遗书》《御纂医宗金鉴》《痛史》《评选诸子精华录》；另外还有《影印四库全书珍本初集》《选印宛委别藏》《国学基本丛书》《丛书集成》。从上述丛书的性质来看，有囊括了经史子集的综合性丛书，也有取自著名校勘学家的精校原刻。"见《商务印书馆古籍出版研究》，"中国知网优秀硕士论文"，未刊稿，第13—14页。

② 参见《商务印书馆图书目录》（1897—1949），商务印书馆1981年版。

续表

书名	出版时间	备注
四部丛刊初编	1926—1929	为重印本《四部丛刊》，加"初编"序次。抽换了21种版本，给一些书加了校勘记，汇为323种，但增加到8573卷，2112册。底本除用涵芬楼所藏外，承海内外藏书之家，计得宋本45，金本2，元本19，影印宋本13，影印元本4，明写本6，明活字本8，校本25，日本、高丽旧刻本7，释道藏书4，余亦出明清初刻。摄影复印，保存原貌，别附书录一册，述其名数版本，收藏图记，以便稽览。
百衲本二十四史	1930—1936	张元济主持，共820册。所谓"百衲本"，是指采用的各种版本，残缺不全，彼此补缀而成。本书辑得宋版凡15种，元版6种，元史用洪武本，旧五代史以访求旧本不得，则用大典有注本，明史附入考证，以校殿本增出全叶者数见，殿本之阙行衍文错简讹夺赖以补正者，无指不胜屈。
选印《宛委别藏四十种》	1933	共150册。宛委别藏诸书均为四库未收，存目未录之本，兹择其迄今未刊者40种，就故宫博物院原书影印印行。
影印《嘉庆重修一统志》	1934	
影印《六省通志》	1934	湖南、浙江、广东、畿辅、湖北、山东。
四部丛刊续编	1934	踪仿初编旧例，继出续编，凡得75种，分订五百册，门类较前完备，所收版本，亦比前更为精审。经部17种77册，史部11种228册，子部18种49册，集部29种146册。
四库全书珍本初集	1934—1935	初集231种，其中辑自《永乐大典》者，达90余种，余亦源于宋元善本，或原本随时代未远，而其书至今已极罕觏，用江南厂特制毛边纸摄影精印。经部61种517册，史部19种272册，子部34种401册，集部117种770册。
丛书集成初编	1935	本书选辑最实用最名贵之丛书百部，子目中删除重复者，实得四千余种，约二万卷，博大精深，为我国学术专著之总汇，全书依中外图书统一分类法，先分为十大类，再分为541小类，学者拣取任何专科读物，或与其研究相关之资料。俯拾皆是。

续表

书名	出版时间	备注
四部丛刊三编	1935—1936	三编所收之书，凡得70种，分订500册。仍多宋元版本。如宋刊《太平御览》，已为人世孤本，他如顾亭林之《天下郡国利病书》，查东山之《罪惟录》，皆二贤手稿，为世人所未见者，亦列于本文内。经部10种41册，史部16种175册，子部15种176册，集部29种108册。
缩本四部丛刊初编	1936	纸面平装400册，布面精装100册。经部25种，史部22种，子部61种，集部215种。
影印《四库全书》四种		绸面六册一函。每库选代表一种，用加料宣纸，朱墨两色套印，版式装帧，如文渊阁文藏旧制。书名册数如下：《皇祐新乐图记》一册，《家山图书》一册，《绍熙州县释奠仪图》一册，《钦定补绘萧云从离骚全图》三册。
影印《元明善本丛书》	1937	共320册。本馆开印丛书集成，选实用与罕见之丛书百部，取精去冗，依类排印，读者称便。复选其中元明佳椠孤本10种，依原式影印，字体版本与原书大小殆无二致。
校史随笔	1938	张元济著。

商务的古籍辑印取得了巨大成功，谢兴尧称赞商务印书馆辑印《四部丛刊》《涵芬楼秘笈》等古籍有不世之功："其内容则经史百家，包罗万有；其价值则宋元善本、名家校藏。在昔时士庶之家，一部有不可得者，至此以千余元即可集古今图书之精英，其有关学术文化之普及，与夫善本书籍之流传，影响之巨，不仅古今钦崇，实自乾隆时纂修《四库全书》而后，数百年来，无此大成绩也。"[①]

总体来说，商务这一时期的古籍辑印具有如下特点：首先，无论是古籍的内容构成还是版本选择，注重回应社会不同群体特别是量大面广的普通民众的文化需求，因而辑印重心落在"常用常见"上，兼及"珍稀罕

---

① 谢兴尧：《书林逸话》，张静庐辑注：《中国近现代出版史料·补编》，第430页。

见"。① 前者如《四部丛刊》，其所收录都是中国传统典籍中最为基本的："此之所收，皆四部之中家弦户诵之书，如布帛菽粟，四民不可一日缺者"；② 后者如《续古逸丛书》，所收录的都是极为罕见的珍本，"底本分别来自傅增湘的双鉴楼、萧山朱翼盦的藏书、瞿启甲的铁琴铜剑楼、北京故宫博物院、涵芬楼藏书，还有张元济1928年赴日本访书时得到的珍本"。③ 聚焦"常用常见"，显然着眼于普通民众在守护文化传统中的作用，隐含着以复制与流通民众耳熟能详的经典唤醒集体文化无意识的意味在里面，当然，这一路径选择，同时也充分考虑了古籍商业行销的普及面以及民众的接受度。而聚焦"珍稀罕见"，则分明是想要对接传统知识精英的治学趣味，试图以现代的文化生产与传播手段促使这些罕见的典籍进入知识者的视野，推动文化资源从文化世家的内部流通转向社会共享。另一方面，这也在客观上针对了帝国主义对于本地文化资源的掠夺——在孟悦看来，商务对传统古籍的重新诠释、编译、编纂、排版、出版等一系列整理形式，正是以"特定方式参与了对符号现代性的翻译和反译过程"：

> 商务印书馆在某种程度上创造了善本和珍本古籍流向海外的另一种方式。这种流通不只弥补了古籍文物的无偿外流，而更主要是它为处于帝国主义文化扩张威胁下的那些本地性的文化史保存了空间，保存了主体位置。④

在孟悦看来，这种反译指涉一种反霸权的文化政治的实现，由此具有抗衡

---

① 参见陈建民：《智民之梦——张元济传》，四川人民出版社1995年版，第152页。
② 张元济：《印行四部丛刊启》，宋原放主编：《中国出版史料·现代部分·第一卷》（下册），第467页。
③ 马明霞：《张元济搜求整理校勘辑印古籍文献述略》，《兰台世界》2007年第17期。
④ 孟悦：《反译现代符号系统：早期商务印书馆的编译、考证学与文化政治》，《清华大学学报（哲学社会科学版）》2008年第6期。

帝国主义及其殖民主义文化产业对中国传统古籍的影响、实现对西方"普适"知识系统反渗透的意味。尽管这一基于后殖民主义理论的结论似乎有夸大商务保存古籍之功的嫌疑——已经在帝国主义殖民运动的强烈冲击下沦落为"古籍"的本土传统文化是否还有能力保存主体位置,孟悦显然是过于乐观了——然而此后见之明,依然在提醒我们,商务对于古籍的辑印可以有多种解读,它至少提供了不同于一元化的西学输入的另类知识生产图景,也由此打破了西学貌似普适性的神话。

其次,无论是面向知识精英还是面向普通大众,商务的古籍辑印都注重精校精印,其中最为人所称道的是由张元济主持的《百衲本二十四史》。置身"新桃换旧符"的乱世,张元济深感"为学不可不读史,尤不可不读正史"[①],然而"读王光禄《十七史商榷》、钱宫詹《廿二史考异》,颇疑今本正史之不可信"[②],在他看来,殿本《二十四史》有四处明显的缺陷:一是"检稽之略";二是"修订之歧";三是"纂辑之疏";四是"删窜之误"。[③]因而他发愿搜齐各种善本,对当时较为通行的清武英殿本重新校勘补正。所谓"百衲本",就是指将各种版本通过相互佐证、补缀而成的集成本,仿佛僧人的"百衲衣"。以《史记》为例,张元济就采用了武英殿本为对校本,以清刘喜海旧藏百衲本、近人刘承幹影刻宋蜀大字本、明嘉靖王延哲刻本、明毛氏汲古阁刻本作为参校本,反复勘校而成定本。"百衲本"的形式及其附录的校勘记,不仅有利于为读者提供可靠的版本;而且具有较高的文献价值,"可以为治史者提供文字校勘方面的一手资料"。[④]张元济为辑

---

① 张元济:《影印百衲本二十四史序》,宋原放主编:《中国出版史料·现代部分·第一卷》(下册),第473页。
② 《张元济诗文》,第271页。
③ 张元济:《影印百衲本二十四史序》,宋原放主编:《中国出版史料·现代部分·第一卷》(下册),第474页。
④ 王绍曾:《为什么要整理出版〈百衲本二十四史校勘记〉》,《江苏图书馆学报》2004年第2期。

印《百衲本二十四史》费时良多，从1919年起就开始准备，1930年起开始辑印，一直到1936年全部印成，前后近20年时间，其中的心血不言而喻。王绍曾因此评价道："《衲史》是宋元以来全史善本的一次大结集，是宋元以后全史最佳的汇印本。搜罗旧本之广，影印之精，在历史上都是空前的。"[①]

其三，商务辑印古籍不只是利用自身力量，也是以此为契机，重新整合并建构古籍整理与传播的社会网络。《四部丛刊》所用底本，除涵芬楼珍藏的善本之外，还广泛征用了全国各地乃至日本的藏书，以征集最早、最好的版本。据统计，商务影印《四部丛刊》借用了国内外52家公私藏书，277种图书，其中借自瞿氏（启甲）铁琴铜剑楼71种，借自江南图书馆39种，甚至还有借自日本静嘉堂文库所收购的陆心源皕宋楼藏书4种。[②]此外，京师图书馆、乌程刘氏（承幹）嘉业堂、上元邓氏（邦述）群碧楼、江安傅氏（增湘）双鉴楼、江阴缪氏（荃孙）艺风堂、长沙叶氏（德辉）观古堂等所藏珍本善本，亦悉数借出襄助。[③]而之所以如此，是因为张元济影印《四部丛刊》的想法，得到了缪荃孙、王秉恩、沈曾植、翁斌孙、严修、张謇、董康、罗振玉、叶德辉、齐耀琳、徐乃昌、张一麐、傅增湘、莫棠、邓邦述、袁思亮、陶湘、瞿启甲、蒋汝藻、刘承幹、葛嗣浵、郑孝胥、叶景葵、夏敬观等一大批传统文人群体的广泛认可和鼎力帮助。[④]这一文人群体的支持，形成了商务在这一领域罕有其匹的文化资本优势，保证了商务古籍整理的顺利进行及其高质量；更重要的是，藉此探索了以印刷出版为枢机将被冲决的传统文化版图又重新连缀为一个有机整体的可能性。

最后，商务在古籍辑印上的成功还与其精准的营销定位息息相关。汪

[①] 王绍曾：《近代出版家张元济》（增订本），商务印书馆1995年版，第183页。
[②] 马明霞：《张元济搜求整理校勘辑印古籍文献述略》，《兰台世界》2007年第17期。
[③] 崔建利、王云：《〈四部丛刊〉编纂考略》，《山东图书馆学刊》2011年第6期。
[④] 参见张元济：《印行〈四部丛刊〉启》，《张元济古籍书目序跋汇编》，第857页。

第二章 文化权力的博弈：近现代商务印书馆古籍整理概况

家熔在总结旧时出版社的成功经验时，强调历史机遇、经营班子、发行网络、创意和质量、印刷与资金等方面的重要性，[①]而这些因素显然也正是商务的优势所在。就古籍辑印领域而言，从辛亥革命到"五四"运动正是文化转型最为激烈的时期，也是古籍散佚最为严重的时期，商务逆势而为，正是机敏地抓住了新旧两派无论如何争论都不得不借助"古籍"来发言的机遇，以及新旧两派都具有反帝的民族主义倾向，因而古籍辑印这一看似冒险实质上却是切中肯綮的出版设想才能一本万利。加上商务有着先进的机器印刷技术，"开创了将石印影印推进到与母本版本相结合的时期"，不仅使得石印技术在科举覆没后几乎了无生机之时找到新的应用空间，而且有力地帮助商务从古籍出版的激烈竞争中脱颖而出，"使相当数量稀少的善本和濒于湮没的孤本化身千百得以续绝，这功劳是很大的"。[②]商务拥有的庞大发行网络，又使它可以规避20世纪早期因为传播技术有限而导致的出版物难以进入地方以及资金难以回笼等问题，而事实上形成市场垄断。商务对于古籍营销的策略向来也为人所称道，以1930年发行《百衲本二十四史》为例，商务提前8个月就开始在《申报》头版刊登预约广告，在当年的6月至8月，如与武英殿本进行比较的校样、关于该版本的评论摘要、该版本的样刊等各种形式的广告更是密集登场，[③]务求深入人心，一炮打响。

总之，商务在这一时期古籍辑印之所以取得成功，得益于将后发现代性国家守护文化传统的现实需求与带有发达资本主义国家文化工业特征的经营策略进行了巧妙的对接。在对接中，传统文化借助"新瓶装旧酒"的形式而延续，同时也在一定程度上形成了对西学长驱直入的狙击效应；而发达资本主义国家出版技术也因此完成了曲线型的在地化过程，融入了当

---

① 参见汪家熔：《旧时出版社成功诸因素》（之一——之五），《出版发行研究》1994年第3—6期及1995年第1期。
② 汪家熔：《旧时出版社成功诸因素》（之四），《出版发行研究》1994年第5期。
③ 彭丹：《民国时期商务印书馆图书推广策略研究》第二章第二节"商务对《百衲本二十四史》的推广"，未刊稿，中国知网优秀硕士论文文库，第34—36页。

167

地的文化再生产进程。

有鉴于此，商务的古籍辑印工作，就不能简单归入传统的范畴，而是"新式的"。这种新式古籍整理与传统古籍整理的最大区别在于，商务的古籍整理更多是落在对古籍的补正、编纂、重译与传播上，而不是将古籍作为经学意义上的典籍进行复原性整理。这种古籍价值预判，其前提在于承认了传统国学已然碎片化，已然成为原始的文献、史料，是新文化运动所带动的一个重要侧面，也是新文化运动的有机补充。另一方面，传统古籍依托现代印刷技术拥有了大规模复制的能力，古籍进入了现代机器大生产的车间，走向了知识生产和流通的领域，使得古籍作为文献史料得以归整，从而促动了传统知识与现代学术系统进行对接，这才是商务整理古籍所关注的重点。

第三节　知新温故：商务编辑群介入古籍的多元追求

——以杜亚泉、郑振铎为例

活跃在近现代文化舞台上的商务印书馆，以其强大的文化号召力、庞大的生产规模、不俗的盈利能力，吸引了一大批新旧知识分子与技术工人加盟。在鼎盛时期，商务编译所的职员人数达到了三百多人。[①] 商务还始终保持巨大的人员流动性，使其能够不断淘汰顽固守旧、知识落后的群体，补充具有新思想、新知识的人员，从而能够紧跟时代步伐，洞悉思想界动向，牢牢把握市场先机，抢占图书市场的大份额。

人员流动的背后是知识、商业、权力等各种力量之间的博弈。古籍整理出版同样需要处理多个在态度、立场、观念上存在差异的知识群体如何

---

① 参见李家驹：《商务印书馆与近代知识文化的传播》，第97页。

整合的问题。也基于此,要考察商务对于古籍辑印领域的具体运作,仅仅关注张元济、王云五这样的商务高层是不够的,还需要目光下移,观察编译所的普通编辑是如何看待古籍整理出版乃至传统文化的,由此才能更为全面勾勒商务内部的多种面向。可以以杜亚泉、郑振铎这两位不同时期的商务编辑为切入口来加以讨论。

杜亚泉对于中国传统文化一波三折的看法,从一个侧面反映了商务内部对于中国传统文化的复杂情愫。杜亚泉(1873—1933)原名炜孙,字秋帆,号亚泉。有着比较深厚的旧学功底,主维新,倡立宪。中日甲午战争后,杜亚泉深感救国迫切,"甲午之秋,中日战耗传至内地,予心知我国兵制之不足恃,而外患之将日益亟也。蹙然忧之时,方秋试将竣,见热心科名之士,辄忧喜狂遽,置国事若罔闻知,于是叹考据词章之汩人心性,而科举之误人身世也"。[①]战争的失败使杜亚泉深深意识到传统知识体系的无力,转而投入西学的怀抱,于是弃训诂,修实学,精于历算、理化、矿物、动物、植物诸科,而且通晓日文。

1903年,经蔡元培推介,杜亚泉携其创办的亚泉学馆(当时已经改称为"普通学书室")加入商务印书馆,担任编译所博物理化部的主任,负责教科书编辑,在商务工作长达28年之久。在此期间,他编撰了大量的科技词典和普及读物,如《矿物》《植物学大词典》《动物学大词典》等,因而他和高梦旦、邝富灼被并称为商务编译所"三杰"。从杜亚泉早期的经历看来,他较为接受科学救国的启蒙理想,因而倡导科学技术的普及,希冀在实用之学中找到经世济民的路径。

在1911年至1920年期间,杜亚泉主持《东方杂志》笔政。第一次世界大战的爆发,给杜亚泉带来了巨大的震惊,他开始重新审视东西方文化之间的差异:"自欧战发生以来,西洋诸国,日以其科学所发明之利器,戕

[①] 《亚泉杂志·补白》,转引自陈镱文、姚远:《杜亚泉先生年谱(1873—1912)》,《西北大学学报(自然科学版)》2008年第5期。

杀其同类，悲惨剧烈之状态，不但为吾国历史之所无，亦且为世界从来所未有。吾人对于向所羡慕之西洋文明，已不胜其怀疑之意见，而吾国人之效法西洋文明者，亦不能于道德上或功业上，表示其信用于吾人。则吾人今后，不可不变其盲从之态度，而一审文明真价之所在。"① 他认为，文明无先进与落后之分，"西洋文明与吾国固有之文明，乃性质之异，而非程度之差"，尽管有东—静、西方—动这样的特点区分，但显然，杜亚泉更愿意将其当作是东—西方文明可以彼此抗衡的依据，从而在逻辑上将东方文明重新提上了与西洋文化对等的位置，以此重建文化自信。② 在此基础上，他认为要拯救中国，不能仅仅依靠西洋文明，而在"统整吾固有之文明，其本有系统者则明了之，其间有错出者则修正之。一方面尽力输入西洋学说，使其融于吾国固有文明之中。西洋之断片的文明，如满地散钱，以吾固有文明为绳索，一以贯之"。③ 从他的思路可以看到晚清以来"中体西用"学说的痕迹，即中国文明需要重新统整为有机整体，并吸纳碎片意义上的西洋文明，才能达到自救的目的。

这一以旧统新、中西调和的文明转型思路，被以陈独秀为代表的新文化激进阵营归到了保守主义者的行列，杜亚泉也因此被称为不中不西的调和论者，从而导致了"五四"时期著名的中西文化大论战。

1917年，杜亚泉发表《战后东西文明之调和》一文，对中国传统文化做了深入的分析，充分论证中华民族传统精神中爱和平、讲中庸、尚仁义、重民本及均贫富等思想可以拯救西方现代社会的弊病。他指出在日常生活层面，中国传统追求简朴的生活方式，显然优于西洋现代社会对于物质文明的强烈追求："吾国经济力之丰厚，本不如西洋，勉强效尤，则破产而已。吾人平日，当维持其简朴之素风，无为西洋之物质文明所眩惑。"在器物

---

① 杜亚泉：《静的文明与动的文明》，《东方杂志》第13卷10号，1916年。
② 同上。
③ 许纪霖、田建业编：《杜亚泉文存》，上海教育出版社2003年版，第367页。

层面，则强调了以我为主体，以下层社会的需要为依据，审慎引入西洋事物的必要性："西洋事物之输入吾国者，必审其于生活上之价值如何。科学上之知识技能，当利用之以日常须要之物，使其产出多而价值廉，以应下层社会之用，而救其缺乏。若奇巧高贵之品，便安享乐之法，仅为上层社会发达肉欲计者，及奢侈品、装饰品、消耗品，以诱惑普通社会而害其生计者，必力屏之。"其中，还特别提出了对西洋上层社会"享乐之法"以及"奢侈品、装饰品、消耗品"的警惕和摒弃。在学术思想层面，他强调中西学术的平等，"至科学上之学说，如竞争论、意志论等，虽各有证据，各成系统，但皆理性中一端，而非其全体，当视之与诸子百家相等，不可奉为信条"。当西洋学说只是在"百家争鸣"的某一家的意义上被引入时，事实上，这一知识体系本身就不是放之四海皆准的普适性理念。这一定位在很大程度上体现了杜亚泉对这些西洋学说及其挟带而来的帝国主义文化霸权的一种自觉反省。由此他得出了必须要理性审慎地对待西方现代文明的结论："故战后之新文明，自必就现代文明，取其所长，弃其所短，而以适于人类生活者为归。"当然，杜亚泉也并非一味站在传统文化本位上去观察西洋文化的不足，他也同时发现了西洋学说在视野、路径和方法上，对于中学不无裨益："世界各国之贤哲，所阐发之名理，所留遗之言论，精深透辟，足以使吾人自有之观念益明益确者，吾人皆当研究之。近日美国卫西琴博士在北京教育会联合会演说，谓中国须'将固有之经史，借西国最新之学理及最新之心理学，重新讲译'，盖深得我心者。"①

在1918年4月的《东方杂志》上，杜亚泉又发表了《迷乱的现代人心》一文，批评西洋文明在我国产生的一些不良影响。

7月，新文化阵营开始反击。陈独秀在《新青年》上发表《今日中国之政治问题》，明确区分了新与旧："所谓新者无他，即外来之西洋文化

---

① 杜亚泉:《战后东西文明之调和》,《东方杂志》第14卷4号，1917年。

也；所谓旧者无他，即中国固有之文化也……两者根本相违，绝无折中之余地。""若是决计革新，一切都应该采用西洋的新法子，不必拿什么国粹、国情等鬼话来捣乱。"同年9月、次年2月，陈独秀接连在《新青年》上发表《质问〈东方杂志〉记者》和《再质问〈东方杂志〉记者》两文，对杜亚泉等人进行了严厉的抨击。

12月杜亚泉在《东方杂志》上予以回驳，发表了《答〈新青年〉杂志记者之质问》一文。该文引发了当时商务印书馆高层的顾虑，劝阻杜亚泉停止反驳，并把他从《东方杂志》主编的位置上撤了下来。辞去主编前，他在《东方杂志》发表了一篇名为《新旧思想之折衷》的文章，这可以算作是对陈独秀再质问的最后一次直接回应："现时代之新思想，对于固有文明乃主张科学的刷新，并不主张顽固的保守；对于西洋文明，亦主张相当的吸收，惟不主张完全的仿效而已。"中国作为世界文明的一部分，对世界未来文明的创造，应该要有所贡献。"苟以科学的法则整理而刷新之，其为未来文明中重要之一部分，自无疑义。"可见他对传统文化在世界文明格局中所应有的价值、位置和作用还是坚信不疑的。

至此，杜亚泉对于中国传统文化的看法，经历了一个否定之否定的发展——从旧学出发，经学习西学到倾向于科学救国，再复归对传统文化的肯定与褒奖。作为有着"知新温故"这一典型商务气质的知识者，杜亚泉对于中国文明的复杂态度因此值得进一步分析。简而言之，道德精神上取东方，器物技艺上取西方，这构成了杜亚泉式的文化保守主义，更准确地说，这是一种文明渐进/调适的思路，也在一定程度上具有自我变革与社会启蒙的意味。只是与陈独秀等人疾风骤雨式的文化革命思维相比，这一思路更表现出传统中国文化的温柔敦厚之风。

尽管杜亚泉并没有直接参与商务的古籍辑印，但其主张仍可以说在很大程度上支撑了商务古籍辑印的合法性；同时某种意义上也开启了1920年代之后作为新文化运动的"真正的反对派"梁启超、梁漱溟等人的东方文明优越论主张。①有意味的是，尽管如此，杜亚泉却并没有像张元济那样，因为对传统文化的眷恋与首肯而获得商务内外的高度认可；恰恰相反，此时的杜亚泉却成为众矢之的，甚至被迫黯然离开了商务，最终在贫病交困中离开人世。何以时人对张、杜两人的评价如此截然不同？

杜亚泉的悲剧在于，尽管自晚清以来，其现实立场以及相应的知识结构一直在调整，然而，显然并没有被认为是新式知识分子。在张元济执掌商务的时代，馆员的知识结构大多偏旧，以杜亚泉在理化方面的先知先觉，他可以算是"新知"者。而到了新文化运动前后，西学的传播已经从器物制度层面转向思想意识层面，杜亚泉虽在实用器物之学上仍然可以被看作鹜新，然而在思想意识层面，却很容易被归入文化保守主义的阵营。应该说，杜亚泉和张元济的最大区别在于，张元济较早意识到古籍已经不再能承担经学意义上的现实关怀，因而，尽管他强调为古书续命，但更多是将古籍搁置在文化资源的层面上，这种知识性、技术性的传统文化保存思路，由于远离尘嚣因此被认为是可以被接受的。而杜亚泉则不同，对他来说，传统文化依然有能力在当时发挥意识形态功能，可以与西洋文明平起平坐，甚至能补救以物质追求为发展动力的西洋资本主义文明的弊端。在弥漫着激进的反传统气氛的新文化运动高潮时期，这一价值定位当然会被轻易地指认为是具有内在封闭性的，是与"死掉了"的文化"同流合污"的，因而他与新文化阵营之间的隔阂就越来越大。他所理解的"新知"与新文化意味上的"新知"已经迥然不同，这导致了他作为新知识者而被引入商务，最后却只能以落伍者退出商务。

可以引张元济在1919年对于杜亚泉及其主编的《东方杂志》的看法，来印证上述判断：

---

① 参见〔美〕周策纵：《五四运动：现代中国的思想革命》，周子平等译，第330—339页。

与梦、惺商定，请惺翁接管东方杂志，一面登征文。（1919.5.24）

东方杂志事。惺翁告，亚泉只能维持现状。又云外间绝无来稿。（1919.8.5）

惺言东方杂志投稿甚有佳作，而亚均不取，实太偏于旧。（1919.10.22）

惺存函商东方杂志办法。自己非不可兼，但不可兼做论说。先拟两法。一招徕投稿；二改为一月两期。余意，一月两期既费期，又太束缚，以不改为是。（1919.10.27）

与惺翁、伯训商定数事。请亚泉专管理化部事，东方杂志由惺存担任。……亚泉事由余与谈。（1919.10.28）[①]

可以看出，在本身就是旧儒出身的张元济心目中，杜亚泉显然比他还要守旧，并且又执拗不能变通，已经不适合担当《东方杂志》的主编，张元济的这一判断恐怕代表了一种共识——在新文化运动高潮期，尤其在《新潮》已经对《东方杂志》点名批评[②]、张元济等商务高层已决意与时俱进革新刊物的情形下，作为《东方杂志》主编的杜亚泉仍然坚持以传统文化为本位的立场，选择顶风迎战，显然有孤身犯险的嫌疑。因而让杜亚泉去职以便让强调"顺应世界之潮流"的陶葆霖（惺存）接任《东方杂志》主编，使得《东方杂志》能够摆脱被新文化阵营攻讦的被动局面，就成了势之必然。

与杜亚泉不同，同样在商务编译所工作的郑振铎（1898—1958）却是

[①] 《张元济日记》，第586、624、668—670页。
[②] 罗家伦批评《东方杂志》"杂乱派"："毫无主张，毫无选择"，"这个上下古今派的杂志，忽而工业，忽而政论，忽而农商，忽而灵学，真是五花八门，无奇不有。你说它旧吗？它又像新；你说它新吗？它实在不配。……这样毫无主张，毫无特色，毫无系统的办法，真可以说对社会不发生一点影响，也不能尽一点灌输新知识的责任。"见罗家伦：《今日中国之杂志界》，《新潮》第1卷第4号，1919年4月。

第二章 文化权力的博弈：近现代商务印书馆古籍整理概况

一位新式知识分子的典型代表。郑振铎，字西谛，在学生时代，就发起组织了"五四"时期著名的文学团体——文学研究会。1921年5月，由沈雁冰介绍，进了商务印书馆编译所。1922年1月创办了全国第一个儿童文学期刊——《儿童世界》。一年后，担任了《小说月报》的主编。郑振铎是以新文学家的身份载入文学史册的，然而常常被人所忽视的是，他却同时还是一个藏书家。叶圣陶说："振铎喜欢旧书，几乎成了癖好，用他习惯的话来说，'喜欢得弗得了'。"[1]郑振铎自己也承认："我对于书，本来有特癖。"[2]"予素志恬淡，于人世间名利，视之蔑如。独于书，则每具患得患失之心。得之，往往大喜数日，如大将之克名城。失之，则每形之梦寐，耿耿不忘者数月数年。"[3]

在积极投入古籍的抢救、保存这一点上，郑振铎与张元济的立场基本一致，郑振铎说他"一有机会，便想把得到、见到的重要的书印行，以免孤本单传，一遭三灾，便永远失去，不见天日"。[4]"四一二事件"后，他在5月避难欧洲游学。在巴黎法国国家图书馆中，郑振铎阅遍了其馆藏的中国戏曲、小说；在伦敦大英博物馆，他仔细阅读并抄写了劫自敦煌的经卷和佛教艺术精品。抗战期间，眼见大量珍贵图籍善本流往海外，郑振铎忧心不已。为了挽救民族文化遗产，他力倡成立了文献保存同志会，耗尽家财去搜购、整理、保护与抢救了一大批珍贵文献。

然而，在古籍保存的方式与目的上，郑振铎与张元济却有一些差异。张元济更多利用现代机器印刷技术使古籍"化身千百"，以达到藏书于民的目的，而郑振铎对于古籍的收集更多是出于个人的兴趣与研究需要："二十

---

[1] 叶圣陶：《西谛书话·序》，郑振铎：《西谛书话》，生活·读书·新知三联书店1983年版，第1页。
[2] 郑振铎：《求书日录》，《西谛书话》，第534页。
[3] 郑振铎：《清代文集目录跋》，《西谛书话》，第387页。
[4] 郑振铎：《澹生堂藏书训约》，《西谛书话》，第347页。

多年来，因为研究的需要和个人的偏嗜，收购了不少古书"①，"我之所以收藏一些古书，完全是为了自己的研究方便和手头应用所需的。有时，连类而及，未免旁骛；也有时，兴之所及，便热中于某一类的书的搜集。总之，是为了自己当时的和将来的研究工作和研究计划所需的"。②郑振铎称自己的藏书是为致用，不是藏书家那般收罗古董的收藏法，买书只顾自己的癖好，与兼收并蓄无关，也不刻意追求古本、善本，"唯以应用与稀见为主。孤罕之本，虽零缣断简亦收之。通行刊本，反多不取"。③他认为，版本固然重要，但也不能拘泥于版本，研究专门之学时才需要讲究版本。反而在收藏冷僻图书上，他用力更多，藏书家不太注意的戏曲、小说、宝卷、弹词、诗词、版画、印度波斯古典文学译作等不登大雅之堂的古书都是他收藏的类型。由此，郑振铎以向来被忽视的通俗类古籍的搜集为重点，以个人收藏为主要路径，形成了另类的古籍保存思路。

如何来看待新式知识分子郑振铎的古籍观念及整理行为？首先可以注意到，郑振铎与胡适、傅斯年、顾颉刚等人一样，对清代朴学存在着相当的好感。1923年，郑振铎与顾颉刚、周予同、王伯祥、叶圣陶等人成立的同人社团，为表示对清代朴学的继承之意，便以"朴社"命名。事实上，整理国故运动本身就有对清代朴学的致敬之意，1920年，梁启超在《清代学术概论》中写道："绩溪诸胡之后有胡适者，亦用清儒方法治学，有正统派遗风。"④而清代朴学注重考据的方法与实证的精神也受到了整理国故运动中诸学人的推崇，⑤而且被发扬光大，尤其表现在整理范围的扩大上："除了

---

① 郑振铎：《失书记》，《西谛书话》，第264页。
② 郑振铎：《劫中得书记新序》，《西谛书话》，第268页。
③ 郑振铎：《劫中得书记序》，《西谛书话》，第273页。
④ 梁启超：《清代学术概论》，东方出版社1996年版，第7页。
⑤ 胡适、傅斯年、顾颉刚等人都对清代朴学表达好感。胡适说："我是一向佩服清代考据学的，以为它一扫宋明哲学的空洞的主观主义而走入实证的道路，接近于唯物主义。"顾颉刚说："是中国走上科学的基础，是民族文化的精华。"转引自顾洪：《顾颉刚学术文化随笔》，中国青年出版社1998年版，第313页。

以'经史之学'为中心的传统国学之外,还开辟了明清档案、野史、杂史、方志、谱牒、笔记、金石、刻文、考古发掘、方言调查、民俗学、俗文学等广阔领域,把古代文献与口传文学、正统的典雅文学与民间的通俗文学、悠久的传统与其现代的发展一并纳入国学研究的空间,为20世纪乃至今日的学术奠定了良好的基础。"[①]

郑振铎对民间通俗类古籍的保护自觉可以放在这一前提之下来讨论。他在1922年10月发表的《整理中国文学的提议》中提出:"我们要明白中国文学的真价,要把中国人的传说的旧文学观改正过,非大大的先下一番整理的功夫,把金玉从沙石中分析出来不可。"但是,"研究中国文学,非赤手空拳从平地上做起不可。以前的一切评论、一切文学上的旧观念都应一律打破。无论研究一种作品,或是研究一时代的文学,都应另打基础。就是有许多很好的议论,我们对他极表同情的,也是要费一番洗刷的功夫,把它从沙石堆中取出,而加之以新的证明、新的基础"。[②]尽管郑振铎的古籍收藏行为颇有旧时私人藏书家之风,然而在观念上,郑振铎却不是回到复古的道路上,而是将古籍整理的重心落在破旧立新上,其整理并研究旧文学、旧观念是为了创造新文学。这一点使得郑振铎明显区别于古代藏书家。

1923年,郑振铎接手《小说月报》,在1923年1月号里先刊发了一组"整理国故与新文学运动"的专题讨论,进一步梳理了"国故"与"新文学/新文化"的关系:"此地所发表的大概都是偏于主张国故的整理对于新文学运动很有利益一方面的论调。我们很希望读者们能够把他们的意见也告诉给我们知道。尤其欢迎的是反对的意见。"显然,郑振铎很清楚当时新文化阵营内部关于国故的论争还在延续,但他明确表示自己并不认为整理国故是对新文化的一种反动。郑振铎对于整理国故的兴趣可以从两方面理解:

---

① 张中良:《整理国故的动因、视野与方法》,《天津社会科学》2007年第3期。
② 郑振铎:《整理中国文学的提议》,《文学旬刊》第51期,1922年10月。

"一方面,指出国故研究可以剥离出传统文学的'致命缺陷',让今人彻底失望;另一方面,却也认为,可能可以在本原上发现文学的'正确观念',从而为当前的新文学找到可资依赖的新资源。"[①]

当然,在他看来,仅仅凭借原有正统的文学／文化生产格局所产生的资源,已经远远不足以支撑新文学／新文化的创造,必须要扩展视野,寻找到更为丰富的与时代精神相契合的文化资源。在这样的问题意识下,被正统文化生产格局所压抑、忽视的边缘文化门类——民歌、变文、杂剧词、鼓子词、诸宫调、散曲、宝卷、弹词等,才获得了浮出历史地表的契机。

在《中国俗文学史》中,郑振铎认为,那些不被精英知识分子关注的民间通俗文学之所以需要被重视,是因为其中蕴藏着可以接续"五四"启蒙精神的资源:"俗文学是出生于民间,为民众所写作,且为民众而生存的。她是民众所嗜好的,所喜悦的;她是投合了最大多数的民众之口味的。故亦谓之平民文学。其内容,不歌颂皇室,不抒写文人学士们的谈穷诉苦的心绪,不讲论国制朝章,她所讲的是民间的英雄,是民间少男少女的恋情,是民众所喜听的故事,是民间的大多数人的心情所寄托的。"[②] 很显然,正是有了"五四"时期对大写的"人"的强调,以民众／民间为主体的"俗文学"才能与胡适所发明的"白话文学"一样,作为对"人的文学"和"活的文学"的一种呼应,进入新文化阵营的视野,成为启蒙运动的助力。在这个意义上,可以说,将"俗文学"作为传统文学可以进入新时代文学的内容构成,其实不是出于文学／文化的内部选择,而更多是当时的知识界民粹主义倾向落实到文学／文化领域的必然结晶。也因此,当郑振铎的《中国俗文学史》最初作为王云五主持的《中国文化史丛书》的一种出版的时候,它被认为是具有"清理中国文化遗产"、以"西方科学文化人类学视

[①] 董丽敏:《想像的现代性:革新时期的〈小说月报〉研究》,第100页。
[②] 郑振铎:《中国俗文学史》,东方出版社1996年版,第4页。

角""重新撰写中国历史"的意义,体现的是"现代学术的视野"。① 这一定位显然与张元济整理古籍时较为单纯的"为古书续命"的目标有着鲜明的差异。

虽然郑振铎与张元济整理古籍的思路和目的不同,但对古籍和收藏的热衷却是一致的,两者都有着对罕见本的执着,也都抱着抢救文化的迫切心情。各自虽以不同的方式抢救和保护古籍,但都为整理中国文化造了势,彰显了古籍的研究价值。

---

① 王建辉:《文化的商务——王云五专题研究》,第121页。

第三章　商务印书馆古籍整理的多种面向

对于商务印书馆而言，运用现代机器印刷技术使得古籍"化身千万"，仍然是一个艰苦探索的过程。其中，不仅要准确把握社会与文化行进的走向，预判文化生产的特点与趋势，从而提供合适的古籍产品；而且还要处理好古籍整理本身所需要的种种人力、资本、技术、市场等要素之间的关系，从而使得规模庞大的古籍辑印得以顺利进行。

纵观商务在近现代古籍整理的工作，会发现，它在不同历史时期彰显出了与时代不同的对话方式，提供了各种新与旧的转化可能。本章以涵芬楼到东方图书馆的演变、《四部丛刊》的辑印、《学生国学丛书》的出版为个案，考察商务印书馆古籍整理几种不同的面向。

第一节　从涵芬楼到东方图书馆：传承地整理

1903 年，张元济出任商务印书馆编译所所长。在编辑、印刷、发行三位一体的商务印书馆，编译所承担了文化生产中枢的角色，尤其是在出版社作为新式媒介其各项运作机制尚不健全的近代，编译所是否能够提供足够的被市场所接受的文化内容，能否在某一方面形成文化生产的权威地位，成为决定出版社成败的关键因素。然而，张元济执掌编译所之初就发现，商务缺少足够的图书资料来支撑编译的良性运行："每削藁，辄思有所检阅，苦无书，求诸市中，多坊肆所刊，未敢信，乃思访求善本暨所藏自有者。"①为方便商务编辑们的工作，确保编辑质量，张元济便着手筹建编译所图书资料室，开始收集古籍善本，以图参考之便。初时，并没有以藏书楼或图书馆为明确的目标，只是因为教科书和工具书的生命力来自对基本知识准确无误的传达，对编辑的质量有着最严格的要求，需要时时翻阅资料，才想要建立一个参考资料室。

1904年，商务印书馆资料室创立，1909年由孙毓修建议定名为"涵芬楼"，"取善本书香、知识芬芳之意"。②张元济"求之坊肆，丐之藏家，近走两京，远驰域外"③，凭借张元济等人为涵芬楼搜罗的大量善本珍本，涵芬楼成为当时国内最著名的私家藏书楼之一。到1931年年底，经鉴定、整理、编目的善本共有3745种35,083本，加上当时新购得而尚未整理的扬州何园藏书中的善本，总数接近50,000册。所收地方志共2641种25,600余册。④涵芬楼在商务雄厚的资金支持下，成为近代收集古籍善本最多的图书资料库之一。

"群书充积，而罕见之本亦日有增益。书室狭隘不能容，时人方以图书馆相督责，乃度工厂前宝山路左曩所置地，构筑层楼，而东方图书馆以成。"⑤在张元济、王云五的多次提议下，⑥1926年，东方图书馆开放，王云五任馆长。涵芬楼并入东方图书馆。据统计，在"一·二八事变"毁于日军炮火之前，东方图书馆藏有普通中文书26,800余册，外文书80,000余册，

---

① 顾廷龙：《涵芬楼烬余书录序》，《张元济诗文》，第282页。
② 张雪梅：《孙毓修与涵芬楼》，《文史杂志》2008年第6期。
③ 张元济：《百衲本二十四史前序》，《影印善本书序跋集录》，第52页。
④ 参见汪家熔：《涵芬楼和东方图书馆》，《商务印书馆一百年》，商务印书馆1998年版，第355—356页。
⑤ 顾廷龙：《涵芬楼烬余书录序》，《张元济诗文》，第282页。
⑥ 1909年，张元济表露了将涵芬楼发展为公共图书馆的意图："颇拟劝商务印书馆抽款数万金收购古书，以为将来私立图书馆张本。"(《致缪荃孙函》，收入《张元济书札》)1921年商务董事会曾议决张元济的建议开办公共图书馆。胡适南来考察商务时提议商务涵芬楼对外开放。王云五执掌编译所后，再提此议。1922年年初设"公共图书馆委员会"，由张元济、高梦旦、王云五负责。(参见王建辉：《文化的商务——王云五专题研究》，第186页) 1924年，东方图书馆大楼建成。

图表、照片5000余种；经史子集四部善本古籍3745种35,083册（其中宋版129种2514册，元版179种3124册，明版1449种15,833册，清版138种3017册）；全国凡22省省志2641种25,682册（中有元本2种，明本139种），全国府、厅、州、县志1753种；中外杂志、报章40,000册；另有新购进的扬州何氏藏书40,000余册。① 可以说，东方图书馆堪称当时全国第一流的图书馆。

有意思的是，在东方图书馆中，张元济和王云五编制的两套目录系统同时使用。不同于张元济旧式的编目方式，王云五采用了中外图书统一分类法，这似乎隐喻了商务两个时代间继承与断裂并存的关系。涵芬楼更接近于古代藏书楼，收藏以善本为主，指向的是精英文化，所以，1921年胡适参观涵芬楼后，"在日记中颇怪涵芬楼收藏的有用的参考书甚少，西文书更少"。② 而像东方图书馆这样的现代图书馆则以普及知识为目标，在开放之前因为胡适的建议而对馆藏资源做了很多调整，大大增加了针对普通读者的实用参考书的比重。不过，拥有大批古籍还是东方图书馆的特色，这是从旧式藏书楼演变而来的现代图书馆的重要特点。这一演变的完成，恰好呈现了为古书续命的完整流程，从而呼应了东方图书馆命名意旨——"聊示与西方并驾，发扬我国固有精神"。③

在涵芬楼向东方图书馆转变的过程中，图书收藏的目的、流通的机制以及社会功能等方面发生了革命性的变革。涵芬楼原本是商务内部基于市场赢利目的而建立的资料参考室，而东方图书馆则更多以向社会公众开放为宗旨。这一转变体现出商务印书馆对文化资源的保存和利用，开始从商业性的占有走向公益性的共享，是商务文化自觉提升的重要标志。它不仅有力地提高了商务的社会美誉度，使其"文化的商务"的指称进一步名副

---

① 参见何炳松：《商务印书馆被毁纪略》，《商务印书馆九十五年》，第241—248页。
② 王建辉：《文化的商务——王云五专题研究》，第187页。
③ 王云五：《涵芬楼书目·序》，转引自王绍曾：《近代出版家张元济》（增订本），第29页。

其实；而且使得商务不仅在商业上，还在社会生活肌理深处揳入了社会/文化转型的进程。

如果引入晚清以来的公共图书馆发展史，可以发现，涵芬楼向东方图书馆的转变，正是旧式藏书楼向现代图书馆转变的一个缩影。事实上，早在明末清初，西方的"图书馆"观念伴随着传教士在华的活动，就已经被引入中国，[①]但并未引起足够关注，一直到林则徐编《四洲志》、魏源编《海国图志》等时，"图书馆"这一建立在"公立"与"公共"基础上、可以"富国强民"的文化设施才获得重视。需要指出的是，由于翻译的缘故，在晚清，"藏书楼"[②]与"图书馆"的概念往往是混用的，近代维新派人士汪康年在《论中国富强宜筹易行之法》一文中就说道："今日振兴之策，首在育人才，育人才则必新学术，新学术则必改科举、设学堂、定学会、建藏书楼。"[③]但是在维新时期，无论是"藏书楼"还是"图书馆"，都与古代中国的藏书观念有了明显的差别，古代藏书楼是藏书家的私有财产，因其藏书只是在文化世家内部有限流通缺乏公共性，而沦为具有自我封闭性的文化资本；而新式图书馆则是晚清以来有识之士通过建立知识的共享机制以开启民智的一种启蒙工具。在这一时期有识之士对于"图书馆"事业的大力倡导，显然是希望改变传统中国官藏和私藏的知识垄断、流通不畅的状况，实现普及知识、振兴民族的理想。

值得注意的是，晚清的图书馆运动最先还是在汲取传教士公共图书馆理念及实践基础上，从官办图书馆的创办开始的。1902年，清政府开始建立系统完备的"癸卯学制"，颁布了《钦定学堂章程》，其中就学堂附设的

---

① 西方"图书馆"一词传入中国的时间可以追溯到明天启癸亥年（1623年）意大利人艾儒略著《职方外纪》之时。参见程焕文：《晚清图书馆学术思想史》，北京图书馆出版社2004年，第55页。
② 一般认为，上海徐家汇天主堂藏书楼是中国最早使用"藏书楼"这一名称的。参见程焕文：《晚清图书馆学术思想史》，第77页。
③ 汪康年：《论中国富强宜筹易行之法》，《时务报》1896年11月1日。

图书馆做了规定,这是清政府新政时期设立"官制"图书馆的依据。1906年,清政府宣布预备立宪,学部于1909年的筹备事宜有"颁布图书馆章程""京师开办图书馆(附古物保存所)"两项;1910年的筹备事宜有"行各省一律开办图书馆"。① 于是各省纷纷设立图书馆,形成了一场有组织的并且由封疆大吏主导的公共图书馆运动。由此,"中国悠久的藏书传统和较为发达的皇室、私人、书院藏书实践,在近代特殊社会历史背景下,或衰落,或发展变异,最终并入近代公共藏书文化的主流之中"。②

尽管如此,晚清新政中的图书馆运动仍着眼于"保国粹而惠士林","上以赞圣朝崇文之化,下以餍士林求学之心。窃谓裨益于全国教育者,良非浅鲜,似亦维持世道人心之一大端也"③,仍然是置于维护既有传统伦理道德体系的框架中来加以运作,其所收藏的著述亦未挣脱原有的官藏系统的范围,在此基础上所形成的"公共性"自然也就相当有限,无法满足社会转型期对更为开放、更充满活力的知识生产的需求,也无法切实承担起社会启蒙的功能。

以近代皕宋楼的散书事件为例便可见一斑:1906年春,江南著名藏书家陆心源苦心经营的皕宋楼(意为:藏二百部宋版书籍)因难以维持,传出典藏待售的消息,张元济在夏瑞芳的支持下从公司40万资本中抽出8万拟收购这批珍籍,但因陆氏后人要价10万以上而未能成交。张元济答应立即回去筹款,这时日本三菱财阀已捷足先登,以108,000元价格买下全部藏书,等张元济凑齐款项回来买书时,陆氏几十年收藏的珍本秘籍已舶载尽归日本。④ 其实在此事运作过程中,张元济也曾劝说清廷去收购皕宋楼藏书以作为将来筹建京师图书馆的基础,然而未被采纳。可以说,皕宋楼事

---

① 参见程焕文:《中国图书文化导论》,中山大学出版社1995年版,第218—220页。
② 李雪梅:《中国近代藏书文化》,现代出版社1999年版,第15页。
③ 《学部奏筹建京师图书馆折》(宣统元年八月初五日),转引自李希泌、张淑华编:《中国古代藏书与近代图书馆史料》,中华书局1982年版,第133页。
④ 参见张元济:《东方图书馆概况·缘起》,《商务印书馆九十五年》,第21页。

件对张元济的触动极大，政府的无所作为让他愤然不已。张元济在给傅增湘的信中说："来书慨然于旧书之将绝，此亦时会使然。要在有一二先觉者出为转移。自有挽回风气之日，承示图书馆宜多备通行书，甚是甚是。但难得之旧本，若无公家为之保存，将来终将澌灭。丙午春间，皕宋楼书尚未售予日本，元济入都，力劝荣华卿相国拨款购入，以作京师图书馆之基础，乃言不见用。今且悔之无及。每一追思，为之心痛。"① 显然，世易时移，官办的图书馆系统已无能力整合已碎片化的文化资源。

清政府覆没之后，民初历届中央政权都不稳固，对于地方的控制力相当薄弱，亦无力担当保存与延续传统文化之重责，官办图书馆的危机日益明显，以至于竟然发生了震惊中外的八千麻袋事件。② 在此情形之下，发挥像商务印书馆这样的民间文化机构在文化资源搜集整理方面的作用，也就成为了顺理成章之事。可以说，类似东方图书馆这样的民间图书馆不仅承袭了古代私家藏书楼在特色古籍收藏方面的既有功能，而且也补充甚至分担了公立图书馆因时局动荡而没有很好承担的文化组织、流通与转化的功能，以及某种意义上作为国家主流文化象征符号的角色。而

---

① 《致缪荃孙书》，《张元济书札》，第1页。
② 即北洋政府教育部与历史博物馆出卖原清内阁大库所存档案的事件。1909年，清朝政府为修缮内阁大库，将库内所藏档案移出，准备焚毁。学部参事罗振玉呈张之洞罢焚获准，将档案移至学部暂管。北洋政府建立后，教育部接管这批档案，并交历史博物馆筹备处管理。1921年教育部与历史博物馆以经费困难为由，将大部分档案装入八千麻袋（约15万斤），以银洋4000元卖给北京同懋增纸店做造纸原料。1922年2月，罗振玉在市上见到纸店出售的部分档案，以1.2万元买回，雇人进行检理，发现不少秘稿史册。罗振玉选择其中珍贵文件，加以汇刊，编印《史料丛刊初编》10册。事件发生后，北洋政府在社会舆论谴责下，意欲从罗氏处购回档案，清史馆也向罗氏商议收藏，罗均不允。1924年，罗将大部分档案以1.6万元转卖给清朝遗老李盛铎。后来，李盛铎挑选了档案中一些珍贵史料，将其中6万余件献给伪"满洲国"皇帝溥仪，其余部分以1.8万元转卖给中央研究院历史语言研究所。这时档案只剩12万斤，完整者仅五分之一。历史语言研究所经整理校勘，编辑出版了《史料丛刊》和《明清史料》多种。1936年该所将部分档案携至南京，后又运到台湾，留在北京的部分档案于1952年由故宫博物院接收，后归中国第一历史档案馆。

后者，显然可以被看作是在面对外来文化冲击面前，后发现代性国家所可能提供的"藏文于野"的文化应对之道。

可以以商务印书馆对于地方志的搜集，来观察民间图书馆是如何探索并实现了"藏文于野"的文化策略的。在涵芬楼所藏的善本中，地方志的搜集一直是重点。1932年商务已集齐了中国22省省志，收集了全国府、厅、州、县志的84%，在全国首屈一指。①

如果要讨论商务缘何会以地方志为收集/展示重点，应首先注意到清民之际"地方志"的微妙处境：清末"因预备立宪，需要观察民俗，因而征求各省、府、州、县编写进呈"的各类"乡土教科书""乡土志"，②明确从资政角度给予地方志以全新的定位；而1916年11月20日教育部发文各省区并请通饬各省县图书馆注意搜集乡土文献时更是指出："收藏既多，使来馆阅览者直接以生其爱乡土之心，即间接以动其爱国家之观念。于社会教育，裨益实非浅鲜。"③在此意识下，1915年至1931年间，从北洋政府的教育部、内务部到南京政府的行政院、中央宣传部，大规模征集志书的机构不下三十个，历届政府对于地方志的征集表现出了异乎寻常的重视。

1915—1931年政府机构征集地方志情况表④

时间	机构	方志种类	用途
1915年	清史馆	各省乡土志	修史
1915年4月	蒙藏院	内蒙地志材料	清史馆纂内蒙地志
1916年	教育部	各县最近修刻志书	充京师图书馆之藏
1917年1月	全国水利局	各省旧刻志书	备考证

---

① 参见何炳松：《商务印书馆被毁纪略》，《商务印书馆九十五年》，第242—243页。
② 参见陈光贻：《中国方志学史》，转引自王兴亮：《清末民初乡土志书的编纂和乡土教育》，《中国地方志》2004年第4期。
③ 《教育部咨各省区请通饬各省县图书馆注意搜集乡土艺文文》，袁咏秋、曾季光编：《中国历代国家藏书机构及名家藏读叙传选》，北京大学出版社1997年版，第71页。
④ 张升：《民国时期方志搜求热考述》，《近代史研究》2004年第3期。

续表

时间	机构	方志种类	用途
1917年3月	内务部	省县志书	内政之进行,亟待图册之征考
1917年8月	教育部	各省县新修志书	汇图志之大观,考方舆之政要
1917年12月	国史编纂处	县志	修史
1918年5月	内务部	各省志书	研求郡国利病,民俗良窳
1919年2月	司法部	各省县新旧志书	修订法律
1923年1月	国史编纂处	各省府州县志书	修史
1925年2月	农商部地质调查所	志书	以广参考
1926年4月	内务部	各县新旧志书	俾资参证
1927年2月	国务院统计局	近年最新地图地志	纂编方域统计志
1928年12月	军政部军需署	各县志书	统筹军事计划
1928年12月	行政院	各省通志、府县志	备考稽之用
1929年1月	建设委员会图书馆	全国各县最近出版县志及地图	便利专家研究各项建设问题
1929年3月	铁道部	各县最新志书	了解各省县风俗人情、山川道路等
1929年5月	参谋本部	县志	整理国防
1929年7月	中央宣传部	县、府、州、道志	了解全国各地土地、物产、民情等
1929年9月	全国道路建设协会	省县志书	筑路参考
1929年12月	行政院	各省县新旧志书藉	资参考
1930年1月	全国道路建设协会	市县新修志书	一切民政之参考
1930年2月	军政部	全国县志	统筹军事计划
1930年2月	行政院	各省通志、府县志	以备参考
1930年7月	考试院	各省府县新旧志书	筹设图书馆
1930年11月	中央宣传部	县、府、州、道志	了解全国各地土地、物产、民情等
1931年1月	军政部	各县志书	筹划军事建设
1931年7月	实业部	各省新旧通志、县志	研究各省县地方实况
1931年8月	教育部各省教育厅	搜集边疆史地材料	编纂边疆之历史地图
1932年	司法院	各省省志	用资参考

很明显，在晚清以降历届政府眼中，因疆域领土处在面临帝国主义殖民入侵而分裂的危机语境中，"地方志"不得不承担乡土认同乃至国族认同的重任："使读是书者怵于外力之日逼，生计之日艰，奋然有民族思想、经济思想"。① 在这里，"乡土"与"国族"之所以可以被画上某种等号，是因为此时此刻的"地方志"在很大程度上，已不仅仅是一种稗官野史式的存在，而是在民族危亡之际，在官方正史系统饱受挑战、已无力承担对抗外族、凝聚民心以及延续历史记忆的时候，以局部的然而又不是零碎的、镜像式的同时却又是负载着民族完整历史的方式，保留并播撒了一种国家未来仍然可以被重新组织化的希望。在这个意义上，"地方志"其实已经被征用到了近现代中国民族主义话语体系中。

其次，晚清新政时期诞生的"壬寅学制"和"癸卯学制"，通过对小学乡土教育的具体规定，进一步强化了地方志在乡村社会中存在的合法性，并试图以此来发挥其在唤醒基层民众的爱国情怀、重新组织社会共同体方面的作用。1902年7月颁布的壬寅学制规定，初等小学第二学年"舆地"讲"本乡各境、本县各境"；第三学年"舆地"讲"本府各境"，乡土教育被明确纳入了正规课程体系。1903年11月颁布的"癸卯学制"更是对小学乡土教育提出明确要求：一、二年级历史课学习"乡土大端故事及本地古先名人之事实"；地理课学习"乡土之道里、建置，附近之山水，次及于本地先贤之祠庙遗迹等类"。三年级地理课学习"本县、本府、本省之地理、山水，中国地理之大概"。② 可以说，晚清新政中的乡土教育不仅仅是地理/历史知识的普及，更寄托了清廷藉此培养"国民忠爱之本源"的企图，所谓"讲乡土历史，采本境内乡贤名宦流寓诸名人之事迹，令人敬仰叹慕，增长志气者为之解说，以动其希贤慕善之心"，"讲乡土有关系之地理，以

---

① 管凤和：《新民府志》，1909年铅印本。转引自王新环：《民族主义关怀下的方志纂修——以晚清民国时期东北方志为例》，《中国地方志》2015年第3期。
② 王兴亮：《清末民初乡土志书的编纂和乡土教育》，《中国地方志》2004年第4期。

养成其爱乡土之心"。① 而要有效开展乡土教育，地方志以及建立在地方志基础上的乡土教材的重要性显然是不言而喻的。1920 年代之后，伴随着对乡村教育的尖锐批判以及由此兴起的乡村教育运动，② 地方志无疑又获得了新的历史机遇。在将乡村问题乃至中国社会的症结归结为"恢复或重建因'西洋文化的侵入'而失调的中国文化"③ 的逻辑下，负载着丰富的传统文化信息的地方志，常常被民粹派知识分子当作可以"乡土化"来"化农民"的重要途径，从而被寄予了重建乡土文化进而改造乡村生活的希望。

还有一个值得注意的因素是，在帝国主义殖民运动中，伴随着文化的控制与反控制，地方志成为各种势力在古籍珍本善本争夺之外的又一个重要文化领域。据上海市档案馆新近披露的美国国会图书馆施永高（Walter T. Swingle）与张元济之间的通信显示，在 1920 年至 1923 年间，美国人收购中国地方志的心情颇为迫切：

> 敝图书馆荷蒙先生代为搜集大批志书，甚为感激，虽价目似乎昂贵，但仍请继续购买，而以府志、县志为最要，弟甚喜。……弟现拟购安徽、湖北两省通志，不识先生能以何价购到？《湖北通志》弟悉外界甚少，但尊处或有出售。（1920.2.25）
> 惜近来地理志一门价目增贵……凡敝图书馆所缺之县志如不能廉价

---

① 璩鑫圭、唐良炎编：《中国近代教育史资料汇编·学制演变》，上海教育出版社 1991 年版，第 295—296 页。
② 1920 年，余家菊在《中华教育界》发表了《乡村教育的危机》，首次使用了"乡村教育"一词，并且指出广大的乡村教育依然为旧式文人主导的私塾所垄断，乡村教育已破产。此后这一问题引起了当时知识界的广泛关注，黄炎培、陶行知、梁漱溟等人由此倡导了并开展了"乡村教育活动"和"乡村建设运动"。参考许庆如：《中国近代乡村教育研究的回顾与展望》，《河北师范大学学报（教育科学版）》2012 年第 9 期；郝棉花：《新旧之间：学制转轨与近代乡村社会》，中国知网"优秀博士论文文库"，未刊稿，第 3 页。
③ 梁漱溟认为中国文化的根在乡村，所以，改变中国贫弱的现状，必须从农村开始，恢复或重建因"西洋文化的侵入"而失调的中国文化。参见曲铁华、袁媛：《近代中国乡村教育实验理论标本价值探析》，《教育科学》2010 年第 6 期。

购入，自当根据市价，尤望旧府志能购成全套，庶不向隅矣。（1920.3）

《湖北通志》如有完好者，鄙人愿出洋二百元之数。（1921.2.2）

罗佛博士为吾国研究华文之最优者……彼将向君提议为国会图书馆采办各种华文书籍，就中以福建省之志书尤为需要。（1921.8.18）①

美国华盛顿农部藏书楼会长斯温德尔也在与张元济的通信中，表达了对于中国地方志的浓厚兴趣：

> 敝处议会以后仍须向尊处购办中国无论何处地志书籍。……于添置地志书籍，鄙人最为注意，府志尤为留心。……福建、云南省地志请加意购来为感。就此重要两省中所得志书甚少，如见有广东省志书，无论何种，亟需购进。（1920.9.25）②

有意味的是，在张元济的回信中可以发现，他一开始显然并没有在文化安全的层面上来看待美国人对于地方志搜集的热衷，因而大多施以援手。然而随着时间的推移，张元济逐渐流露出了"畏难"情绪，开始以搜寻不易、方志价高、店员缺乏相关知识等种种理由加以推脱，③甚至在1920年6月17日的日记中记载："属陈铭勋拟通告，各馆停购美国华盛顿图书馆属购买之志书。"④有研究者指出，此事"似乎也反映出他对保存地方志的责任意识的逐步增强过程"。⑤的确，考虑到这些海外需求的政府背景以及其所求地方志的特殊地域位置，就会发现，处在晚清以

---

① 《张元济往来书札之三》，《上海档案史料研究》（第六辑），上海三联书店2009年版，第296—305页。
② 同上书，第299页。
③ 同上书，第303页。
④ 《张元济全集》（第7卷·日记），商务印书馆2008年版，第217页。
⑤ 刘应梅：《张元济与地方文献的收集整理和出版》，《文献》2005年第2期。

降的中央/地方、中/西、文/野等多种力量博弈的空间中，各种势力对地方志的争夺可以被视为是一个指向了地理、文化甚至社会控制权的特殊"战场"。

尽管如此，由于地方志尤其是清末民初的新志，因其量大面广且收集相对容易，因而向来注重珍本善本的本土藏书家，一直没有对这一其实关乎了国计民生的文化领域予以应有的关注和保护。《金陵大学图书馆方志目》序云："收藏方志之风，盛于近五六年，民初过问者殊鲜，书贾视同废籍。民八、九经商务印书馆之征求，稍稍为人所重。"[①] 而商务之所以开风气之先，是因为张元济敏锐地意识到了"地方志"在此时此地的重要性："此虽不在善本之列，然其间珍贵之记述，恐有比善本尤重者"，[②]"今之方志，比于古者列国史书，史以记事，事必责实，而彰善瘅恶之意，即行于其中"，[③]因而"民国之始，余锐意收集全国方志"。[④]通过商务在全国各地巨大的分馆网络以及在古籍界苦心经营多年而形成的广泛人脉关系，张元济以收购、誊抄、转让等办法，收集了大量的地方志。[⑤]1932年，涵芬楼所藏地方志"搜罗赅备，蔚成巨观，国内殆无伦匹"，[⑥]商务据此还编辑了《涵芬楼直省志目》，为私家方志编目之创始。

商务搜集地方志当然有商业上的考虑——不只是从经济上判断其有较大的升值潜力："初每册值小银钱一角，后有腾至什伯者"；[⑦]同时也是从出版的角度为了满足编辑、校勘、补正各种相关专门辞典的需要，例如在编辑《古今地名大辞典》时，地方志就成为了必须的参考资料。但

---

① 《金陵大学图书馆方志目》，万国鼎、储瑞棠编，金陵大学1933年版，第1页。
② 顾廷龙:《涵芬楼烬余书录序》，《张元济诗文》，第282页。
③ 张元济:《续修滕县志序》，《张元济诗文》，第293页。
④ 顾廷龙:《涵芬楼烬余书录序》，《张元济诗文》，第282页。
⑤ 参见刘应梅:《张元济与地方文献的收集整理和出版》，《文献》2005年第2期。
⑥ 何炳松:《商务印书馆被毁纪略》，《商务印书馆九十五年》，第242—243页。
⑦ 顾廷龙:《涵芬楼烬余书录序》，《张元济诗文》，第282页。

商务对地方志超越常规的重视，仍可被看作是表征其文化自觉意识又一个标志性事件。首先，商务所搜集的地方志，是更需要抢救性保护的古籍而不是更有市场竞争力的新志，从中不难看到其文化担当意识。其次，尽管拥有宏富的地方志资源，商务并没有垄断这一领域以牟取暴利，相反，体现出了难得的共享意识。比如，在同样热衷于收藏地方志的藏书家傅增湘提出借阅商务独有的地方志珍本时，张元济不仅多次无偿出借，而且允许其抄录副本；当国立北平图书馆提出类似要求时，张元济也没有推脱："承示贵馆所藏嘉靖《江阴县志》及万历《如皋县志》各有残缺，拟借敝馆涵芬楼所藏两种核对钞补，事关流通古籍，自应遵命照办。"[①]可以说，这种共享意识不仅打破了传统藏书楼内部流通的惯例，而且也超越了商业功利性。只有进入这一公共流通系统，地方志才不只是凝固之物，而是可以与时代声息相通，甚至可以深刻地揳入时代并推动社会向前发展的。

1932年当日军特地将东方图书馆当作战略性目标炸毁时，正是意识到了其作为近现代中国的文化地标在民众社会生活中所扮演的不可替代的角色，因而只能通过暴力的方式来加以摧毁，这其实是从一个侧面印证了东方图书馆的存在意义已经超越了作为一个民间出版机构附设图书馆的角色，而成为经历了近代帝国主义殖民运动洗礼的中国民众文化自信心得以重生的重要源泉之一。

第二节 《四部丛刊》：自在地整理

在商务辑印的数量众多的古籍丛书中，《四部丛刊》无疑是规模最大、

[①] 《张元济书札》，转引自刘应梅：《张元济与地方文献的收集整理和出版》，《文献》2005年第2期。

种类最多、影响最广的善本丛书,[①] 也是商务印书馆古籍整理的经典之作,它与《四部备要》《丛书集成》一起被称为是"民国三大古籍丛书"。可以说,商务对于《四部丛刊》的整理经验、技术运用以及市场定位,开创了现代印刷技术介入古籍整理领域的新范式。

据晚清著名藏书家叶德辉回忆,《四部丛刊》的辑印最初是据他的设想而定的:

> 海通而后,远西石印之法,流入中原,好事者取一二宋本书,照印流传。形神逼肖,较之影写付刻者,既不废校雠之日力,尤不致摹刻之迟延。艺术之能事,未有过于此者。惟其所印者未能遍及四部,成为巨观。江阴缪艺风荃孙、华阳王息尘秉恩两先生,怂恿张菊生同年元济以商务印书馆别舍涵芬楼,征集海内藏书家之四部旧本书,择其要者为《四部丛刊》,即以石印法印之。缪、王皆南皮张文襄门下士,初拟按文襄《书目答问》所列诸本付印。询之余,余力言其非,以为文襄《书目》行之海内数十年,稍知读者,无不奉为指南,按目购置。今惟取世不经见之宋元精本缩印小册,而以原书之大小尺寸载明书首,庶剞劂所不能尽施,版片所不能划一,一举而两得之。菊生以为善也。[②]

叶德辉传递了这样一些信息:首先,是泰西传来的石印技术开辟了一个

[①] 张海鹏等人指出:"资金雄厚的商务、中华等书店都很重视出版上百种以上的丛书。如商务的《四部丛刊》,精选宋、元、明、清刻本、钞本编成,总计 523 种;商务的《丛书集成》,选录从宋到清的著名丛书 100 部,去其重复,共收图书 400 余种(有人批评这套丛书,错字连篇,倒页缺页触目皆是,校对、装订均系外包工);中华书局的《四部备要》,辑录重要经史子集典籍包括二十四史、《十三经注疏》等,共收书 347 种。这几种大型丛书为保存我国的古籍,弘扬民族文化,发挥了重要作用。"见张海鹏、李细珠:《中国近代通史》(第五卷),江苏人民出版社 2006 年版,第 264 页。
[②] 叶德辉:《书林余话》(卷下),辽宁教育出版社 1998 年版,第 275—276 页。

全新的印刷空间，既因为创造了"形神逼肖"的效果而使得"校勘"这一传统的治学之术失去了用武之地，同时也因为石印较之于雕版印刷更强大印刷能力，使得大规模刊行古籍成为可能。按照汪家熔的考证，用照相石印技术影印古籍，最早在1870年代就由《申报》做了探索，并且获得了市场的追捧。然而由于过度追求利润，"石印印古籍越印字越小，成本虽越来越低，但得了个'滥恶相沿'、极不注意质量的'雅号'，走上了绝路。到1906年废科举，石印业因以印科举用书为大宗，几乎全军覆灭"。① 在这样的情形下，如何适应科举废除之后的文化市场转型，探索古籍转化为文化产品的新路径，以满足机器石印技术的强大印刷能力，就成为了出版业的新命题。叶德辉显然瞄准了阅读古籍的高端知识者群体，因而主张以宋元善本珍本作为突破口，以珍稀古籍化身千百来寻求出版、印刷与市场三者之间的平衡。这一设想得到了同为古籍校勘专家的张元济的认可。

1915年5月，张元济在写给傅增湘的信函中首次提出了"本馆拟印旧书，以应世用，拟定名《四部举要》"，② 后经孙毓修建议，将《四部举要》改为《四部丛刊》。由此，《四部丛刊》的影印工作正式开始筹划。1916年9月，《四部丛刊》"先出草目，再借版本，然后再出预约"的工作流程基本确定，③ 并逐渐形成了内容的具体设想：（一）所收录的古籍包括经、史、子、集四部书中的必要书籍；（二）选定之书皆采用最善之本影印，目的在于解决"旧籍沦亡，求书之难"与"流行版本之差"的问题，从此可以"所求之本，聚于一编，省事省时"。④

在叶德辉的联络下，张元济偕助手孙毓修首先拜访了晚清四大藏书楼

---

① 汪家熔：《旧时出版社成功诸因素——史料杂录（之四）》，《出版发行研究》1994年第6期。
② 《张元济傅增湘论书尺牍》，第64页。
③ 《张元济日记》，第130页。
④ 胡道静：《孙毓修的古籍出版工作和版本目录学著作》，《商务印书馆九十五年》，第76页。

之一的常熟铁琴铜剑楼的主人瞿启甲，商谈《四部丛刊》的出版计划及商借善本影印事宜。瞿启甲注意到"西法印制，较旧付梓费省成速，且复本立成巨额，从此原本得少接触，更利保藏"，①表示"素抱书贵流通，能化身千百，得以家弦户诵，善莫大也"，②因而愿意"尽出家藏，毫无保留"。③据瞿凤起回忆，翌年春天，商务即安排朱桂带领四五名技术工人，自备发电机，来到常熟，开始大量拍摄古籍珍本照片。瞿氏兄弟按照父亲瞿启甲的吩咐，每日至书楼按目取书，配合商务影印古籍："借照之书，每晨专册记载，当晚用毕交往，前后进行数月，似至年底结束。"④以此为起点，商务影印《四部丛刊》迈出了坚实的一步。

　　叶德辉、瞿启甲等藏书大家为何愿意与商务合作，愿意将原本秘不示人的古籍珍本善本公开流通？除了与同为藏书家兼古籍整理大家的张元济意气相投以及因私谊形成的良好合作基础外，更为重要的，恐怕还是因为他们看到了古籍危亡的现实。当古籍被普遍排斥在知识生产之外时，珍本善本再如何奇货可居，显然却只是在商业意义上，而其所指称的文化象征资本则在时代的洪流中流失了。在这一情形下，传统以藏书楼为依托的文化世家显然不甘心只是沦为更多将古籍当作商业流通意义上的"古董"的商人，但如何与之区别，⑤尽可能地保留原有的文化象征资本不至于消耗殆尽，这是旧学群体需要处理的另一个问题。

---

① 瞿凤起：《铁琴铜剑楼与商务印书馆》，《商务印书馆九十年》，第325页。
② 瞿凤起：《先父瞿良士先生事略》，仲伟行等编：《铁琴铜剑楼研究文献集》，上海古籍出版社1997年版，第28页。
③ 瞿凤起：《铁琴铜剑楼与商务印书馆》，《商务印书馆九十年》，第324页。
④ 瞿凤起：《答友人问吾家响应影印〈四部丛刊〉事》，仲伟行等编：《铁琴铜剑楼研究文献集》，第121页。
⑤ 陈乃乾指出晚清中国旧时藏书家与新兴的商人式的藏书家有着明确的区分："昔之藏书者，皆好读书之人。每得一书，必手自点校摩挲，珍重藏弄，书香之家，即以贻之子孙，所谓物聚于所好也。近来书价骤贵，富商大贾，群起争购，视之若货物，若资产。"陈乃乾：《上海书林梦忆录》，张静庐辑注：《中国近现代出版史料·现代甲编》，第416页。

正是在这样的格局中,旧时藏书大家们与商务印书馆的合作,才散发出了别样的意味。可以注意到,叶德辉、瞿启甲等人都特别表现出了对于泰西可以逼真且快速复制古籍的技术的信任,认为借助摄影等现代复制新技术,古籍可以"化身千百"深入民间,同时不会损害原本的珍稀性,因而两全其美。这一构想与本雅明(Walter Benjamin)对于现代复制技术的看法有相通之处,却也不无差异。本雅明认为:"复制技术把所复制的东西从传统领域中解脱了出来。由于它制作了许许多多的复制品,因而它就用众多的复制品取代了独一无二的存在;由于它使复制品能为接受者在各自的环境中去加以欣赏,因而它就赋予了所复制的对象以现实的活力。这两方面的进程导致了传统的大动荡,而传统是人类的当代危机和革新的对立面。"① 在本雅明看来,复制技术的确可以通过将"现实的活力"架构进古代艺术品而帮助其进入当代生活,但技术本身却是天然地具有反传统倾向的。应该说,在强调现代复制技术可以帮助古老的艺术品/文化产品得以在当下社会流通、传播这一点上,叶德辉等人的想法与本雅明不谋而合。但是,相对于本雅明对现代复制技术的警惕,叶德辉等人显然要乐观许多。这一差异,显然是由不同的历史情境所造成。在本雅明的视野中,古代艺术品被复制的命运是由资本的力量所决定的;而在叶德辉等人的心目中,将古籍珍本藉由现代复制技术大规模推向市场,除了有商业盈利的目的之外,更多多少少带有延展传统文化世家在当下中国的文化影响、对抗帝国主义对于中国文化资源的掠夺以及抗拒古籍被束之高阁等待升值的商人传统等一系列潜在意味在里面。

某种意义上,可以说叶德辉等人的想法代表了旧时藏书界的共识。事实上,除了叶德辉、瞿启甲之外,《四部丛刊》的出版还得到了王秉恩、沈曾植、翁斌孙、严修、张謇、董康、罗振玉、齐耀琳、徐乃昌、张一麐、

---

① 〔德〕瓦尔特·本雅明:《摄影小史、机械复制时代的艺术作品》,王才勇译,江苏人民出版社2006年版,第53页。

傅增湘、莫棠、邓邦述、袁思亮、陶湘、蒋汝藻、刘承幹、葛嗣浵、郑孝胥、叶景葵、夏敬观、孙毓修、缪荃孙等大批藏书名家的响应和支持，他们积极为《四部丛刊》提供珍藏善本："初编采用的底本，以涵芬楼所藏为主，同时遍访海内外公私所藏的宋元明旧椠，其最著者，如江南图书馆、北京图书馆（原名京师图书馆）、常熟瞿氏铁琴铜剑楼、乌程刘氏嘉业堂、乌程张氏适园、海盐张氏涉园、江安傅氏双鉴楼、江阴缪氏艺风堂、长沙叶氏观古堂、乌程蒋氏密韵楼、南陵徐氏积学轩、上元邓氏群碧楼、平湖葛氏传朴堂、无锡孙氏小绿天、闽县李氏观槿斋、秀水王氏二十八宿研斋、常熟铁网珊瑚人家，以及嘉兴沈氏、德化李氏、杭州叶氏、日本岩崎氏静嘉堂文库。"[①]

经过长时间的筹备与积累，1919年2月，《四部丛刊》开始正式印行，至1922年12月完成，至1930年代又出了《续编》和《三编》。1922年印行的《四部丛刊》在1926年重印时，为了与后面的《续编》《三编》成一系统，加上了"初编"二字。（《四编》亦在规划内，后由于抗战，时局艰难，而未刊成。）

由张元济、傅增湘等25位藏书名家共同署名的《四部丛刊刊成记》，总结了《四部丛刊》的基本构成与版本特点：

> 《四部丛刊》始于己未，越今乃溃于成。为书三百二十三部，都八千五百四十八卷，二千一百册。赖新法影印之便，如此巨帙，煞青之期，仅费四年，诚艺林之快事。采用底本，涵芬楼所藏外，尤承海内外同志之力，得宋本三十九、金本二、元本十八、影宋写本十六、影元写本五、校本十八、明活字本八、高丽旧刻本四、释道藏本二，余亦皆出明清精刻。[②]

---

① 张舜徽：《中国文献学》，中州书画社1982年版，第306页。
② 《四部丛刊刊成记》，《四部丛刊书录》，商务印书馆1922年版，第1页。

在张元济等人坚持的"书贵初刻"的版本选择下,商务对当时国内的古籍珍本善本进行了全方位的摸底,从中遴选出了他们认为最好的版本进行影印,花费大量的人力物力,成就了这一盛举。具体来说,他们认为《四部丛刊》在以下七个方面有益于学界及社会:

> 汇刻群书,昉于南宋,后世踵之,顾其所收,类多小种,足备专门之流览,而非常人所必需。此之所收,皆四部之中,家弦户诵之书,如布帛菽粟,四民不可一日缺者,其善一也。
>
> 明之《永乐大典》,清之《图书集成》,无所不包,诚为鸿博;而所收古书,悉经剪裁。此则仍存原本,其善二也。
>
> 书贵旧本,昔人明训;麻沙恶椠,安用流传!此则广事购借,类多秘帙,其善三矣。
>
> 求书者纵胸有晁陈之学,冥心搜访;然其聚也非在一地,其得也不能同时。此则所求之本,具于一编,省事省时,其善四矣。
>
> 雕版之书,卷帙浩繁,藏之充栋,载之专车,平时翻阅,亦屡烦乎转换。此用石印,但略小其匡,而不并其叶,故册小而字大,册小则便庋藏,字大则能悦目,其善五矣。
>
> 镂刻之本,时有后先,往往小大不齐,缥缃异色,以之插架,殊伤美观。此则版型纸色,校若画一,列之清斋,实为精雅,其善六矣。
>
> 夫书贵流通,流通之机,在于廉价。此书搜罗宏富,计卷逾万,而议价不特视今时旧籍廉至倍蓰,即较市上新版亦减至再三;复行预约之法,分期交付,既可出书迅速,使读者先睹为快,亦复分年纳价,使购者举重若轻,其善七也。①

---

① 《四部丛刊刊成记》,《四部丛刊书录》,第1页。

这七条分别从定位、版本、版式、印刷、定价等角度，强调了《四部丛刊》在普及传统文化方面的巨大作用，特别突出了其价廉物美、泽惠士林的一面。其间不乏商业推广的意图，但的确也将机器印刷可能给古籍领域带来的变化总结得淋漓尽致。

《四部丛刊》的影印出版获得了极好的市场反响，"《四部丛刊》创行于民国八年，先后两版，数逾五千，越今数载，访求者犹时时不绝。良以世方多故，古籍销亡，国学起衰，相需尤亟"。[1]1921 年，张元济在与美国图书馆施永高的通信中也诉说了《四部丛刊》出版后的盛况："国内订购者纷纷而来，所印仅一千部，不敷销售……第一、二期已出之书已售完，现在再版四百部。"[2]据说，《四部丛刊·初编》第一版的收入就达到了百万元以上。[3]

《四部丛刊》所取得的骄人业绩，还要与商务成功的市场营销放在一起看。在销售策略上，为流转资金和掌握市场、保证销量计，商务采用了预订付款的方式。《四部丛刊·初编》，预约价为连史纸五百元，毛边纸四百元，不是一般的寒士所能承受的。[4]因而在市场定位上，《四部丛刊》"主要订户，一般都是国内的大型图书馆、大学校、藏书家以及财阀、富商之流（作为陈设品）"。除此以外，商务也瞄准了国际市场："国外如法、德、英、美、荷兰、丹麦等国家的大学、图书馆、汉学家都来信预订，因此《四部丛刊》还定了一个英文名称"*The Sze Pu Tsung Kan*, or *The Library of Chi-*

---

[1] 张元济：《辑印四部丛刊续编缘起》，宋原放主编：《中国出版史料·现代部分·第一卷》（下册），第 470 页。
[2] 陈正卿、彭晓亮整理：《张元济来往书札之三》，《上海档案史料研究》（第六辑），上海三联书店 2009 年版，第 302 页。
[3] 参见董进泉：《现代出版楷模张元济》，时代文艺出版社 1994 年版，第 448 页。
[4] 据马嘶统计，1919 年北大的教员除了像陈独秀等少数人薪水每月在 300 元以上外，大部分教职员都在 100 元以下；同一时期，中小学教员平均月薪在 13—20 元左右，乡村教师月薪仅为 4—5 元；新闻出版业的编辑初入门时月薪仅为 20 元左右，印刷工人月薪都在 15 元以下。见马嘶：《20 世纪中国知识分子生活状况》，北京图书馆出版社 2003 年版，第 66—68 页。

nese Classical, Historical, Philosophical and Literary Works"，日本因同文关系定户最多，共有三十余户。"①

由此看出，《四部丛刊》即便收集了一些学界的常用书，但其市场目标还是高端精英人群与像图书馆这样的社会文化机构。近代之前的旧式藏书与出版，本就以名门大族和上层文人士绅作为主要的经济支柱，书籍的生产、收藏是文化资本的积累，是社会上层精英文化阶层的重要资产，也是其特定身份表征之一。显然，《四部丛刊》的出版与旧式的藏书及出版在定位上存在着很大的一致性。这种一致性，使得《四部丛刊》即便也以中外图书馆为目标，但其所张扬着的旧式精英文化气息使它仍然可以被纳入传统藏书文化的脉络体系中。

有意思的是，对于商务影印出版的《四部丛刊》，知识背景、立场和结构不同的学者群落，反应颇为耐人寻味。日本学者武内义雄作为研究中国古典学的学者对此赞赏有加：

> 《四部丛刊》实为中国空前之一大丛书，全部册数有二千余册之多，非以前丛书可比。即其选择之标准，亦与向来丛书全然不同。所收之本，悉为吾辈一日不可缺之物，如经部收《十三经》单注本及《大戴礼》《韩诗外传》《说文》等，史部收《二十四史》《通鉴》《国语》《国策》。而如同一普通之丛书，如《通志堂经解》《经苑》正续《皇清经解》《九通》《全唐文》《全唐诗》等，则一切不采。尤可注意者，选择原本，极为精细。于宋、元、明初之旧刻，或名家手校本中，务取本文之尤正确者。并即其原状影印，丝毫不加移易。故原书之面目依然，而误字除原本外，决无增加之虑。②

---

① 曹严冰：《张元济与商务印书馆》，《商务印书馆九十年》，第24页。
② 武内义雄：《说〈四部丛刊〉》，《支那学》第1卷第4号，转引自叶德辉：《书林余话》（卷下），第250—251页。

与之相比，来自于新文化阵营的茅盾、郑振铎却颇有微词。茅盾这样回忆了《四部丛刊》的版本之争：

> 当权者的一派主张《四部丛刊》应该尽量采用宋、元、明的刊本而精工影印。这一派可称为"善本派"，也有人讥讽地称之为"制造假古董者"。另一派主张注重实用，例如《庄子》，便应该采用郭庆藩的《庄子集释》或王先谦的《庄子集解》；《墨子》就应该采用孙诒让的《墨子间诂》等等。这是"实用派"。据说两派争论了五、六个月，最后还是"善本派"得胜。"善本派"就他们同馆外人接触而得的印象，举出这样一个理由：《四部丛刊》的购置者将是附庸风雅的大腹贾、军阀，地主阶级的书香人家，少数几个大学图书馆（那时公立图书馆寥寥可数）。至于真正做学问的寒士是买不起的，他们所需要的如《庄子集释》之类，通行本很多，他们早已买了木刻原版，不会再来买铅印本（实用派主张《四部丛刊》用铅字排印）。而况倘用铅印，合格的校对人员很难找（编译所中只有编辑《辞源》的一班人可以胜任），即使找到，薪水必高，则《四部丛刊》的成本也将随之增高，也会影响销路。如果影印善本，估计可销一千，那就已经有盈利了。这一笔经济账，使"实用派"也不能不打经济算盘。①

在他看来，"善本派"和"实用派"对于版本的争论，无关学术，更多是落在经济上的；选择善本，其实主要是商务考虑成本与市场得出的结果，因而其文化推广作用并没有像商务宣扬的那样大。如果考虑到茅盾在"五四"时期相对激进的文化启蒙理想以及在撰写回忆录时的特殊历史语境，就可以发现其对于《四部丛刊》似乎全然否定的评价不无偏激之处。同为新文

---

① 茅盾：《我走过的道路》（上），人民文学出版社1981年版，第150页。

化人士、有着古籍收藏兴趣的郑振铎对于《四部丛刊》的评论就相对客观许多:"石印法不改变原书行列款式,不会有什么错字,这是其便利、妥善处。然卷帙过于繁重,费工费时过多,售价过高,非一般人所能有,此是其弊。铅印法,比较的省篇幅纸张,定价可以便宜些,此是其利。然其弊,则在校对疏忽,错字太多。"① 郑振铎能够从石印和铅印的各自利弊来"同情的理解"商务对于《四部丛刊》的印刷选择,也同时含蓄地指出了《四部丛刊》并不是定位于"一般人"的文化普及物。

即使是积极参与《四部丛刊》影印的旧时藏书界人士,也并非对其全然满意。叶德辉就认为:

> 南北藏书家善本书,此次已搜罗殆遍。惟聊城杨氏海源阁所藏宋本《四经》、《四史》为最著名之书,当日杨致堂河帅以增得之,以"四经四史"名其斋,可知其珍袭之甚。公子协卿太史绍和,公孙凤阿舍人保彝,今皆物故,家藏书籍,闭庋阁中,久无人过问,故此编所采四部善本,独不及杨氏之藏。又日本各图书馆所藏善本尤多,以影印之费不赀,故不能多借。彼国《支那学报》载有神田喜一郎、武内彦雄二君评论,所举彼国旧本及指摘目载之本不善者,甚中窾窍。余亦屡与菊生商之,劝其不惜巨赀,以成完美。而主者吝惜印费,迁就成书。又其中有循人请托而采印者,如《孔丛子》《皮子文薮》之类,皆明刻中下乘。徒以藏者欲附庸风雅,思藉此以彰其姓名。②

叶德辉不仅惋惜《四部丛刊》因为经费缘故未能尽收善本,更批评了商务过于迁就商业成本的考虑,在《四部丛刊》影印过程中颇多妥协之举,因而留下了不少遗憾。

---

① 郑振铎:《向"翻印"古书者提议》,《文学》第2卷第6号,1934年6月。
② 叶德辉:《书林余话》(卷下),第279页。

当不同的知识群体都参与讨论《四部丛刊》影印的利弊得失时,《四部丛刊》本身就成为了一个文化事件,其所引发的争议,正是在古／今、中／西、新／旧交错的复杂格局中,知识群体如何把握和转换中国传统文化资源的不同立场争斗的必然结果。无论如何,作为中国现代出版史上影响最大的古籍善本丛书,《四部丛刊》在新文化运动高潮期的印行无疑提醒我们,它绝不仅仅是旧时藏书传统的惯性运行结果,更是一种隐晦的"现代"表征,有待于被进一步讨论。

第三节 《学生国学丛书》:转化地整理

如何将古籍重新推向日常生活,对于商务印书馆来说,仅仅聚焦旧式精英知识分子群体或者各类图书馆,显然是远远不够的。1920年代之后,随着新文化运动的走向深入,特别是随着王云五入主商务,商务的古籍辑印策略发生了相应的改变,各类新式学校基于课程体系而产生的对于"国学"的学习需要,开始跃入到商务的视野,并成为其探索古籍辑印新思路的现实前提。《学生国学丛书》正是在这一变化下的直接产物。

1904年,清政府颁布"癸卯学制",尽管其出发点是为了推行新式学堂,但在《学务纲要》中仍规定中小学必须读经讲经,将其当作语文教育的核心:"若学堂不读经书,则是尧舜禹汤文武周公孔子之道,所谓三纲五常者,尽行废绝,中国必不能立国矣。"[1]1912年,"国文"一科正式出现,民国政府教育部在《中学校令施行规则》中对国文教育做了以下规定:"国文要旨,在通解普通语言文字,能自由发表思想,并使略解高深文字,涵养文学之兴趣,兼以启发智德。国文首宜授以近世文,渐及于近古文,并

---

[1] 舒新城:《中国近代教育史资料》(中册),人民教育出版社1961年版,第203页。

文字源流、文法要略，及文学史之大概，使作实用简易之文，兼课习字。"①从近世文到近古文，国文教育循序渐进的脉络颇为清晰，这构成了以后古文教学的基本原则。1920年，北洋政府教育部通令国民学校一二年级开始使用以白话文编写的"国语"教材，初高中国文教科书白话文与文言文按比例编排。1923年，又颁布了《新学制课程纲要》，在针对初中学生的《新学制课程标准纲要初级中学国语课程纲要》中提出，中学国语教育的目的在于"使学生拥有自由思想的能力；使学生能看平易的古书；引起学生学习中国文学的兴趣"。该纲要针对高中学生的国语教育的目的为"培养欣赏中国文学名著的能力；增加使用古书的能力；继续发展语体文的技术；继续练习用文言作文"。②

可以说，在20世纪上半叶的中国，虽然学制与课程标准经过了多次修改与调整，但中学语文课本还是被要求兼顾白话和文言，这为古文读物保留了不少市场。然而，古文读物如何与"现代"教育理念有机结合，如何融入以白话为主的新的课程体制，特别是如何调动学生的兴趣点，也成为一个全新的命题。

1921年，高梦旦主动让贤编译所所长一职，拟请在新文化运动暴得大名的胡适来担任。胡适受邀考察了商务印书馆三个月之后，谢绝了商务的聘请，但推荐自己在中国公学时的英语老师王云五以代。胡适也对商务的经营、管理、出版定位等，提出了不少看法和建议。他认为光靠商务印书馆的中学语文课本，学生是学不好古文的，提议增加古文的篇幅，降低阅读难度，包括为古文加标点符号、介绍和评论性的序等。胡适还在1920年和1922年分别作了《中学国文的教授》《再论中学国文的教授》两篇文章，

---

① 《中学校令施行规则》第1章"学科及程度"第3条，《中华民国教育新法令》(第2册)，商务印书馆1913年2月版，第19—20页。
② 转引自江明：《影响中国20世纪的语文课程纲要·民国时期课程纲要介绍（二）》，《语文教学通讯》2005年第9期。

提出他对中学国文教学的意见。他认为，中学国文的理想标准应包含以下几条：人人能看平易的古文书籍，如《二十四史》《资治通鉴》之类；人人能作文法通顺的古文；人人有懂得一点古文文学的机会。①他认为经过了"五四"新文化运动的洗礼，"白话文还有一些材料可用，倒是古文竟没有相当的教材可用"，因为古书"现在还不曾经过一番相当的整理。古书不经过一番新式的整理，是不适宜于自修的"。于是，他提出了一种整理古书的简略方法：（1）加标点符号；（2）分段；（3）删去繁重的、迂谬的、不必有的旧注；（4）酌量加入必不可少的新注；（5）校勘用古本善本校勘异同，订正讹脱；（6）考订真假；（7）作介绍及批评的序跋。每书应有详明的序跋，内中至少有下列各项：著作人的小传；本书的历史，如序《书经》，应述"今古文"的公案；本书的价值，如序《诗经》，应指出其文学价值。②很显然，胡适是从如何在青年学生群体中普及古文的角度，试图来改革传统的古籍整理方法。在其改革措施中，加入了不少新文化运动的成果，如主张将新式标点符号运用于古籍整理；强调要有序跋、小传等以利于读者了解知识背景等，其出发点仍在于"启蒙"，是为了使古籍更加通俗易懂，从而为青年群体所接受。

作为王云五的精神导师，一直以来，胡适都被看作是王云五时代商务印书馆的灵魂人物，很大程度上，王云五整理古籍的路径及具体实践被认为都是唯胡适马首是瞻的。这种说法有一定道理。③王云五就曾在与胡适的通信中，基本吸取了胡适对于古籍整理的建议，同时也提出了自己的补充意见：

（一）本丛书内，宜编著关于经学、史学、诸子、文学、小说、词

---

① 参见胡适：《中学国文的教授》，欧阳哲生主编：《胡适文集》（2），第153页，原载于《新青年》第8卷第1号，1920年9月1日。
② 参见胡适：《再论中学国文的教授》，欧阳哲生主编：《胡适文集》（3），第608页。
③ 参见王建辉：《文化的商务——王云五专题研究》，第219—229页。

章各种概论,一律作语体,以为入门的预备。

(二)本丛书所选著作,如篇幅较繁,且不是全体有价值的,不妨酌加删节。但只可删全篇,不可于一篇之中删去某段。后种办法最易失作者精意,致冤枉古人。

(三)注释删繁就简,自系正当办法;但向例注释均于正文之下,最易淆乱句读,使读者不能够贯穿全篇。我以为当照外国书体例,所有注释都依(次)标明次序,放在每页之下方。

(四)较难的段落,除却注释、标点外,当斟酌诸家的说,在每段下附以语体文,用较小的字体印刷。但不必每段都附译文。

(五)古代文物,和现今多不同;于必要时加入图画。

(六)本丛书不仅供中学生之用;所以书名用《国故丛书》就够,不必加入"中学"两个字。①

某种程度上,王云五对于传统古籍整理方法的改革力度更大,不仅更注重发挥语体文在"翻译"古文的巨大作用,以此为古文进入当代生活搭建必要的桥梁,而且大胆提出可以在"古为今用"的原则下,去芜取精,对古文进行删节,甚至可以加入原本没有的图画。可以发现,在这套方法中,方便、实用、吸引人成为了王云五古籍整理的最根本出发点。

作为实践上述方法的结果,在1923年至1932年间,商务编选出版了《国学小丛书》《学生国学丛书》以及《国学基本丛书》等新型古籍丛书,由此探索了不同于张元济时期的古籍普及之路。

《学生国学丛书》的刊印始于1925年,由王云五和朱经农主持。在《学生国学丛书编例》中,编者详细地阐释了编选意图、内容构成及丛书特点,几乎与王云五与胡适通信中关于古籍整理的构想如出一辙:

---

① 《胡适的日记》,转引自陈达文:《胡适与商务印书馆》,《商务印书馆九十年》,第596页。

一、中学以上国文功课，重在课外阅读，自力攻求，教师则为之指导焉耳。惟重篇巨帙，释解纷繁，得失互见。将使学生披沙而得金，贯散以成统，殊非时力所许；是有需乎经过整理之书篇矣。本馆鉴于此，遂有《学生国学丛书》之辑。

二、本丛书所收，均重要著作。略举大凡：经部如《诗》《礼》《春秋》，史部如《史》《汉》《五代》，子部如《庄》《孟》《荀》《韩》，并皆刊入；文辞则上溯汉、魏，下迄近代，诗歌则陶、谢、李、杜，均有单本，词则多采五代、北宋，曲则撷取元、明大家，传奇、小说，亦选其英。

三、诸书选辑各篇，以足以表见其书、其作家之思想精神、文学技术者为准。其无关宏旨者，概从删削。所选之篇类不省节，以免割裂之病。

四、诸书均分段落，作句读，以便省览。

五、诸书均有注释。古籍异释纷如，即采其较长者。注释刊载每页之末按检至便。

六、诸书较为罕见之字，均注音切，述作者生平、本书概要，凡所以示学生研究门径者，不厌其详。……①

《学生国学丛书》定位于中学生的课外阅读，择取了自《诗经》以降传统文化中的精华，其中文学 56 种，史地 17 种，哲学及综合类 22 种。为了帮助中学生更好地理解古文，商务还抽调了编译所的精干力量如缪天绶、叶绍钧、庄适、唐敬杲、傅东华、黄公渚、胡怀琛等 44 位国学功底深厚的学者，分别撰写各书的注释和序文，有的还要撰写著者传略。汪家熔认为，《学生国学丛书》"已出的 95 种，已显出选题系统性，这套书对文化遗产采取其精华，去其糟粕的原则，如《十三经》，选《书》《诗》《周礼》《礼记》《左

---

① 《吕氏春秋》，商务印书馆 1927 年版，第 1—2 页。

传》《公羊》《论》《孟》八种，每种都仅选取脍炙人口的几个、十几个故事"，并且加上了"文字和背景材料的注"，这种大胆删节选印经书的方式开创了先河。①《学生国学丛书》不仅内容选择精要，而且分段标点，详加注释，并在导言部分说明了作者生平和内容提要，为读者指出了研究的门径，便利读者阅读。《学生国学丛书》的出版，标志着商务印书馆以新法整理古书的开始。

值得注意的是，王云五所提出的"不妨酌加删节"的原则，给予古籍整理领域极大的冲击。在传统的古籍整理中，无论是校勘还是辑佚，其目的都在于恢复古籍的原始风貌，在这一前提下，对古籍尤其是被奉为金科玉律的经学进行删节当然是不可想象的。王云五删节古籍的主张，显然对古籍不再抱有传统士子都有的敬畏之心，因而可以说在很大程度上呼应了"五四"激进主义的文化主张。有意思的是，即使是新文化运动的主将胡适也没有提出类似意见，从这个意义上来讲，王云五之于古籍的革新式整理设想似乎比胡适还要激进。

王云五之所以会有上述主张，首先和他个人的知识结构有内在关联。作为没有受过系统教育而主要靠自学成才的文化人，王云五被认为"读书极博"，"但甚苦没有系统"，②且更偏于西学。王云五自己就说："我对于旧学研究很浅，而且是独个儿的在黑暗中摸索，走了不少冤枉路途。"③从根底上来说，他并不像张元济那样对传统文化有深刻的情感认同，因而也更容易对传统文化以及作为其载体的古籍进行祛魅化甚至碎片化处理。其次，从经营立场上说，王云五常常被看作"功利色彩较为浓厚"，"买卖意识在他是很浓烈的，他更多关心商务的企业性和商业的趋利性，更多把出版作

---

① 汪家熔：《商务印书馆古籍出版工作概述》，《商务印书馆及其他》，第211页。
② 《胡适的日记》，转引自陈达文：《胡适与商务印书馆》，《商务印书馆九十年》，第576页。
③ 王云五：《岫庐论学》，（台湾）商务印书馆1975年版，第95页。

为一种商业行为"。① 在这一意识下，王云五显然并不会像张元济那样更多从文化角度来对待古籍，而更会采取实用务实的姿态、从市场角度来出版古籍。而当时政府关于学校国文教育的规定、中学生群体的知识结构以及由此形成的对古文学习的需求，显然更多成为王云五在编选《学生国学丛书》时的主要考虑。在新的教育体制培养下，民国时期中学生的文言能力已经明显地退化了；而新学制又规定从初中开始逐步接受基础的文言教育。对这个时期的读者来说，就像梁启超曾经感慨的"中国书没有整理过，十分难读，这是人人公认的"。② 王云五显然意识到了文白转换期所蕴藏的巨大商机，用新式标点、分段、注释、导言甚至删节的方法整理古籍，无疑可以为古书阅读减少困难，《学生国学丛书》受到社会的欢迎因而也是顺理成章的。

王云五所主张的这一古籍整理新法，即便在商务内部，也饱受争议。王云五致胡适信中坦言："我个人以为对于这部丛书，以为纵不能办得美满，总该尝试尝试。但是菊生等对于旧学研究较深的，却稍存慎重怀疑的态度。"③ 双方在古籍辑印的理念、方法和策略的选择上是有差异的。可以将张元济所主持的《四部丛刊》与王云五主持的《国学基本丛书》做一下比较：④

四部丛刊	国学基本丛书
周易九卷 ［魏］王弼 ［晋］韩康伯注 据宋本影印	周易集解十卷 ［清］孙星衍撰
毛诗十二卷 ［汉］毛亨传、［汉］郑玄笺 ［唐］陆德明音义 据宋刊本影印	诗毛氏传疏三十卷 ［清］陈奂传
周礼十二卷 ［汉］郑玄注、［唐］陆德明音义 据明翻宋岳氏本影印	周礼正义八十六卷 ［清］孙诒让撰

---

① 参见王建辉：《文化的商务——王云五专题研究》，第 203—209 页。
② 梁启超：《治国学杂话》，《清华周刊》第 281 期，1923 年。
③ 陈达文：《胡适与商务印书馆》，《商务印书馆九十年》，第 596—597 页。
④ 参见王绍曾：《近代出版家张元济》(增订本)，第 58—59 页。

续表

四部丛刊	国学基本丛书
论语十卷 ［魏］何晏集解 据日本正平本影印	论语正义二十四卷 ［清］刘宝楠撰
孟子十四卷 ［汉］赵岐注 据宋大字本影印	孟子正义三十卷 ［清］焦循撰
尔雅三卷附音释三卷 ［晋］郭璞注音释 据宋本影印	尔雅义疏十九卷 ［清］郝懿行撰
汲冢周书十卷 ［晋］孔晁注 据明嘉靖二十二年章檗本影印	逸周书集训校释十卷 ［清］朱佑曾撰
南华真经十卷 ［晋］郭象注、［唐］陆德明音义 据明本影印	庄子集解八卷 ［清］王先谦撰
墨子十五卷 据明嘉靖唐尧臣本影印	墨子间诂十五卷 ［清］孙诒让撰
韩非子二十卷 据影宋抄校本影印	韩非子集解二十卷 ［清］王先慎撰
盐铁论十卷 ［汉］桓宽撰 据明本影印	盐铁论十卷 ［汉］桓宽撰、林振翰校释
曹子建集十卷 ［魏］曹植撰 据明活字本影印	曹集诠评十卷 ［清］丁晏撰
徐孝穆集十卷 ［陈］徐陵撰 据明屠隆本影印	徐孝穆集六卷 ［陈］徐陵撰、［清］吴兆宜笺注
分门集注杜工部诗二十五卷分类编次文五卷 ［唐］杜甫撰、［宋］□□集注 据宋本影印	杜少陵集详注二十五卷 ［清］仇兆鳌撰
李义山诗集六卷 ［唐］李商隐撰 据旧抄本影印	玉谿生诗笺注八卷 ［唐］李商隐撰、［清］冯浩笺注

《四部丛刊》基本以珍稀罕见的宋本、明本为主，而《国学基本丛书》都以日常习见的清本为主，这一定位显然恪守了民国以近世之文为学生学习国文主要内容的教育理念，而区别于《四部丛刊》专注于精英知识分子的对象定位。在编排上，《四部丛刊》采用了影印方式，以保持古籍珍本善本的原始风貌；而《国学基本丛书》增加了后世学者权威性的笺注、校释等内容，以便于学生的理解与接受，也因此采用了可以降低售价、更易于书籍普及的排印方式。

可以说，在新的历史语境下，王云五探索了一条转化型的古籍辑印路径。转化的内容包括：不再把古籍当作不言自明的传统文化价值渊薮，而更多将其看作是有待于被现实社会激活的文化资源，在这一前提下，以现代需要对其进行重新的切割、组装才是可能的；在现有的教育体制、市场机制之内而不是在精英知识分子的学术脉络内来定位古籍的价值和意义，成为了商务在这一时期古籍辑印的基本方向；在理论和方法上对胡适派的整理国故运动的沿袭，促成标点、分段、注释、导言乃至删节等现代方法，可以名正言顺地进入古籍整理领域，从而在开启民智、配合新式教育的意义上铸就了不同于旧时古籍整理的新风貌。而商务也在此转化中，完成了自己的华丽转身，不仅由此开启了影印与排印并举的古籍整理新格局，而且也因为探求到了传统文化与当代社会的连接点而继续成为古籍辑印领域的领头羊。

本编小结："晚清的社会转型与学术嬗变，或许不如五四新文化运动面貌清晰，但其对于20世纪中国文化的深远影响，足证其绝非只是'清学的殿军'。"[①] 晚清中国文化的转型不仅仅是一个文化领域的问题，更是"亡国灭种"的危机折射到文化领域的一种表征，因而如何转型从源头上决定了20世纪中国文化的基本风貌。

在这一历史前提下，传统文化及作为其存在渊薮的古籍，在晚清中国的命运就显得颇为耐人寻味。在殖民危机所挟带的强大的西学东渐潮流面前，在科举覆没所带来的国学衰微情形下，传统文化在国人的争议声中，渐渐沦为碎片化、材料化的"古籍"，不再被认为具有动员并整合社会的功能；然而，在文化象征资本的意义上，在以石印技术为代表的现代印刷技术崛起所带来的文化传播手段的全新变革格局中，"古籍"却依然在很大程度上被国人寄予了可以对抗帝国主义殖民文化的热望。

---

① 陈平原：《中国现代学术之建立》，北京大学出版社1998年版，第3页。

作为对上述悖论性的"古籍"定位的一种回应，商务在"知新温故"的理念下，主动探索了如何通过古籍的整理、辑印和传播来应对殖民危机、维系中华文脉的现实路径。利用阵容强大的编译所力量以及国内首屈一指的印刷技术，商务以涵芬楼藏书为基础，在1916年后开始大规模辑印古籍，先后通过影印或排印出版了《涵芬楼秘笈》《四部丛刊》《续古逸丛书》《百衲本二十四史》《学生国学丛书》等一大批享誉海内外的古籍丛书，从而在多种维度上实践了为古书续命的文化使命。

通过建立涵芬楼—东方图书馆这一古籍公共共享平台，商务加入了晚清以来的公共图书馆运动，探索了不同于以往精英知识分子以维持文化世家文化资本的自我封闭式的知识生产路径，从而推动了大众普及型的现代知识生产成为可能；而对"地方志"这一长期游离在正统藏书体系之外的古籍产品的高度重视，暗含了商务对于"乡土"以及建立在"乡土"之上的"民族国家"的真切关怀，以及希望通过对其的大力搜集以维持乡土记忆、重建地方认同和对抗帝国主义国家对中国腹地进行殖民入侵的多重意味。

在《四部丛刊》的影印出版上，商务将"摄影"这一现代新技术与古老的藏书传统相结合，同时整合了旧时藏书家网络，以"自在"的形态探索了在新技术条件下古籍珍本善本保存的新空间。而《学生国学丛书》则以排印的方式，结合"五四"新文化运动所产生的"科学"的整理方法，探求了如何利用新学制、新式学堂及新式课程体系，为国故找到重生的契机——尽管这一重生饱含争议。

应该说，在"古籍辑印"这一面向上，商务的出版选择体现了古籍整理学者的专业兴趣、文化商人的市场考虑、学术推动者对于整理国故运动的呼应以及弱国子民天然的爱国情怀等多种因素的合力，因而，尽管其姿态可能是具有文化怀旧属性的，然而，其价值指向却典型地打上了过渡时期后发现代性国家特有的烙印。

第三编

"新文学"/"新文化"想象的多元图景

—— 商务印书馆的文学期刊研究

在晚清以来的社会危机/文化危机中，如何在"西学"与"中学"看似悖反的张力之间寻找到回应社会转型/文化转型的资源、动力和路径，无疑是时人最为关注的核心命题之一。"西学"所蕴藏的"强国富民"的希望与其所挟带而来的殖民气息，"中学"日益古籍化、碎片化的没落衰微的命运与作为文化传统而必须被传承的历史责任，使得晚清时人在处理这些文化/知识资源的时候，往往会陷入或者全盘西化、或者复古主义、或者"中体西用"的怪圈中去。如何直面这些资源内在的双刃剑效应，从而超越非此即彼的简单的二元对立思维模式，一直是困扰晚清知识界的瓶颈所在。

作为晚清中学、西学激烈交锋的重要场域，同时也是知识生产方式转换的主要枢纽，像"报纸杂志"这样的新式传播媒介因此有必要进入讨论的视野。如果说在欧美发达资本主义国家语境中，"报纸杂志"常常被认为在国家与社会二元对立的格局中有力地推动了"公共领域"的建构的话，那么，在无法用所谓国家与社会二元对立模式简单涵盖的晚清中国的复杂情境中，"报纸杂志"是否真如有学者所言的"为公共领域的体制建构提供了稳定而有效的制度性支撑，并成为此后文化发展与思想变革的基础建构"[①]呢？如果说晚清以来的"报纸杂志"的确对社会发展/文化转型起到了推动作用，那么"报纸杂志"到底在哪些方面提供了传统媒介所没有的资源，又是如何将这些资源传达给读者，最后产生了思想变革/社会变革的力量呢？在这一过程中，作为"报纸杂志"等新式媒体的生产者和运作者，商务印书馆这样的大型出版机构，到底又扮演了何种角色？

作为与"报纸杂志"这样的新式媒介相生相伴的重要文化资源，"文学"特别是"小说"通过自身"革命"，在很大程度上扮演了晚清以来的中国思想/社会变革发动机的角色，因此可以以"文学期刊"为考察域，来讨论商务如何以此为抓手，介入近代以来中国文化生产的变革洪流中。

---

① 方平：《晚清上海的公共领域（1895—1911）》，上海人民出版社2007年版，第30页。

第一章 从"小说界革命"到"新文化运动"
——商务印书馆与晚清文学变革

在晚清的殖民危机时刻,从《论语》"文学,子游子夏"的语词层面沿袭而来的"文学"与欧美语境中的"Literature",经由日本转译而相遇,形成了一个类似于旧瓶装新酒的新概念,[①]成为回应晚清以来社会/文化转型的最有力量的文化场域。这其中,与出版媒介息息相关的"小说",作为"现代"文学最为典型的样式,其大行于世的过程,尤为引人注目:从六朝的志怪、唐传奇、明清白话小说一路走来,却总是得不到精英知识者群体认可的"小说",为何会在这一时期成为社会/文化的关注焦点,甚至取代作为传统文学正宗的诗文而一跃成为"现代""文学"的经典;从"诗界革命"到"小说界革命"进而又到新文化运动,文化潮流演变的背后,又有着怎样的社会心理与文化机制的支撑;像商务印书馆这样的出版机构,在"小说"乃至"现代""文学"生成的过程中,是否发挥了作用,如何来评估这种作用呢?

商务印书馆耐人寻味地摒弃了报纸只出版期刊,而其旗下的《绣像小说》《小说月报》《小说世界》三种文学期刊又正好贯穿了社会转型/文化转型最为激烈的20世纪前期(1903—1932),显然,对这些文学期刊的分析,正可以触及上述问题,从一个侧面来深描社会/文化变迁的艰难步履。

[①] 参见鲁迅:《门外文谈·不识字的作家》,《鲁迅全集》(第六卷),人民文学出版社2005年版,第95—96页。

第三编 "新文学"/"新文化"想象的多元图景

第一节 "发明"小说与近代文学观念的重构

对晚清的知识界来说，在应对当时社会危机/文化危机的时候，"文学"尤其是"文学"中很不入流的"小说"，显然可以被当作一种有待于重新认识和改造的重要资源。

早在1897年，严复、夏曾佑就认为："且闻欧、美、东瀛，其开化之时，往往得小说之助，是以不惮辛勤，广为采辑，附纸分送，或译诸大瀛之外，或扶其孤本之微。文章事实，万有不同，不能预拟，而本原之地，宗旨所存，则在乎使民开化。"①如果做一下知识考古学的简单梳理，就会发现，"小说"一词早在汉代即已出现，主要是指"街谈巷议、道听途说"的俚俗之文："或托古人，或记古事，托人者似子而浅薄，记事者近史而悠谬者也。"②可以说，在本土的文学传统中，"小说"因为总是与荒诞不经的故事联系在一起，而向来与以"载道""史传"为核心的正统文学话语体系格格不入，当然也不被认为可以对社会生活产生重大影响。而严复等人所谈论的"小说"，显然与之有着明显的差异：首先，这一"小说"观念，被申明直接来源于欧美发达资本主义强国而不是对本土文学传统的赓续，其文化"断裂"的意味显而易见；其次，严复等人格外强调，之所以如此，是因为其所瞩意的"小说"是与强国富民的"开化"目标有机勾连在一起的——而欧美发达资本主义国家的"小说"被认为正扮演了这样的角色，因而，本国"小说"需要在学习他国经验的基础上经历浴火重生，才能回应时代社会需要。这种对于"小说"的理解和定位，正如刘禾所指出的，带着"迟到的"民族在遭遇特定的殖民危机所产生的某种无法规避的文化宿命感："与现代希腊、印度、非洲以及阿拉伯民族不无类似的是，中国的知识分子也力图在国族建构与文化建构的时代幸存下来，而他们几乎别无

---

① 严复、夏曾佑：《〈国闻报〉附印说部缘起》，《国闻报》1897年10月16日至11月18日。
② 鲁迅：《中国小说史略》，《鲁迅全集》（第九卷），人民文学出版社2005年版，第7—8页。

选择，只能直面西方强有力的现实，并屈服于这一现实。"①而杨联芬更直截了当地指出："中国小说地位的崛起，在20世纪初。值得注意的是，它的崛起不是自然现象，而是学术界揠苗助长的结果。学术界此举的目的，又并非为艺术，而是为社会功利。"②尽管这样的断语由于局限在所谓的艺术与社会的二元对立框架内而失之于简单，但借助于"小说"试图推进"人民社会化"，③从而以某种僭越的方式介入生活世界的改造，的确是晚清文学变革运动不容忽视的一个重要动力。因而，将救世功能作为新的"小说"的起点，很大程度上是晚清时人将现世中的危机感投射到文学世界中的必然结果，带着明显的后发现代性国家因为置身于帝国主义殖民危机语境中而特有的进退维谷的文化悲情色彩。

正是搁置在这样的历史情境中，才能理解梁启超为何会对"小说"寄予厚望："欲新一国之民，不可不先新一国之小说。……今日欲改良群治，必自小说界革命始，欲新民，必自新小说始。"④尽管从形式上看，将"小说"的作用与"群治"改良、国家革新联系在一起，似乎是对"文章乃经国之大业，不朽之盛事"的中国传统文学/文化观念的一种承袭和激活，但从深层次来看，"新"的革命性视野所指向的"民"，其实更多是现代"国民"而非传统意义上的"黎民"，"国"亦更多指向了"民族国家"而非封建"帝国"，因而上述话语逻辑显然溢出了传统文论的范畴，而更应被视为是在欧美诸强的殖民压力下出现的一种具有民族主义意味的文化自救行为。

关于近代民族主义的起源，以赛亚·伯林（Isaiah Berlin）认为："民族主义首先是一个社会对自己所受的伤害作出的回应。就民族主义诞生的必要条件而言，即仅仅是社会的集体感情或者至少是其精神领袖们的感情受

---

① 刘禾：《跨语际实践——文学、民族文化与被译介的现代性》，宋伟杰等译，第256页。
② 杨联芬：《晚清至五四：中国文学现代性的发生》，北京大学出版社2003年版，第19页。
③ 刘禾：《跨语际实践——文学、民族文化与被译介的现代性》，宋伟杰等译，第256页。
④ 梁启超：《论小说与群治之关系》，《新小说》第1卷第1期，1902年。

到伤害,是远远不够的;该社会内部必须、或者至少是潜在地形成了一个集团或阶层,他们致力于寻求人们忠诚或自我肯认的目标,或许是追寻权力的某种基础。"[1]在他看来,"民族主义"不仅仅是建筑在"受伤害"的情感维度上的一种本能反应,同时暗含了某个"集团或阶层"在现实向度上对新的权力基础的一种追寻与重构,因此,"民族主义"的产生可以被视为是在认可"差异政治"毋庸置疑的政治正确性的基础上内因和外因共同作用的结果。当然,在不同的历史情境中,"民族主义"的诞生缘由、表现形态与价值指向并不能一概而论,而呈现出了需要进一步辨析的多样性,帕尔塔·查特吉(Partha Chatterjee)将"民族主义"区分为"西方型"和"东方型"两种不同的类型,指出"东方的"后发现代性国家的"民族主义"实际上是应对帝国主义殖民运动的特有产物:"'东方'型民族主义意味着从文化上'重新武装'这个民族,要改造它的文化,但这并不是简单的模仿异族文化,因为这样民族将会失去自己的特性。因此要尝试去复兴民族文化,使其既适应进步的需要,同时保留其独特性。"[2]这种在异邦与我邦之间徘徊的矛盾心态以及由此出现的文化认同困境,无疑使得"东方型"民族主义在其内部构成上具有自身无法克服的悖论性,而对待传统民族文化既复兴又革新的看似悖反的姿态,正是上述矛盾的一种直接体现。汪晖则认为,晚清中国精英知识分子对国家的想象,存在着一种不同于"法国大革命所开创的民族主义传统"的"反民族主义的"(反民族自决、反种族中心论的)倾向,因此晚清知识精英对于国家的想象不能归结为一种简单的民族国家想象,而包含了企图越过民族国家的阶段,直接从"皇权国家"过渡到"主权国家"的努力。[3]当然,从历史脉络看,这一思想的形成并非

---

[1] 〔英〕以赛亚·伯林:《论民族主义》,秋风译,《战略与管理》2001年第4期。
[2] 〔印〕帕尔塔·查特吉:《民族主义与殖民地世界》,范慕尤等译,译林出版社2007年版,第2页。
[3] 参见汪晖:《现代中国思想的兴起》,生活·读书·新知三联书店2008年版,第822页。

一蹴而就，而是有一个演进的过程。①上述观点显然包含了对普遍主义意义上的"民族国家"想象理论的批评，希望以中国为个案，呈现近代国家建构思想的多源性及内在的复杂性。即便如此，还必须承认，"民族主义"仍然是晚清中国社会变革／文化变革的一个重要的原动力。正是作为"民族主义"在文化上必须征用的资源，"某些凝聚一个民族的普遍要素——语言、种族起源、共同的历史（现实的或想象的）"，在近代以来的中国受到了异乎寻常的重视，如何"对这些观念和情感作出相当明确的阐释"，②因而也成为具有民族主义意识的知识精英们绕不过去的重要历史使命。

如果将"小说"在晚清以来从边缘到中心的跃进历程搁置在这样的背景下理解的话，那么，可以说，"小说"在当时，其实是在构成颇为复杂的民族主义意识下一种"创造性的误读"③的结果，甚至可以被视为是一种"发明"。而作为"发明"的出发点，其基于强大的传播力所可能被赋予的教化功能是被晚清知识者所反复强调的。梁启超借用康有为的话语这样表达道："仅识字之人，有不读经，无有不读小说者，故六经不能教，当以小说教之；正史不能入，当以小说入之；语录不能谕，当以小说谕之；律例不能治，当以小说治之。天下通人少而愚人多，深于文学之人少而粗识

---

① 关于这一点，有学者用大量的史料论证其经历了一个过程：晚清中国革命思潮兴起之初"革命派中存在着以在汉族聚居的十八行省恢复建立汉族国家的革命建国思想，对于满、蒙、回、藏等族聚居区，则认为在新国家中可有可无，偏激一点的甚至认为没有更好"，随着革命形势的好转，"到共和力量已占优势，清王朝的灭亡已经不成为主要问题"，孙中山等革命派才"开始把民族团结和避免国家分裂问题放到重要位置，因而顺应形势发展接受了五族共和以及保持领土完整的主张"，才"在1912年元旦的'临时大总统就职宣言书'中特别加以强调：'国家之本，在于人民。合汉、满、蒙、回、藏诸地为一国，即合汉、满、蒙、回、藏诸族为一人。是曰民族之统一'"。见张永：《从"十八星旗"到"五色旗"——辛亥革命时期从汉族国家到五族共和国家的建国模式转变》，《北京大学学报（哲学社会科学版）》2002年第2期。
② 〔英〕以赛亚·柏林：《论民族主义》，秋风译，《战略与管理》2001年第4期。
③ 陈平原发现，在晚清文学界对于域外小说的译介以及在译介基础上的转化中，存在着"创造性的误读"的情况。详见陈平原：《中国现代小说的起点》，北京大学出版社2005年版，第54—65页。

之无之人多，六经虽美，不通其义，不识其字，则如明珠夜投，按剑而怒矣。"①很显然，"小说"之所以受到推崇，是和它作为大众通俗文化所能产生的强大感染力息息相关的。在一个"愚人"众多的国度，在知识精英强烈的"开民智"的启蒙意识之下，"小说"的通俗易懂、明白晓畅，使它很容易被当作可以转译"六经""语录""律例"等精英文化/国家意识形态、并把它们传达到民间去的有效手段。在这里，"小说"所具备的可以"支配人道"的"不可思议之力"，②显然正好对接了晚清中国在殖民危机下所产生的文化民族主义及其衍生的"启蒙"民众的需求，因而才受到了格外的重视。

然而，与知识精英期待的可以在社会/文化变迁中发挥强有力改良作用的理想"小说"相比，当时中国小说的实际状况显然并不能令人满意："小说之为体，其易入人也既如彼，其为用之易感人也又如此，故人类之普通性，嗜他文终不如其嗜小说，此殆心理学自然之作用，非人力之所得而易也。……知此义，则吾中国群治腐败之总根原可以识矣。吾中国人状元宰相之思想何自来乎？小说也。吾中国人佳人才子之思想何自来乎？小说也。吾中国人江湖盗贼之思想何自来乎？小说也。吾中国人妖巫狐仙之思想何自来乎？小说也。"③同样是发挥小说"易入人""易感人"的特点，中国传统小说却被认为主要传播了"状元宰相""才子佳人""江湖盗贼""妖巫狐仙"等思想，因而沦为"群治腐败"的渊薮。这一指斥显然承袭了知识精英局限于传统文类等级秩序而对"小说"这一边缘文体的轻视与敌意。但利用这种指斥，知识精英们又可以与旧小说进行有效切割，从而为指向"开民智"的"新小说"奠定一个逻辑起点。尽管在这一框架中新旧是如此暧昧地纠缠在一起，但梁启超所发现的问题仍是重要的，即"小说"作为大众传媒，如何掌握它的媒介特质固然重要，但更为关键的，显然是提醒知识界仍然需要谨

---

① 梁启超：《译印政治小说序》，《清议报》第一册，1898年11月11日。
② 梁启超：《论小说与群治之关系》，《新小说》第1卷第1期，1902年。
③ 同上。

慎地反思：在这一历史瞬间，到底需要小说传达怎样的思想观念才是切中时弊的；急于利用它的晚清知识者是否有能力将"政治正确"的思想融入小说，使之能旧瓶装新酒，从而切实发挥引导社会的作用？

只有在这个层面上，才能理解梁启超1902年那段著名的关于"小说界革命"的论述重心所在："故欲新道德必新小说，欲新宗教必新小说，欲新政治必新小说，欲新风俗必新小说，欲新学艺必新小说，乃至欲新人心，欲新人格，必新小说。"① 在梁启超的视野中，"新小说"与"新民"必须放在一起来考虑，"新民"是"新小说"的出发点，而"新小说"则是"新民"得以实现的必要路径。在这一逻辑框架中，"小说"在思想内容和媒介传播两方面的特点显然都被注意到了，因而具备了可以生产和传达包括政治、道德、风俗等在内的全部"新"意识形态的条件。然而，何以为"新"，"新"所内含的"革命"到底应该如何被理解，仍然是一个争讼不已的命题。

陈平原认为，"革命"在晚清，"已经不是传统意义上的朝代易姓，而是借自日本的新名词，意指促使事物从旧质向新质飞跃的重大变革"。② 这一说法多少有点含糊，并没有在特定历史情境中来厘定"革命"的具体指涉。相形之下，陈建华的考证更为翔实，他指出"'革命'作为一种话语形态，是在本世纪初的数年里才出现的"，"它走出儒家经典并渗入日常的社会生活，其基本要素——四时交替的自然秩序、暴力的政治行为方式、天命和民心对这种政治暴力的法定性——与世界革命话语构成了拒斥或融合等复杂的关系"。尤其是在19世纪末以来，随着以"尊王改革"为核心要义的明治维新式的"革命"观念输入中国，梁启超等人主要接受了"以和平方式完成政治现代化"的改良意义上的"革命"路径选择，从而使得其所向往的"革命"特别是文化领域内的"诗界革命"一类仅仅"意谓一种变革或一种含有历史性的质变"，变得"和改朝换代、政治暴力、天意民心

---

① 梁启超：《论小说与群治之关系》，《新小说》第1卷第1期，1902年。
② 陈平原：《中国现代小说的起点》，第2页。

等因素没有直接关系",尽管事实上,这一文化政治意义上的"革命"其实与晚清改良主义者的"勤王"事业有着明显的呼应性。①

可以说,梁启超等人对于"革命"的理解,在逻辑上并不能完全自洽,但这一理解所包含的经由日本现代知识谱系转译而来的改良色彩,显然是值得关注的;也因此,无论是"诗界革命"还是"小说界革命",并不能被简单地看作是一种文化激进主义的表征——尽管由于种种机缘其最终确实导致了具有文化"断裂"的激进效果,但"诗界革命"抑或"小说界革命",作为更多立足于文化场域同时具有改良气质的维新运动,其原初姿态依然是审慎甚至是散发出"保皇"主义气息的。

即便如此,这样"发明"出来的"新小说"观念在当时还是遭遇了一些质疑之音。天僇生就指出,作为"新小说"着意借鉴的资源之一,欧美发达资本主义国家的小说是在特定的历史情境中产生,未必与中国的本土语境相吻合:"吾尝谓,吾国小说,虽至鄙陋不足道,皆有深意存其间,特材力有不齐耳。近世翻译欧美之书甚行,然著书与市稿者,大抵实行拜金主义,苟焉为之,事势既殊,体裁亦异,执他人之药方,以治己之病,其合焉者寡矣",②但天僇生同时也承认小说作为较易感染人的文类,对于改良社会、促进群治、移风易俗等有着特殊的作用:"夫小说者,不特为改良社会,演进群治之基础,抑亦辅德育之所不逮者也。吾国民所最缺乏者,公德心耳,惟小说则能使极无公德之人,而有爱国心,有合群心,有保种心,有严师令保所不能为力,而观一弹词,读一演义,则感激流涕者。"③这一个案相当典型地表现了晚清时人对"新小说"的矛盾挣扎心态,即一方面注意到了语境的差异使得具有舶来品色彩的"新小说"观念可能无法真正医

---

① 陈建华:《"革命"的现代性:中国革命话语考论》,上海古籍出版社2000年版,第2—15页。
② 天僇生:《中国历代小说史论》,《月月小说》第1卷第11期,1906年。
③ 天僇生:《论小说与改良社会之关系》,《月月小说》第1卷第9期,1906年。

治中国社会的痼疾；但在强烈的改良社会、辅助德育的愿望下，又会美化"新小说"可能产生的效应，认为其会拥有其他文化类型所不具有的净化人心、组织社会的强大力量。有意思的是，矛盾挣扎到底还是推动了"新小说"观念逐渐成为社会共识，也因此使得对梁氏"新小说"论述的模仿和再现甚至成为了一种时尚："欲扩张政法，必先扩张小说；欲提倡教育，必先提倡小说；欲振兴实业，必先振兴小说；欲组织军事，必先组织小说；欲改良风俗，必先改良小说。"① 类似话语的大行其时，不难看出"新小说"观念已渐入人心。

尽管如此，"新小说"却并没有风行多少时日，到了1908年之后，对其的批评之音开始甚嚣直上："我国民之程度，文野之别，不容讳言矣。而默观年来更有痛心者，则小说销数之类别是也。他肆我不知，即小说林之书计之，记侦探者最佳，约十之七八；记艳情者次之，约十之五六；记社会态度，记滑稽事实者又次之，约十之三四；而专写军事、冒险、科学、立志诸书为最下，十仅得一二也。"② 显然，批评者注意到"新小说"的成功更多是在商业上，而在其倡导者最为关注的政治自觉、社会动员、科学精神等社会效应的传导上，则是相当有限的，甚至可以说在很大程度上堕入了旧小说诲淫诲盗的泥淖；而这是与"新小说"内部的分化联系在一起的——当"新小说"更多迎合商业市场的恶趣味生产出侦探、言情、滑稽一类的小说，而不能有效回应"开民智"所更需要"军事、冒险、科学、立志诸书"的时候，事实上，它已与倡导者的初衷渐行渐远。到了1915年，连提倡"新小说"最为用心的梁启超，对于当时的小说现状也开始大力抨击：

> 所谓小说文学者，亦既蔚为大观，自余凡百述作之业，殆为所侵

---

① 陶佑曾：《论小说之势力及其影响》，《游戏世界》第10期，1907年。
② 觉我：《余之小说观》，《小说林》第9期，1907年。

蚀以尽。试一浏览书肆，其出版物，除教科书外，什九皆小说也。手报纸而读之，除芜杂猥屑之记事外，皆小说及游戏文也。举国士大夫不悦学之结果，《三传》束阁，《论语》当薪，欧美新学，仅浅尝为口耳之具，其偶有执卷，舍小说外殆无良伴。故今日小说之势力，视十年前增加倍蓰什百，此事实之无能为讳者也。然则今后社会之命脉，操于小说家之手者泰半，抑章章明甚也。……近十年来，社会风习，一落千丈，何一非所谓新小说者阶之厉？循此横流，更阅数年，中国殆不陆沉焉不止也。①

梁启超相当清楚地看到了近十年间"小说"在社会文化领域所产生的巨大影响力，小说不仅完成了从边缘向中心的结构性运动，使自己成为无法被忽视的文化热点，而且已经成为可以操持社会命脉的大势力。然而这种地位、权力的取得，显然并不是梁启超所乐见的，因为与这样的位置联系在一起的，是"新小说"恰恰又沦落到了自己的反面，被指斥为是导致社会风气一落千丈的罪魁祸首。当梁启超在这样的层面上来讨论十年间新小说的得失时，可以让人清楚地感觉到他内心的沉痛与无力。

文学革命由此又一次被提上议事日程。从胡适的《文学改良刍议》到陈独秀的《文学革命论》，当政治革命的失败被归咎于伦理革命的不彻底，进而指向了作为伦理道德革命先声的文学的不作为时，文学的"二次"革命也就不可避免。在这样的逻辑架构中，"小说"又一次成为众矢之的。周作人批评道："现代的中国小说，还是多用旧形式者，就是作者对于文学和人生，还是旧思想；同旧形式，不相抵触的缘故。作者对小说，不是当他作闲书，便当做教训讽刺的器具，报私怨的家伙"，因此他认为"中国讲新小说也二十多年了，算起来却毫无成绩"。② 周作人对于新小说的批评，显然是在

---

① 梁启超:《告小说家》,《中华小说界》第2卷第1期，1915年。
② 周作人:《日本近三十年小说之发达》,《新青年》第5卷第1号，1918年。

两个维度展开的，一是"小说即消遣"的观念，另一是小说被当作消极的讽刺工具，文学革命很大程度上意味着对这样的小说观念的克服。周作人的观点无疑具有相当的代表性，得到了许多学者的呼应。君实认为："吾国人对于小说之概念，可以一般人所称之'闲书'二字尽之。所谓'闲书'之意义有二：其一，作者为闲人，以消闲之目的而作。其一，读者为闲人，以消闲之目的而读之者也。……吾国输入新小说后，垂二十年。旷观最近小说界，其能文字整洁，稍知致意于通俗教育者，已颇能矜贵，不可多得。而卑污猥琐、污秽陈腐、败俗伤风之作，几于触目皆是。究其根本原因，实在一般人之视小说，仍不脱所谓'闲书'之眼光。"① 也是在这样的认识背景下，晚清以来颇为盛行的"黑幕"小说、"艳情"小说、笔记小说等，作为新小说堕落的标记，受到了新文学者颇为一致的口诛笔伐。②

站在对晚清以来的新小说的批评甚至颠覆的基础上，新文化运动开始探索并建构更为有力的"现代"文学的征途。在更为清晰的"启蒙"文学观念下，"人的文学""平民的文学""自然主义"文学等等，慢慢取代了新小说观念，而逐渐成为新的"小说"乃至文学的常识。

第二节 潮流内外：商务印书馆与晚清文学新媒介的崛起

王本朝在总结中国文学转型时指出："在中国文学由传统向现代转化的过程中，隐含在其背后的文学制度因素也是不容忽视的力量，包括科举的

---

① 君实：《小说之概念》，《东方杂志》第16卷第1号，1919年。
② 这方面的文章有志希：《今日中国之小说界》，《新潮》第1卷第1号，1919年；钱玄同、宋云彬：《"黑幕"书》，《新青年》第6卷第1号，1919年；仲密：《论黑幕》，《每周评论》第4号，1919年；等等。

废除与新式教育的建立,大众媒介的兴起与传播方式的改变,从作家、作品到读者的存在方式都发生了大变动,一套新型的文学体制被建立起来,才得以使中国文学发生现代性的转变。"① 显然,要想使观念层面的"小说"变革真正转化为实然的文学样式,从而介入生活、发挥效应,还需要寻找到促使其转化的方方面面的资源、路径与空间,需要与特定的历史条件形成有效对接。

以此视野来考察晚清小说的形成,首先须关注像上海、广州这样的通商口岸作为新兴小说出版的主要策源地。可以发现,在近代出版的165种小说报刊中,上海有93种,占到了全部的45%,上海在近代文学转型中的中心位置可见一斑:

晚清中国各城市出版小说报刊数目一览②

城市	数目	城市	数目	城市	数目
上海	93	保定	3	天津	2
广州	18	汉口	3	成都	1
北京	8	宁波	3	绍兴	1
香港	6	常熟	2	桂林	1
杭州	6	无锡	2	芜湖	1
南京	5	福州	2	汕头	1
苏州	4	金华	2	重庆	1
总计			165		

以上海、广州等通商口岸为中心,小说报刊的出版地形成了从沿海到内陆、从南方到北方、从大城市到小城市的差序分布结构。就这一分布而言,明显体现了帝国主义以通商口岸为殖民"飞地"进行扩张的基本路线,以及与之相适应的经济体制、社会形态、文化资源配置的通常模式,在这个意义上,仍须承认帝国主义殖民扩张对中国这样的后发现代性国家的文化生

---

① 王本朝:《从晚清到五四:中国文学转型的制度阐释》,《福建论坛》2006年第6期。
② 参见孙文杰:《晚清小说出版述略》,《编辑之友》2008年第5期。

产产生了直接的影响;同时,以南方为主体的"南强北弱"的出版格局,也体现了传统以"江南"为中心的文化生产版图并未因外力的介入而产生根本性改变,文化流播与迁徙的大方向大致仍在传统中国文化生产的惯性轨道中。而"小说"正是在这样看似不无悖反的两股力量的绞合中得以快速发展,其发展轨迹相当典型地体现了后发现代性国家文化生产在地域上的延展特征。

进一步深究像上海这样的都市缘何会成为"小说"生产的中心,可以发现,与其作为新的知识者群体的聚居地、集聚了精良的印刷技术及雄厚的资本以及拥有正在形成的市民文化消费阶层等息息相关,也体现出了其之于各种文化消费因素的强大的吸纳与整合能力,"小说"由此成为了都市文化生态的重要建构者和受益者。

这其中,作为新型小说生产者的作家群在都市的大规模聚合,无疑是近代"小说"得以产生的根本前提。事实上,从传统文人到职业小说家,这一角色转换以及由此带来的心理上的巨大震荡,对于大多数读书人来说,并不是在短时期内就能够从容应对的。对于19世纪中期进入都市谋生的最早一批文人而言,从科举正途转向卖文为生,无论如何,都是旁门左道,等而下之,令人羞耻。晚清著名职业文人王韬就自认其进入西人主持的墨海书馆供职乃不得已而为之:"逐臭海滨,为西人佣书,计非得已",[①]且因为其身居繁华都市,收入微薄,生计难以稳定维系,情状颇为凄恻:"售书西舍,绝无善状……笔耕所入,未敷所出,平仲之书,渐以易米,蔡泽之釜,时复生尘。"[②]王韬所言所感当然不无夸饰的成分,但也在一定程度上折射了在晚清文化转型的初期文人职业化道路的艰难。此后,"随着晚清上海商品贸易的迅猛发展,商业精神渗透到人们生活中,渐渐形成了一个以商

[①] 王韬:《弢园尺牍》(卷二),李毓澍主编:《弢园尺牍》,(台湾)大通书局1968年版,第90页。

[②] 王韬:《弢园尺牍》(卷五),李毓澍主编:《弢园尺牍》,第50页。

人为轴心和以商品观念为依据的价值体系。士商地位的逆转不只是金钱至上商业准则的确立，更重要的在于使得传统尊卑有序的伦理观念失却了附着的依恃，为世俗越礼破戒的僭越风气打开了缺口"。① 在"礼崩乐坏"的晚清，"重农抑商"的传统价值观念明显受到冲击，"士农工商"的传统社会等级秩序也逐渐崩溃，传统文人的职业化进程由此在"僭越"的意识下得以大规模开启，伴随着编辑制、稿费制等文化工业特有的运作机制的日益成熟，转战商业文化生产逐渐成为一种重要的谋生选择，文化人的心态也因此发生了微妙的变化。以包天笑为例，他在1900年之后进入上海，在金粟斋译书处、启秀编译局、广智书局编译所等出版机构担任编译员，积累经验后，又辗转为《时报》《小说林》撰稿，其时收入已达每月120元，而其"家庭开支与个人零用，至多不过五六十元而已"，况且还有写小说的额外收入作为补贴，② 经济状态颇为宽松。在衣食无忧的前提下，包天笑的心态也从容许多，欣然接受了"著书都为稻粱谋"的职业文人精神。从被动到主动，从耻感到快感，商业精神日益渗透进传统文人的世界；再加上1905年科举制度的覆没，仕途的堵塞更加速了大量文人的职业化进程，促动其在大变革、大转型的时代与时俱进，改弦易辙，探索出与文化市场紧密对接的全新的人生道路。

与之相适应的，是"印刷出版"作为打开"更大的文化生产空间"③的基本手段，在都市文化生产、文人职业化过程乃至整个文化转型中扮演了极其重要的角色。麦克卢汉（Marshall McLuhan）认为："媒介是终极的讯息……我强调媒介是讯息，而不说内容是讯息，这不是说，内容没有扮演

---

① 马兵:《从"朝圣者"到"经济人"——论晚清民初通俗小说的伦理维度》,《齐鲁学刊》2010年第6期。
② 包天笑:《钏影楼回忆录》,第314—315页。
③ 雷启立:《晚清民初的印刷技术与文化生产》,《华东师范大学学报（哲学社会科学版）》2008年第5期。

角色——那只是说，它扮演的是配角。"① 在"媒介即讯息"的意义上，麦克卢汉甚至认为媒介决定了内容的构成，内容在媒介革命中只是次要的角色。具体到讨论西方文学的兴起，他进一步指出："印刷术使文学创作成为可能，它不仅仅是给文学编码。"② 可以说，每一次媒介革命并不只是促进文化生产力意义上技术革命，而更多是因为促动了人的能力的延展与交往方式的深刻变革，生产出了全新的文化样式，而应被视为文化革命。某种意义上，当时中国的情形也与此类似。芮哲非（Christopher A. Reed）指出："太平天国运动之后，传统印刷业逐渐恢复，同时，上海的印刷商、出版商以及印刷机制造商开始尝试将这个古老的产业建立在新的工业基础上。一旦上海的印刷商采用了机器印刷技术，并将中国出版业工业化，他们便彻底改变了中国知识生产和传播的社会基础。"③ 芮哲非可谓一语中的，道出了晚清知识生产转型的最直接的原动力，在于机器印刷术的引入以及以"机械化""商业化""世俗化"为特征的印刷资本主义（Print Captalism）④的形成。

印刷资本主义带来了文化生产能力的极大提升，促进了以"小说"为代表的大众通俗文化的形成。阿英就认为印刷事业的发达是晚清小说繁荣的首要因素："第一，当然是由于印刷事业的发达，没有前此那样刻书的困难；由于新闻事业的发达，在应用上需要多量的产生。第二，是当时的智识阶级受了西洋文化的影响，从社会的意义上认识了小说的重要性。第三，就是清室屡挫于外敌，政治又极窳败，大家知道不足于有为，遂写作小说

---

① 〔加〕埃里克·麦克卢汉、弗兰克·秦格龙编：《麦克卢汉精粹》，何道宽译，南京大学出版社2000年版，第373页。
② 同上书，第407页。
③ 〔美〕芮哲非：《谷腾堡在上海：中国印刷资本业的发展（1876—1937）》，张志强等译，商务印书馆2014年版，第161页。
④ 芮哲非认为："印刷资本主义是印刷业和出版业机械化过程中的一种衍生物，印刷业完成商业化、世俗化并转型为一种非人工的、'由机器带来的产业'之后，印刷资本主义才真正到来。"同上书，第15页。

以事抨击,并提倡维新与爱国。"① 只有借助发达的印刷事业,西洋文化的进入、本土知识分子文化观念的变革、由传统儒家的"济世"热情所激发的维新爱国运动这一系列关乎近代小说转型的力量,才有了汇聚的可能;像《孽海花》这样带有鲜明时代特征的谴责小说才会产生如此大的影响:"《孽海花》在当时影响极大,不到一二年,竟再版至十五次,销行至五万部之多。"② 值得注意的是,这并不是说现代印刷技术仅仅是推动了"新小说"这样的新兴文学样式的形成,事实上,其所释放的巨大生产力渗透到了各种文学样式之中:"晚清石印版小说从其内容构成来看,主要由传统的明清通俗小说、新小说以及翻译小说三部分组成。"③ 也就是说,在由机器印刷所构成的技术世界中,古／今、中／西、雅／俗等多种文学样式实际上是共存共生的,这使得由"印刷资本主义"催生的近代文学场域,具有相当的包容性、开放性和混杂性,当然也存在着此消彼长的文化竞争性。由此形成的在很大程度上承担了"想象的共同体"功能的"现代"小说,因而绝不是由传统或欧化的单一文化要素所构成,而是为印刷资本主义所激发的各种文学"通俗"力量共同作用的结果。

除此之外,印刷资本主义还推动了如报纸、杂志等新式文学载体的出现。袁进认为,在中国文学的现代化过程中,"传播媒体的变化是一个非常重要的标志,是一个焦点,它集中体现了中国近代社会文化的变革,决定了文学的变革。近代传播媒体的变革主要体现在报刊和旧平装书成为主要传播媒体上"。④ 郭延礼更是将"报刊"所引发的文学传播方式的变革视为近代文学得以区别于古代文学的关键性因素:"传播方式的变革是近代文学(1840—1919)较之古代文学不同的一个历史性的变化,在传媒方面一个重

---

① 阿英:《晚清小说史》,江苏人民出版社2009年版,第1页。
② 同上。
③ 宋莉华:《近代石印术的普及与通俗小说的传播》,《学术月刊》2001年第2期。
④ 袁进:《中国文学的近代变革》,广西师范大学出版社2006年版,第3页。

要的新变就是报刊的产生。"① 的确,作为印刷技术革新与"新小说"观念互动的产物,书局、报纸、杂志等新式传播形式在晚清中国纷纷出现,有力推动了文学生产由精英向大众的转化。据统计,1875年至1911年间,出版小说的出版机构598家。② 1907年,据东海觉我统计,出版小说数量最多的书局依次为:商务印书馆44种,广智书局13种,有正书局4种,点石斋3种,鸿文书局2种。直接以小说命名的书局也不在少数,有小说林社、大声小说社、改良小说社、申江小说社、公同小说社、古今图书小说社等32家。③ 依托于各种书局,报刊成为了发表小说最重要的载体:"据统计,中国近代有各类报刊2000余种,在这2000余种报刊中,文艺性的报刊277种,约占近代报刊总数的八分之一。报刊是近代文学的主要载体之一,也成为近代文学的主要传媒。以小说为例,近代有短篇小说数千篇,特别是1894年之后的短篇小说,几乎全部最先发表在报刊上。"④ 这其中,集新闻性、综合性、时效性于一体的报纸,对于小说发表的推介优势是显而易见的:"报纸连载长篇小说一直是经济与文学的最佳联姻:文学为报纸招揽读者、提高发行量;报纸则为文学提供传播载体,扩大读者群,使作家有可能一夜走红,互惠双赢。"⑤ 相形之下,一批纯粹发表"小说"⑥的文学期刊的异军突起,更值得关注。这批小说期刊以《新小说》(1903)、《绣像小说》(1903)、《月月小说》(1906)、《小说林》(1907)最为著名,《新新小说》

---

① 郭延礼:《近代报刊中的文学宝藏——一个应引起文学史家关注的问题》,《中华读书报》2000年8月16日。
② 陈大康:《中国近代小说编年》,华东师范大学出版社2002年版,第9页。
③ 东海觉我:《丁未年小说界发行书目调查表》,张静庐辑注:《中国近现代出版史料·二编》,第266—275页。
④ 郭延礼:《近代报刊中的文学宝藏——一个应引起文学史家关注的问题》,《中华读书报》2000年8月16日。
⑤ 裴毅然:《稿费初始——推动现代文学勃兴的经济基础》,《上海财经大学学报》2007年第5期。
⑥ 据邱培成考证,清末民初,杂志编辑对于"小说"的理解尚未定型,"传奇""杂俎""杂记""随笔""笔记""谈丛"甚至"戏剧"等都曾被归入"小说"范畴。见邱培成:《前期〈小说月报〉与清末民初上海都市文化》,中国知网"优秀博士学位论文",第13页。

《小说月报》《小说时报》《小说世界》《小说图画报》《新世界小说社报》也颇有影响。由此产生的小说,据阿英《晚清小说史》统计,"至少在一千种左右"。① 陈大康《中国近代小说编年》所提供的数据,则是在1840年至1911年间,共计出版小说2755种,其中包括通俗小说1653种,文言小说99种,翻译小说1003种。② 日本学者樽本照雄在《新编增补清末民初小说目录》中所收录清末民初小说更是高达16,014种。③

借助像上海这样的近代都市对于大众文化消费的渴望及其由此汇聚的文化生产基础,"小说"这样的通俗文学样式终于得以扬眉吐气,从向来被忽视的文学边缘位置逐渐运动到了文化生产的中心,成为形塑晚清文学的最为重要的力量。

作为新式期刊出版的重镇,商务印书馆在晚清以来文学乃至文化变革中的作用不容小觑。从1903年出版《绣像小说》开始,到1938年出版《东方画报》,在短短的30余年间,商务印书馆贡献了21种重要期刊,其中就有《东方杂志》《教育杂志》《妇女杂志》《小说月报》等具有广泛社会影响的"商务四大名刊"。

商务印书馆1903年至1948年馆办刊物一览④

序列号	期刊名称	年份
1	绣像小说	1903—1906
2	东方杂志	1904—1948
3	儿童教育画	1908—1925
4	教育杂志	1909—1948
5	小说月报	1910—1932

---

① 阿英:《晚清小说史》,第1页。
② 陈大康:《中国近代小说编年》,第1页。
③ 〔日〕樽本照雄:《新编增补清末民初小说目录》,齐鲁书社2002年版,第6页。
④ 关于商务印书馆自办期刊的数量,郑逸梅、戴仁、陈应年等学者有不同的看法,他们分别认为有20种、35种和14种。柳和城据《商务印书馆110周年大事记》《商务印书馆馆办期刊研究》(刘兰,中国知网"优秀硕士论文",未刊稿)等资料考证,认为目前有据可查的期刊种类有22种,本文参考这一说法。

续表

序列号	期刊名称	年份
6	图书汇报	1910—1940
7	少年杂志	1911—1932
8	学生杂志	1914—1947
9	妇女杂志	1915—1931
10	英文杂志	1915—1927
11	英语周刊	1916—1941
12	儿童世界	1922—1941
13	儿童画报	1922—1940
14	小说世界	1923—1929
15	出版周刊/出版月刊	1925—1941，1937年10月迁长沙后改名"出版月刊"
16	自然界	1926—1931
17	少年画报	1937—1941
18	东方画刊	1938—1941
19	健与力	1939—1947
20	东方副刊	1944—1947
21	发明杂志	1944—1945
22	新儿童世界	1947—1952

如果梳理一下商务期刊的出版状况，首先可以注意到，商务馆办的期刊都诞生在1903年之后，正是商务买下了当时上海最为先进的修文印刷局的印刷机器之后，也是在商务成立了独立的编译所之后。这就意味着，至少对于商务而言，很大程度上，期刊的出现是"印刷"与"出版"强强联姻的结果，也就是说，只有印刷技术与知识资本完美地结合在一起，"期刊"这样既涉及印刷现代性也直接切入知识生产的文化产品才成为可能。其次，像《东方杂志》《教育杂志》《妇女杂志》等无一例外被公认为近现代中国该领域中最有影响的杂志，同时也是该领域中存在时间最久的杂志。而要讨论这一结果形成的原因，论者常常使用的是类似于"温和""稳健""保守"这样貌似中性、实质不无贬义的词语，无疑是耐人寻味的——为何在晚清以来

激烈的社会危机/文化危机中,这样的姿态却是更长久的,似乎也是更有效的?尤其是这些杂志毫无例外都经受了"五四"新文化运动的洗礼,受到了像罗家伦这样的新式知识分子极其猛烈的抨击,[①] 都经历了撤换主编和刊物改版的命运,然而最终,它们依然会很鲜明地与激进的新文化期刊如《新青年》等保持一定的距离,其中的缘由值得细细回味。对这一现象的追问,显然可以引发我们对"现代"转型姿态及实质的反省,进而讨论在中国这样的后发现代性国家中,文化"革命"的实际效应到底该以何种理论资源、视野和参照系去加以把握。再次,这些期刊作为商务印书馆庞大的出版群落中的一部分,其存在的价值显然并不能被孤立地理解。一方面,这些期刊以多样化的方式呼应了本馆的出版重点,成为商务建构自身品牌形象、凝聚各种知识分子集团、与市场进行良性互动的有力手段;[②] 另一方面,这些期刊声息相通,彼此支持,不仅共享了同一个出版社的编译资源、发行渠道和读者市场,也在很大程度上贯彻和支持了商务印书馆的期刊发展战略。在文化与商业的互动中,不难看到现代商业逻辑展开过程中文化因素的有效配合,或者文化革命的进程中商业之手若隐若现的影子,由此造就了期刊在不同的历史情境中内部的纷争与张力,以及面貌的暧昧歧义性。

在这样的期刊生产格局中,商务先后出版了《绣像小说》《小说月报》

---

① 罗家伦批评《东方杂志》"杂乱派":"毫无主张,毫无选择","这个上下古今派的杂志,忽而工业,忽而政论,忽而农商,忽而灵学,真是五花八门,无奇不有。你说它旧吗?它又像新;你说它新吗?它实在不配。……这样毫无主张,毫无特色,毫无系统的办法,真可以说对社会不发生一点影响,也不能尽一点灌输新知识的责任。"批评《教育杂志》:"这般市侩式的杂志,上面高扯学理的大旗;就实际而论,做的人既对学理无明确的观念,又无研究的热心,不过打空锣鼓,以期多销几份。而且最讨厌的莫过于商务印书馆所出的《教育杂志》了。""其余若《妇女杂志》专说些叫女子当男子奴隶的话,真是人类的罪人……这类的杂志,若不根本改良,真无存在的余地。"见罗家伦:《今日中国之杂志界》,《新潮》第1卷第4号,1919年。
② 谢晓霞认为商务的各类期刊承担了三大功能:"身份塑造""广告功能"和"商业利润"。参见谢晓霞:《商业与文化的同构:〈小说月报〉创刊的前前后后》,《中国现代文学研究丛刊》2002年第4期。

和《小说世界》三种文学期刊,贯穿了20世纪早期中国文学转型的基本过程。这些期刊皆以"小说"为号召,不难看出商务对晚清以来以"小说"崛起为特征的文学变革潮流的洞察与应和,尤其是《绣像小说》《小说月报》的出版,在20世纪早期的中国文学界影响很大,前者被列为晚清四大小说名刊之一,后者更被称之为东南第一刊。可以说,"现代"文学在其生成与发展的过程中,也颇得益于商务的介入和推动。

就商务印书馆1903年创刊的第一本文学期刊《绣像小说》而言,其浮出历史地表的过程就很有意味。据郑逸梅回忆,创办《绣像小说》主要是张元济基于对当时文学转型的准确判断而做出的决定:"张元济于光绪二十九年(1903)任商务印书馆编译所长之后,看到广智书局刊行的《新小说》杂志,刊载了梁启超、吴趼人写的《侠情记传奇》《二十年目睹之怪现状》等作品,把老学究们严禁弟子阅读的所谓不正经的小说的地位大大提高了,对此非常赞同。恰巧这时那位南亭亭长李伯元寓居沪上,他办过许多小型报纸……很受广大读者的欢迎,因此他的声望很高,张元济便聘他编辑一种小说杂志,双方同意,取名《绣像小说》……每月出版两期,由李伯元主编且兼主撰。"① 也有研究者提出异议,认为张元济接手商务编译所时间迟于《绣像小说》的创办时间;且两人的背景、趣味、作风相去甚远,张元济与李伯元并无交集,因而创办《绣像小说》的决定应该是夏瑞芳在合作方日本金港堂原亮三郎提议下做出的。② 不管如何,延请知名报人小说家李伯元来编辑当时正处在起步阶段的本土小说期刊,③ 而且是作为商务印书馆创办的第一份期刊,这无疑是一个具有相当高的市场敏感度的商业投资行为。在此过程

---

① 郑逸梅:《书报话旧》,学林出版社1983年版,第148—149页。
② 详见郭浩帆:《张元济、夏瑞芳与〈绣像小说〉》,《明清小说研究》2001年第1期;王学钧:《李伯元·〈绣像小说〉编者的确认》,《明清小说研究》2001年第4期。
③ 关于《绣像小说》编者,学界也有过争论,汪家熔认为《绣像小说》编者为夏曾佑,见《〈绣像小说〉及其编辑人》,《出版史料》第2辑,1983年12月。本文采纳王学钧经过详细考证后的观点,即李伯元为《绣像小说》的编者。见王学钧:《李伯元·〈绣像小说〉编者的确认》,《明清小说研究》2001年第4期。

中，可以发现商务的主事者们有着非同一般的捕捉市场机遇的能力以及对既有文化格局的挑战意识：尽管此时商务的出版重点在教科书，掌舵者们还是敏锐地预判到了"文学"作品对于出版的重要性，因而恰恰是文学期刊而不是教育期刊成为了其创办的首份刊物；同时，商务同人们显然也在很大程度突破了传统文化中长期以来对于"小说"不登大雅之堂的刻板成见，充分意识到"小说"作为通俗文学样式在近代城市社会中所可能拥有的广阔生存空间，因而重点才会落在了"小说"出版上；而启用李伯元这样在当时颇引人非议的"花界领袖"式的文人作为期刊编者，不难看到新的以市场号召力为主要要素的文化市场规则开始取代数千年来注重人文一致的知人论世传统而粉墨登场。凡此种种，都可以看出像商务印书馆这样的出版机构，对文学乃至文化出版市场的精准把握与系统整合。某种意义上，甚至可以说，是商务印书馆拥抱晚清文学市场的热情、决心和魄力，才决定了《绣像小说》这一在晚清四大小说期刊中存在时间最长的期刊成为可能。

与《绣像小说》的创刊相比，当商务于1910年创办新的小说期刊《小说月报》的时候，似乎就显得低调了许多，只是特别强调接驳《绣像小说》已有传统，提出了"迻译名作、缀述旧闻、灌输新理、增进常识"的宗旨，[①]首任主编一般被认为是旧派文人王蕴章。如果清理一下1902年"小说界革命"口号提出后中国小说潮流的话，就会发现1906年之后中国的小说正在酝酿着某种新变，即"政治"意味浓郁的小说开始衰颓，而"言情小说"逐渐崛起，至民初达到鼎盛。[②]搁置在这样承上启下的转折中，《小说月报》主动向《绣像小说》"靠拢"的行为，就显得意味深长——因为在晚清小说史家阿英的视野中，"杂志《新小说》《绣像小说》，所刊载的作品，几无不与社会有关"。[③]如果在这样的背景下来梳理《小说月报》创刊时的定位，显

---

① 《小说月报》第1卷第1号，1910年。
② 陈伯海、袁进主编：《上海近代文学史》，上海人民出版社1993年版，第292—298页。
③ 阿英：《晚清小说史》，第5页。

然就能看出《小说月报》那种有意无意想与当时的小说潮流转折保持距离，含蓄地表达意欲接收《绣像小说》已有的文化资本的意图在里面。这些文化资本包括：作为晚清"小说杂志中也算寿命较长，出得最多的"①小说期刊，《绣像小说》在晚清文学中已形成的地位和影响力；《绣像小说》藉由社会小说或更确切地说"谴责小说"所创造的"严肃"的文学品牌形象；通过《绣像小说》集结的文学知识者网络；还有《绣像小说》已拥有的庞大读者群……而收容这一切，显然又符合商务印书馆在这一时期的经营策略。某种程度上，将《小说月报》纳入到《绣像小说》的遗绪，甚至在最初的几期，《小说月报》在封面设计上都有意识地与《绣像小说》保持相似，意味着在文学辐射力持续扩大的20世纪早期，商务印书馆想要为继续在该领域拥有话语权和影响力获得某种保证，从而为其之后的文学丛书的出版和营销保留广告阵地；而且可以藉此与《东方杂志》《教育杂志》等形成掎角之势，相互支持，从而有效组建各种知识者共同体，进一步整合出版资源链。尽管，《小说月报》在作者群落、栏目设置、小说风格等诸多方面，与《绣像小说》存在着明显的差异，但是并不影响《小说月报》先声夺人地在历史转折期的小说市场中占据了有利的位置。利用"借船出海"的策略，商务印书馆在《小说月报》创始期对其的经营是相当成功的。

  1923年，商务印书馆创办了第三种文学杂志《小说世界》，这本饱受争议的杂志是在王云五进入商务之后，委托鸳鸯蝴蝶派文人叶劲风主编的。有关这一杂志的创办过程，商务同人章锡琛在他的回忆中有详细的描述：

> 革新后的《小说月报》由沈雁冰主编……但不久为了与鸳鸯蝴蝶派作斗争，著文抨击，激起了他们的"公愤"，联名对商务投了"哀的美敦书"。当时上海各小报编辑权都操在这批马路文人手中，他们以

---

① 毕树棠：《谈绣像小说》，《文学》第5卷第2号，1935年。

在报上造谣讹诈为专业，商务当局怕同他们闹翻，只得把新主编调到国文部，改请郑振铎编辑。为了笼络这批文人，专事收容他们的稿件，另创《小说世界》半月刊，由王云五的私人叶劲风编辑。①

在这一事件中，《小说世界》的创办似乎成为一种阴谋，一种商务不得已而为之的妥协之策。但如果意识到商务印书馆并不只是代表某个知识者共同体的同人机构，而是为多个知识共同体服务因而带有众声喧哗属性的商业机构的话，那么，显然不能过多苛责于商务对于《小说世界》的出版。如果把商务对于看起来已成为新文化"对立面"的鸳鸯蝴蝶派文学的出版介入，与之前它对以《新潮》为代表的新文化阵营对其旗下刊物保守落后的批评的接受而迅速改组刊物的事实联系在一起考虑，可以说：一方面，这种令人困惑的亦左亦右的态度，正体现了其圆融多变的文化立场；另一方面，在其主要竞争对手中华书局创办的《中华小说界》（鸳鸯蝴蝶派小说杂志，1914年创刊）依然占据了较大的市民消费文化市场份额的前提下，必然会做出这一市场选择。在这一选择的背后，体现的正是商务左右调和、兼容并蓄、"在商言商"的经营方针。而将这两面结合起来看，可以看到商务如何在商业和文化看似冲突的情形下，以模糊边界的方式，在逼仄的生存空间中拓展出了某种暧昧的丰富性，从而使其形象不能被单一化勾勒，而是具有了可以被多重解读的复杂性。

第三节　新旧之间：商务印书馆的文学者群落

依托于《绣像小说》《小说月报》和《小说世界》所组成的文学期刊方

---

① 章锡琛：《漫谈商务印书馆》，《商务印书馆九十年》，第115—116页。

阵,商务印书馆在20世纪早期聚集了立场、追求、旨趣颇为不同的多个文学者集团,成为五个"以书局为中心的晚清小说群"之一,[①]由此深刻地介入了近代中国文学的转型进程。

陈平原曾经以刊物为中心、按照"文学趣味"将清末民初的文学者群落划分为五组,第一组为小说革新的观念大于文学创作实践的小说家,如《新小说》的梁启超、罗普,中外小说林社的黄小配、黄伯耀,以及陈天华等人;第二组为使"新小说"在中国扎根的保守的"谴责小说家"李伯元、吴趼人、欧阳巨源、周桂笙;第三组为知识结构较为合理的《小说林》同人曾朴、徐念慈、黄人;第四组为译著并举的《小说月报》《小说时报》《中华小说界》《礼拜六》等刊物的编者作者,如陈景韩、恽铁樵、包天笑、周瘦鹃等;第五组为以创作骈文著称的小说家徐枕亚、吴双热、李定夷等。[②]在上述划分中,可以窥见清末民初文学者群落构成相当复杂,呈现出历史转折时期特有的新旧杂糅、文白兼具、译著并举的特征。

与上述情形相仿,商务印书馆的文学者群落大致可以简单分为如下几类:第一类是因科举失意而成为近代职业文学拓荒者,多半以"谴责小说"家面目出现,主要聚集在《绣像小说》周围,李伯元、吴趼人、刘鹗等无疑是其中的佼佼者;第二类是与崛起的市民趣味相呼应的具有鸳鸯蝴蝶派气息或者接近鸳鸯蝴蝶派的文人,包括《小说月报》的主编王蕴章,《小说世界》的主编叶劲风以及包天笑、周瘦鹃等著名作家;第三类为具有古文学家背景,文学观念半新不旧的过渡型文学者,如《小说月报》的第二任

---

① 潘建国认为,晚清时期,"书局"对小说潮流的形成具有举足轻重的作用,存在着"以新小说社、广智书局、新民丛报社为中心的小说作家群"、"以月月小说社、乐群书局、群学社为中心的小说作家群"、"以小说林、小说林社为中心的小说作家群"、"以商务印书馆、绣像小说社、小说月报社为中心的小说作家群"和"以小说时报社、小说时报馆、有正书局为中心的小说作家群"这五大小说家群。见潘建国:《清末上海地区书局与晚清小说》,《文学遗产》2004年第2期。

② 参见陈平原:《中国现代小说的起点——清末民初小说研究》,第16—19页。

主编恽铁樵、著名翻译家林纾等；第四类为具有"现代"文学观念的"新文学"者，如革新后的《小说月报》的主编沈雁冰、郑振铎、叶绍钧以及其周围的文学研究会同人。

如果将商务印书馆的文学者群落与其他作者群落进行一下比较的话，就会发现，在古籍整理和教科书编纂方面，商务主要依托的是自己的编译所，其文化生产更多是以体制内资源整合的方式来完成的。而翻译，除了字典/辞典类作品商务主要仰仗邝富灼等编译所成员之力外，其他的翻译作品如《共学社丛书》等，已经开始征用社会文化资源，以体外循环来开展，特别是与严复、林纾等翻译大家的合作，更是以商业契约的方式进行版权交易，而不是以直接的雇佣关系出现。在文学期刊出版领域，这一方式被使用得更加灵活多变。一般来说，文学期刊的主编多为编译所成员，对刊物享有较大的决定权，如王蕴章、恽铁樵、沈雁冰、郑振铎等。由于文学更注重独创性，使得文学期刊的运行并不能如早期《东方杂志》那样靠"剪刀加浆糊"的简单编辑就可完成，[①]势必需要有足够的文学者共同体作为强有力的支撑，这就对刊物所能整合的社会资源提出了很高的要求。可以说，在文化工业生态尚不完备的20世纪早期，文学编辑及其掌控的文学者群体在很大程度上决定了文学刊物的兴衰成败。因而，如何在时代风云激荡中与不同的文学群落进行接触、协商与合作，从而扩展自己对于文学版图的影响力，成为了商务进军文学领域需要面对的关键问题。

可以选择一些个案，来梳理一下彼此有差异的文学追求是如何被组织进商务印书馆的出版场域，并且对此产生或隐或现的影响的；同时，商务印书馆的出版和经营的理念/策略又是如何反馈给这些编者/作者，在有意无意之间促使他们的文学观念/实践产生了某种微妙的变化的；而他们并不

---

① 参见章锡琛：《漫谈商务印书馆》，《商务印书馆九十年》，第112页。

完全一致的合力,又是如何从一个侧面推动了近代文学的转型。

作为《绣像小说》的主编同时也是最重要的作者,李伯元无疑是晚清谴责小说潮流中的不容忽视的核心人物。李伯元(1867—1906),名宝嘉,笔名"南亭亭长""游戏主人"等,出生于江苏常州(武进)的诗书之家,"少善制艺及诗赋,以第一名入学,类举不第",①转而投向当时正在兴起的报刊业。1896年,李伯元在上海受聘担任娱乐小报《指南报》的主笔。1897年,他在上海创办了著名的消闲小报《游戏报》,这份小报以亦庄亦谐的风格开创了晚清中国本土报刊的新局面:"《游戏报》之命名仿自泰西,岂真好为游戏哉?盖有不得已之深意存焉者也。慨夫当今之世,国日贫矣,民日疲矣,世风日下,而商务日亟矣。有心世道者,方且汲汲顾景之不暇,尚何有烦舞酣歌,乐为故事而不自觉乎?……或托诸寓言,或涉诸讽咏,无非欲唤醒痴愚,破除烦恼。意取其浅,言取其俚,使农工商贾、妇人竖子,皆得而观之。……故不得不假游戏之说,以隐寓劝惩,亦觉世之一道也。"②在这篇充满了微言大义的发刊词中,李伯元赋予了"游戏"以崭新的内涵——"游戏"不再是一种文人玩世的姿态,而是变成了可以寓教于乐、反讽现实的文学修辞。这一将严肃与戏谑熔于一炉的做法,应和同时也消解了晚清政治危机/社会危机情形下国人不堪时代重压却又无法逃避的心态,成为了"过渡时期"一种特殊的"边缘型的批评模式"。由于有效制造了社会、媒介和读者之间的"连锁反应",③《游戏报》获取了良好的市场回报——极盛时期"独小报《游戏报》发售至万以上",④甚至超过了《申报》《新闻报》等老牌报纸。1897年之后,李伯

---

① 魏绍昌:《鲁迅之李宝嘉传略笺注》,魏绍昌编:《李伯元研究资料》,上海古籍出版社1980年版,第2页。
② 李伯元:《论〈游戏报〉之本意》,《游戏报》1897年7月28日。
③ 参见李欧梵:《"批评空间"的开创》,王晓明主编:《批评空间的开创》,第105页。
④ 〔日〕内藤湖南、青木正儿:《两个日本汉学家的中国纪行》,王青译,光明日报出版社1999年版,第41页。

元又创办了《世界繁华报》,并开始在该报上连载长篇代表作《官场现形记》,意在"替中国制度史留下绝好的材料"。①1903年,李伯元与商务印书馆合作,创办了《绣像小说》,并且发表了《文明小史》《活地狱》等作品。

  作为集编者与作者身份于一体的复合型文学者,同时也是将新旧趣味冶于一炉的过渡时期的文人,李伯元通过转向报刊等晚清新式媒体,为自身的生存探寻了可能的职业化平台,也以"报人作家"的身份,建构了从传统的"士"向现代的"知识分子"转化的一种可能的途径。当然这种转型并不是一蹴而就的——报人"卖文为生"的角色与传统的士人以科举为业的正途生涯相比,有着不小的落差,因而不仅文人群体常常有怀才不遇的落魄感,也往往要遭受世人的冷眼与轻视;②报人在本土新式媒体尚未产生的时期,又常常需要先服务于西人的文化出版机构,甚至会遭遇到"以身事敌"的怀疑乃至主流文化的排斥……然而,无论如何,李伯元所代表的晚清士人的媒体化转型尝试,为"报刊文学"这一新的文学类型/传播渠道的兴起,从文化生产者的角度提供了必要的支持;而其所兼具的多种文化身份,也在很大程度上论证了转型时期文人职业化的艰难,以及其无法对应以"科层制"为核心的精细化市场分工而导致的非专业性,而这,正是前文化工业时期所特有的职业身份混杂性的一种表现。

---

① 胡适:《论中国近世文学》,海南出版社1994年版,第80页。
② 晚清重臣左宗棠公然说:"江浙无赖文人,以报馆主笔为之末路","其轻视报界为何如!惟当时并不以左氏之诋斥为非者。盖社会普通心理,认报馆为朝报之变相,发行报纸为卖朝报之一类,故一报社之主笔访员,均为不名誉之职业。不仅官场人仇视之,即社会上亦以搬弄是非轻薄之",因为"当时社会所谓优秀分子,大都醉心于科举,无人肯从事于新闻事业,惟落拓文人疏狂学子,或借此以抒发其抑郁无聊之意思。各埠访员人格,犹鲜高贵,则亦事实之不可为讳者。迨梁启超等以学者出而办报,声光炳然,社会对于记者之眼光乃稍稍变矣"。转引自戈公振:《中国报学史》,上海三联书店1955年版,第101—102页。

其次，作为"开明的保守派"，①李伯元很大程度上以"喜新不厌旧"的折中姿态，在政治与商业、传统与现代、精英与大众之间，为传统文化的"现代"转化探寻了一种可能而暧昧的路径。从《游戏报》到《绣像小说》，过渡期的文化形态以一种难以被简单归类的妥协姿态呈现出来，它兼具了戏谑与谴责、放纵与自律、柔软与坚硬，时而体现在为当时严肃文人所侧目的"花榜"文辞中，通过又一次复活"妓女"这一传统文人所习惯注目的载体，曲折地承袭了传统文人千百年来放浪形骸的生活趣味，同时也以文学修辞的方式寄托了转型期某种渺茫的微言大义；时而也体现在"书生一掬伤时泪，誓洒大千救众生"②的豪迈情怀上，通过大量现实场景的暴露性再现，李伯元在一定程度表达了对晚清官场腐败、民不聊生的现实的不满与批判。这一看似矛盾的人格结构，透露出在时局动荡的晚清，传统士人价值取向的分裂及其向现代知识者转化的艰难。

可以说，李伯元在晚清时期的多种文学实践以及引人侧目的生活方式，一开始显然是与尚无文学出版经验且行事风格中规中矩的商务印书馆有所差异和游离的。商务之所以仍然选择李伯元，显然是看中了其在晚清文学界的巨大影响力和活动力，尝试借力打力以顺利进入自己不熟悉的文学出版领域；而依傍商务，李伯元也分明感受到商务特有的持重气息，也在一定程度上服从了商务给定的刊物运行规则，开始尝试不同以往编辑"游戏"类报刊的"严肃"文学组织方式来形塑《绣像小说》，从而使得《绣像

---

① 耿传明指出，晚清的"谴责小说"家"多是'开明的保守派'，虽谈政治，但不以政治为业，社会身份可以说是职业作家和文化商人。他们写小说追求的是一种商业动机和政治动机的合而为一，其中商业动机甚至会占据上风。……与晚清时期号召进行激烈社会变革的政治激情式写作不同，他们是从具体社会现象、问题入手来进行写作的，其社会批判的深层依据和来源主要是'传统'而非'现代'（西方），他们是以一种为大众所普遍认同的道德观念来批判与他们所认为的'传统'名实相悖的社会现实，由此，他们的创作也开了20世纪以来以'传统'反'现代'的先河，在中国文学、文化的'现代性'进程中形成了自己独特的文化性格"。见耿传明：《开明的保守派："谴责小说"作家群的文化性格考察》，《天津师范大学学报》2006年第6期。
② 李伯元：《活地狱》，《绣像小说》第1期，1903年。

小说》尽管依然沿袭了其已有的文学人脉关系，但是，所呈现出的文学观念、叙事风格、语言特征等与《游戏报》颇有差异。可以说，李伯元与商务的对接，是两种不同的文化气质、趣味立场乃至行事风格彼此妥协的结果，这其中可以看到商务已经拥有了处理异己文化以及将自己的企业文化延伸至异质空间的能力。

与李伯元相比，向来被认为是鸳鸯蝴蝶派创始人之一的包天笑（1876—1973），作为清末民初重要的文学撰稿人，其与商务印书馆的渊源要深厚许多，甚至可以说，他在很大程度上见证了商务旗下文学期刊的变迁过程，也因此形成了另一种与商务的合作模式。包天笑原名清柱，笔名天笑、钏影楼主等，江苏人。从1901年参与编辑《励学译编》，到1935年编《立报》为止，包天笑在30余年间主编和参与编辑报刊共达18种。[①] 包天笑最早是从翻译文学起家的，第一部翻译文学作品是与杨紫骢合译的英文小说《迦因小传》，1901年连载于《励学译编》，获得了广泛社会影响，也收获了不菲的收入，他说："从此以后，我便提起了译小说的兴趣来，而且这是自由而不受束缚的工作，我于是把考书院博取膏火的观念，改为投稿译书的观念了。"[②] 在此之后，包天笑辗转于各种文学期刊之间，从《时报》的附张撰稿开始（1906）到主编《小说时报》（1909）、《小说大观》（1915），逐渐培养和积累了相当发达的鸳鸯蝴蝶派作者网络："如叶楚伧、姚鹓雏、陈蝶仙（天虚我生）、范烟桥、周瘦鹃、张毅汉诸君，都是我部下的大将。后来又来了这位毕倚虹，更是我的先锋队"，[③] 因而包天笑被认为是清末民初两大小说系统之一"苏州"系统的"主脑"。[④]

包天笑的另一个文学贡献在于对白话文运动的推动。在1917年1月创

---

① 参见聂淳:《包天笑与中国近、现代报刊业》,《新世纪图书馆》2008年第1期。
② 包天笑:《钏影楼回忆录》,第174页。
③ 同上书,第377页。
④ 郑逸梅:《克享遐龄的包天笑翁》,《文学界》(专辑版)2007年第11期。

办的《小说画报》上,他就明确指出:"盖文学进化之轨道,必由古语之文学变为俗话之文学","小说以白话为正宗,本杂志全用白话体,取其雅俗共赏,凡闺阁学生商界工人无不咸宜"。①如果与1917年《新青年》杂志更为激进的白话文主张对照,包天笑等人对于白话文的推崇并没有太多理论色彩,但其通过对"雅俗共赏"原则的强调,却也在文学的大众化、通俗化、都市化的层面上感悟到了文学语言变革的势在必行,从而以曲径通幽的方式与"五四"新文化阵营达成了某种耐人寻味的默契。

很大程度上,对翻译文学的重视和对白话文的关注,成为包天笑与商务印书馆结缘的重要基础。包天笑最初与商务的合作,源自于他应《教育杂志》之邀,翻译"教育小说"《馨儿就学记》。《馨儿就学记》1910年出版后,获得了巨大的成功,"至1931年已印行10次,1935年出'国难后一版',1938年长沙商务印书馆仍在重印,标明'国难后四版'。除商务版外还有各地盗版翻印的,发行总销量高达数十万册"。②其成功原因按照包天笑后来的分析,在于:"一、那书的初版是在庚戌年,即辛亥革命的前一年,我全国的小学正大为发展。二、那时的商务印书馆,又正在向各省、各大都市设立分馆,销行他们初版的教科书,最注重的又是国文。三、此书情文并茂,而又是讲的中国事,提倡旧道德,最合十一二岁知识初开一般学生的口味。后来有好多高小学校,均以此书为学生毕业时奖品,那一送每次就是成百本,那时定价每册只售三角五分。"③可以说,《馨儿就学记》这样的翻译"教育小说"在晚清中国的盛行其实是天时地利人和等多重因素所决定的,除了小说自身的内容外,其与传播路径、社会文化变迁之间的关联,显然尤为重要。而商务对于出版时间的准确把握、对于翻译

---

① 包天笑:《例言》、《短引》,《小说画报》第1期,1917年。
② 沈庆会、孔祥立:《"自由文笔"下的"自由翻译"——包天笑翻译小说研究》,《明清小说研究》2011年第3期。
③ 包天笑:《钏影楼回忆录》,第387—388页。

者的精准选择以及本身拥有的媒介营销优势，与包天笑更为熟稔的文明书局、大东书局等相比，显然是不可同日而语的，这也构成了该小说能够占尽市场优势的重要保障。在《馨儿就学记》之后，包天笑还为商务翻译了《苦儿流浪记》《埋石弃石记》，构成了"教育三记"，成为了包天笑翻译方面的代表作。

有意思的是，拥有丰富编辑经验的包天笑尽管在商务印书馆的力邀下，加盟了编译所，但主要是参与了小学国文教科书的编纂，却并没有参与商务旗下文学期刊的编辑工作，而更多选择了在幕后支持像《小说世界》这样的通俗文学期刊：除了发表《一星期的新闻记者》（第1卷第1期）、《四等车》（第3卷第1期）等短篇小说外，"苏州系"的重要作家如范烟桥、姚鹓雏、张毅汉等能够顺利加盟《小说世界》，显然包天笑也是功不可没。从中也可以看到，商务印书馆通过松散而富有弹性的合作方式，与包天笑这样的鸳鸯蝴蝶派小说领军人物建构了并不能完全纳入市场规则的"契约"关系，维系了与以其为核心的庞大的鸳鸯蝴蝶派文人集团持续而广泛的合作，在一定程度上保持了自己与20世纪早期中国城市市民通俗文化之间的长期联系。

"五四"新文化运动前后，商务印书馆旗下的期刊包括文学期刊在内遭遇到新文化阵营的猛烈批评，也迫使商务穷则思变，开始寻找新的知识分子集团来应对时代大潮对于文学期刊的变革要求。沈德鸿（1896—1981），这个未来将以笔名"茅盾"著称的年轻人，成为了商务寄予变革希望的中坚力量——这不仅是指商务聘请他成功地推动了《小说月报》的革新，而且还指商务通过他团结了文学研究会这样的新文学团体，从而促使《小说月报》成为新文学生产的重镇。

沈德鸿，字雁冰，浙江桐乡县乌镇人，自北京大学预科毕业后，因无力升学，1916年经时任北洋政府财政部公债司司长的表叔卢学溥向商务印书馆北平分馆经理孙壮推荐，进入编译所工作，先后担任版本目录学家孙毓修、《学生杂志》主编朱元善的助手，同时为《时事新报》副刊"学灯"撰稿，积累了一定的期刊编辑和撰稿经验，为其日后执掌《小说月报》奠定了基础。1920年经当时《小说月报》主编王蕴章邀请，沈雁冰开始介入到《小说月报》的编辑工作中，时为"半革新"时期。1921年，沈雁冰正式成为《小说月报》主编，主持《小说月报》的全面革新。

作为"五四"新文学的重要创制者，沈雁冰的文学理想带着鲜明的"启蒙"色彩，这首先表现在对西洋文学译介的重视上："介绍西洋文学的目的，一半果是欲介绍他们的文学艺术来，一半也为的是欲介绍世界的现代思想——而且这应是更注意些的目的。"① 处于后发现代性的被动情境中，显然，中国文学迫切需要寻找到新的资源以重构其与现实世界的关系。因此，被认为负载着"现代思想"的西洋文学，就成为了学习目标。在此基础上，敢于直面现实同时具备动员民众、组织民众的力量的文学，成为中国新文学在草创时期借鉴的主要资源："我们相信文学不仅是供给烦闷的人们去解闷，逃避现实的人们去陶醉；文学是有激励人心的积极性的。尤其在我们这时代，我们希望文学能够担当起唤醒民众而给他们力量的重大责任。"② 在这一框架内，显然更为强调的是文学参与社会变革的政治价值："正因为是乱世，所以文学的色调要变成了怨以怒，是怨以怒的社会背景产生出怨以怒的文学，不是先有了怨以怒的文学然后造成怨以怒的社会背景！"③ 置身于中国这样的"落后"国家中，以"怨以怒"为特征的现实主义文学因为其内蕴的直指人心的力量，自然成为新文学的基本构型。在这一前提下，文学者自身的定位也就呼之欲出："文学者只可把自身来就文学的范围，不能随自己的喜悦来支配文学了。文学者表示的人生应该是全人类的生活，

---

① 郎损：《新文学研究者的责任与努力》，《小说月报》第12卷第2号，1921年。
② 沈雁冰：《"大转变时期"何时来呢？》，《文学》第103期，《时事新报》1923年12月31日。
③ 郎损：《社会背景与创作》，《小说月报》第12卷第7号，1921年。

用艺术的手段表现出来，没有一毫私心不存一些主观。"① 严格控制个人的好恶，而更多以是否有利于社会变革为标准，新文学的生产者由此被设定为社会的观察者和推动者，而非吟风啸月式的唯美主义者。

沈雁冰在编辑《小说月报》的过程中显然贯彻了上述文学观念。在《小说月报》半革新的1920年，作为主持人之一的沈雁冰就以"新潮""社说""译著"为号召，对《小说月报》已有栏目进行了调整："本报自本号起，将'说丛'一栏删除，一律采用'小说新潮栏'之最新译著小说，以应文学之潮流，谋说部之改进。以后每号添列'社说'，略如前数号'编辑余谈'之材料，凡有以（一）研究小说之做法，（二）欧美小说界之近闻，（三）关于小说讨论等稿见惠者，毋任欢迎。"② 到了《小说月报》全面革新的1921年，沈雁冰更是在全部弃用林译小说等落后于时代步伐的存稿的前提下，通过与新式知识分子郑振铎联手，与启蒙意味十足的新兴文学社团"文学研究会"全面合作，引入了大量"为人生"派的作品；与此同时，他还对刊物栏目进行了大刀阔斧的改革，加强了对西方文学尤其是与中国国情相似的域外被压迫民族文学的译介，先后组织了《被损害的民族文学号》（《小说月报》第12卷第10号）和《俄国文学研究专号》（《小说月报》第12卷号外），其全力打造针砭时弊、促进改良的"启蒙"文学的意图历历可见。

可以说，从文学立场的确定，到文学创作方法的选择，再到支撑刊物的文学社团的遴选，沈雁冰编辑《小说月报》的所作所为，无论是从中国当时的国情还是从《小说月报》的实际读者群落来看，这样的文学改革方案都具有某种超前性，也与商务印书馆一贯的老成持重的经营风格相去甚远。然而，当商务果断选择这个初出茅庐却又充满变革激情的年轻编辑担

---

① 沈雁冰：《文学和人的关系及中国古来对于文学者身份的误认》，《小说月报》第12卷第1号，1921年。
② 《本社启事》，《小说月报》第11卷第10号，1920年。

任《小说月报》的主编时,可以看出商务在"五四"前后基于强大的社会压力所出现的某种变通,但就基本的文学立场而言,显然商务与沈雁冰之间还存在相当明显的距离,这也为日后沈雁冰的去职埋下了伏笔。

无论如何,当李伯元、包天笑、沈雁冰等不同文学观念、不同价值追求的文学者都有机会在商务所创造的文学舞台上粉墨登场的时候,正是折射了商务在急剧变动的时代始终不变的多元文化立场,因而商务可以通过精心遴选、组织和聚合不同的文学者集团,曲折地建构自己既不完全认同于新文化却也不是退回到守旧派的折中型的文学/文化转型方案,而这正是商务"在商言商"的经营战略的又一次体现。

第二章　悖论与张力：商务印书馆文学期刊的多种面貌

陈平原在《中国小说叙事模式的转变》中指出，晚清中国是"一个以刊物为中心的文学时代"，因为"绝大部分的小说都是在报刊上发表（或连载）后才结集出版的；而且，大部分主要小说家都亲自创办或参与编辑小说杂志"，① 某种意义上，报刊已成为文学生产链的中心。不仅如此，甚至连小说的形式也受到了报刊载体的限制而在叙事结构等方面出现了新的特点："报刊连载长篇小说，固然因作家随写随刊，容易缺乏整体感；可也逼得作家在单独发表的每一回（章）上下功夫。"而由报刊延伸出来的读者市场及其阅读期待，则从另一个维度对作者提出了方方面面的要求，在很大程度上影响了作者作为"讲故事人"的心态及其讲故事的方式："读者要求在每期杂志上都能读到相对完整的'故事'，这就逼得作家在寻求每回小说自成起讫的同时，相对忽略了小说的整体构思，长篇小说很容易变成近乎短篇故事的连缀与集锦。"② 因而，以"期刊"为场域来讨论近代文学的变革，不仅可以把握特定文化条件如何影响文学的生产与传播，更为重要的是，还能切入文学的内部，分析文学叙事特点的变化以及叙事革命如何在"五四"最终得以完成。

---

① 陈平原：《中国小说叙事模式的转变》，第 249—250 页；陈平原：《中国现代小说的起点——清末民初小说研究》，第 16 页。
② 陈平原：《中国小说叙事模式的转变》，第 252、255 页。

第二章　悖论与张力：商务印书馆文学期刊的多种面貌

从《绣像小说》到《小说月报》再到《小说世界》，在20世纪上半叶，商务印书馆贡献了三种文学期刊。如果将这些文学期刊放在一起考察，就会发现，这些文学期刊的立场、栏目、文字、风格等等有着明显的差异性。在以往的研究格局中，通常这些差异会被新/旧、中/西、传统/现代等格局放大成一种价值判断，基于此，革新后的《小说月报》仿佛成为了新文学/现代文学一种不言自明的评判标尺，而像《绣像小说》《小说世界》上那些散发着异样气息的小说，则往往会被评判为"传统小说"或"旧文学"，无法在更复杂的脉络中被讨论。如果我们不再凝固化地理解文学/文化转型，而更多注意到文学/文化转型的复杂面向，注意到文学/文化转型很大程度上是一种"连续的断裂"或"断裂的连续"，那么，是否就需要对"差异性"给予更为宽容的理解？

在这样的意识之下，或许，将上述文学期刊搁置在不做先验价值判断的"众声喧哗"的层面上来讨论，才能打开新的研究空间。

第一节　"开导社会"下的文学改良
——《绣像小说》的基本风貌

作为晚清四大小说期刊之一，由李伯元主编的《绣像小说》诞生于1903年5月，终刊于1906年12月，[①]为半月刊，前后共出版了72期，是这一时期存在时间最长、影响最大的新小说期刊之一，也被看作是晚清谴责小说最为重要的发表阵地。

---

① 关于停刊时间，学界有不同看法，如文迎霞依据广告推断："《绣像小说》停刊时间最迟应该在光绪三十二年十二月十七日。而停刊时间上限，笔者认为应该在该年的十一月廿九日（1907年1月13日）之后。"见文迎霞：《关于〈绣像小说〉的刊行、停刊和编者》，《华东师范大学学报（哲学社会科学版）》2006年第3期。

阿英在《清末小说杂志略》中，对《绣像小说》评价颇高。他认为，在清末四大小说期刊中，"最纯正的"莫如《绣像小说》："《绣像小说》，在侦探小说风靡一世时，能独持异议，不刊此类作品，实为难能。而所刊者，又皆以能开导社会为原则，除社会小说外，极少身边琐事、闺阁闲情之著作。若《文明小史》《活地狱》《老残游记》《邻女语》《负曝闲谈》《扫迷帚》等，均足以说明一时代之变革。"① 应该说，"开导社会"这一评价相当中肯，大致说出了《绣像小说》的基本定位、刊物风格以及其在时代变革中的位置。

事实上，在1903年创刊时，《绣像小说》就将"以文化民"当作刊物的基本使命："欧美化民，多由小说；榑桑崛起，推波助澜。其从事于此者，率皆名公巨卿、魁儒硕彦。察天下之大势，洞人类之颐理，潜推往古，预揣未来，然后抒一己之见，著而为书，以醒齐民之耳目。或对人群之积弊而下砭，或为国家之危险而立鉴。揆其立意，无一非裨国利民。支那建国最古，作者如林。然非怪谬荒诞之言，即记污秽邪淫之事。求其稍裨于国，稍利于民者，几几乎百不获一。夫今乐忘倦，人情皆同；说书唱歌，感化尤易。本馆有鉴于此，于是纠合同志，首辑此编。"② 以"欧美化民，多由小说"为出发点，《绣像小说》一开始就将小说创作置于晚清以来盛行一时的"小说界革命"的历史脉络中，将针砭时弊、唤醒民众作为己任。如果将这一具有明确的"开导社会"意识的刊物定位与《游戏报》的发刊词进行比较，可以看出，《绣像小说》看似延续了《游戏报》"唤醒痴愚"的说法，但以"裨国利民"为核心的近代民族国家意识的加入，使得"唤醒"行为不能简单地归结为传统的士大夫精英立场，而更应归入现代启蒙思想的谱系中。在这一变化中，可以看出商务印书馆与编辑者李伯

---

① 阿英：《清末小说杂志略》，张静庐辑注：《中国近现代出版史料·近代初编》，第109页。
② 《本馆编译〈绣像小说〉缘起》，《绣像小说》第1期，1903年。

第二章 悖论与张力：商务印书馆文学期刊的多种面貌

元之间"协商"的痕迹，显然，商务逐渐成形的持重文化立场在其中发挥了重要的影响。

作为一个新创刊的小说杂志，如何在晚清风起云涌的小说热中抓住机遇，塑造品牌，寻找到自己的生存之路，显然是《绣像小说》面临的重要问题。1904年，由商务印书馆出面，在《申报》《新闻报》《中外日报》和《绣像小说》上，以广告方式发起了一次宣传力度很大的"征文活动"。此次征文主要是为出版教科书、《绣像小说》和《东方杂志》征稿，其中小说方面主要征求四种小说——教育小说："述旧时教育之情事，详其弊害，以发明改良方法为主"；社会小说："述风水、算命、烧香、求签及一切禁忌之事，形容其愚惑，以发明格致真理为主，然不可牵涉各宗教"；历史小说："从鸦片战争起至拳匪乱事止，详载外人入境及我国致败之由，割地赔款一并述及，不可杜撰"；实业小说："述现时工商实在之情事，详其不能制胜之故，以筹改良之法"。要求"用章回体、或白话文、或文言文，听任自便。先作数回，并用白纸将全书结构及作书宗旨及全书约有几回，现行示及"。此次征文活动酬例"第一名酬洋一百元，二三名各五十元，四五名各三十元，六名至十名各廿五元，十一名至二十名各二十元，以下筹资届时酌定，或送本馆书籍。如佳作甚多，筹资再行酌增"。①此次征文获得了良好社会反应，据考证，一批近现代文化名人如李叔同、吕思勉、蔡绿农、张宗祥等都参与了征文活动并获奖；获奖佳作也如约在《绣像小说》上连载，如《扫迷帚》在《绣像小说》第43至52期刊载，《市声》则在《绣像小说》第43至72期连载（第48至54期未连载）。②

应该说，以广告方式举办征集活动，在晚清中国并不新鲜。早在1877年10月17日，就有署名"寓沪远客"者，以"有图求说"的方式在《申

---

① 《申报》，1904年12月6日（光绪三十年十月三十日）。
② 参见张天星：《1904年商务印书馆征文活动小考》，《台州学院学报》2010年第4期。

报》登载广告:"尚祈海内才人,照图编成小说一部。"① 而1895年5月25日,英国传教士傅兰雅(John Fryer)② 在上海《申报》上刊载的《求著时新小说启》,则是晚清时期以报刊新媒体征集文学作品影响较大的一次活动:

> 窃以感动人心,变易风俗,莫如小说。推行广速,传之不久,辄能家喻户晓,气习不难为之一变。今中华积弊最重大者,计有三端:一鸦片,一时文,一缠足。若不设法更改,终非富强之兆。兹欲请中华人士愿本国兴盛者,撰著新趣小说,合显此三事之大害,并袪各弊之妙法,立案演说,结构成编,贯穿为部,使人阅之心为感动,力为革除。辞句以浅明为要,语意以趣雅为宗。虽妇人幼子,皆能得而明之。

而且许之于高额奖金:"首名酬洋五十元,次名三十元,三名二十元,四名十六元,五名十四元,六名十二元,七名八元。"此次征文活动共收稿162篇,最终有20人获奖,成为一个"在某种程度上影响了晚清小说的总体方向"的重要文学事件。③ 如果将《绣像小说》的征文活动与之比较,不难发现,两者在征文形态、活动设计、奖励方式等方面,存在很大的相似性。

尽管如此,仍然需要把握《绣像小说》所开展的征文活动的一些新特点:首先,从征文主体来看,傅兰雅主要是以个人身份来组织征文活动

---

① 潘建国:《由〈申报〉所刊三则小说征文启事看晚清小说观念的演进》,《明清小说研究》2001年第1期。
② 傅兰雅(1839—1928),英国人,圣公会教徒,翻译家。单独翻译或与人合译西方书籍157部,是在华外国人中翻译西方书籍最多者。见姚达兑:《主体间性和主权想象——作为中国现代小说源头之一的傅兰雅"时新小说"征文》,《清华大学学报(哲学社会科学版)》2014年第4期。
③ 参见〔美〕韩南:《中国近代小说的兴起》,徐侠译,上海教育出版社2004年版,第149页。

的，这一身份设定，使得征文活动尽管散发出浓郁的基督教气息，[①]但在形式上仍然可以归入中国文人雅集传统中；组织者和应征者的关系尽管建立在酬劳基础上，但彼此之间并未构成现代意义上的契约关系，因此仍可被视为传统的文人应酬唱和关系在近代的一种变体。而《绣像小说》的征文活动很明确是由商务印书馆出面组织，当出版机构取代文人/知识者成为文学/文化生产的主体时，文人与文人之间的关系，以及由此生产出的文学作品，就会发生某种意义的变异，就不能被纳入传统文化的格局内来加以讨论。应该说，商务印书馆的组织者地位，决定了此次征文并不能仅仅归结为文人趣味的简单聚合，而更应理解为是商务解决其旗下出版物稿源的商业性举措。作为佐证，商务印书馆所出的三类征文题目都有着明确的指向性，无论是"小说"还是"论说"都突出了"教育"主题，这显然与商务当时主攻"教科书"市场有关。由此可见，这次征文活动更接近于经过精心策划的市场营销行为，藉此，商务不仅借助《申报》《新闻报》等主流媒体扩展了品牌影响力，还通过强调"教育"主题强化了其在社会上的美誉度；同时通过将教科书、《东方杂志》和《绣像小说》捆绑在一起，达到了整合自己旗下优质媒介的营销意图。

其次，无论是傅兰雅还是商务印书馆，其征文活动所依傍的仍然是欧化的"现代"文学资源，而且，不难看出西学东渐由外而内的发展轨迹，当然，各自所谋求的文学效应是有着明显区别的。如果说，在傅兰雅的时代，将"鸦片""时文"和"缠足"看作中国积贫积弱的根源，更多是体现了外来传教士的"主体性视域"——通过将中国看作愚昧落后的前现代国家，而不去讨论诸如"鸦片"与殖民宗主国的关系从而形成对帝国主义

[①] 陈大康通过考证认为，傅兰雅组织的此次征文活动"明确指出是要征集'用基督教语气而不是单单用伦理语气写作的小说'，表明了在傅兰雅的计划中，这次活动从一开始就带有浓重的宗教色彩"。见《论傅兰雅之"求著时新小说"》，《华东师范大学学报（哲学社会科学版）》2013年第3期。

殖民战争的反省，事实上傅兰雅们对晚清中国的态度仍然没有超出殖民主义的框架："最终目的在于用基督教潜移默化地改造中国"；[①]那么，商务印书馆依托"教育小说""社会小说""历史小说""实业小说"等新名词所询唤的"新"文学，则因为积极回应了"教育""社会"等欧美发达资本主义国家在崛起过程中所经历的现代性事件，并在此基础上清晰地指向了"改良""格致""真理"等后发现代性国家摆脱社会危机/文化危机所希冀的"发明"，其自强图存的民族主义色彩昭然若揭。另一点值得注意的是，就文学本体探索而言，正如有研究者所指出的，商务提出的诸如"教育小说""社会小说""历史小说""实业小说"的命名，以有效介入社会热点问题的方式，提供了文学新的写作生长点和分类可能性，为"打破'旧小说'的体裁，探索'新小说之意境'"做出了积极的探索，[②]一定程度上起到了引领小说创作潮流和探索"现代"文学理论的作用。

　　在商务的着力推动下，1903年至1906年间，《绣像小说》拥有了不俗的创作实绩。据统计，《绣像小说》发表的作品类型丰富，计有创作小说17种，翻译文学18种，其他还有传奇3种，戏曲3种，弹词1种，时调唱歌21种，以及无法归类的5种，这大致符合阿英对于《绣像小说》的归纳，"所刊十九为小说，十之一为杂文"。[③]《绣像小说》刊载的有影响的小说有《文明小史》《老残游记》《活地狱》《邻女语》《负曝闲谈》《华生包探案》《月球殖民小说》《扫迷帚》《市声》等，也拥有了一批知名的小说家，如南亭亭长（李伯元）、忧患余生（连梦青）、洪都百炼生（刘鹗）、蘧园（欧阳巨源）、茧叟（吴趼人），中国近代四大谴责小说家中有三位都是《绣像小说》的作者，《绣像小说》的号召力与影响力可见一斑。

[①] 姚达兑：《主体间性和主权想象——作为中国现代小说源头之一的傅兰雅"时新小说"征文》，《清华大学学报（哲学社会科学版）》2014年第2期。
[②] 文迎霞：《从广告看商务印书馆在晚清的小说宣传》，《内蒙古大学学报》2007年第3期。
[③] 阿英：《清末小说杂志略》，张静庐辑注：《中国近现代出版史料·近代初编》，第105页。

第二章　悖论与张力：商务印书馆文学期刊的多种面貌

　　作为《绣像小说》最重要的作者，李伯元在《绣像小说》上著述良多，发表有《文明小史》《活地狱》《醒世缘弹词》《经国美谈新戏》《爱国歌》《送郎君》等，几乎支撑起《绣像小说》的半壁江山。基于李伯元编者加作者的双重身份，可以说，他的创作具有风向标的意味，在很大程度上引领了《绣像小说》刊物风格的形成。1903年5月至1905年7月在《绣像小说》上连载的《文明小史》（六十回），作为李伯元的代表作之一，很能反映其这一时期的思想追求和文学观念。

　　阿英认为，就反映时代的深广度而言，《文明小史》甚至具有比《官场现形记》更高的价值："李伯元的《文明小史》，在维新运动期间，是一篇最出色的小说。……《官场现形记》诚然是一部杰作，但就整然的反映一个变动的时代说，《文明小史》是应该给予更多估价的。"[①] 在阿英看来，《文明小史》的意义不仅体现在整体反映历史宏阔画面而表现出的史诗性上，而且还表现在其对当时的社会生活百科全书式的描写上："全般的反映了中国维新运动时期的那个时代，从维新党一直到守旧党，从官宪一直到细民，从内政一直到外交。"[②] 而小说之所以能维系为一个整体，显然与其如水银泻地般从方方面面切入当时社会最为关注的主题"文明"有关。

　　在小说中，晚清中国的故事成为了匪夷所思、光怪陆离的"文明"演进史，而对"文明"进化史的考察，则被放置在开阔的地域流动图景中："所描写的地带，不是某一个省，或者某一个镇，而是可以代表中国的各个地方，从湖南写到湖北，从湖北写到吴江，从吴江到苏州，到上海，再由上海到浙江，到北京，到山东，由山东回到南京，更从南京发展到安徽、香港、日本、美洲，然后回到南北两京。"[③] 而这种"流动性"，在米列娜（Milena Dolezelova-Velingerova）看来，正是晚清小说因为关注"现代化"

---

① 寒峰（阿英）:《文明小史》，魏绍昌编:《李伯元研究资料》，第123页。
② 同上书，第123—124页。
③ 同上。

而形成的不同于传统小说的叙事特点所在:"晚清小说的地点背景极其多变,反映出一个处于现代化过程中的国家,它的流动性正在日益增长。"[①] 由此,小说勾勒出了晚清处在不同"文明"进程中的不同地域众生相。有意味的是,这种"文明"空间延展方式,与西学东渐更多从沿海到内地的"规律性"演进路径有着较大差异。这种叙述/现实反差所产生的空间政治,显然是与李伯元自己的"文明"观息息相关。

《文明小史》一开始就提出了对"文明"以及通往"文明"的路径的看法:"书曰文明,却从极顽固地方入手,以见变野蛮为文明,甚非易事。姚老先生临别赠言却有见地,又能顺时达变,宜为物望所归。其答柳知府一番话,自是无论不利,须用水磨工夫,不可操切从事,牧民者当奉为圭臬。"[②] 姚老先生对于文明"化民"须用"水磨工夫"的说法,分明是李伯元的夫子自道。在晚清急剧变动的社会现实中,激进与保守的风潮时有交锋,作为"开明的守旧派",李伯元显然更为赞同的是循序渐进、潜移默化的改良主义。这一改良主义立场的产生显然基于两个维度,其一,对西学和西方制度,李伯元明显持有敌意和戒心,因而在《文明小史》中,对于开矿的洋矿师一类的人物,并没有搁置在"维新"的视野中予以首肯,而是更多展示了其蛮横无理、借机掠夺的一面。这一具有民族主义意识的叙述立场,既可以窥见李伯元"保守"的一面,却也相当真实地描绘出了帝国主义殖民扩张给晚清中国带来的巨大压力。其二,还体现在对文明进程中本国官民士绅的种种表现的深刻不满和质疑上。对于湖南知府、湖北制台一路的官方代表,李伯元相当完整地贯彻了"以痛哭流涕之笔,写嬉笑怒骂之文"[③]的叙事风格,既写出了他们在洋人面前唯唯诺诺、外强中干的行事

---

① 〔捷〕米列娜编:《从传统到现代——世纪转折时期的中国小说》,伍晓明译,北京大学出版社1991年版,第8页。
② 《文明小史》,《绣像小说》第1期,1903年。
③ 吴趼人:《李伯元传》,魏绍昌编:《李伯元研究资料》,第10页。

作风，又刻画了他们表面趋新、实质守旧的两面性。在他看来，所谓"文明""立宪"一类的新名词不过是官僚们自我标榜的一种借口和由头，并没有成为他们改革社会的利器："外边得了信息，便天天有人嚷着'立宪，立宪'；其实叫军机处议奏的，也只晓得'立宪，立宪'；军机处各大臣虽经洋翰林、洋进士一番陶熔鼓铸，也只晓得'立宪，立宪'；评论朝事的士大夫，也只晓得'立宪，立宪'。'立宪，立宪'之下，就没有文章了。"（六十回）对于安绍山、颜轶回等现实隐射性极强的维新人物，李伯元同样没有好感。安绍山（隐射康有为）被刻画成了临阵脱逃却依然满口豪言壮语的犬儒，而颜轶回（隐射梁启超）则分明成了借维新之名到处招摇撞骗的士林败类，从中不难看到李伯元内心对于维新派的深深鄙夷和失望。

　　李伯元这种对于"文明"莫衷一是的处理，相当典型地反映了晚清时人的普遍心态，一种既意识到自身"落伍"却又不甘于承认欧美列强"先进"的历史中间物的悲情。这种矛盾挣扎，使得发源于欧美的"文明"话语呈现出需要被进一步解读的必要性。事实上，如果引入全球史的视野就会发现，"文明"话语并非无懈可击的普遍共识，其背后隐含的政治无意识有必要引起关注，正如刘禾所指出的，"文野之分——近代对文明与野蛮的区分——是国际法的思想基础"，是"理解现代世界秩序的关键之一"，这套"经典化的论述，被编入国际法原理，被写进政治地理教科书，被嵌入欧洲国家与其他国家签订的不平等条约，最后形成欧美国家认识世界的基础"，甚至"连被征服者都感到心悦诚服"。① 因而"文明"话语作为社会达尔文主义的重要组成部分，可以被视为帝国主义殖民战争的一种理论支撑，是宗主国控制殖民地、构造新的不平等的世界秩序的利器。在这一脉络中，尽管李伯元的叙事立场涵盖着明显的保守主义成分，但其对于"文明"的分裂态度以及由此展开的对"文明"迁徙路径的反讽式写法，仍然具有后

---

① 刘禾编：《〈世界秩序与文明等级〉序言》，生活·读书·新知三联书店2016年版，第7页。

发现代性国家特有的现实主义书写深度。

基于上述认识，才能理解"假题发挥，玩世不恭，忽而嬉笑，忽而怒骂，其怨毒之于人，固已深矣"，①为何会成为李伯元表达"开智谲谏"②的文学立场的主要艺术手段。这种"谴责"意味十足的"谤文"，可以说正是李伯元乃至这一时期《绣像小说》上的谴责小说所提供的争议点之一。对此，鲁迅认为："戊戌变政既不成，越二年即庚子岁而有义和团之变，群乃知政府乃不足以图治，顿有掊击之意矣。其在小说，则揭发伏藏，显其弊恶，而于时政，严加纠弹，或更扩充，并及风俗。虽命意在于匡世，似与讽刺小说同伦，而辞气浮露，笔无藏锋，甚且过甚其辞，以合时人嗜好，则其度量技术之相去亦远矣，故别谓之谴责小说。"③鲁迅相当严格地区分了谴责小说与讽刺小说的差异，特别指出谴责小说因为言过其实而使其表达丧失了力量，沦为一种投人所好的宣泄之文。而阿英显然更愿意强调其积极的一面："作者意识到他所处的时代，正是一个新旧过渡的时代，正是黑暗和光明的交替处，是动乱的时代。他对于这期间所发生的许多事是不满意的，但他相信这是过渡期的必然。他把这些事情的暴露出来，希望能为改进的一助。"④在"暴露"是为了真正"趋新"的逻辑脉络中，阿英认为李伯元的小说可视作有助于推动时代进步的利器。鲁迅和阿英的分歧显然在于，如何看待文学对现实世界的功用；揭露和批判作为文学的重要手段之一，该如何产生出能量特别是正面的能量？在鲁迅这里，当谴责小说不能与现实建立起真正有效的批判性关系，反倒在时人对于社会阴暗面的嗜好性观看中，成为消磨斗争志气的途径时，谴责小说无疑就成为了一种现实世界的同谋之物，而必然走向了其初衷的反面。可以说，有关谴责小说创作手法

---

① 周桂笙：《李伯元》，魏绍昌编：《李伯元研究资料》，第12页。
② 吴趼人：《李伯元传》，同上书，第10页。
③ 鲁迅：《中国小说史略》，《鲁迅全集》（第九卷），人民文学出版社2005年版，第291页。
④ 寒峰（阿英）：《文明小史》，魏绍昌编：《李伯元研究资料》，第126页。

第二章　悖论与张力：商务印书馆文学期刊的多种面貌

的评价问题其实开启了以后新文学中常常出现的关于文学与现实关系的讨论，这一问题的讨论高潮出现在"五四"时期关于"自然主义"文学的讨论中，但显然，从谴责小说到自然主义文学所面临的类似的争议和困境，构成了一种值得玩味的"没有晚清，何来五四"的文学史内在联系。

类似的分歧还出现在如何评价谴责小说的结构上。即使偏爱《文明小史》如阿英者，尽管一再强调小说的结构因为人物、故事的流动性，而形成了一种独具特色的"集锦"式结构，但也不得不承认："李伯元的《文明小史》，也竟是前强后弱，写到最后十回，结构的松散，几乎收束不起来。"[①] 这一弊端的出现，固然有李伯元个人才力方面的原因，有来自于《儒林外史》这样的既有文学书写传统的影响，但显然，与报刊传播的特有方式也不无关系。处在晚清的文学/文化变革期，开始大行于世的报刊连载方式，"逼得作者在寻求每回小说自成起讫的同时，相对忽略了小说的整体构思，长篇小说很容易变成近乎短篇故事的连缀"。[②] 这一小说结构方式在适应报刊的节奏、吸引读者方面的确做出了新的努力，但从小说的整体特别是前后的文气连缀来说，显然是有先天弱点的。而这，正是报刊这样的新式媒体兴起初期，伴随着传播方式的转型，文学探索新的书写方式必然要付出的代价。

尽管"小说"占据了《绣像小说》最主要的版面，但仍不能说这就代表了《绣像小说》的全部。事实上，在小说之外，《绣像小说》还提供了其他文学类型生长的可能性——如"时调唱歌"这一当时绝无仅有的文学类型在《绣像小说》的大行其时，就可以看到《绣像小说》叙事样式的多样性。《绣像小说》第1—32期，共刊出"时调唱歌"21篇，作者有讴歌变俗人、戎马书生、天地寄庐主人、鲫士、竹天农人、惜秋、蠡穿、蜕秋等十人。据考证，除"戎马书生"不可考外，上述作者其实为李伯元、欧阳

---

① 寒峰（阿英）：《文明小史》，魏绍昌编：《李伯元研究资料》，第141页。
② 陈平原：《中国现代小说的起点》，第147页。

巨源、汪笑侬三人的笔名。①

《绣像小说》所刊"时调唱歌"一览表（共 21 首）②

期　数	题　名	作　者
第 1 期	爱国歌（仿时调叹五更体） 送郎君（仿时调送郎君体）	讴歌变俗人
第 2 期	警世吴歌（仿时调十二月花名体）	戎马书生
第 3 期	戒吸烟歌（仿梳妆台五更） 戒缠足歌（仿红绣鞋十二月）	天地寄庐主人
第 4 期	世事曲（仿五更五点），又名时事曲（仿吴歌体） 从军行（仿十送郎体） 上海吟（仿开篇体）	鲫士
第 5 期	十二月太平年（北调）	竹天农人
第 6 期	北调小五更，又名小五更（北调）	竹天农人
第 7 期	叹中华（仿北调叹烟花）	鲫士
第 8 期	商务开篇（仿马如飞调）	鲫士
第 10 期	破国谣·悲东三省也（仿凤阳花鼓调）	惜秋（蓬园）
第 11 期	醒世道情	戎马书生
第 15 期	小五更·咏俄日交战也	竹天农人
第 16 期	叹五更·悯缠足也	天地寄庐主人
第 26 期	叹国歌（五更调） 自强歌	蝱穹（蜕秋）
第 27 期	同胞歌（仿四季相思调）	蜕秋（伯溢）
第 31 期	爱国歌	蝱穹
第 32 期	破迷歌（仿开篇体）	蝱穹

可以看出，《绣像小说》上的"时调唱歌"是对"时调"这一民间歌谣形式的一种模仿与改写。一般认为，传统的"时调"发端于明代中期，大多出自底层民众，流行于街市，多以俚俗之语演绎男女之情，是城市社会发育出的通俗文化的重要传播形式。而《绣像小说》的"时调唱歌"对传统"时调"的改写，首先体现在主题的拓展上。除了通常"时调"关注的

---

① 参见沙宝祥：《〈绣像小说〉所刊民间时调述略》，《文史哲》1992 年第 6 期。
② 参见李秋菊：《〈绣像小说〉中的"时调唱歌"》，《兰州学刊》2006 年第 9 期。

日常情爱外，家国情怀、王朝兴衰、维新变法等具有明显时代特点的历史事件成为了"时调唱歌"的主要内容。如莲园的《破国谣·悲东三省也》写道："说奉天，话奉天，北京唇齿正相连。一朝入了俄人手，最伤心满城弹雨又硝烟。占衙署，逐华官，惨目伤心不忍看。有许多士农工商遭了红羊劫，眼看着家乡没有了盘缠。说可怜，话可怜，眼前没有太平年。发祥之地那有闲情管，巍巍两圣终朝坐在奈何天。"对国土沦丧的悲哀、对黎民百姓的悲悯以及对庙堂之上的统治当局的深深失望，可谓历历在目。与此形成鲜明对照的，是"时调唱歌"描绘了一批忧国忧民的"爱国人士"，正面书写了"国家"意识，如《爱国歌（仿时调叹五更体）》："一更里，月初升，爱国的人儿心内明。锦绣江山须保稳，怕的是人家要瓜分。二更里，月轮高，爱国的人儿胆气豪。从今结下大团体，四万万人儿是同胞。三更里，月中央，爱国的人儿把眉扬。为牛为马都不愿，一心心只想那中国强。四更里，月渐西，爱国的人儿把眉低。大声呼唤唤不醒，睡梦中的人儿着了迷。五更里，月儿残，爱国的人儿不肯眠。胸前多少血和泪，心里头一似滚油煎。"值得注意的是，歌谣中的"爱国"意识是在帝国主义殖民危机下萌生出来，是反抗"瓜分"的本土立场的直接流露，因而在此语境中出现的"中国"，不能在传统中国的意义上被讨论，而更接近于现代的"民族国家"概念。而催生这一"中国"或者"爱国"意识的，是饱含血泪的爱国人士企图唤醒沉睡人们的举动。这一逻辑架构，显然可以被看作是类似于鲁迅"铁屋子"理论的前身，带有浓郁的"现代"知识分子启蒙气息。

正是在这一层面上，才能理解《绣像小说》的"时调唱歌"为何会特别关注战争、戒烟、戒缠足这样的主题。《从军行（仿十送郎体）》这样写道："送郎送到古城楼，背井离乡是不要愁。轰轰烈烈方是大丈夫的事，老死在牖下羞不羞！送郎送到马鞍桥，一语的郎心要记牢。马革裹尸本是寻常事，何惜的头颅吃一刀。送郎送到大海隈，莫把生平的壮志灰。纵属时乖与运蹇，望乡也莫上那李陵台。""从军"主题古已有之，从恋人的视角进行劝导以强化煽情效果,也并非新鲜发明,然而如果将这首《从军行》搁置在"民族国家"意识下,就会发现,男儿走向疆场并非只是指向个人的建功立业,也暗含了在民族国家认同前提下保家卫国的情愫。面对积贫积弱的国家,"身体"的强健自然就成了可以强种保国的必要条件,戒烟、戒缠足主题因此应运而生。《戒吸烟歌(仿梳妆台五更)》从当事人角度铺陈了吸食鸦片的严重后果及自我忏悔:"五更儿里,瘾难挨,鼻涕眼泪流下来。没有钱挑烟活受罪,也只好,吃土皮,再不然,吞烟灰。想当初,悔不该,到如今,倒卧在当街。可叹我,抽洋烟,送了性命。劝诸君,早早戒,无痛又无灾。"《戒缠足歌(仿红绣鞋十二月)》更是列举了缠足的种种弊端:"十指屈曲疼痛好难挨""皮破血烂一见了也心灰""反乱临头跑也跑不上来",号召从婴童开始不缠足。可以说,戒烟(男性)、戒缠足(女性)从不同的性别角度建构了现代国民应有的"身体"理念,其背后仍然体现着欧美"文明"的衡量标准。而与《文明小史》等不一样的是,在"时调唱歌"中,作者们显然不仅首肯而且还自觉传播了欧美"文明"理念,既包括宏大的"民族国家"观念,也意涵了"天足"等"现代""身体"概念。小说与歌谣对待欧式"文明"所呈现的反差与断裂显然是耐人寻味的。

当然,《绣像小说》上的"时调唱歌"仍有与小说相通的一面,在对通俗性的追求上,可以说两者是殊途同归的。尽管"时调唱歌"在主题上呈现出鲜明的知识精英的倾向,但是在形式上、语言上其俚俗的趣味是显而易见的。简单往复的排比、朗朗上口的押韵、具有民间风味的白描手法以及接近于"引车卖浆者"口语的语言使用,使"时调唱歌"在很大程度上贯彻了晚清以降"诗界革命"所倡导的"我手写我口"的诗歌通俗化主张,以平易亲切的方式在文人与民众之间架起了某种可以声息相通的文化桥梁,试图召唤并形塑可以改变这危颓时势的"理想读者",而这,正与晚清的文人所孜孜以求的"开民智"的自我使命设定高度吻合。

可以说,作为向民间歌谣学习的一种方式,"时调唱歌"秉承了《诗经》以降的民间采风传统，接续了中国已有的文学传统在鼎革时期所惯常使用的"礼失而求诸野"的策略，是精英文学内在活力衰退的时候通过寻找外在资源以实现自我更新的一种必然选择；同时也印证了晚清"诗界革命"在传统文人群体中的溢出效应，体现了文人在强烈的文化危机中"启蒙"意识的生根发芽，以及希冀通过引入草根文化的形式来探索雅俗融合新空间的努力。因而，"时调唱歌"可以被看作是《绣像小说》在小说之外，探索了一种由雅入俗的新的文学转型方式，从而介入了历史过渡时期"新"的文学/文化版图的建立。

第二节 走向"启蒙"及其限度
——《小说月报》的基本风貌

作为商务印书馆最有影响力的期刊之一，也是中国近现代文学史中存在时间最久的文学期刊，《小说月报》相当完整地体现了商务在近代文学变革中文化立场的变迁、经营策略的调整及其与文学集团合作关系的演变。

《小说月报》之所以会在1910年诞生，有多方面原因：从期刊出版市场来看，尽管晚清"小说界革命"以来诞生的各种小说杂志曾经兴盛一时，然而在1910年前后纷纷退出历史舞台。以晚清最具代表性的四大小说杂志为例，《新小说》《绣像小说》终刊于1906年，《小说林》终刊于1908年，《月月小说》终刊于1909年。可以发现，一方面，经过"小说界革命"十年左右的洗礼，不管是把小说当作改良社会的利器还是当作娱乐消遣的文化消费品，"小说"作为文化产品已经完成了从边缘到中心的运动，其在日常文化生活中的不可或缺性越来越明显；另一方面，各种小说期刊作为新兴事物，其运行机制与操作规律尚未被完全掌握，导致当时的小说杂志常常在短期喧嚣之后相续退场，如何创办长期稳定的期刊以呼应小说期刊市场的空缺，满足日益庞大的阅读市场的需要，已成当务之急。

无论是从资本积累、技术手段还是经营策略上来说，此时的商务已经日臻成熟，具备了率先探索建立长期稳定的大型文学期刊的能力；尤其是商务曾经出版过晚清四大小说杂志之一的《绣像小说》，已有较好的文学期刊出版经验，因而如何接续《绣像小说》的传统以创办更能够对接市场需要的文学新刊，已成为出版社进一步发展的必然选择，如此才能理解1910年《小说月报》为何在其创刊号上有这样的自我定位："本馆旧有《绣像小说》之刊，欢迎一时，嗣响遽寂，用广前例，辑成是报，匪曰丹稗黄说滥觞虞初，庶几撮壤涓流贡诸社会。"可以说，商务印书馆将《小说月报》当作《绣像小说》接班者的意识清晰可辨。事实上，《小说月报》的确处处留有《绣像小说》的痕迹：比如《绣像小说》在编辑观念上对于文学功用的推崇："欧美化民，多由小说，榑桑崛起，推波助澜"，"揆其立意，无一非裨国利民"，比如《绣像小说》在栏目设置上对创作的重视以及多种文学样式的探索，比如对古今中外文学资源的兼容并蓄，比如运行作风的平实稳健等等，几乎都被《小说月报》继承下来。可以说，正是建立在对于当时文化市场的敏锐洞察及其对自身发展定位及能力的清晰把握的基础上，商务印书馆才会下定决心出版类似《绣像小说》的刊物，《小说月报》才有脱颖而出的机会。

1910年7月，《小说月报》正式创刊于上海。一般认为，以1921年的"全面革新"为界，《小说月报》大致可以分为前后两个发展阶段：前期《小说月报》（1910—1920）被认为具有浓郁的鸳鸯蝴蝶派气息，[①]由王蕴章

---

① 柳珊对此提出不同看法，认为《小说月报》作为大型综合性期刊，除了小说之外，仍有"国学""杂俎"等栏目，内容丰富，"不应该因《小说月报》刊过'鸳鸯蝴蝶派'作家的作品，就给它冠上一个'鸳鸯蝴蝶派老牌刊物'的名称"。见柳珊：《1910—1920年的〈小说月报〉是"鸳鸯蝴蝶派"的刊物吗？》，《中国现代文学研究丛刊》2000年第3期。

第二章　悖论与张力：商务印书馆文学期刊的多种面貌

和恽铁樵先后担任主编，其中王蕴章主编了第1、2卷以及第9、10、11卷，恽铁樵主编了第3至第8卷。1921年沈雁冰主持了《小说月报》的全面革新，通过全面依托文学研究会，推动《小说月报》逐渐成为"现代"文学重镇。沈雁冰编辑了12、13卷之后，因故去职，改由郑振铎接编。1924年起，由郑振铎、徐调孚共同担任《小说月报》的编辑工作。1927年，在郑振铎出国期间，叶绍钧代为主编了一年多的《小说月报》。[①] 1932年《小说月报》因遭遇"一·二八"战火而停刊。

前期《小说月报》创作、翻译与学术研究并重，小说、诗词、戏曲、弹词、掌故、轶事等多有涉猎，甚至还有棋谱、画概、梨园佳话等，呈现出新旧杂糅、中外并蓄、精英与通俗冶于一炉的历史过渡时期文学特有的风貌。这一风貌的形成首先与刊物的编辑观念息息相关。尽管前期《小说月报》由王蕴章、恽铁樵交替主编，但因为两者都在一定程度上汲取了"小说界革命"的理论资源而使刊物具有相当的内在一致性。王蕴章这样来定位"小说"："现——身，说——法，幻云烟于笔端，涌华严于弹指，小说之功伟矣。"[②] 很显然，他是把"小说"当作一种可以将社会的"身""法"加以"现"或"说"出来的文化样式来看待，尽管"现"或"说"在他的视野中与"云烟""华严"等不确定之物勾连在一起，而呈现出某种暧昧的神秘主义色彩，但仍可看出，这一小说观念多少具备了写实主义的雏形。类似的说法在恽铁樵那里得到了进一步阐释，他认为，"小说之文，寓言八九，蜃楼海市，不必实事，勾心斗角，全凭匠心"，[③] 指出："无论其事属里巷与闺阁，廊庙或宫闱，要之，非正面发挥政治学术之大者，皆小说也"，[④] "抑小说之记载，虽甚琐屑，其影响所能及，实有

---

① 徐调孚：《〈小说月报〉话旧》，《文艺报》1956年第15期。
② 西神王十三：《征文通告》，《小说月报》第10卷第2号，1919年。
③ 恽铁樵：《〈血花一幕——革命外史之一〉后记》，《小说月报》第3卷第4号，1912年。
④ 《编辑余谈》，《小说月报》第8卷第1号，1917年。

政府训令报纸论文所不能及"①,"以故含有伦理学意味,乃为上选"②。恽铁樵的小说观显然发端于将小说当作"街谈巷议之言"的传统文学资源,但将其理解为"非正面发挥政治学术"的边缘角色却又"实有政府训令报纸论文所不能及"的功用,不难看出,一方面,恽铁樵其实已经将"小说"看作可以改变社会的一种必不可少的力量,开始具有了文学"现代性"意识;另一方面,他对于"小说"功用的认识仍是比较有分寸感的,认为"小说"并非"政治""伦理"这样可以直接介入社会变革的主流意识形态,它即使能够发挥巨大作用,也只是"非正面"、非直接的,是一种软性的力量。这种"小说"认识,与梁启超那种"欲新一国之民,不可不先新一国之小说"的颇具激进色彩的小说观相比,显得更为谨慎温和;与主张文学消遣娱乐功能的鸳鸯蝴蝶派相比,其对小说改良社会功用的富有分寸感的正面肯定,又与之形成了一定的区别。就这点而言,前期《小说月报》的编辑观念仍然有着平和务实的商务烙印。

与编辑观念基本一致,前期《小说月报》在小说理论探索上,也呈现出明显的改良主义色彩。如前期《小说月报》代表性理论家之一的管达如认为,一国文字可分为"古文""普通文"与"通俗文"三种,而掌握"古文"与"普通文"的只有一小部分人,"大部分人何由满足其文学之欲望乎,其竞趋而读通俗文之小说,盖势使然",他甚至认为"古文与通俗文各有所长,不能相掩"。③ 由此,在不否定"古文"价值的前提下,他为"通俗文"(白话)乃至建立在其基础上的"小说"在形式上获得正当性寻找到了依据。管达如进一步发现,在晚清翻译界"科学书多"而"文学书绝少"的情形下,西洋小说翻译却是一枝独秀,其主要原因在使国人了解"外国社会之情状"之外,更重要在于"译本小说之善,在能以他国文学之所长

---

① 《〈与子同仇〉译后记》,《小说月报》第 7 卷第 2 号,1916 年。
② 《〈女侠〉编后语》,《小说月报》第 7 卷第 11 号,1916 年。
③ 管达如:《说小说》第四章,《小说月报》第 3 卷第 9 号,1912 年。

补我国文学之所短",鉴于本国小说的缺陷在于"不合实际",他认为需要将西洋小说"反映社会""崇尚实际"的精神传递到中国文学界,使其能改造旧有的"恶小说"传统。①这一说法,通过对"优于"自身的西洋小说的参照与比附,从内涵上为"小说"如何除旧布新进入"现代"进而获得精英文学传统的认可提供了依据。

尽管如此,前期《小说月报》对文言及文言小说的推崇,仍体现出了其以"小说"参与社会变革的程度是有限的。尽管《小说月报》创刊号提出的自我定位是新旧兼容:"本报以迻译名作、缀述旧闻、灌输新理、增进常识为宗旨",但实际上,"迻译名作"也好,"缀述旧闻"也好,在刊物上的呈现很长时间都是以"文言"为载体;而《小说月报》上的创作更是以文言为主。1915年《小说月报》以"特别广告"为名义发出征稿邀请时,要求投稿小说能够做到"文字雅驯,思想新颖",②所谓"雅驯"的文字其实是指千锤百炼、言简意赅的文言,它被认为是比"思想新颖"更为重要的文学要素。直到1918年,在白话文运动渐入佳境的巨大压力下,《小说月报》才在征文广告中第一次提出了"白话尤佳"的征文要求,③但这并不意味着《小说月报》从此改弦易帜,与白话文运动相向而行了——事实上,无论是中篇小说还是短篇小说,占据前期《小说月报》篇幅的,主要还是文言小说,其文化保守主义的意味显而易见。如果说在20世纪早期的中国,选择"文言"还是"白话"其实指向了不同的言语政治体系,代表了"传统"还是"现代"的不同文化价值取向的话,那么,前期《小说月报》对文言的倚重,仍然显示出其对"小说"的想象,更多还是停留在传统文化秩序所允许的范围内,其变革是有限度的。

---

① 管达如:《说小说》第五章,《小说月报》第3卷第10号,1912年。
② 《小说月报》第6卷第1号,1915年。
③ 《小说月报》第9卷第1号,1918年。

由此，也就奠定了前期《小说月报》的基本创作风貌同样是新旧混杂的。首先可以注意到，以传统"道德教化"为本位的小说，配合着"诗词唱和"的传统文人趣味，仍在刊物上占据了一定的篇幅：如《记刘傅两节妇事》（一厂著）[①]、《孝女蔡惠弹词》（瞻庐著）[②]、《方孝娥》（江子厚著）[③] 等着重肯定了传统节烈忠义文化，尤其渲染了"孝道"的重要性；《旧时月色》（瞻庐著）[④]、《真爱》（紫蔷著）[⑤] 等，则仍在古已有之的"悼亡"格局中书写既合乎规范又有越轨之旨的夫妇之爱。[⑥]更值得注意的是，在这些旧派趣味浓郁的小说之外，前期《小说月报》还刊载了一批描写世变时期新旧道德冲突的作品：《雁声》（铁樵著）[⑦]将惯常的婆媳矛盾故事改写为封建家长对青年人恋爱婚姻的干涉与破坏；《科名泪》（王善余著）[⑧]写出了在科举制度的重压下读书人的斑斑血泪；《如皋逆伦记》（戢庵著）[⑨]则以母子相残为主线，将传统伦理对人性的压抑和禁锢血肉模糊地展示了出来……这些小说开始关注世道交替中人心幽微的变化，也描述了传统伦理道德被历史车轮无情碾碎的悲情与残酷。但是，无论是作者还是编者，还是更多把责备的目光聚焦在了"欧风美雨"所带来的冲击上，其自我反省意识因为仍然流连于天朝大国曾经有过的辉煌而仍显单薄。恽铁樵就认为："虽然，因欧风东渐，遂弃吾国二千年来所固有是，是为舍己从人。因处竞争时代，遂不惜举天经地义之经训而破坏之，是为截趾适履，以个人属于国家，是否为

[①] 《小说月报》第6卷第11号，1915年。
[②] 《小说月报》第8卷第10—12号，1917年。
[③] 《小说月报》第6卷第11号，1915年。
[④] 《小说月报》第5卷第10号，1914年。
[⑤] 《小说月报》第10卷第11号，1919年。
[⑥] 袁进认为，因表现夫妇关系、闺房之乐与传统礼法不合，长久以来相关的文学书写比较寥落；民初时期言情小说开始大规模表现夫妇关系，尤其是"以女性的眼光来表现夫妻关系"，"显示了时代的进步"。见陈伯海、袁进主编：《上海近代文学史》，第347—348页。
[⑦] 《小说月报》第3卷第9号，1912年。
[⑧] 《小说月报》第3卷第10号，1912年。
[⑨] 《小说月报》第7卷第11号，1916年。

人类最高文化乎？是直穷到底，终究不能无疑，则信乎吾人惝恍失据也。"①可以说，这一文化立场，既包含了对本国因遭受外来文化冲击而被摒弃的固有文化的深深眷恋，同时也指向了对裹挟在帝国主义殖民战争中的欧美文化是否是"人类最高文化"的怀疑。这种既保守却又有一定超前反思的两面性，无疑标识出了《小说月报》作为后发现代性国家文化产品在时代转折时期所特有的矛盾挣扎。

民国初期鸳鸯蝴蝶派杂志大行其时，前期《小说月报》受其感染，其创作的言情气息也较为浓郁，尤其是王蕴章主编时期。但是，其所言之"情"在内涵、格局、铺陈等方面，仍有独到的探索，值得体味。首先，其所关注的"情"在格局上有较为明显的拓展，如《剑绮缘》（宣樊著）②就将爱情故事放到了晚清中国劳工输出美洲的背景下，《双青记》（守如著）③则将破镜难圆的悲情故事放到了兵荒马乱的战争时代。由此，个人之"情"就具备了历史意涵，以见微知著的方式与大转型的"乱世"之间构成了一种曲径通幽式的默契，从而在很大程度上与以吴趼人为代表的晚清小说经典主张形成了一种呼应："要知俗人说的情，单知道儿女私情是情；我说那与生俱来的情，是说先天种在心里，将来长大，没有一处用不着这个情字，单看它如何施展罢了——对于君国施展起来便是忠，对于父母施展起来便是孝，对于子女施展起来便是慈，对于朋友施展起来便是义。可见忠孝大节无不是从情字生出来的。至于那儿女之情，只可叫做痴。"④搁置在这样的格局中，"情"似乎成为了可以将"忠""孝""慈""义"等传统基本伦理熔于一炉的阔大之物，"抒情"也就意味着在价值伦理与日常生活之间重新勾连，如此，"情"就变成了在历史变动的价值真空时期"理"的一种

---

① 恽铁樵：《论言情小说著不如译》，《小说月报》第6卷第7号，1915年。
② 《小说月报》第2卷第3号，1911年。
③ 《小说月报》第6卷第2号，1915年。
④ 吴趼人：《恨海·情变》第一回，广智书局1906年版，第249页。

替代物而获得了某种存在的合法性。① 其次，即使在人物、情节设计上比较接近于鸳鸯蝴蝶派小说，前期《小说月报》上的创作在笔触用力上，强调"唯以雅洁是取"，② 致力于"创设别体之言情小说，务在救正流行诸本之弊"，③ 尽量避免就事论事地纠缠在对"情"本身的渲染上，而是在各种跌宕起伏的苦情、哀情、艳情故事铺展之外，将叙述重点放在"情变"的缘由上——社会性的压力如何进入并影响两性婚恋关系，以及个体的情感生活在这种压力下的脆弱与无助，往往成为了小说叙事的中心。这一与通常的言情小说有所区别的"别体"处理，显然是将个人情变当作了"世变之亟"的一种隐喻性说法，试图在密不透风的私人世界关注之外挖开一个可以窥视外部更大世界的窗口，从而放入一些社会转型所特有的悲情气息，其意欲藉此改造言情小说乃至拯救时弊的意识在一定程度上得到了落实。

尽管如此，前期《小说月报》并没有挣脱既有文学格局，特别是在王蕴章主编后期阶段，在鸳鸯蝴蝶派文学已逐渐日薄西山的情形下，《小说月报》之于鸳鸯蝴蝶派的维护及坚守仍相当明显；另一方面，由于刊物对于文言及文言小说一以贯之的推崇，其与"道德教化"的文化传统之间其实也一直维系着紧密的联系。由此，前期《小说月报》尽管熏染了不少时代赋予的文化改良气息，但仍可被看作历史过渡时期旧文学传统与现代商业法则互相影响又互相妥协的产物。

1921年由茅盾主持的《小说月报》全面革新，通过倡导"自然主义"，引入了"文学研究会"这一新文学社团，从而使《小说月报》获得了新的生长空间。

---

① 袁进认为，"情"在晚清中国的大转型格局中成为一种普遍性的潮流，是因为其很大程度上包含着对以"中和之美"为核心的儒家传统审美理想和价值尺度的一种挑战和颠覆，"为提倡个人有权自我选择开了方便之门"。见袁进：《中国文学的近代变革》，第265—269页。
② 转引自陈江：《慧眼伯乐——恽铁樵》，《商务印书馆九十五周年》，第600页。
③ 《本社函件最录》，《小说月报》第6卷第11号，1915年。

作为《小说月报》倡导的主要文学流派,"自然主义"为何会在"五四"时期从各种令人眼花缭乱的文学思潮中脱颖而出,值得进一步探究。其中,沈雁冰的《自然主义与中国现代小说》一文,比较全面地建构了"自然主义"与中国这样的后发现代性国家结缘的基本逻辑。作为阐释前提,对中国旧小说缺陷的反思与批评,首先成为沈雁冰倡导"自然主义"的基础:

> 中国现代的三种旧派小说在技术方面有最大的共同的错误二,在思想方面有最大的共同的错误一。那技术上共同的错误是:
> （一）他们连小说重在描写都不知道,却以"记帐式"的叙述法来做小说,以至连篇累牍无非是"动作"的清单,给现代感觉敏锐的人看了,只觉味同嚼蜡。
> （二）他们不知道客观的观察,只知主观的向壁虚造,以至名为"此实事也"的作品,亦满纸是虚伪做作的气味,而"实事"不能再现于读者的"心眼"之前。
> 思想上的一个最大的错误就是:游戏的消遣的金钱主义的文学观念。①

显然,沈雁冰是参照以"写实"为基础的西洋文学传统来进入到对中国传统小说的反思的。在他的视野中,西洋文学之所以具有生命力,其本质在于无论是"技术"还是"思想",都建立在"真实"反映社会状况这一前提下,相形之下,中国小说的最大问题在于其与"真实"的社会人生脱节,根源在于受到指向娱乐消遣的拜金主义观念的影响。因此,如何探索建立文学与真实人生之间的回应性关系,就成为新文学建构的关键所在:"要在

---

① 沈雁冰:《自然主义与中国现代小说》,《小说月报》第 13 卷第 7 号,1922 年。

现代小说中指出何者是新何者是旧,唯一的方法就是去看作者对于文学所抱的态度;旧派把文学看作消遣品,看作游戏之事,看作载道之器,或竟看作牟利的商品,新派以为文学是表现人生的,诉通人与人间的情感,扩大人们的同情的。"对"人"的发现和重视,显然汲取了欧洲文艺复兴以来以"天赋人权"为旨归的"启蒙"精神。从这样的具有"现代"色彩的"人"的观念出发,来要求作家改造自身感觉结构,以打通"人生"与"文学"之间的隔阂,显然并不能够在短期内一蹴而就。"除了几位成功的作者而外,大多数正在创作道上努力的人,技术方面颇犯了和旧派相同的毛病的。一言以蔽之,不能客观的描写。"正是基于这样的批评,来自域外的"自然主义"得以堂而皇之地登堂入室:

>不论新派旧派小说,就描写方法而言,他们缺乏客观的态度,就采取题材而言,他们缺了目的。……我觉得自然主义恰巧可以补救这两个弱点。
>
>……
>
>自然主义者最大的目标是"真";在他们看来,不真的就不会美,不算善。他们以为文学的作用,一方要表现全体人生的真的普遍性,一方也要表现各个人生的真的特殊性,他们以为宇宙间森罗万象都受一个原则的支配,然而宇宙万物却又莫有二物绝对相同。世上没有绝对相同的两匹蝇,所以若要求严格的"真",必须事事实地观察。①

"自然主义"之所以能成为改造中国旧派文学的药方,显然在于"真"。在沈雁冰看来,"真"是"美"和"善"的基础,因此,对"真"的强调,不能简单视为一种叙事手法的转型追求,很大程度上,其实是指向了新文学

---

① 沈雁冰:《自然主义与中国现代小说》,《小说月报》第 13 卷第 7 号,1922 年。

者的历史责任感,是希望写作者能够以此为依归克制一己私心,最大程度地呈现时代社会的真相,从而为改造社会提供依据。如此,由"真"引领的"写作"才能重新成为一种能够介入社会的有目的的文化政治行为。在这样的理论框架中,建立在对"人"的发现基础上却又看似"无我"的"自然主义"之所以受到重视,实际上对其原初语境中的本意进行了有意识地误读,而更接近于日后杰姆逊(Fredric R. Jameson)所提出的第三世界的文本都应被当作"民族寓言"[①]的说法。

与沈雁冰之于"自然主义"的理解有所区别的,是郑振铎、谢六逸等人提供了另外一路之于"自然主义"的在地化阐释。似乎是看到了"自然主义"进入中国语境后所出现的一些问题,他们更愿意谨慎地使用与"自然主义"既接近却又有差异的"写实主义"话语。郑振铎指出:

> 写实主义的文学不仅是随便的取一种人生的或社会的现象描写之,就算能事已完,他的特质实在于(1)科学的描写法与(2)谨慎的有意义的描写对象之裁取,而第二种特质尤为重要……写实主义的文学虽然是忠实的写社会或人生的断片的,而其裁取此断片时,至少,必融化有作者的最高理想在中间。[②]

"写实主义"之所以更受青睐,是因为它被认为在客观地描写现实的基础上,还能提供"意义"甚至"最高理想",而后者显然正是"自然主义"所匮乏的,也是"自然主义"在"五四"时期被认为更多是"暴露主义""悲观主义"而饱受诟病的原因所在。由此,郑振铎们在对"自然主义"有所改造的基础上探索了另一种新文学方案,即文学的功能不仅在于对现实的

---

① 参见〔美〕杰姆逊:《处于跨国资本主义时代中的第三世界文学》,张京媛译,《当代电影》1989年第6期。
② 振铎:《文艺丛谈》,《小说月报》第12卷第3号,1921年。

揭露与批判，更应该在此前提下，给被现实压迫的苦闷的民众指引一条与现实对抗的道路，从而，文学不至于走向让人沉沦的反面，而能提供引导人奋进的正能量。以这样的"写实主义"为依归，可以看出郑振铎们企图通过引入具有彼岸色彩的"理想"弥补"自然主义"缺陷，其中流贯着的，是他们在鲜明的"启蒙"立场下，希望构造具有"震惊"效应的新文学，以达到改造国民性的信心。

然而，无论是沈雁冰还是郑振铎，其实仍然需要面对这样的质疑——新式知识者借助"自然主义"或"写实主义"这样的欧美发达资本主义国家文学范式所实施的对于本土传统文学的祛魅乃至断裂式处理，是否真的就能以"反现代的现代性"方式如愿实现启蒙效果，抑或只是新式知识者过于自信而产生的一厢情愿的幻想；又如何克服自身精英意识的弥散，规避类似于霍克海默（M. Max Horkheimer）和阿道尔诺（Theodor Wiesengrund Adorno）所说的"启蒙的神话"[①]问题——当"自然主义"或"写实主义"这样的"现代"知识被权力化后，如何避免由此开启的"启蒙"沦为新的不可撼动的"神话"？可以说，这些内生于"启蒙"的问题，对于沉迷于以文学改良人生的沈雁冰们来说，显然并没有被充分意识到；也因此，建筑于其上、与其形成呼应的文学创作也呈现出了值得进一步探究的复杂性。可以以革新之后的《小说月报》发表最多的"社会写实"小说为例，来印证这一点。

《小说月报》上的"社会写实"小说，大多聚焦下层民众在清末民初的大转折时期衣食无着、求告无门的痛苦生存状态，代表性作品有王统照的《沉船》[②]《生与死的一行列》[③]、王思玷的《偏枯》[④]、徐玉诺的《一只破鞋》[⑤]

---

① 霍克海默和阿道尔诺指出："被启蒙摧毁的神话，却是启蒙自身的产物。"见〔德〕霍克海默、阿道尔诺：《启蒙辩证法》，渠敬东等译，上海人民出版社2006年版，第5页。
② 《小说月报》第18卷第11号，1927年。
③ 《小说月报》第15卷第1号，1924年。
④ 《小说月报》第13卷第11号，1922年。
⑤ 《小说月报》第14卷第6号，1923年。

第二章 悖论与张力：商务印书馆文学期刊的多种面貌

《祖父的故事》①、王任叔的《疲惫者》②等。搁置在全知全能的视角下，这些作品在一定程度上延续了谴责小说暴露社会阴暗面的传统，以朴实冷静的写实主义笔调描写了时代变动中少人关注的社会众生态：贫穷、多子、疾病、天灾人祸，种种常态与非常态因素的结合，将乡土中国格局中，下层民众的生活推入到相当惨淡的境地；无奈、挣扎、死亡几乎成为他们存在的全部内容，生命无声无息地流逝甚至在历史的长河中泛不起一丝涟漪。有意味的是，面对这样"无声的中国"，《小说月报》的作者们普遍秉持一种混杂着传统文人悲悯心理与现代人道主义情怀的立场，通过将主人公设计成善良无辜的弱势群体的代表，来投射同情，同时表达对社会不公的批判。在这样的故事中，人与环境的绝对对立成为了小说试图建构的主题，而"人"尽管作为"德性"存在，但常常被设计成没有社会行动力当然也就无法成为历史主体的"物"一般的存在，相形之下，"环境"的强大乃至对于"人"的全方位挤压变得不可阻挡。由此，小说就以承载传统"德性"的人为中心，描述了传统中国的德性政治在强大的外力宰制下无可奈何的溃败。因而，在挽歌心态下，改造环境就首当其冲地成为其建构更为理想的"现代中国"的首要任务。只不过如何变革环境、如何为已然失落的"德性"招魂、如何激活"人"作为历史主体的自觉性，小说作者们还是语焉不详，但是无论如何，人与环境之间的紧张关系，仍然被他们看作是因此可以迈向现代性的强大动力，这显然仍然是后发现代性国家的小说家们以文学介入社会变革的责任感的一种流露。

除了上述叙事类型，《小说月报》还提供了另一种之于"下层民众"的书写思路：叶绍钧的《小铜匠》③《金耳环》④、许地山的《商人妇》⑤《缀网劳

---

① 《小说月报》第14卷第12号，1923年。
② 《小说月报》第16卷第11号，1925年。
③ 《小说月报》第14卷第4号，1923年。
④ 《小说月报》第15卷第11号，1924年。
⑤ 《小说月报》第12卷第4号，1921年。

蛛》①、王统照的《司令》②、许杰的《惨雾》③《改嫁》④、彭家煌的《贼》⑤、潘漠华的《冷泉岩》⑥……在这批同样大多以"乡村"为主要场域展开的小说中，伴随着"三千年未有之大变局"情形下"乡土中国"无可挽回的衰败，乡民身份的主人公们身上的"德性"光环往往在与恶劣环境的殊死争斗中逐渐蜕化乃至丧失，他们或者像自己的父辈那样懦弱无知地走上了庸庸碌碌的命运轮回道路（如《小铜匠》），或者逆来顺受地接受不公正的命运安排（如《缀网劳蛛》），或者放任自己内心的暴力欲望毫无节制地四处漫溢（如《惨雾》）……由此，下层民众之所以会无可避免地遭遇人生悲剧，其根源在很大程度上也被归结为其身上的种种国民劣根性。这一方面来自于与生俱来的人性恶，也有相当部分被处理成是时代大变局投射在人心深处的阴影，这其中，"愚昧"这一与"文明""现代"对立的因素，在这批《小说月报》作者的眼中，往往成为了最受关注的国民劣根性表征。由此，这批小说通过对"启蒙"所需要的"愚昧""国民性"的指认、对"吃人"的中国的形塑以及对自身作为先知先觉的精英觉悟者位置的潜在建构，其意欲渲染的"现代"意味也就呼之欲出了——就是通过将"愚昧"的中国指斥为前现代图景，暗示改造人心以及在此基础上推动游离于"现代"历史之外的中国走向"现代性"进程的必要性。在小说家们对"愚昧"的全面批判中，可以发现，"文明等级论"又一次潜在发挥了重要作用："愚昧"之所以成为作家们青睐的批判逻辑起点，是因为其不仅由西洋优于中土的"文明"格局为支撑，也来源于城市高于乡村的"现代"逻辑，更是依据了精英必须要"拯救"草根的知识分子"启蒙"话语。而这些话语逻辑，几乎构成了20世纪中国"现代"

---

① 《小说月报》第13卷第2号，1922年。
② 《小说月报》第18卷第2号，1927年。
③ 《小说月报》第15卷第2号，1924年。
④ 《小说月报》第18卷第2号，1927年。
⑤ 《小说月报》第18卷第6号，1927年。
⑥ 《小说月报》第20卷第6号，1929年。

第二章 悖论与张力：商务印书馆文学期刊的多种面貌

文学书写不言自明却又是值得反思的起点。

在这样的前提下，革新后的《小说月报》刊载的一批新式知识者自我书写的"社会写实"小说也就值得进一步探究，这些小说包括：冰心的《超人》①、庐隐的《或人的悲哀》②《丽石的日记》③《海滨故人》④、叶绍钧的《校长》⑤、王统照的《沉思》⑥《遗音》⑦、鲁迅的《在酒楼上》⑧、王以仁的《孤雁》⑨《落魄》⑩、丁玲的《莎菲女士的日记》⑪《暑假中》⑫、茅盾的《幻灭》⑬《动摇》⑭《追求》⑮……可以发现，这一批小说有着鲜明的新式知识者的自我投射，大致与1920年代社会剧烈变迁同步，较为完整地勾勒了从"文学革命"到"革命文学"的时代转折中知识分子自我期许的转向以及复杂的心路历程。毫无疑问，无论是作为启蒙者还是革命者，这些小说中的新式知识分子的主人公都将自我指认为历史主体，企图能动地进入历史并且在社会舞台的前台展现自己的存在轨迹，构成了其主体结构的基本内涵。这其中塑造了一批具有时代典型性的人物形象：有傲然于庸众之上却又面临作为"孤独个体"的圆圈式宿命的"精神界之战士"（如《在酒楼上》）⑯，有经

---

① 《小说月报》第12卷第4号，1921年。
② 《小说月报》第13卷第12号，1922年。
③ 《小说月报》第14卷第6号，1923年。
④ 《小说月报》第14卷第10—12号，1923年。
⑤ 《小说月报》第14卷第10号，1923年。
⑥ 《小说月报》第12卷第1号，1921年。
⑦ 《小说月报》第12卷第3号，1921年。
⑧ 《小说月报》第15卷第5号，1924年。
⑨ 《小说月报》第15卷第12号，1924年。
⑩ 《小说月报》第16卷第1号，1925年。
⑪ 《小说月报》第19卷第2号，1928年。
⑫ 《小说月报》第19卷第5号，1928年。
⑬ 《小说月报》第18卷第9—10号，1927年。
⑭ 《小说月报》第19卷第1—3号，1928年。
⑮ 《小说月报》第19卷第6号，1928年。
⑯ 汪晖：《个人观念的起源与中国的现代认同》，《汪晖自选集》，广西师范大学出版社1997年版，第117—158页。

历了启蒙退潮期"比虚无主义者更虚无的厌世者"（如《超人》）①，有"心灵上负着时代苦闷的创伤的青年女性的叛逆的绝叫者"（如《莎菲女士的日记》），②还有大革命前后"病态和迷惘"③的小资产阶级知识分子（如"蚀"三部曲）……这些形形色色的知识者大都处在矛盾纠葛的人生状态中，不仅他们自觉承担历史重负的自我指涉在险恶的现实面前往往四处碰壁，而且在庸众变成群众的革命到来之后，会进一步陷入对自我的深刻质疑和否定中。

从引领者到失意者，新式知识分子自身的颓败与困境显然与其对庸众的清晰指认形成了巨大的反差。只有将看起来颇不相称的两条线索并置在一起，才能发现，革新后的《小说月报》对"启蒙"或者"革命"这样的"现代性"事件呈现出了莫衷一是的态度。应该说，这种态度是1920年代中国社会急剧变化导致经典"现代性"逻辑出现断裂落在文学领域的一种体现，同时却也与《小说月报》的时代站位有关——其中，有商务一贯的以"在商言商"的方式远离现实政治的经营策略因素，有"文学研究会"这一当时最大的文学团体所秉持的相对平和地介入现实的新文学立场，也有《小说月报》作为近现代最为长寿的文学期刊所必然采取的稳健而非激进的风格在起作用。这一态度充分地折射了后发现代性国家介入式文学生产的艰难。

第三节　重返"通俗"：变通与困境
——《小说世界》的基本风貌

1923年1月，商务印书馆创办了一份新的文学期刊——《小说世界》。

---

① 佩蘅：《评冰心女士底三篇小说》，《小说月报》第13卷第8号，1922年。
② 茅盾：《女作家丁玲》，《文艺月报》第2号，1933年。
③ 茅盾：《读〈倪焕之〉》，《文学周报》1929年5月12日。

第二章 悖论与张力：商务印书馆文学期刊的多种面貌

该刊原为周刊，由叶劲风主编；1928年第17卷第1期改为季刊，由胡怀琛接编；1929年12月出至第18卷第4期后停刊。

关于《小说世界》的创办，商务内部存在明显的分歧：对于沈雁冰、章锡琛等拥有"新文化"背景的年轻编辑来说，《小说世界》的出现无疑是一个精心设计的阴谋。据沈雁冰回忆："早在一九二二年夏初，王云五对我和郑振铎说，他们（指他及商务当权者中间的死硬顽固派）想办一种通俗刊物，名《小说》；并郑重声明：《小说月报》方针不错，万无改回来之理，但《小说月报》有很多学术性的文章，一般人看不懂，现在他们要办个通俗性的《小说》，一面是要吸引爱看《礼拜六》一类刊物的读者，为扫除这些刊物作釜底抽薪之计，一面也要给《小说月报》做个梯子，使一般看不懂《小说月报》的读者由此而渐渐能够看懂。王云五并要求我及常在《小说月报》写小说的朋友给他们计划中的新刊物写点稿子，以便'开张大吉'。"[①] 这段回忆透露出一个重要信息，就是当时无论是着眼于市场的商务高层还是更多关注文学本身的《小说月报》编辑，一方面认可了《小说月报》革新所营造的"现代"文学方向具有与时俱进的进步性；另一方面却又认为《小说月报》曲高和寡，其远离市民大众的精英趣味令人担忧。因此，"现代的"如何又是"大众的"，或者更准确地说，"雅""俗"如何真正合流，成为了双方共同关注的问题，也是新杂志可以被创办的共识所在。而这一点，分明暗示出了革新后的《小说月报》所存在的缺憾——如果说晚清"小说界革命"所开启的"新小说"其合法性很大程度上建立在"新民"意图，特别是由此可能产生的巨大文化普及效应的期待上的话，那么，显然革新后的《小说月报》并没有完全实现这一点。因而，新文化运动之后如何重塑"通俗小说"，仍然是值得探讨的问题。

然而，《小说世界》创办的实际意图其实并不在沈雁冰的期待视野中：

---

① 茅盾：《复杂而紧张的生活、学习与斗争》（上），《新文学史料》1979年第4期。

"等到《小说世界》在市面上发行,我们才知道这里面有包天笑、李涵秋(黑幕小说《广陵潮》的作者)、林琴南、卓呆、赵苕狂的'大作',我们大吃一惊,这才知道王云五及其同伙之卑劣无耻,有如此者。"① 在沈雁冰看来,以王云五为代表的商务高层并不是新文化运动的同路人,他们之所以要创办《小说世界》,其真实想法并不是为了在认可新文化运动的前提下解决"现代的"如何又是"大众的"的问题,而完全是一种商业行为——为了消化因《小说月报》革新而积压的鸳鸯蝴蝶派作品(这批作品革新前商务印书馆就已买下),规避经济损失。这一点也间接得到了叶劲风的认可:

> 本馆积稿中,有姚鹓雏先生之《红薇记传奇》,风得之,如获奇珍,然不能不无感。盖文人一艺之成,不知洒却几许心血,幸而刊行问世,知音有几;不幸为编者所弃,则此一片心血,直与废楮残墨同朽耳。风不学,入世较浅,不获与文坛诸巨子周旋。然景慕之忱,无时或已。……尚有铁樵先生译文数种,已付排。后当陆续刊登,以公同好也。②

可以看到,作为新文化阵营重要成员的沈雁冰与作为鸳鸯蝴蝶派代言人的叶劲风之间的分歧是巨大的,主要集中在:在1920年代中期的中国社会文化语境中,鸳鸯蝴蝶派的作品还有没有价值;对于商务这样具有引领性影响的大型出版机构来说,还需不需要专门创设一个出版物来收容鸳鸯蝴蝶派的作品?对于沈雁冰而言,答案当然是否定的;但对于叶劲风来说,其回答却是与沈雁冰背道而驰的。而商务印书馆则从商业利益着眼,采取了"喜新不厌旧"的折中调和姿态尽可能地降低经济风险。

而商务创办《小说世界》更深层次的原因,据范伯群考察,还来自其

---

① 茅盾:《复杂而紧张的生活、学习与斗争》(上),《新文学史料》1979年第4期。
② 叶劲风:《红薇记传奇·题记》,《小说世界》第2卷第1期,1923年。

第二章　悖论与张力：商务印书馆文学期刊的多种面貌

对于竞争日益激烈的期刊市场的占有考虑："其实要办一个通俗小说刊物，最着急的不是那些通俗作家们，因为世界书局与大东书局已经给了他们广阔的地盘，况且周瘦鹃手中还有《申报·自由谈》，严独鹤手中还有《新闻报·快活林》。问题的症结是在于商务要将世界书局和大东书局抢占去的市民读者的份额夺回来，至少自己也要分一杯羹。"① 商务显然已经意识到，对于在都市文化市场中占据大多数份额的"市民读者"来说，革新后的《小说月报》并不能满足他们的兴趣；因此另辟蹊径，就成为了在市场逻辑下一个顺理成章的选择。创办《小说世界》意味着重新引入鸳鸯蝴蝶派文学，这在"五四"之后当然不是一个政治正确的决定，但却是能在不干扰《小说月报》已然形成的"新文学"品牌的前提下，又能挽回其实并不甘心失去的"市民读者"市场的一种变通处理。商务这一看似两全其美的选择，其实是暴露了其在"商业"与"文化"、"新"与"旧"、"雅"与"俗"之间游移不定却又无力弥合的问题，因此留下了较大的争论空间。

对于《小说世界》的创办，新文化阵营反响强烈。其中，鲁迅的看法颇有典型性："凡当中国自身烂着的时候，倘有什么新的进来，旧的便照例有一种异样的挣扎。……上海之有新的《小说月报》，而又有旧的（？）《快活》之类以至《小说世界》，虽然细微，也是同样的事。现在的新文艺是外来的新兴的潮流，本不是古国的一般人们所能轻易了解的，尤其是在这特别的中国。许多人渴望着'旧文化小说'的出现，正不足为奇；'旧文化小说'家之大显神通，也不足为怪。……至于说它流毒中国的青年，那似乎是过虑。"② 鲁迅将《小说世界》的诞生看作是新旧思潮激烈交锋的过渡时期的必然产物，认为其代表了在新文化尚未深入人心的情况下旧文化势力回光返照般的垂死挣扎，因而他并不觉得该刊会产生多大的社会影响。值得

---

① 范伯群：《1921—1923：中国雅俗文坛的"分道扬镳"与"各得其所"》，《文学评论》2009 年第 5 期。
② 鲁迅：《关于〈小说世界〉》，《鲁迅全集》（第八卷），第 137—138 页。

注意的是，这一判断是建立在对读者群进行细分的前提下的——鲁迅在文中谈及的对于"旧文化小说"饱含渴望的"许多人"，显然指的是商务努力争取的带着文化消费观念来观看小说的城市市民阶层，其中居然不包括新文化阵营寄予厚望的"青年"。当《小说世界》的读者群被设定在这一层面的时候，鲁迅所谓的"不足为怪"的第二层意思也已经很明显，即，如果说新文学所依傍的青年学生群体原本就与鸳鸯蝴蝶派文学所青睐的市民读者群形成了错位性差异的话，那么，在"独木桥"与"阳关道"彼此可以并行不悖的意义上，可以说，新文学与鸳鸯蝴蝶派文学其实并没有真正形成针锋相对的二元对立关系，当然也构不成真正的竞争对手，因而鸳鸯蝴蝶派的卷土重来不足为虑。在这一格局中，不难体味到以鲁迅为代表的新式知识分子对于鸳鸯蝴蝶派那种居高临下的轻视和敌意，显然在他们的视野中，鸳鸯蝴蝶派小说已打入另册，不可能在新文学的版图再有一席之地。

　　置身于这样的争议性语境中，《小说世界》自然而然生发出了一种为自己的生存空间主动抗争的意识。作为一个以发表创作为主兼顾文学翻译的文学刊物，尽管《小说世界》甚少触及理论，但是在有限的几篇论文中，不难发现，无论是编者还是作者，都有一种回归到传统文学立场重新诠释"小说"概念、争夺文学话语权的强烈冲动。胡寄尘在简单清理了中国小说的起源后，指出：

> 所谓小说者，流出于稗官是也。……故小说又称野史。
>
> 由此可得研究之门径。先将小说分为形式及实质而研究之。今先论实质，实质可分为三派，一野史派，二寓言派，三神话派。
>
> 至如在形式上言，亦分为三类：一曰记载体，即今人所谓笔记小说是也……而曰演义体，即今人普通所谓章回小说是也……三曰诗歌体，即传奇弹词等类是也。
>
> 今人谈小说最重写实。殊不知野史派重在写实，寓言派重在理想，

第二章 悖论与张力：商务印书馆文学期刊的多种面貌

不问事实，而寓言派能导人入于未来之世界，其改造社会之功，亦不在野世下，今人多轻忽之，何也？①

在胡寄尘看来，"小说"作为稗官野史，本身就是中国本土文化传统的一部分，因而完全可以纳入已有的"笔记小说""章回小说""传奇弹词"格局中讨论，创作手法也无外乎"写实"和"理想"两种，这都是中国传统小说已有的路数。在这样的论述中，可以很清楚地看到鸳鸯蝴蝶派作家企图通过强化中国已有文学传统的正当性与"五四""文学革命"相对抗的努力，其间流贯着的文化保守主义情绪清晰可辨。在另一篇文章中，胡寄尘进一步阐释了他的小说观："（小说）体例实在是没有大关系。近人多注意到体例上的改革，可算是舍本求末。在今日做小说的人，非多读几部中国旧小说不行，不多读几部外国各家的小说也不行。外国小说不能读原文，读译本也可以。至于取材，以亲身阅历的事为材料最好。听见他人转述的也可以，从书上（不是小说的书）看下来的也可以，凭空捏造的，除了理想小说以外，便用不着。"②在看似不偏不倚地为中国文学者开出兼顾中西的补课药方之后，胡寄尘笔锋一转，以《鲁滨孙漂流记》为例批评了西方文学到中国之后的水土不服问题："《鲁滨孙漂流记》一书，在英国小说中，很占重要的位置，中国林先生久有译本，然与中国普通社会，不曾发生若何关系。此书在民国元年，我便评他不应用文言译，而应用白话译。因为能读林译小说的人，思想与此书不相投；思想与此书相投的人，又不能读林氏之书。……再有一事，和中国人性情不合，因为英国是岛国，是商国，他人民富于航海冒险的精神，故喜读此书。中国是大陆国，是农国，除沿海数省外，人民思想和此书略不相关，所以此番在中国不能盛行。"③表面

---

① 胡寄尘：《中国小说考源》，《小说世界》第 1 卷第 11 期，1923 年。
② 胡寄尘：《小说谈话》，《小说世界》第 1 卷第 8 期，1923 年。
③ 同上。

上，胡寄尘是以白话/文言作为切入口来讨论翻译文学的接受问题，实质上，他认为白话/文言指称了不同的文化政治，需要与相应的思想观念相匹配。在这一逻辑下，作者顺理成章地认为林纾对于像《鲁滨孙漂流记》这样的西方文学作品的翻译是一个"旧瓶装新酒"的失败之物，并且由于中英两国国情的巨大差异，因此不能被转型时期的中国读者所接受——其潜台词分明就是，无论是基于社会语境还是文化传统，这类西方文学并无翻译到中国的必要。在这套论述逻辑中，可以看到鸳鸯蝴蝶派与新文化阵营的交错与分野所在：尽管在肯定"白话"作为文学传播手段的合理性上双方不谋而合，但是在使用"白话"的意图、对于"白话"功能的认识以及"白话"的来源的理解上，双方显然存在较大差异；① 尽管双方在文学需要大众化上并无分歧，但在如何大众化上，双方明显是分道扬镳的——鸳鸯蝴蝶派在文学资源汲取上的传统化倾向以及通过商业化实现大众化的路径选择，使它无法在晚清社会危机/文化危机的语境中认清"文学"自身所面临的困境，当然更无法找到应对此危机的文学变革的动力；而对晚清社会危机/文化危机的体认并通过引入外部文化资源从文学变革角度探索"新民"的可能路径，却正是新文学发生的根源。因此，两者之间的差异，表面上看是"雅"/"俗"之争，实质仍为"新"/"旧"不能两立。

置身于这样的格局中，从《小说月报》主编位置退下来后成为《小说世界》作者的王蕴章企图以"实用"来弥合"新"/"旧"之间的鸿沟。他借《漂泊》主人公孙北辰之口说："文学上面只有好与不好的界说，没有新与不新的限制。有时从片面看来，果然新旧二字划若鸿沟；然而无论新咧旧咧，只要切合实用，合于实用的便是好，不合实用的便是不好，新学固

---

① 如沈雁冰认为："现在一般人看不懂'新文学'，不全然是不懂'新式白话文'，实在是不懂'新思想'"，特别是"新文学内所含的思想及艺术上的方法不合于他们的口味，'新式白话文法'不过是表面的障碍"。见沈雁冰:《答梁绳祎》，《小说月报》第13卷第1号，1922年。

然切合实用了，然而旧学之中也尽有许多颠扑不破的学说。天不变，道亦不变。或者单单变换一个面目，它的精神仍是丝毫没有变动。再进一步说，新的固然好了，难道新的便一好百好，没有一样不适用吗？恐怕也未必如此罢。"①这一以"实用"为旨归的新旧调和论无疑想使鸳鸯蝴蝶派摆脱饱受指责的落伍形象，从而获得可以与新文学相提并论的正当性；然而字里行间似乎并不理直气壮，也没有真正建构起可以与新文学相对抗的有力逻辑，反而透露出了对新文学已获得的认可的焦虑，以及旧文学想以此为比附去争取哪怕是些微的生存空间的企图，其间流贯着明显的无可奈何花落去的失意情绪。

无论如何，在1920年代中期"新文学"已逐渐取得主流话语权的情形下，《小说世界》的地位、作用和号召力，已经无法与革新后的《小说月报》相抗衡，如何审时度势、求新求变，依然是其需要面对的瓶颈问题。事实上，《小说世界》的确还是在鸳鸯蝴蝶派格局下做了一些试图打通"新"与"旧"、变"俗"为"雅"的努力，尽管并不是太明显：就作者而言，《小说世界》主要倚重旧时鸳鸯蝴蝶派文人，有叶劲风、包天笑、李涵秋、胡寄尘、徐卓呆、赵苕狂、毕倚虹、严芙孙、何海鸣、程小青、范烟桥、张碧梧、姚鹓雏、江红蕉、张枕绿等，其中叶劲风、徐卓呆、胡寄尘、赵苕狂、何海鸣、李涵秋等在该刊上发表作品较多，而沈雁冰、王统照等新文学作家也有惊鸿一瞥般的亮相。②就栏目而言，《小说世界》有创作、小说、翻译、剧本、散文、滑稽戏、歌曲等内容，分类标准呈现出了新旧混杂的随意性，不过，其明显企图将某些新文学知识纳入到既有的通俗文学版图中。

---

① 王西神：《漂泊》，《红玫瑰》第1卷第4期，1924年8月23日。
② 新文学作家在《小说世界》上出现不多：如沈雁冰在《小说世界》第1卷第1期发表《珍闻琐录》，介绍法国作家法郎士、左拉等人的动态，发表科普类作品《浅谈科学升降机》，翻译匈牙利裴多菲的小说《私奔》，在第1卷第3期上发表了翻译的匈牙利密克柴司的小说《皇帝的衣服》；王统照在《小说世界》第1卷第1期发表小说《夜谈》等。

《小说世界》上的创作也印证了其变通的努力。如果说清末民初的鸳鸯蝴蝶派作品主要标榜"茶余酒后,备个人消遣之资,聊寄闲情,无关宏旨"①的话,那么,到了"五四"之后,像《小说世界》这样的鸳鸯蝴蝶派期刊,已经多多少少感染了世风之变,开始在卿卿我我的情爱世界之外关注并吸纳更多的时代气息,从而使得小说的书写空间有所拓展。

作为"时代意识"的构成要素之一,"国家"这一近代以来被重新诠释的新生事物,逐渐成为《小说世界》一部分小说关注的时代背景以及人物身份认同的重要资源。如《十年后的中国》(劲风)②以第一人称幻想自己可以在十年后制造比 X 光还要厉害的 W 光,从而打败帝国主义列强的飞艇,使中华民国称雄世界。尽管这一设想更多是南柯一梦,却依然可以依稀感觉到建立在晚清以来强国保种基础上的"国族"意识已经渐入人心。《我们的国旗》(叶劲风)③则将"国旗"这一国家象征物作为文学想象中的起点,同样以做梦的方式描写别国国旗迎风招展,而我国国旗"染着无数的耻辱"令人唏嘘,作品最后一段议论颇有意味:"希腊的诗人,用他们的心血,唤起了国魂,列强的国歌鼓舞了他们爱国的精神。只我们中国自命不凡的诗人,艺术家,在这要求取消二十一条,收回旅大,呼声最高的时候,却沉寂如死!"尽管上述小说因为缺少情节铺陈显得空洞粗糙,但无论是"爱国"主题的选择还是对比手法的使用,该小说与"五四"时期风靡一时的新文学类型之一的"问题小说"颇为相似,尤其是对"艺术家"需承担的文化使命的质疑,明确地指向了"现代"知识分子应具备的担当精神,这显然是与鸳鸯蝴蝶派原先局限于私人生活的自我指认有所区别。

"国家"意识建构之外,伴随着1920年代之后激烈的社会矛盾以及由此造成的贫富悬殊,对底层阶级生存困境的关注乃至在此基础上底层关怀的

---

① 《中华小说界发刊词》,《中华小说界》第1年第1期,1914年。
② 《小说世界》第1卷第1期,1923年。
③ 《小说世界》第2卷第1期,1923年。

第二章 悖论与张力：商务印书馆文学期刊的多种面貌

探索，成为《小说世界》的努力方向，也因此提供了与"五四"时期"乡土文学"有相似也有差异的另一种底层书写模式。如《租》(翟秀峰)①描绘了农民徐阿根因为水灾不能及时缴租，仅有的两亩田也被地主廉价收购的故事；《谁的错》(达观)②描写了大年夜长工汪二借贷无门、衣食无着、沦落为小偷的惨状，热闹的过年气氛与穷人凄惨的境遇形成了鲜明对比；《在南京》(杨小仲)③用孩童化的"我"的视角冷眼旁观了学堂差役炳生贫病死去的一生，特别将"我"与炳生沦为乞丐的儿子进行对照性书写，社会的极度不公跃然纸上；《生活压死的劳动者》(张碧梧)④触及了工人抗争意识，描写工人王阿根为了改变贫穷生活，去和资本家谈判，最终却被解雇导致含恨而死；《窗内和窗外》(苔狂)⑤展现了大雪天窗内和窗外两种截然不同的图景：窗内的富翁饮酒、赏雪，窗外的穷人一家三口饥寒交迫地死去，作者感慨道："这小小一窗，倒好似鸿沟之隔，世间苦乐，竟如此之不均啊。并且那窗内人，未必贤于窗外人，讲到人格上面，还不如得多。而境遇一则如此，一则如彼，真叫人愤懑不平感叹不尽呢。"可以看到，这些小说大都采取极端对立手法来展示社会不公，来表达对于城乡最底层工农悲惨命运的同情，显现了比晚清时期鸳鸯蝴蝶派作品更为鲜明的人道主义情怀。这里面，有悲天悯人的传统士人心理积淀，也在一定程度上折射了"五四"时期建构的"劳工神圣"的观念，还多多少少有着1920年代中期之后因中国社会阶级分化而萌生的"底层"意识。需要指出的是，这些小说对于底层的关怀大多局限在同情的意识层面上，与更为激进的导向"行动派"的左翼革命立场之间保持着相当安全的距离，而且，一旦与叙事者固有的立场有冲突，何去何从，选择往往是一清二楚的。如《社会主义者》(求幸福

---

① 《小说世界》第2卷第3期，1923年。
② 《小说世界》第1卷第9期，1923年。
③ 《小说世界》第2卷第1期，1923年。
④ 《小说世界》第2卷第2期，1923年。
⑤ 《小说世界》第2卷第3期，1923年。

斋主,即何海鸣)①以1920年代后期风起云涌的左翼革命思潮为背景,描述了信奉社会主义的何往斋博士因为恋爱、结婚、生子,最终放弃信仰的过程。小说设计了理想与现实、个人与公共、政治与生活等一系列的二元对立结构,而主人公的选择,毫无疑问停留在"去社会"的个人底线上。所谓的"社会主义者"的称谓在此无非是一种反讽,并没有成为可以改良人生的一种外部力量。就这样的叙事结构设置而言,仍可以说,风云变幻的时代气息并没有真正感染小说主人公乃至叙事者,而更多沦为依附在新意不足的个人故事内核外的一种点缀。

作为《小说世界》主体的各种爱情小说,同样因为在一定程度上折射了"时代意识"而呈现出某种变通努力。如《自由之代价》(胡寄尘)②将教师李松岑的婚恋悲剧与其经济上的窘迫状态联系在一起,暗示其两次婚姻失败的根源其实在于遭遇到了政府欠薪,个人幸福由此就与社会是否良性运行联系在了一起。《十六行眼泪》(卓呆)③用十六行眼泪浓缩了中产阶级女性柔芬平淡而又饱受压抑的一生,强调其亲情的匮乏、婚恋的不如意以及糟糕的人际关系,都是基于其女性身份,性别不平等所导致的女性悲剧历历可见。《男女的情操》(张碧梧)④对两位女同学宋月娥和庄淑娟不同的婚状况进行对照性描写,既抨击包办婚姻对个人自主性的干涉,也怀疑自由恋爱的有效性,认为结婚还是采取新旧妥协的折中模式为好,并对男女在婚姻关系上的所谓"平等"提出了质疑。《枕上》(沈禹中)⑤描写屿姑因为家道中落,导致大龄未婚而郁郁而终,最后居然还被指派了一个轰轰烈烈的冥婚,其间的反讽性发人深省。无论是小市民男性因为窘迫的经济生活而遭遇到的千疮百孔的爱情,还是中产阶级女性在男女不平等的现实中

---

① 《小说世界》第1卷第1期,1923年。
② 同上。
③ 《小说世界》第1卷第10期,1923年。
④ 《小说世界》第2卷第4期,1923年。
⑤ 《小说世界》第2卷第3期,1923年。

第二章 悖论与张力：商务印书馆文学期刊的多种面貌

所被迫承受的悲剧性命运，其中都可以看到1920年代急剧分化的社会的某种投影，这在很大程度上已经成为侵蚀个人情感世界的决定性因素；而作者们普遍选择的半新不旧的价值取向，固然有唐小兵所指出的"戏仿"的成分："鸳鸯蝴蝶派式通俗文学在表意上可能会认同传统、前现代的价值和观念，但在运作上却是对现代平民社会的肯定，对等级制和神圣感的戏仿和摒弃"，[①]但毋庸讳言，其叙事站位并没有真正呼应"时代意识"的要求而在新的历史语境中实现对"通俗"的重塑。

《小说世界》上还出现了一批接续"谴责"传统、揭示时代社会形形色色"黑幕"的暴露型小说。如《罪恶制造所》(赵苕狂)[②]勾勒了大盗霍根生的一生，指出其之所以堕落，是因为他入狱后目睹了监狱里吃喝嫖赌的腐败状况，使他深受刺激，最终彻底成为坏人。《政客的面孔》(贡少琴)[③]着重剖析了政客李从新之所以能成功，在于其对待洋人、军阀、小妾等都惯用"媚"术，毫无人格底线可言。《小说家的真知己》(苕狂)[④]则通过小说家慎之的投稿遭遇，大曝文坛登龙术之阴暗，批评了文人集团的道德沦丧。无论是罪犯、政客还是文人，显然在叙事者心目中，都无法担当推动社会进步的责任，相反，他们身上所折射的几种人生经验分明都隐含着中国传统"厚黑学"的影子——当这些人生的幽暗面被认为是人心无法克服的因素，甚至可以阴魂不散地穿越历史隧道游荡到20世纪时，可以看出，《小说世界》企图与时俱进进行变通的努力，仍然还是导向了无法自洽的内在困境：一方面，直面人生的阴暗面，似乎与以"启蒙"为导向的自然主义文学观诉求一脉相承；然而对人生阴暗面看似一边倒的臣服，又在很大程度上放弃了文学的社会责任，从叙事伦理角度来说，还是与意在拯救人心

---

① 唐小兵:《蝶魂花影惜分飞》,《读书》1993年第9期。
② 《小说世界》第6卷第1期，1924年。
③ 《小说世界》第11卷第11期，1925年。
④ 《小说世界》第3卷第2期，1923年。

的新文学立场截然对立。

总体而言，商务创办《小说世界》更应被看作是一次对于都市通俗文学的"重返"，是商务在通过改革《小说月报》取得以新式知识分子为核心的精英文学领导权之后，又想通过这一"重返"来占领已然失去的大众文学市场的一次尝试。这种企图整体性地拼合文学版图的努力，既体现了商务的雄心，却也在一定程度上使自己在"新旧不能两立"的特定历史语境中陷入到了左支右绌的困境，值得进一步深思。

第三章　多种力量博弈场域中的"现代"文学转型

——关于《小说月报》的革新

搁置在近代以来中国社会文化转型的语境中，1921年以后的《小说月报》通常被看作是一个不言自明的"现代文学"范例——这不仅因为它是当时唯一通过"革新"成功转型的"新文学"期刊，也因为其刊载了一系列"现代文学"作品从而主导了"现代文学"典范的塑造。因而，"革新"后的《小说月报》总是被理所当然地视为文化/文学成功转型的重要标志。[①]

基于这样的前提，《小说月报》的"革新"显然就有必要被进一步讨论：作为走向"现代"的关键一环，《小说月报》的"革新"是如何实现的；在此过程中，商务印书馆扮演了怎样的角色；《小说月报》的"革新"是否真的导向了经典意义上的"现代文学"乃至"现代性"？

第一节　"不适宜"：《小说月报》革新的缘由

置身于1917年之后的中国社会文化语境中，《小说月报》与急遽变动的社会现实之间，与日益趋向变革的文化/文学界之间，特别是与以学生、

---

① 旷新年：《山重水复疑无路》，《读书》2001年第12期。

市民为主体构成的新兴读者市场的诉求之间，差距越来越明显。商务当事人之一的胡愈之这样回忆当时新思潮的兴起：

> 所谓"新文学运动"最初是一场白话文反对文言文的斗争……除了《新青年》以外，最初只在北京大学出版的《新潮》等杂志和北京报纸的副刊，登载了白话文的论文、小说和诗。在上海只有《时事新报》的"学灯"，后来是《民国日报》的"觉悟"接受了白话文……但是在编译所内部我们绝口不谈《新青年》和白话文的事。因为直到1919年为止，商务印书馆的刊物仍坚持用文言文，反对白话文。不但商务印书馆编译所是坚持反对"新文化运动"的，章行严的《甲寅》杂志和南京的《学衡》杂志，上海的"礼拜六"派也都是反对白话文的顽固堡垒。①

面对风起云涌的新文化运动，老牌文学期刊《小说月报》显然面临着巨大的挑战，其方方面面的力不从心也越来越明显。

刊物主编首当其冲面临着挑战。从知识结构来看，前期《小说月报》的两任主编恽铁樵、王蕴章都极有古文底蕴——恽为古文大家，王则是有名的词章家，然而对西学却都颇为隔膜。这种偏于旧学的状况实际上是整个商务编译所编辑知识结构的一种缩影。按照胡愈之回忆："商务印书馆的编译所有一百多位编辑或助理编辑，大部分是从封建社会科举出身的士大夫，一部分是留学过美国和日本的洋学生。他们都是主张'中学为体，西学为用'的。"②商务主事人张元济也有这样的反省："时势变迁，吾辈脑筋陈腐，亦应归于淘汰"，③认为今后商务印书馆"非用新人，知识较优者，断

---

① 胡愈之：《早年同茅盾同志在一起的日子里》，唐金海、孔海珠编：《茅盾专集》，福建人民出版社1982年版，第190页。
② 同上。
③ 转引自隗瀛涛：《智民之梦——张元济传》，四川人民出版社1995年版，第80页。

难与学界政界接洽",然而,放眼商务,这样的人才却是"甚为缺乏"。①商务如果以这样的人才知识结构去应对时势的转变,显然不能对接社会文化转型对于知识生产更新的要求,很快就会落后于社会历史进程的发展。

就《小说月报》而言,刊物主编知识结构老化问题在外国文学翻译方面表现得更为直接。应该是意识到了"睁眼看世界"的重要性,在前期《小说月报》上,至少在1918年后,外国小说翻译得到了一定程度的重视。发表了莫泊桑、欧·亨利、都德、契诃夫、左拉、托尔斯泰等数十位外国小说家的作品;但是如果仔细探究一下的话,会发现,尽管被译介的大多是世界文学名家,然而即使是像托尔斯泰这样的文学巨匠,其被翻译到《小说月报》上的也只是如《真伪自有天知》这般籍籍无名的作品;与此形成鲜明对照的,是《小说月报》把更多的篇幅留给《红鸳艳牒》②《恨缕情丝》③等格调不高的大众通俗译作。由此可见,无论是编者还是译者,尽管他们都有着与世界文学接轨的意识,实际上却并没有真正把握住世界"现代"文学的发展脉络,因而无法借助"译介"这一后发现代性国家惯用的文化策略,来改变刊物的守旧面貌。

从作者群落上看,前期《小说月报》与时代的隔膜也是显而易见的。前期《小说月报》的作者群大致可以分为两类:一类是围绕在恽铁樵周围的以严复、林纾、王闿运、陈三立等人为代表的古文学家;另一类则是以王蕴章为核心,以程瞻庐、程小青、周瘦鹃、徐卓呆、范烟桥等人为代表的鸳鸯蝴蝶派小说家。当然,在这两类作者之外,前期《小说月报》也零星推出了一些后来在新文坛上大放光芒的作者,如鲁迅、王统照等,但数量极少,而且从他们此时的创作来看,基本上只是处在模仿练笔阶段,因此大致可以纳入上述两类。像鲁迅的处女作《怀旧》,以娴熟文言写成,因

---

① 《张元济全集》(第6卷·日记),第110页。
② 陈大悲译、西神润辞:《红鸳艳牒》,《小说月报》第9卷第1号,1918年。
③ 林纾、陈家麟同译:《恨缕情丝》,《小说月报》第9卷第1号,1918年。

此颇得主编恽铁樵的夸奖。①如果将这样一份古文学家与鸳鸯蝴蝶派小说家拼合成的《小说月报》作者名单，去和当时已经锋芒毕露的《新青年》的作者群落进行比较，就会发现，前者作者群观念的落伍、立场的保守以及趣味的市场化，已是毋庸置疑的。

之所以会出现这样的状况，与前期《小说月报》作者群的同质化、凝固化直接有关。20世纪前期的中国"大致形成商业报刊、机关刊物、同人杂志三足鼎立的局面"，②《小说月报》作为商业期刊，本应"眼观六路，耳听八方，立论力求'平正通达'"，③从而获得社会普遍认可，这就要求作者构成具有开放性、流动性，而前期《小说月报》作者群却主要以主编为中心、以传统"熟人社会"的法则聚合在一起，而形成地缘、学缘等相对固定的群落，《小说月报》也就相应地呈现出趣味窄化的"同人刊物"特征；更成问题的是，这批"同人"的知识结构又是相对陈旧的。这显然会使《小说月报》因为无法建构起与时俱进的社会交往网络，而越来越失去回应社会重大问题的能力。

正是基于编辑与作者的知识结构问题，使得1917年之后的《小说月报》在编辑方针、编辑内容与栏目设置上的僵化倾向日益严重，越来越没能力找准并且跟上读者市场的变化，这可以说是前期《小说月报》溃败的最根本的原因。本来，按照恽铁樵的说法，《小说月报》的读者基本上可以归纳为"三种人"：

> 读者为何种人乎？如来教之所谓林下诸公其一也；世家子女之通文理者其二也；男女学校青年其三也。商界农界读者必非新小说籍，

---

① 《小说月报》第4卷第1号，1913年。
② 陈平原：《思想史视野中的文学——〈新青年〉研究》，《中国现代文学研究丛刊》2002年第3期。
③ 同上。

曰其然，恐今犹非其时。是故月报，文稍艰深，则阅者为上三种人之少数；月报而稍浅易，则阅者为三种人多数。①

在1917年之前，这种估计大致是符合实际情况的。但是，随着1916年新式学堂的兴起，男女学生数量的激增，据"中华基督教育调查团"调查数据表明，"五四"前夕，学生数已达3,974,454人；②学生群体在社会上的影响力也与日俱增，逐渐成为期刊阅读群的主流。③一个明显的佐证就是，直接对准青年学生阅读需求的一些新兴期刊销售量剧增。如大名鼎鼎的《新青年》杂志，1915年创刊时只印了1000册，而到了1917年，其发行量已达16,000册，增长速度相当惊人；而一些如《小说月报》一样仍旧停留在原有读者定位上的老牌期刊，则面临着没落的命运，如《小说时报》1917年停刊，《小说丛报》1919年停刊，《小说大观》1921年停刊。可以说，对于1917年后趋新的中国社会来说，接受新鲜事物较快的青年学生，其阅读趣味已日益成为主导社会阅读趋势的风向标，因而在一定程度上左右了刊物的命运。这些青年学生经过了晚清以来各种社会运动的洗礼，大多具备了"激进民主思想"，④喜欢看激进犀利的文字，对四平八稳的传统诗词歌诔不感兴趣；喜欢现实针对性较强的"介入式"创作，对旧派文人之间应酬唱和的诗文嗤之以鼻。而这些，恰恰是无论前期《小说月报》的编者还是作者都无能为力的地方，读者市场的江河日下自然在情理之中。

商务当局显然也看到了《小说月报》的力不从心。早在1917年10月张元济给高梦旦的信中，就明确透露出了商务当局对《小说月报》的不满："谓《小说月报》'不适宜，应变通'。"⑤那么，在张元济等人的视野中，《小

---

① 《答某君书》，《小说月报》第7卷第2号，1916年。
② 转引自桑兵：《晚清学堂学生与社会变迁》，广西师范大学出版社2007年版，第2页。
③ 许敏：《上海通史》（第10卷），上海人民出版社1999年版，第60页。
④ 桑兵：《晚清学堂学生与社会变迁》，第100页。
⑤ 《张元济全集》（第6卷·日记），第266页。

说月报》的"不适宜"到底体现在什么地方呢？

按照《张元济日记》提供的信息，这种"不适宜"至少具体表现在以下两方面：首先，是针对篇幅越来越多、内容越来越低俗、翻译越来越滥的林译小说而言。作为清末民初影响最大的小说翻译家，林纾与商务渊源颇深，有着多年的合作，其译作多在商务出版，他和严复为商务在近代中国翻译界独领风骚立下了汗马功劳。林纾译作之丰富、译笔之优雅、译速之快，一时无出其右。"五四"以后的新文学家从其译作中受滋养颇多，沈雁冰曾经这样评价道："林译也有不但不很歪，而且很有风格甚至与原文风趣有几分近似的，例如《拊掌录》中间的几篇，这一点我们既佩服，而又惊奇……林译较好者至少有百分之六十不失原文的面目。"① 郑振铎也认为："林琴南今得名矣，然其最初所出之《茶花女遗事》及《迦茵小传》，笔墨腴润轻圆，如宋元人诗词，非今日倚老卖老可比，吾人若学林氏近作，鲜有能出色者。"② 这些评价相当中肯地指出了林译小说的特点及其在近代中国的巨大影响力。

然而，到了1916年之后，林译小说却明显地走下坡路了。首先是林译小说数量急剧增加，无论是商务印书馆还是《小说月报》，都感觉不胜负荷。张元济在1916年8月10日的日记中就记载道："梦旦查告：琴南小说今年自正月至八月收稿十一种，共五十七万二千四百九十六字，计资三千二百零九元零八分。梦意似太多，余意只得照收。"③ 据查，当时商务各杂志的稿酬最低千字二元，最高为千字五元，而商务给予林纾的翻译小说稿酬一般是千字六元，可以说格外优待。高产加上高酬，商务对于林译小说的资金投入是相当可观的。不仅如此，林译小说还因此占据了《小说月

---

① 参见茅盾:《商务印书馆编译所和革新〈小说月报〉的前后》,《商务印书馆九十年》,第161—171页。
② 1923年2月27日郑振铎致周作人信,转引自东尔:《林纾和商务印书馆》,《商务印书馆九十年》,第541—542页。
③ 《张元济全集》(第6卷·日记),第94页。

报》过多的版面。据统计，一般《小说月报》每期必然要刊登一到两篇林纾与他人合译的小说，有时还要另外加上一个连载的长篇；而到了1919年，林译小说短篇、戏剧、连载的长篇居然一起上，要占到《小说月报》五分之一的篇幅。如此集中的狂轰乱炸，使得刊物面目重复拖沓，很容易使读者产生审美疲劳。

更成问题的是，林译小说的质量也在急剧下降。张元济在1917年6月12日日记中写道："竹庄昨日来信，言琴南近来小说译稿多草率，又多错误，且来稿太多。余复言稿多只可收受，惟草率错误应令改良。"[①]8月14日的日记中，张元济又记载道："林琴南译稿《学生风月鉴》，不妥，拟不印。《风流孽冤》拟请改名，《玫瑰花》字多不识，由余校注，寄与复看。"[②]可以看到，这一时期林译小说无论是所选原著的品格还是翻译的质量，都已难尽如人意，以张元济为代表的商务高层对其的不满之意已跃然纸上。可以认为，对于商务来说，林译小说渐渐沦落为了"负资产"。因而革新《小说月报》，从最表层的意义上看，显然就是为了终止林译小说继续在《小说月报》上蔓延，以快刀斩乱麻的方式宣告曾经在中国文化史上辉煌无比的"林译小说"的终结；另一方面，也在一定程度上实现商务与这一负资产的有效切割。只有在这样的前提下，才能理解，当后来沈雁冰接手《小说月报》提出"现存稿子（包括林译）都不能用"[③]时，商务当局为何会马上首肯。

其次，1917年后的《小说月报》之所以被指斥为"不适宜"，还体现在出版方与编辑方、编辑方与市场之间的矛盾纠葛上。很大程度上，恽铁樵的离职可以被看作是出版方与编辑方矛盾冲突的一种印证。据考证，恽铁樵主要在两件事上开罪于商务当局，其一是1917年8月发生的关于英汉合

---

① 《张元济全集》（第6卷·日记），第214页。
② 同上书，第242页。
③ 茅盾：《商务印书馆编译所和革新〈小说月报〉的前后》，《商务印书馆九十年》，第190页。

璧小说的处理风波。作为一个中英文造诣都颇深的资深编辑，恽铁樵同时的许多刊物编辑一样，在从事编辑事务的同时，也致力于外国小说的翻译。但当时的文学翻译常常囿于翻译者外文水平以及译入国读者审美趣味的局限，往往如林译小说一样，采取翻译与改写并举的"曲译"方式而非更尊重原著的"直译"。其结果，一方面是"曲译"的小说因为照顾到了译入国读者的既有阅读习惯而容易被接受；另一方面，却也造成了翻译文本与原作之间无论是内容还是风格上的巨大反差，文化误读不可避免。张元济作为商务在业务方面的掌舵人，显然已经意识到国内的翻译正在从"曲译"向"直译"转变——在谈到文典时，他就指出："余言近出各种均系强己就人，殊不适用，逆料我国文法与西洋文法必有增损之处。"[①] 因此张元济对恽铁樵的"曲译"提出了修改意见："开具编译英汉合璧小说意见五项送交梦翁。"[②] 此事显然会在行事作风颇为强硬的恽铁樵心里种下芥蒂。

恽铁樵与商务当局的矛盾进一步加剧，是在《聊斋演义》事件中。同年10月17日，张元济审阅"谈善吾交来译稿，颇冗沓，又发现恽铁樵所定体例不妥。恽铁樵以破除迷信为由，以天及良知代观音、城隍等名，余以为不妥……十八日铁樵来信，仍坚己见。余以为新小说可辟迷信，旧小说不必"。[③] 恽铁樵得知，仍固陈己见，张元济亦不退缩："恽铁樵来信，颇辨《聊斋演义》宜去迷之理，意甚坚执，余请梦翁转致。"[④] 经过几个回合的较量，最终商务仍旧采纳了张元济的意见。这个结果对于恽铁樵来说，当然是一个打击，对于张元济而言，合理的意见最终却不得不强行通过，也不见得会高兴。双方的心理芥蒂无疑更深了，而且也公开化了，最终导致恽铁樵离开《小说月报》。

---

① 茅盾：《商务印书馆编译所和革新〈小说月报〉的前后》，《商务印书馆九十年》，第237页。
② 同上书，第242页。
③ 同上书，第268页。
④ 同上书，第270页。

第三章 多种力量博弈场域中的"现代"文学转型

《聊斋演义》体例编排看起来是个小问题，其实却是涉及双方如何有效处理新与旧的大问题。对于古文学家恽铁樵来说，以"良知"之类的新名词来取代"观音""城隍"之类的陈词滥调，恐怕是迫于时势的无奈之举，希望藉此局部改良推动《聊斋演义》这类小说跟上时代步伐。但在长期饱受古典文学熏染的张元济眼里，对于以"良知"之类的欧化词语突兀地取代"观音"等本土概念，恐怕是难以接受的。更进一步说，从"在商言商"的角度，张元济可能也预料到了这种不中不西、不新不旧的局部改良在将来的图书市场上亦会处境尴尬——既会被旧派知识分子所诟病，又得不到激进一代的认可，所以才会提出"新小说可辟迷信，旧小说不必拘泥于此"的新旧两分法。

不管怎样，从上面的两个事件中，大致可以看出，恽铁樵更愿意立足于旧学格局，以谨慎引入新学的改良姿态来处理编辑事务，因而虽然表现出了一种意欲跟上时代步伐的心态，但实际行动仍是迟缓的、有保留的；相形之下，作为维新一代遗老的张元济因为意识到了新旧不能两立，反倒行事更为开明，也更能够不拖泥带水地在新旧之间做出抉择。在这一格局中，应该说张元济所言的"《小说月报》'不适宜，应变通'"，更应理解为批评恽铁樵所带来的革新格局太小，因流于表面而收效甚微，从而隐晦地提出《小说月报》需要全面革新的信息。

较之于恽铁樵，王蕴章的去职可以说是编辑方与市场直接较量的结果。作为回应"《小说月报》'不适宜，应变通'"的直接举措，王蕴章接替恽铁樵第二次主编《小说月报》，应该说是被寄予了商务当局的厚望。然而，不久之后，《小说月报》的"不适宜"又表现出来了。其一，在栏目设置上，《小说月报》居然开始出现"小说俱乐部"这样的专栏，其主要规定是："（一）宗旨：鼓励小说家之兴会，增进阅者诸君之趣味；（二）社员：无定额，凡购阅小说月报者，皆有社员之资格；（三）会课：社员按期得本社会课一次，惟须贴本社印花方为有效；（四）命题：以短篇小说及游戏文俳体

301

诗为限。"[①] 在1918年这一日益趋新的年份，这种散发出传统文人游戏作文气息的规定，无疑给人倒行逆施之感。其二，《小说月报》上鸳鸯蝴蝶派文人的作品又纷纷出现，让人仿佛觉得《小说月报》在几经挣扎后又一次成为了鸳鸯蝴蝶派的大本营。

应该说《小说月报》重新与鸳鸯蝴蝶派结盟，从根本上是不合时宜的：一方面，以《断鸿零雁记》《玉梨魂》为代表的鸳鸯蝴蝶派小说高峰已成过去，鸳鸯蝴蝶派小说因其粗制滥造几成社会公害。在这个时候与鸳鸯蝴蝶派打成一片，很容易招致新式知识界的指责和唾弃，从而使《小说月报》一贯还比较良好的社会形象大打折扣。更为重要的是，鸳鸯蝴蝶派小说尽管在市民阶层中还有一定的影响力，但其市场号召力已经大不如前，《小说月报》再蹚浑水，不仅无助于扩大自己的市场占有率，反而有可能导致自己已获取的读者份额特别是在学生读者群中的影响力更大程度的流失。

王蕴章未尝不明白上述情形。之所以仍然让《小说月报》靠拢鸳鸯蝴蝶派，他其实有着不得已而为之的苦衷。作为南社社员，王蕴章与同为社员的许多鸳鸯蝴蝶派文人之间有着千丝万缕的联系。有资料表明，自民国建立之后，上海文坛几为南社社员所把持——《时报》有包天笑，《申报》有王钝根、周瘦鹃，《民权报》有徐枕亚、徐天啸等。社员之间，互相提携，一时之间，上海的报刊界，"竟是南社的天下"。[②] 鉴于此，王蕴章在其主编的《小说月报》上，大力扶持已是日薄西山的鸳鸯蝴蝶派，似也在情理之中。《小说月报》由此日益萎靡消沉，也就顺理成章了。其结果就是1920年"《小说月报》的销数步步下降，到第十号时，只印二千册。这在资本家看来，是不够'血本'的"。[③] 对于1913年就号称"迩来销量日增，每

[①] 《小说月报》第9卷第4号，1918年。
[②] 郑逸梅编：《南社丛谈》，上海人民出版社1981年版，第3页。
[③] 茅盾：《商务印书馆编译所和革新〈小说月报〉的前后》，《商务印书馆九十年》，第189页。

期达一万份以上"①的老牌畅销刊物《小说月报》来说，如此市场溃败可以说是达到了触目惊心的地步，作为主编的王蕴章自然是难辞其咎的。

无论是林译小说的日益黯淡，还是两位主编未能力挽狂澜，严格说来，所造成的《小说月报》的"不适宜"其实并不是孤立的、偶然的。如果结合当时的社会文化语境来看，会发现，很大程度上，内部的"不适宜"更应视为《小说月报》无法适应外部世界要求的一种征兆。在表层"不适宜"背后，由当时的文化／思想危机折射在刊物运作上暴露出的编者、作者与读者思想的分歧、趣味的差异，以及最终导致的读者群大规模流失所清楚标示出来的社会广泛不认同，才是《小说月报》最终不得不革新的更根本的原因。

第二节 从"半革新"到"革新"：《小说月报》的转型过程

尽管如此，至少在1920年之前，《小说月报》依然还只是处在勉强维持阶段，革新事宜并没有提上议事日程。

之所以如此，至少可能出于两方面原因考虑：其一，是暮气日现的商务印书馆对于激进的新文化运动一开始所必然出现的迟缓反应。沈雁冰曾经这样描绘当时"五四"新文化运动之于商务印书馆、之于他本人的距离："这个后来被称为新文化运动的'五四'运动，对于当时的商务印书馆编译所并没有引起任何震动。当时编译所中一般人认为这是政治事件，与文化无关。……我也是这样思想状态中的人们的一个。"②胡愈之更加明白地回忆道："当时，报纸副刊已用白话文，一切刊物杂志还是用文言文。我当时和

---

① 见《小说月报》1913年第4卷第9号《特别广告》。
② 茅盾：《商务印书馆编译所和革新〈小说月报〉的前后》，《商务印书馆九十年》，第179页。

沈雁冰同志都喜欢写白话文，但是怕所内老先生知道了不好，所以不敢用真名，而是用笔名投到报纸上发表。那时《东方杂志》的编辑杜亚泉先生，虽然是研究自然科学较早的，他曾用下面这样几句话来讽刺白话诗：'一个苍蝇嘶嘶嘶，两个苍蝇吱吱吱，苍蝇伤感什么，苍蝇说：我在做白话诗。'"[①] 如果说在当时连沈雁冰、胡愈之这样的激进青年都只是以隐匿的方式参与新文化运动的话，那么，商务之于新文化运动的冷漠与规避可想而知。

当然，处在20世纪前期风云激荡的社会环境中，商务有此种反应也是可以理解的。张元济1919年就曾经用实例来解释商务的保守立场："卢信公交来孙文学说数卷，尚未完全。梦意恐有不便，余云不如婉却。当往访信公，并交还原稿。告以政府横暴，言论出版太不自由，敝处难与抗，只可从缓。"[②] 张元济拒斥当时还颇为激进的孙文学说，其用意就是将商务基本固定在"在商言商"的民间立场上，不与政治沾边，不与政府当局发生冲突，而这正是商务在兵荒马乱的动荡年代始终不倒的秘诀之一。但是，这一理由似乎又太简单了，因为新文化运动毕竟不仅仅是一场政治运动，更是一种席卷社会各个阶层的社会文化思潮，商务作为一个有影响的文化机构，不会不注意到读者市场变动所带来的压力与挑战。而之所以仍然更多采取冷眼旁观的态度，除了其一贯立场继续在发挥作用之外，显然有难言之隐。

可以注意到，1916年之后，商务内部矛盾重重，潜藏在经营、人事、作风等方面的积怨正在一步步地爆发出来：普通编辑之间固然已经分化为"福建派"与"常州派"，互相勾心斗角；商务经理张元济与总经理高凤池之间的摩擦更是愈演愈烈，严重影响了商务的正常运行。张、高之间的矛盾，除了个性、作风方面的差异外，更是社会转型期新旧思潮碰撞的一种体现。按照张元济的话来说："弟意在进取，而高君则注重保守。即如用人，

---

① 胡愈之：《回忆商务印书馆》，《商务印书馆九十五年》，第123—124页。
② 《张元济全集》（第7卷·日记），商务印书馆2008年版，第53页。

弟主张求新，而高君则偏于求旧。"①经营策略上的冲突，导致了张元济数种改良措施几乎都胎死腹中。1916年，意识到文言文已经落后于时代，张元济"建议初等小学国文改用白话文"，但高梦旦、杜亚泉"以为难办"，而维持原状。②以至于1920年北洋政府教育部明令改国文为国语的时候，久执教科书牛耳的商务居然没有一本白话教科书问世。1917年，张元济就拟编《常识丛书》，但直到1921年黄炎培提议商务"多编常识书籍，以助文化"时，这套《常识丛书》都未能付诸实现。③张元济维新之举所遇到的阻力可见一斑，造成1920年张元济愤然辞职。从这场革新与守旧的摩擦结果来看，至少1916年以后商务日趋守旧的倾向是相当明显的。种种因素干扰之下，商务图书的滞销也就在意料之中了。1919年3月14日的《张元济日记》就记载了这样的情况："昨查图书盘存簿，见有若干滞销书均列帐……本日据符君报告，有六十余万。内实用书三十万，历年杂志十一万余。"④自顾不暇之下，商务与激进的新文化运动漠然相对，自然也是顺理成章的，《小说月报》的革新也就被延宕了下来。

其二，《小说月报》之所以没有及时改革，恐怕也与它苦心经营多年还算良好的品牌形象有很大关系。在新文化运动最为高涨的1919年，实际上商务的各种期刊已经因为外界猛烈的批评之声而普遍陷入了风声鹤唳的境地。商务同人章锡琛回忆道：

当时高举新文化运动旗帜的刊物，首先向商务出版杂志进攻。先是陈独秀在《新青年》上抨击《东方杂志》的反对西方文明、提倡东方文明。接着北大学生组织新潮社的《新潮》发表了罗家伦的《今日

---

① 《致梁启超书》，《张元济书札》，第62页。
② 《张元济全集》（第6卷·日记），第89页。
③ 转引自隗瀛涛：《智民之梦——张元济传》，第78页。
④ 《张元济全集》（第7卷·日记），第39页。

中国之杂志界》一文,把商务各种杂志骂得体无完肤。北京大学被称为全国的最高学府,新文化运动的中心,《新青年》的撰述者多是北大著名教授,校长又是与商务素有关系的蔡孑民。商务受到这样严重的攻击,在文化教育界多年的声誉顿时一落千丈。①

在种种批评声中,罗家伦的《今日中国之杂志界》一文可以说是最大的一个导火线。在该文中,罗家伦站在启蒙知识者的立场上,指斥《东方杂志》"毫无主张,毫无特色,毫无统系","对社会不发生一点影响,也不能尽一点灌输新智识的责任","《学生杂志》本是一种极不堪的课艺杂志,然而也要帮《教育杂志》谈谈学理,论论职业教育","《妇女杂志》专说些叫女子当男子奴隶的话,真是人类的罪人……"②一时之间,几乎商务所有的期刊都被驳斥得体无完肤,只有《小说月报》得以幸免。而《小说月报》被点名批评是在罗家伦更早的一篇文章《今日中国之小说界》中。在这篇文章中,罗家伦在罗列了"黑幕派小说""滥调四六派小说"种种罪恶之后,将《小说月报》当作"比以上两种好一点"的"笔记派"的代表,委婉地提醒其"也要留心才好"。③可以说,无论是在程度上还是在语气上,罗家伦对于《小说月报》的批评要远远温和于对商务其他刊物的批评。显然在他看来,《小说月报》尽管日趋没落,仍不无可取之处。这大概也能代表当时的新文学阵营对待《小说月报》的基本态度。因而,在新文化运动风起云涌的年代,较之于商务其他期刊,《小说月报》受到的压力是相对较小的。于是,当《东方杂志》《学生杂志》《教育杂志》《妇女杂志》等被点名批评的商务期刊纷纷改组之时,《小说月报》依然还能勉强保持其旧有格调,如果不是《小说月报》销路步步下降,实在不够保本的话,也许这种状态还能

---

① 章锡琛:《漫谈商务印书馆》,《商务印书馆九十年》,第111页。
② 《新潮》第1卷第4号,1919年。
③ 《新潮》第1卷第1号,1919年。

维持一段时期。

1919年底，在西学译介方面已崭露头角的年轻编辑沈雁冰突然接到时任《小说月报》主编王蕴章的邀请，希望作为其助手正式加盟《小说月报》。沈雁冰后来对此有着相当生动的描述：

> （1919年）当年十一月初，身兼《小说月报》与《妇女杂志》主编的王莼农忽然找我，说是《小说月报》明年起将起用三分之一的篇幅提倡新文学，拟名为"小说新潮栏"，请我主持这一栏的实际编辑事务。我问他：是看稿子，并决定取舍吗？回答是：也要出题目。我又问：出什么题目？回答是：例如要翻译什么作家的什么作品。我又问：创作如何？他答：这个小说新潮栏专登翻译的西洋小说或剧本。我这才弄明白他的真意所在。因为《小说月报》第十卷内的"创作栏"就有什么《藕丝缘弹词》，也有什么《东方福尔摩斯探案》。这些"创作"，他当然不愿我去过问的。①

王蕴章预设了一个半新半旧的理想改良方案，企图借助新学之力来为暮气沉沉的《小说月报》寻找到些许自我更新的活力。由此，从1920年起，《小说月报》进入了所谓的"半革新"时期。

不过，无论是对于旧主编王蕴章还是新编辑沈雁冰来说，面对这样的"半革新"，心情恐怕都是复杂的。从王蕴章的角度来讲，请初出茅庐的沈雁冰来协助编辑《小说月报》，对他这个资历深厚的老编辑来说，无疑是一种奇耻大辱。但他不得不咽下这颗苦果，不仅是由于刊物销量的滑坡，更在于他清楚这次力邀沈雁冰进入《小说月报》的半革新行动，是"上面的"意思。②也就是说，商务上层可能已经看出以王蕴章的编辑能力与社会关系，

---

① 茅盾：《商务印书馆编译所和革新〈小说月报〉的前后》，《商务印书馆九十年》，第183页。
② 同上书，第184页。

根本不可能推动《小说月报》真正脱胎换骨，因而《小说月报》要想变革，只能仰仗像沈雁冰这样具有全新知识结构的年轻人。而从沈雁冰的角度说，对于商务相当谨慎持重的半革新举措，显然也不会太满意——从1920年《小说月报》的面貌看，沈雁冰实际上掌握的大致只有"小说新潮""编辑余谈""社说"等三个栏目，这些栏目篇幅较小，大约只占到全刊的三分之一弱，而且大多集中在翻译与理论方面。可以说，半革新状态的《小说月报》留给沈雁冰的施展空间是相当狭小的。

尽管如此，沈雁冰的编辑思想、文学观念仍在有限的空间里相当鲜明地表达了出来，并与王蕴章构成明显的区别："近年以来，新思想东渐，新文学已过其建设之第一幕而方谋充量发展，本月刊鉴于时机之既至，亦愿本介绍西洋文学之素志，勉为新文学前途尽提倡鼓吹之一分天职。"[①]这种将《小说月报》竭力与当时方兴未艾的新文学联系在一起的做法，体现了沈雁冰心目中《小说月报》的理想定位，也成为了其编辑工作的指南。在1920年"半革新"状态中的《小说月报》，沈雁冰主要做了以下工作：（一）作为"编辑余谈"的栏目作者，沈雁冰发表了一些介绍国外文学特别是俄国文学最新动态的文章，如《俄国近代文学杂谈》《安的列夫的死耗》等。还撰写了一些关注当下文坛的评论性文章，如《新旧文学评议之评议》《我们现在可以提倡表象主义的文学么？》等。（二）作为"小说新潮""编辑余谈"栏目的主持人，沈雁冰编辑发表了周瘦鹃、耿济之等人翻译的托尔斯泰、泰戈尔、契诃夫、易卜生等人的作品，还扩充了"编辑余谈"的范围，发表了张毅汉、翟桓等人的理论文章，组织谢六逸等人对文学上的"表象主义"问题进行讨论。这些栏目内容，体现了沈雁冰希望《小说月报》能够贴近现实、融汇新知并与新文坛接轨的设想。

然而，两位编辑各自不同的知识结构、价值立场和编辑思想，还是引

---

① 《本月刊特别启事》，《小说月报》第11卷第12号，1920年。

发了某种冲突，导致1920年的《小说月报》呈现出相当分裂和对峙的面貌：一方面，在王蕴章主导的创作部分，林纾的翻译、程瞻庐的弹词、程小青的侦探小说、王梅癯的言情小说继续占据了《小说月报》的大部分篇幅；另一方面，沈雁冰主持的"编辑余谈"栏目理论联系实际，鼓吹写实派自然派文学，批评旧文学的弊端。一方面，"文苑""杂载"等栏目却继续使用着古雅的文言；另一方面，《小说月报》中的大部分创作，却都已改用白话……1920年的《小说月报》立场之混乱，面貌之破碎，栏目设置之不伦不类，相当触目惊心。其结局自然显而易见——读者的流失率并没有因为《小说月报》"半革新"而有所改观，相反，到了1920年10月也就是《小说月报》第11卷第10期的时候，"只印了两千册"，[①]滑到了《小说月报》有史以来的最低点。

迫于各种压力，1920年末，王蕴章终于决定加入革新的行列，沈雁冰明显觉察到了这种变化：

>"小说新潮"栏以外的《小说月报》也在不知不觉发生变化……王莼农……是要表示整个《小说月报》也在顺应潮流。他这意图到了第十一卷第十号更加明显。在这一期内，"小说新潮栏"取消了，而将《小说月报》原有"说丛"栏亦废除，而用"短篇小说""长篇小说"分类（创作与翻译混合编排）。……这一号还登了"本社启事"，略谓"自本号起，将'说丛'一栏删除，一律采用小说新潮栏之最新译著小说，以应文学之潮流，谋说部之改进，以后每号添列'社说'一栏，凡有以（一）研究小说之作法，（二）欧美小说界之近闻，（三）关于小说讨论等稿见惠者，毋任欢迎。"
>
>王莼农说，他这样做，是冒了风险的。他对我表白：他对新旧文

---

① 茅盾：《商务印书馆编译所和革新〈小说月报〉的前后》，《商务印书馆九十年》，第189页。

学并无成见,他觉得应该顺应潮流;他又自辩,他不是"礼拜六派",但因《小说月报》一向是"礼拜六派"的地盘,他亦只好用他们的稿子;他现在这样改革,会惹恼"礼拜六派",所以他是冒了风险的。①

尽管王蕴章已经竭尽全力进行革新,甚至不惜得罪他那帮鸳鸯蝴蝶派的朋友,但其黯淡前景仍不可避免。一个令他难堪的困境就是,在离开了鸳鸯蝴蝶派文人创作圈子之后,他竟然找不到真正的新文学创作者作为后继。因此,在1920年《小说月报》的最后两期上,充斥版面的,绝大多数是翻译作品,而创作则寥寥无几,撑场面的仍然是瞻庐、梅瘦等撰写的鸳鸯蝴蝶派小说,而且居然还被纳入到"小说新潮"的名义之下,新瓶装旧酒的尴尬十分明显。王蕴章真正走到了山穷水尽的地步。

这个结果当然是商务难以接受的。应该说,当初商务之所以没有像撤换杜亚泉(《东方杂志》原主编)、朱赤民(《教育杂志》《学生杂志》原主编)那样,将王蕴章直接撤下,而只是采取王、沈合编的"半革新"模式,恐怕仍然还心存幻想:一来,《小说月报》声誉还算良好,毕竟还没有沦落到病入膏肓、千夫所指的境地,主编王蕴章还是有一定贡献的;二来,商务可能希望通过成本最小的"半革新",以达到"冶新旧于一炉"的目的,既通过保留旧人王蕴章来挽留一部分热衷于鸳鸯蝴蝶派作品的作者与读者,也想通过知识结构较新的沈雁冰吸引新文学创作和阅读群落。现在看来,这种想法实在是过于一厢情愿了。

事实上,早在1920年秋,以张元济、高梦旦为首的商务上层就已经意识到半革新的不可行,如何全面革新《小说月报》寻找到真正的出路,就已经进入了他们的视野。沈雁冰回忆道:"后来我才知道,张菊生和高梦旦十一月初旬到过北京,就和郑振铎他们见过面。郑等要求商务出版一个文

---

① 茅盾:《商务印书馆编译所和革新〈小说月报〉的前后》,《商务印书馆九十年》,第188—189页。

学杂志，而由他们主编（如《学艺杂志》之例），张、高不愿出版新杂志，但表示可以改组《小说月报》，于是郑等转而主张先成立一个文学会，然后再办刊物。张、高回上海后即选定我改组《小说月报》。"①奇怪的是，张、高二人既然与郑振铎等新文学者有过商谈，很显然是看到了新文学巨大的发展潜力，那么，为何不同意郑振铎等人提出的创办新文学杂志的主张，甚至没有让郑振铎等人来改组《小说月报》呢？细究下来，恐怕与张元济对郑振铎等人的文学功底、编辑能力尚有疑虑所致。毕竟在当时，郑振铎还只是北京铁路管理专科学校的学生，尚未毕业，既没有引人注目的文学实绩，也没有可以让人刮目相看的名气，恐怕还比不上进馆四年已经渐露锋芒的沈雁冰更让人信服。更为重要的是，此时"文学研究会"尚未成立，也就是并没有一个现成的作者群落可供商务利用。郑振铎等人在张元济眼中的价值自然也就大打折扣了。张元济等人的北京之行，某种意义上，只能被看作是一种投石问路的试探性行为，通过与新文学作者的接触来确定未来《小说月报》的改革思路。商务与文学研究会的合作，第一次就这样悄没声息地触礁了。

与此同时，肩负"革新"重任的沈雁冰尽管踌躇满志，却也发现《小说月报》要想彻底改头换面，前路依然困难重重。其中最大的一个问题，仍然是曾经令王蕴章头痛不已的"稿荒"。如何尽快地组织和培养一批新文学作者，特别是如何为1921年的《小说月报》尽快组织到一批有分量、有水准的新文学作品，以使革新后的《小说月报》一炮打响，成为决定《小说月报》革新成败的关键所在。

最终"稿荒"问题的解决相当富有戏剧性，沈雁冰回忆道：

我又想到十一卷第十号刊登王剑三的《湖中的夜月》，虽未见如

---

① 茅盾：《商务印书馆编译所和革新〈小说月报〉的前后》，《商务印书馆九十年》，第190页。

何精彩,但风格是新颖的,《小说月报》社中有此人的通讯址,是在北京,似乎可以去信告以《小说月报》即将完全革新,由我主编,并请他写稿并约熟人写稿。我当时不知道王剑三就是王统照。我发了快信,不多几天,却得了郑振铎(当时我不但不认识他,并且不知道有这样一位搞文学而活动能力又很大的人)的来信,大意说他和王剑三是好朋友,我的信他和他的朋友们都看到了,大家愿意供给稿子,并说他们正想组织一个团体,名为"文学研究会",发起人为周作人等,邀我参加云云。这封信给我极大鼓舞。①

仿佛是某种天意,沈雁冰终于与先前的张元济等人殊途同归,与郑振铎等人紧密地扭结在了一起。这一事件看似偶然,其实却是草创时期的新文学真实处境的一种体现。从中至少可以看出:(一)当时从事新文学创作的人实在是寥寥无几,还未成气候,因此,辗转接触到的总是这么几位新文学的实践者。某种意义上,可以说,之所以要与郑振铎他们结盟,沈雁冰与《小说月报》其实是无可选择。(二)对于当时还处在蛰伏状态的新文学创作者来说,他们急需浮出历史地表,也急需来自文学期刊界的大力扶持,而此时,刊登新文学的期刊屈指可数,只有《新青年》《新潮》等寥寥几个综合性文化杂志,专门刊载新文学创作的纯文学期刊几乎没有。因此,实力雄厚的商务印书馆、声誉良好的《小说月报》,恐怕早就在新文学创作者期盼的视野中了。因而,郑振铎等人为加盟《小说月报》而专门成立了"文学研究会",甚至不惜拉来当时大名鼎鼎的周作人做首席发起人,以增强与商务谈判时的砝码。从常理说,一般应该是先有社团,然后才依托社团出版专门的期刊;而《小说月报》与文学研究会的情形却与此正相反。《小说月报》固有的品牌魅力以及新文学创作者急于拥有自己的

---

① 茅盾:《商务印书馆编译所和革新〈小说月报〉的前后》,《商务印书馆九十年》,第190—191页。

发表园地的迫切，由此可见一斑。

1921年元月，沈雁冰走马上任，正式成为《小说月报》的主编，并且主持《小说月报》的全面革新。作为上任条件，他提出了三个要求并得到了商务首肯："一是现存稿子（包括林译）都不能用，二是全部改用五号字（原来的《小说月报》全是四号字），三是馆方应当给我全权办事，不能干涉我的编辑方针。"①应该说，沈雁冰提出的这三个条件，有较强的现实针对性：封存所有现稿，是为了完全割断《小说月报》与江河日下的林译小说、鸳鸯蝴蝶派小说之间的联系，标示革新后的期刊与之完全格格不入，以此表明新刊破釜沉舟、凤凰涅槃的决心；将原有的四号字改成五号字，主要是通过增加刊物容量以增强其市场吸引力，这一招说明沈雁冰不仅仅精通编辑业务，同时也有着相当精明的商业经营头脑。最重要的"全权办事"原则，更是充分表现了沈雁冰的远见卓识。因为《小说月报》一旦真正进入革新进程，非议、障碍、挫折乃至危机都不可避免。如果那时候遭到商务各方面的责难与干扰，革新进程即使不中断，其效果也会大打折扣，难免事倍功半，甚至半路夭折。而一旦拥有这个"全权办事"的尚方宝剑，则革新之事贯彻起来就会顺畅很多。

新的主编、作者、稿源、"尚方宝剑"等一一俱备，《小说月报》全面革新于是正式启动。1921年元月，《小说月报》第12卷第1期顺利出版，"印了五千册，马上销完，各处分馆纷纷来电要求下期多发，于是第二期印了七千，到第一卷末期，已印一万"。②较之于《小说月报》最低潮期的印数两千，至少从读者的接受情况来看，全面革新之后的《小说月报》取得了初步的成功。

---

① 茅盾：《商务印书馆编译所和革新〈小说月报〉的前后》，《商务印书馆九十年》，第190页。
② 同上书，第197页。

第三节 "拼合"的"现代性":
对《小说月报》革新的一种解读

搁置在"现代文学史"的经典叙述格局中,《小说月报》的革新一向被当作"五四"文学革命的重要组成部分,被视为是"现代文学"战胜传统文学、确立自身合法性的一个标志性事件,因而,1921年以后《小说月报》的成功,特别是占领读者市场的成功,也往往被看作是"现代文学"的观念及其创作实践深入人心的结果。那么,这样一整套看似无懈可击的"现代性"经典叙述,是否真的与历史事实相吻合呢?

应该注意到,像《小说月报》这样的商业期刊不仅仅是单纯的文学作品的集合体,而更应被视为由出版社、编辑者与读者市场共同作用下产生的文化商品,那么,只有放回到文化市场学的格局中,才能更好地讨论《小说月报》革新的意义。在这个层面上,可以说,只有那些影响《小说月报》作者知识结构、期刊市场占有率、读者阅读趣味变化等方面的"市场化"了的思想文化资源,才有必要作为描摹《小说月报》革新轨迹的主要因素。

可以发现,《小说月报》之所以要革新,的确如沈雁冰所说,更多是源于读者市场滑坡所带来的巨大压力,来自于商务内部以张元济为代表的开明派挽救滑坡的革新努力;而《小说月报》的革新之所以能取得成功,审时度势、顺应潮流固然是其中的重要因素,但隐身于其后的商务成功的商业化运作可以说是更关键原因("顽固派对于新思想的憎恶终竟屈服于他们的拜金主义势力之下"[①])。否则就难以解释,为何商务不肯答应郑振铎等人另设一新文学杂志的要求,甚至不肯将革新后的《小说月报》易名为《文学杂志》。也难以解释,以激进主义姿态引领新文化潮

---

① 茅盾:《商务印书馆编译所和革新〈小说月报〉的前后》,《商务印书馆九十年》,第189页。

流的许多刊物，比如说《创造季刊》《创造周报》之类，为何在当时社会中的影响没有比看似被动"革新"的《小说月报》来得大，而且其存在的时间反而要短许多。某种意义上，《小说月报》不肯更名以及《小说月报》耐人寻味的长寿，正是它不同于其他新文学期刊的商业运作成功的明证，也是《小说月报》的革新并不仅仅是以新文学为着眼点的"革命"的最有力的例证。

在《小说月报》要不要更名的问题上，首先可以看出《小说月报》的革新存在着以文化革命为导向还是以商业改良为目的的激进与保守之争。早在张元济、高梦旦与郑振铎等人的第一次接触中，实际上已经关注到了《小说月报》的名称问题，而且双方存在着较大分歧，《文学研究会会务报告（第一次）》如实地记录了这件事情：

> 他们（指张元济、高梦旦）以文学杂志与《小说月报》性质有些相似，只答应可以把《小说月报》改组，而没有允担任《文学杂志》的出版。我们自然不赞成。[1]

尽管《小说月报》在革新之后维持了原名，但仍然不断收到读者希望《小说月报》更名的多封来信。沈雁冰就曾经这样来答复读者："《小说月报》四字实已不能包括现在的《小说月报》，但因从前已有十一年的历史，骤然改名，恐发行方面，难免有所窒碍，所以现在还是不能就改。"[2] 1922年6月，沈雁冰又一次给读者复信："《月报》改名与横行两事，终有一日会实行；现在我们觉得若改了名而内容仍如先前，未免有愧，所以我们先得'囤积新货'，然后再换'新招牌'。"[3] 甚至到了1923年，《小说月报》依

---

[1] 《小说月报》第12卷第2号，1921年。
[2] 《沈雁冰致朱湘信》，《小说月报》第13卷第1号，1922年。
[3] 《沈雁冰致谢立民信》，《小说月报》第13卷第6号，1922年。

然需要面对读者希望更名的强烈要求:"有许多朋友写信来要求我们改换名称。他们的盛意,我们非常感谢。但因种种原由,一时恐不能如命。"[①]可以说,无论是从文学研究会还是从读者角度讲,要求《小说月报》更名的呼声非常高。那么,《小说月报》为何不顺水推舟,以更名来表明自己与以往历史的彻底断裂呢?

一般来说,创建一份新刊物显然要比革新一份旧刊物容易很多,至少不需要背负旧刊物以往或好或坏的声誉包袱,也不需要考虑与刊物以往的格局、栏目风格的对接问题。郑振铎等人之所以向商务提出创办新的文学杂志建议,应该有这样的考虑在里面。而张元济等人之所以拒绝了这一建议,其立足点显然和郑振铎们不太一样。如果说当时学生气十足的郑振铎更多是站在社团发展、文学性质等这些务虚的层面上来考虑刊物的设置,从而觉得创设新刊物更有利于高举新文化旗帜的话,那么,张元济们显然更多考虑的是在顺应潮流的前提下如何保持品牌、开拓市场以及在此基础上实现商品增值空间等实际问题,因而,会认为维持《小说月报》这一既有刊物品牌要比创建一个新刊物在商业上获益更多:

其一,作为一个有着十年历史的老牌期刊,《小说月报》这一品牌本身就是一个凝聚着多种价值的无形资产。据统计,在1920年代,一般杂志的发行量都在一两千份,甚至更少,超过一万份的杂志不多。[②]而《小说月报》在1913年印数就已经达到了一万份,1920年印数滑至最低点也有二千份。可见前期《小说月报》的社会接受度还是不错的,仍具有较强的市场号召力。在这样的前提下,假如贸然放弃《小说月报》这一市场品牌,无疑意味着放弃了与这品牌直接关联的一系列市场要素:稳定的读者群、磨合纯熟的发行网络、潜在的巨大的品牌效应,以及商务为树立这一品牌所付出的人力、财力与心血。若真如郑振铎们所愿,重新创建一个新的刊物或者

---

① 《小说月报》第14卷第2号,1923年。
② 许敏:《上海通史》(第10卷),第178页。

将《小说月报》更名的话，商务仍旧要付出巨大的代价，这显然是商务不愿意接受的。

其二，搁置在当时的社会语境中，应该说《小说月报》这一名称较之于《文学杂志》这一类的名称，更契合当时的文化市场需要。如果梳理一下当时的文学期刊名称，可以发现，大多以"小说"这一在近代中国被重构的概念为号召，从早期的《新小说》《月月小说》《绣像小说》到后来的《中华小说界》《小说海》《小说大观》等，莫不如此。由于文学革命首先是从"小说界革命"开始的，某种意义上，可以说，至少在20世纪初，对于一般读者而言，负载着由雅入俗变革希望并且成功地从边缘运动到中心的"小说"显然成为了"文学"的代名词，更容易得到读者的认可；相形之下，"文学杂志"这一类名称，反倒不如"小说"一词更能指领出文学革命的实绩。因此，站在商务的立场上说，让《小说月报》保持原名明显是利大于弊的。

在这样的情形下，《小说月报》的革新就呈现出某种内在的悖论性：一方面，在"革新"的名义下，它要在各方面做出断裂的姿态；另一方面，顶着旧招牌，却又不得不在很大程度上与以往的刊物传统保持某种藕断丝连的联系。这种既断裂又连续的悖论性无疑表明，在《小说月报》的革新过程中，无论是顺应市场需求进行革新，还是保持品牌运作的连续性，归根结底，是商务特有的文化市场站位发挥了决定性作用。

《小说月报》革新之所以能取得成功，除了品牌效应被巧妙延续外，还离不开精心设计的商业化运作。作为《小说月报》转型的具体操作者，沈雁冰正是因为在全面革新与保持"小说月报"这一旧有刊物品牌之间找到了合适的平衡点，才使《小说月报》能够在良性轨道上运行。

这其中，对全面"革新"的强调当然是前提，因此沈雁冰会不断通过各种途径来强化这种革新意识，且看这则具有鲜明广告特色的《本月刊特别启事一》：

> 自明年十二卷一期起，本月刊将尽其能力，介绍西洋之新文学，并输进研究新文学应有之常识；面目既以一新，精神当亦不同，旧有门类，略有更改……①

沈雁冰接着还相当详尽地介绍了全面革新之后《小说月报》栏目的设置：

> （甲）社评　发表个人对于新文学之主张。
>
> （乙）研究　介绍西洋文学思潮，输进文学常识。
>
> （丙）译丛　本刊前此所译，以西洋名家小说居多，今年已译剧本，自明年起，拟加译诗。三者皆选西洋最新之名著移译。
>
> （丁）创作　国人自作之新文学作品，不论长篇短著，择优汇集于此栏。
>
> （戊）特载　此门所收，皆最新之文艺思想及文艺作品，从此可以窥见西洋文艺将来之趋势。
>
> （己）史传　文学家传及西洋文学史均入此门，读者从此可以上窥西洋文艺发达之来源。
>
> （庚）杂载　此栏又分三：
>
> 　　（子）文艺丛谈　此为小品。
>
> 　　（丑）海外文坛消息。
>
> 　　（寅）书报评论。
>
> 以上各门之中，将来仍拟多载（丙）（丁）两门材料，而以渐输进文学常识，以避过形枯索之感。②

虽然声言只是"略有更改"，但从其公布的革新方案来说，其栏目设置其实

---

① 《本月刊特别启事一》，《小说月报》第 11 卷第 12 号，1920 年。
② 同上。

与以往大相径庭。这种看似矛盾的反差，显然是为了更好地激发起读者对革新后期刊的巨大期待。

为了使革新更具有说服力与权威性，沈雁冰还连续两次在《小说月报》上发布了文学研究会发起人名单。在半革新状态的《小说月报》的最后一期（第11卷第12期）上，沈雁冰曾经郑重其事地以"特别启事"的方式推出了以周作人为首的文学研究会发起人名单；紧接着在全面革新第一期的《小说月报》（第12卷第1期）上，又一次在《文学研究会简章》中重复了这份名单。一份名单连续两期被重复发表，足可看出其在沈雁冰心中的分量。很显然，编辑者很期待在读者群中形成某种有助于导向认同感的轰动效应，因为被列入名单的如周作人、朱希祖、蒋百里等许多人都是当时的社会名流，具有较大的社会影响力；值得注意的是，像蒋百里等人其实并非文学界人士，也没有真正参与文学研究会的文学活动。因而，这份重量级的名单无非是在强调，无论是文学界名流还是社会闻达，都参与了《小说月报》的变革，从而暗示了《小说月报》革新的合法性与有效性；从广告效应上来说，这也是颇令人心动的。[①]

然而，《小说月报》毕竟还是打着原来的旗号出现，因而如何在革新与守旧之间取得某种平衡，就成为沈雁冰面临的更大挑战。沈雁冰曾经为此做出了不少努力，他至少有两次强调了革新前后《小说月报》的内在联系性，除了上述《本月刊特别启事一》外，他甚至还在最能代表《小说月报》革新态度的《改革宣言》中再次说明：

> 小说月报行世以来，已十一年矣，今当第十二年之始，谋更新而扩充之，将于译述西洋名家小说而外，兼介绍世界文学界潮流之趋向，

[①] 参见刘纳：《创造社与泰东图书馆》，广西教育出版社1999年版，第50页；王晓明：《一份杂志和一个"社团"》，《批评空间的开创》，第203页。

讨论中国文学革进之方法；旧有门类，略有改变……①

值得注意的是，沈雁冰两次谈及《小说月报》全面革新的时候，都只用了"略有更改"之类的词语，相当谨慎，而且还特别强调"《小说月报》行世以来，已十一年矣，今当第十二年之始……"这样的说法，来加强革新前后《小说月报》的内在联系。很明显，沈雁冰希望淡化"革新"所带来的"断裂"，有意识地制造一种衔接效果，让人觉得仿佛此次革新只是顺着《小说月报》多年以来的运行惯性向前滑行而已，是刊物自身运作秩序内一次有限的改良。尽管这种人为的历史衔接与刊物实际面貌不无反差，但是，无论新读者还是老读者，至少在接触实刊之前，恐怕都会因此对刊物保持某种兴趣，这对于维持住革新后至少第一期的读者数量不无裨益。②另外，在扩大《小说月报》固有品牌影响方面，应该也是相当有效的。革新与守旧之间的平衡，由此就在沈雁冰相当谨慎的左右游移中、在刊物表象与实质微妙的若即若离中被建构了起来。

除此之外，为了配合《小说月报》内容上的全面革新，沈雁冰还针对当时的市场特点和读者心理，推出了一系列引人注目的市场化运作措施。比如将全面革新后的《小说月报》由四号字改成五号字，再如对刊物印刷质量精益求精的追求：

> 小说月报自第十二卷第一号起，刷新内容，减少定价。……每期并附精印西洋名家多幅。特请对于绘画艺术极有研究之人挑选材料详加说明，以为详细介绍西洋美术之初步。出版期提前为每月十号。定

---

① 《小说月报》第 11 卷第 12 号，1920 年。
② 《小说月报》1922 年第 13 卷第 11 号"通信"栏登载的一封读者来信称："看十二卷以后的说报的人，绝不是看十一卷以前的人。我有一个表兄和好几位同学，都是爱看十一卷以前的说报的，却是十二卷一出，他们不是改过了预定的，都抱怨说'上当了'，从此再'不定了'。足见今后看说报的人，不是从前那些人。"

第三章 多种力量博弈场域中的"现代"文学转型

价减为二角，页数仍旧。材料加多，以副爱读本刊诸君惠顾之雅意。①

增加容量、减少定价、附送彩页外加提前出版，种种商业促销手段的组合式运用，传递了革新者希望藉此为本已日薄西山的《小说月报》注入"让利"强心针的一片诚意。

为了进一步加大对读者的吸引力，革新之后的《小说月报》还有意识地放下了身段，采取前期《小说月报》那种"小说俱乐部"的方式，组织了若干次"特别征文"，其中尤以沈雁冰主持的"本社第一次特别征文"影响深远。这次的征文题目有两个："（一）对于本刊创作《超人》（本刊第四号），《命命鸟》（本刊第一号），《低能儿》（本刊第二号）的批评（字数两千至三千）。（二）短篇小说或长诗（新体）:《风雨之下》（短篇小说字数限二千至三千）（长诗字数限一千）。"②

沈雁冰后来这样解释自己的用意：

（一）使常在一种杂志上做文章的人，有机会和同做一件事情的人接触；（二）征求大众对于某问题某文字的意见；（三）要求素来不事创作的人，也出手来试一试。这三者之中，第三条尤为要紧。③

较之于王蕴章设立的"小说俱乐部"，沈雁冰主持征文的着眼点有了明确转变：将参与对象由作者转而为广大读者，这一转向从文化政治的角度来说，相当吻合"启蒙文学"所主张的通过文学资源的下沉塑造理想读者的路径设想，也通过强调"分享"探索了以"大众"为中心的"现代"文学新的生产方式；从商业化的角度来讲，这也未尝不是一次间接的读者调查和品

---

① 《小说月报社启事》，《小说月报》第11卷第12号，1920年。
② 《小说月报》第12卷第5号，1921年。
③ 《茅盾全集》（第18卷），人民文学出版社1989年版，第111页。

牌推广活动，至少，编者可以通过征文活动，激发起读者的阅读激情，同时，通过收到的征稿，了解读者的阅读层次、知识结构、兴趣爱好以及对于本刊的意见，从而更好地做好刊物的定位与调整。可以说，小小的一次征文活动，可以达到一石多鸟的效果。以上种种，不难看出沈雁冰作为一个编辑的素养是相当全面的。

革新后《小说月报》的格局也处处可以窥见商务特有的商业立场。表现在，与《新青年》《创造季刊》等一批激进的新式文学期刊相比，《小说月报》无论是翻译还是创作，无论是参与论战还是整理国故，其姿态都是相当谨慎理性的。因而在沈雁冰主编时期，《小说月报》尽管发表了《文学和人的关系及中国古来对于文学者身份的误认》《自然主义与中国现代小说》《文学与政治社会》等一批有影响的批评性文章，对鸳鸯蝴蝶派小说、唯美主义文学等进行了集中批判，但是，无论是立论观点还是行文风格，这些文章的犀利程度都比不上同时期的其他新文学期刊，甚至与文学研究会的另一个主要阵地《时事新报·文学旬刊》相比，其批判的力度也是颇为逊色的。

在当时学界交锋的焦点——国故研究上，《小说月报》的态度也与《新青年》有着明显的区别。对待传统文学，新青年派的立场坚决而激进，带着破旧立新时代典型的矫枉过正的特征。对此，钱玄同的话很有代表性："从青年良好读物上面着想，中国小说没有一部好的，没有一部应该读的。"[①]而陈独秀轰动一时的雄文《文学革命论》更是自始至终贯彻了这种彻底否定的观点，将整部中国文学史批得体无完肤。与之相比，《小说月报》对待传统文学的态度要温和很多，从1923年第14卷第1号开始，《小说月报》上陆续刊登出一批整理国故的文章。时任《小说月报》主编的郑振铎的《新文学之建设与国故之新研究》，颇能代表《小说月报》对于国故的普

---

① 《钱玄同致陈独秀信》，《新青年》第3卷第6号，1917年。

第三章 多种力量博弈场域中的"现代"文学转型

遍态度：

> 我主张在新文学运动的热潮里，应有整理国故的一种举动。
>
> 我所持的理由有二：第一，我觉得新文学的运动，不仅要在创作与翻译方面努力，而对于一般的社会的文艺观念，尤须彻底的把他们改革过。
>
> 第二，我以为我们所谓的新文学运动，并不是要完全推翻一切中国的固有的文艺作品。这种运动的真意义，一方面在建设我们的新文学观，创作新的作品，一方面却要重新估定或发现中国文学的价值，把金石从瓦砾堆里搜找出来，把传统的灰尘，从光润的镜子上拂拭下去。①

尽管此时距离新文化运动的爆发已经有一段距离，平心静气地对待国故也有了新的可能性，但是，将这份可能性变为现实的，事实上在当时也就只有《小说月报》。只有在《小说月报》上，才能看到郑振铎、顾颉刚、严既澄等人持论公允、论述严密的国故研究文章。

只有与商务一贯的立场联系在一起，才可以解释《小说月报》这种对于当时文坛新旧争论、之于整理国故的谨慎立场。正如商务曾经在时局未明的时候拒绝出版康有为、孙文的著作一样，《小说月报》的这种谨慎显然也是商务基于长远商业考虑而选择的明哲保身之举。沈雁冰就曾经说："因《小说月报》是商务印书馆出版的刊物，而商务的老板最怕得罪人，我们对有些文艺上的问题，就不便在《小说月报》上畅所欲言。"②惊世骇俗的激进文章固然可以迅速凝聚读者群，但是这样召集起来的读者群也很容易随着学术流变而作鸟兽散，因此，从刊物的长远利益考虑，这种读者市场的开拓具有明显的不稳定性，对于凡事求稳的商务来说，这样的风险显然是它

---

① 《小说月报》第14卷第1号，1923年。
② 茅盾：《复杂而紧张生活、学习和斗争》，《新文学史料》1979年第4辑。

所不愿意遭遇到的。由此,像《小说月报》这样的刊物便只能以中规中矩的面貌出现。这决定了那些开风气之先的文章总是与《小说月报》失之交臂,却也意味着当激扬时代的文字逐渐烟消云散之后,《小说月报》也还能细水长流地提供一些坚实的文字,使寂寞的文坛不至于过于冷清;也决定了当那些风头强健的新文学期刊或因为政治或因为经济原因,如流星一般退出历史舞台的时候,《小说月报》总还能如不倒翁般屹立着。可以说,相当谨慎的商业运作一方面使《小说月报》失去了引领新文学潮流的机会,在很大程度上降低了刊物的独特魅力;另一方面,却也使刊物摆脱了简单作时代应声筒的命运,能够沿着自己既定的轨迹有条不紊地向前滑行,从这点上说,《小说月报》无疑又要比20世纪的许多短命刊物幸运很多。

综上所述,尽管从实际情形来看,《小说月报》革新前后的面貌大相径庭,实现了文学意义上的"断裂",但是,如果搁置在商务的背景之下,从整个运行机制与商业追求来看,其实《小说月报》革新前后,并没有实现本质的变化。《小说月报》依然是原先那个追求高额发行量的《小说月报》,哪怕其革新也是一板一眼地按照商业包装、商业运行规律来进行;更为明显的是,在商务高层的眼中其作为文化"消遣品"的定位似乎也并无多少改变。① 这样的话,《小说月报》的革新成功也就具有了双重意义:从表层上看,这是一次推动"现代文学"喷薄而出的"文学革命";然而从深层来看,其成功更应是一种商业运作的结果,而且后者构成了对前者的有力保证。当这种商业性的"拼合"相当完善地保证了表层上的"文学革命"成功时,由此建构出的《小说月报》"现代文学期刊"形象就显得很可疑,至少这个"现代文学期刊"形象之于"期刊"要比之于"现代文学"的距离

---

① 例如,革新后的《小说月报》上还会出现将自己称作为"消遣品"的广告:"还有新年中消遣的妙品。莫如敝馆各种小说。而最有趣味的又莫如《小说月报》。有了这有益消遣品,那些新年中有害消遣品自然而然不去亲近他了",而这正是与革新后《小说月报》的主编沈雁冰的文学观念格格不入的。广告载《小说月报》第13卷第1号,1922年。

近很多;至少在这个"现代文学期刊"中,文学革命的影响只有通过商务,并且与商务的经营立场、运行机制相结合才能显现出来。在这个意义上,《小说月报》的全面革新更应视为是在商务主导下一次"商业期刊"与"现代文学"成功对接的"拼合";通过"拼合",商务完成了文化资源的整合与更新,进一步巩固了自己在文化版图中的霸主地位。

本编小结:从 1903 年创办《绣像小说》开始,商务印书馆就以一种全新的姿态介入到晚清的文学/文化生产流程中。这种介入至少具有两方面的意义,其一,是意味着商务的出版重心开始由一般的出版物转向兼顾"报刊"这一新式媒介,意味着整合各种文学/文化产品、使之成为有机价值链成为了商务向更高目标进发的必由之路,而"报刊"正是整合出版价值链必不可缺的中介环节;其二,是意味着商务敏锐地注意到文学在晚清社会变革/文化变革中的重要影响力,因此即便全无文学人脉/经验积累,仍能义无反顾地进入自己不熟悉的文学期刊领域,从而以此为平台,建构起自己新的出版重点。

这两种介入形态的交织,使得商务以民间出版机构这一中介身份,发掘出了一种既不同于新式精英知识分子的启蒙文学观念,又不同于鸳鸯蝴蝶派文人的市民知识分子的消费文学观念的"中间"道路,一种带着很大的混杂性的"经营"文学的路径。在这一前提下,商务开始招募和组织各种各样的文化人来从事文学的创作、编辑、出版和传播,其中既有李伯元、刘鹗、林纾这样的"开明的守旧派",有王蕴章、包天笑、叶劲风等偏于商业趣味的写作者,也有沈雁冰、郑振铎、叶绍钧等新式文学者……不同的文学者的加盟使得商务的文学阵营既丰富多彩,又充满了内在的张力,整体上形成了一种暧昧的价值追求。

体现在文学期刊上,就可以发现,商务印书馆既可以听从新文化阵营的批评,主动革新老牌的文学期刊《小说月报》,使之能够迅速跟上时代大潮，成为新文学的标志性阵地；却也可以在新文化运动之后，以似乎逆时代潮流而动的方式，创办为人所诟病的鸳鸯蝴蝶派杂志《小说世界》。这两个看似针锋相对的矛盾行为，从表面上看，揭示了商务作为一个文化企业，在转型期中国的文化生产中，因为要平衡"文化"与"商业"的不同追求而呈现的悖论性；而从深层次看，其实也是后发现代性国家在文化生产上遭遇到"如何现代"的困境的一种流露。

在这样的历史脉络中，来讨论商务印书馆在文学/文化转型中的实际作用，就会发现，商务不仅处于晚清因为多种力量缠斗而形成的特定的出版权力场域中，事实上也在其内部形成了难以一言以蔽之的权力场：出版市场竞争日益激烈所引发的商务经营策略的变化，来自商务高层的人事纠葛，利益最大化所导致的文化商务形象的退化，不同的文人集团之间生存空间的争斗……在这样的情形下，在讨论商务的文学期刊在文学/文化转型过程中所扮演的角色时，不能仅仅落在文学文本上，也不能仅仅落在作家的观念差异上，而需要在更加开阔的视野中来讨论；而其间的交错、裂痕甚至落差，却又提醒我们，在中国这样的后发现代性国家，"现代"文学本身就具有多元价值指向和生成路径。

第四编

新文化创制的"下沉"途径

—— 商务印书馆的小学国文教科书研究

对于晚清以来的新式知识界来说,"小说界革命""新文化运动"显然必须要转化为"开民智"的巨大作用,才能成为改变现实的正面能量,因而,他们对于"新文化"的摸索,大致沿着两种路径齐头并进:其一,是"新文化"内涵层面的创制;其二,是更为有效的"新文化"传播路径的探索。

清末民初,当"中国现代知识分子产生和形成了'改变中国'和建立一个'新中国'的想象和知识"①之时,一种与此相适应的自上而下的"下沉"式文学/文化传播也在发生发展:如果说建立一个能与欧美发达资本主义国家抗衡的"新中国"是这一轮文学/文化转型的出发点的话,那么,支撑这一"新中国"想象的资源、机制和历史条件到底又是什么;如果说"新国民—新中国"的连接构成了"新中国"可以成为一种历史实践的逻辑起点的话,那么这种连接究竟是如何发生的;更重要的是,这是在哪里、借助何种力量发生的?

对于今天的研究者来说,知识的健忘机制似乎抹去了生产过程中的历史痕迹,使得"新中国"以及"新国民—新中国"的连接似乎变得不证自明。但是,如果"把这些被忘却的联系重新置于适当的位置",②显然可以在这组织、复原的过程中发现一些被遮蔽的新问题。有学者在这一讨论中引入了"文学",洞悉了"文学"和"国家"的合谋关系:"现代文学一方面不能不是民族国家的产物,另一方面,又不能不是民族国家生产主导意识形态的重要基地。"③然而,一旦触及这样的命题,就会发现其牵涉的对象、内容和领域十分广泛:它显然不只是一个文学内部的问题,还要关联到其他的文学制度层面的实践,特别是传播层面,"包括出版机构、文学社团、文学史的写作、经典的确立、统一评奖活动、大学研究部门有关学科和课程以及教材的规定等"。④

---

① 旷新年:《民族国家想象与中国现代文学》,《文学评论》2003年第1期。
② 蔡翔:《何谓文学本身》,春风文艺出版社2006年版,第3页。
③ 刘禾:《语际书写——现代思想史写作批判纲要》,上海三联书店1999年版,第191页。
④ 同上书,第211页。

将传播维度引入对"新中国"以及"新国民—新中国"逻辑何以实现的考察，无疑，"教育"在晚清社会/文化格局中的崛起就成为分析的重要环节。晚清以降，"教育"逐渐被置于第一义，成为"立国根本"："教育根本，实在教科书。教育不革命，国基终无由巩固。教科书不革命，教育目的终不能达也。"[①] 在这样的认识框架中，教科书—教育—立国（救国）建立起了环环相扣的逻辑联系。如果将教育视作救国的根本途径，那么教科书就是其实现的手段，是教育理念的载体。"学堂之精神在教科，教科之精神在乎教材。"[②] 在这一逻辑框架中，"教科书"显然成为了重中之重。

本编将考察的焦点落实在商务印书馆所出的一系列"国文教科书"上，不仅是因为中国第一套现代意义上的教科书，正是"国文教科书"——1904年商务印书馆出版的《最新初小国文教科书》；更重要的是，"国文"这一科集中了时代风尚、民众接受、官方体制以及传播媒介等诸多力量对何谓现代民族国家、何谓"新国民"的想象和设计。虽然教科书的编纂都是以官方的教育宗旨为导向，但这并不意味着它就会刻板地传达官方的声音。且不说时局、政权的更迭动荡以及学校的教育实践反馈使得对新式教育的理解也几经变化，民间出版机构作为主要的编写力量，其文化立场、商业立场都会影响到教科书的编写。于是，教科书就好像一个开放的场域，各种力量通过存在、对抗、组合等方式在其中争夺各自的合法性。需要说明的是，本编讨论的"国文教科书"其实有国文、国语两种，前者以文言文编写，后者用语体文即白话文编写。现代教科书兴起伊始，采用的是文言文，直到1920年北洋政府教育部下令国民学校（即小学）一二年级全部采用白话文编写的教科书，白话文才开始正式进入书面语系统。本编为讨论方便，仅以今天所理解的"语文"学科角度来指称，落实到具体教科书时会作细分。

---

① 《中华书局宣言书》，《20世纪中国著名编辑出版家研究资料汇编》（二），河南大学出版社2005年版，第242页。
② 《敬告天津学务诸公》，《大公报》，光绪三十一年四月二十日（1905年5月23日）。

第一章 开风气之先：商务印书馆与近现代教科书的编印

作为近现代中国教科书的发源地也是出版重镇，商务印书馆为推动新文学/新文化的下沉式传播所做的贡献无疑是巨大的。

置身于急剧动荡的时局中，商务印书馆面临着一系列时代的重大挑战：科举制度的覆没直接导向了新式教育的兴起，出版媒介的兴起亟待寻找可持续的文化产品，"印刷大于出版"的局面呼唤更为有力的内容支撑，后发现代性国家出版市场的特点亟须探索与之相符的出版运作机制……

在这一系列挑战面前，新式"教科书"成为商务突出重围的重要路径选择。

第一节 扶助教育：商务与新式教科书的兴起

鸦片战争以降，在和西方资本主义文明的遭遇中，天朝大国被强行拖出了旧有轨道，政治、经济、文化体系节节溃败。在强/弱对比之下，向西方学习逐渐成为共识：希冀通过学习西方、以西方为蓝本进行变革，使政治制度、法律制度、文化制度、社会体制等等都能跟上并超过西方国家。用梁启超的话来说，就是"故今日欲救中国，无他术焉，亦先建设一民族主义之国家而已"。①但究竟该如何建设这一"民族主义之国家"？所谓的"学习西方"又到底是要"学习什么""怎样学习"？众说纷纭，经历了一个漫长的探索过程。蔡元培曾如此概括这一曲折历程："我国输入欧化，六十年矣，始而造兵，继而练军，继而变法，最后乃始知教育之必要。"②

自从国门被打开之后，一些中国人，比如早期的留学生、驻外使节和出访官员开始走出国门，同时也把在外国见闻的政治、经济、文化、教育等介绍到国内。而外国的传教士其实早在明清之际就已经致力于向中国传播西方文化，其中也包括开办教会学校、输入西方教科书和教育科学书籍，但那时还未成气候。鸦片战争以后，西方文化才开始显现出影响，不仅是开眼看世界的龚自珍、林则徐等人，就连统治集团上层人物奕䜣、李鸿章等都认同强国、富国的急务是要学习西方。而军事上的失利使救亡的解决方法主要落实在了对西方军事、科技知识的学习上，时人将此视作应对西方坚船利炮的方法之一，即使兴办实业、翻译西书、办洋务学堂、设置西文西艺课程，也都是围绕此目的。

然而"格物救国"的企图还是破产了。这其中，甲午战争（1894—1895）是一个重要的界标。如果说在此之前，清政府还能靠着国库丰厚、地大物博做着破财消灾的迷梦，那么到了甲午战争之后，它终于不得不痛定思痛："甲午战争以前，吾国之士夫，忧国难，谈国事者，几绝焉。自中东一役，我师败绩，割地赔款，创巨痛深，于是慷慨爱国之士渐起，谋保国之策者，所在多有。非今优于昔也，昔者不自知其为国。今见败于他国，乃始自知其为国也。"③甲午战争彻底摧毁了中国传统的"天下"观，在"他者"的参照之下，中国终于"知其为国也"。如果说"民族国家成了现代世界和现代中国自我想象和经验的重要内容和方式"，那么，在这一打击之

---

① 梁启超：《论民族竞争之大势》，《饮冰室文集》之十，中华书局1996年版，第35页。
② 高平叔编：《蔡元培全集》（第三卷），中华书局1984年版，第321页。
③ 梁启超：《爱国论》，《饮冰室文集》之三，中华书局1996年版，第66页。

下，中国要寻求的是如何积极、迅速地"把自己讲述到民族国家和现代世界这样一个故事里去"①的方法。日本重视取法西方、教育兴学，使追求坚船利炮失败的中国人看到了另一条自救的途径。1896年刑部左侍郎李端棻上疏请求设立京师大学堂，各省也纷纷开办学堂，设藏书楼、仪器院、译书局等，"始为整个新式学堂系统之滥觞"，②而后又有废八股、改良科举制度之举。但是，1898年慈禧太后发动政变，维新变法失败，终于宣告政治改良此路不通。

然而，虽然清廷随即下令停止各省书院改建为学校的举措，但"对于已兴办之新式学堂尚无影响"，③到了义和团拳乱、八国联军入侵，"时慈禧太后威信已失……故从是年起新教育渐告复兴"。④废科举、兴学堂、建学制，教育救国已成新的历史潮流。事实上，戊戌变法也好，清政府后来的所谓"新政"也好，都是"内为志士所呼号，外受列强所侮辱，始知教育为中国存亡之绝大问题"，⑤而诸多变法举措之中，"收效最大的也是教育方面的改革"。⑥

需要指出的是，这一"以开民智为第一义"⑦的教育思路，并不是奉行原来的专门教育，而是走普及教育的路径。"普及"一词意义重大，因为这意味着教育的对象、教育的内容都将发生质的改变。传统中国的学校教育制度，其教育逻辑、方法、目的、所用教材等等，都和社会体制扭结在一起，都"反映封建社会的政治要求及自给自足的小农经济的特点与水平"。⑧

---

① 旷新年：《民族国家想象与中国现代文学》，《文学评论》2003年第1期。
② 王云五：《商务印书馆与新教育年谱》，（台湾）商务印书馆1973年版，第1页。
③ 同上书，第5页。
④ 同上书，第7页。
⑤ 脱勒：《教育箴言》，《教育世界》第1—5期（合订本），转引自钱曼倩、金林祥主编：《中国近代学制比较研究》，广东教育出版社1996年版，第57页。
⑥ 同上。
⑦ 梁启超：《变法通义》，陈学恂主编：《中国近代教育文选》，第126页。
⑧ 吴洪成主编：《中国小学教育史》，山西教育出版社2006年版，第114页。

第一章 开风气之先：商务印书馆与近现代教科书的编印

对"教育"的认识原先一直都是秉承《孟子·尽心》里"得天下英才而教育之"①的思路，洋务派、维新派的"格物救国"论、"人才救国"论其实都是沿袭这样一个只针对少数知识精英的模式。也就是说，新式教育之所以和中国传统教育体系真正区别开来，就在于从"英才"教育转向"普及"教育。"夫才智之民多则国强，才智之士少则国弱"，②"教育根本在小学"③在此时成为共识。不论是1902年张百熙奏进的《钦定学堂章程》（史称"壬寅学制"），④还是1903年张之洞等人奏进的《奏定学堂章程》（史称"癸卯学制"），⑤都认为应以小学为兴学第一义，"苟欲兴学，则必自以政府干涉之力强行小学制度始"。⑥小学的教育改革因此是最早启动，也是相对较为成功的。

伴随着学堂、学制的革新而来的，是对新式教材的要求。中国原本并没有"教科书"，蒙童学的是《百家姓》《千字文》，或者是为了预备将来科举考试而读的"四书"、"五经"、古文辞等等。"有的没有教育的意义，有的陈义过高，不合儿童生活"，⑦更重要的是，它们无论在内容还是形式上都只适用于传统的、需要大量训练时间、只针对少数人才的教育体制，而不适应现代教育普及、快速的要求。"中国教科书的近代化首先是从西方教科书的传入而引发的"，⑧但是在甲午战争之前，中国只是停留在被动接受西方传教士带来的教科书的层面上；甲午战争之后才转为主动编译，进而有了

---

① 经由刘禾考证，"教育"这个词属于"回归的书写形式外来词"，也就是中国的一些古汉语复合词被日语用来翻译欧洲的现代词语，又被重新引入现代汉语。参见刘禾：《跨语际实践——文学、民族文化与被译介的现代性》"附录D"。
② 康有为：《公车上书》，陈学恂主编：《中国近代教育文选》，第97页。
③ 蒋维乔：《高梦旦传》，《商务印书馆九十五年》，第51页。
④ 《钦定学堂章程》由于种种原因最后并未能够颁布实行。
⑤ 《奏定学堂章程》是中国近代第一部由政府颁布并在全国实施的章程。
⑥ 朱有瓛主编：《中国近代学制史料》第二辑上册，第42页。
⑦ 吴研因：《清末以来我国小学教科书概观》，张静庐辑注：《中国近现代出版史料·补编》，第149页。
⑧ 王建军：《中国近代教科书发展研究》，广东教育出版社1996年版，第3页。

民间自编教科书的尝试。1897年,盛宣怀在上海创办南洋公学,同时推出了自编教科书《蒙学课本》,成为中国第一本真正具有近代意味的自编教科书。不过这一自编教科书"略仿外国课本",课文内容又深,"决非初入学儿童所能了解。印刷则用铅字,又无图画,然在草创之时,殆无足怪"。[①]吴稚晖、俞复等人根据早年在无锡三等公学堂的教授讲义所编写的《蒙学读本》,则风靡一时。此书"楷画石印,附有图画,形式内容,均比较美观,故盛行一时。不及三年,已重印十余版;在小学教育界占据势力者,五六年"。[②]尽管如此,其实一直要到商务印书馆1904年编辑出版《最新国文教科书》,教科书的形式和内容才称得上"渐臻完善"。[③]

从晚清开始一直到1930年代之前,[④]教科书的编辑就长期遵循着这样的流程:由民间出版机构自行编辑、经过学部/教育部审定通过之后再出版发行。民间出版机构的力量是教育部一直以来所倚重的。而要说起那段时期"学校课本的托拉斯",[⑤]则非商务印书馆莫属。

成立于19世纪末期的商务印书馆最初只承印一些商业簿册和商业报表,但它的创始者们很快感受到了大环境之于新式教科书的迫切需求,驱动了包括商务在内的很多出版机构将大量精力投入民间自编教科书中去。不过,虽然商务凭借注译《华英初阶》《华英进阶》这样的英文教材淘到了第一桶金,但若只停留在编译上,一不留神所托非人,就会蒙受损失。所以从编译到自行编辑再到成立商务自己的编译所,势在必行。

1901年,张元济获邀入股商务,第二年商务成立编译所时,他又推荐好友蔡元培担任所长一职,正是蔡元培为商务制定了自行从事编辑教科书的方

---

① 蒋维乔:《编辑小学教科书之回忆》,《商务印书馆九十年》,第55页。
② 同上书,第56页。
③ 同上。
④ 1930年代后,官方的力量逐渐加强,加紧对中小学教学用书的控制,重点推行教育部编辑的"国定本",实施更为严格的审查制度,等等。民间出版机构的力量被削弱。
⑤ 戴仁:《上海商务印书馆(1897—1949)》,李桐实译,商务印书馆1996年版,第14页。

针。后蔡元培因《苏报》案发不得不离沪逃往青岛,商务终得张元济加入,担任编译所所长。"自时厥后,商务印书馆一改面目,由以印刷业为主者,进而为出版事业。其成为我国历史最长之大出版家,实始于张君之加入。"[1]

张元济入馆后,为商务确定了"以扶助教育为己任"[2]的出版定位,集合了一批或有教学经验(如爱国学社的蒋维乔)或立志编辑小学教科书(如高梦旦)的人员,分国文、英文、理化数学三部,健全了编译所的机构。1903年商务和日本排名第一的教科书出版企业金港堂开始了合作,日本方入股,商务正式定名为"商务印书馆有限公司",向现代企业建制迈进。

商务与金港堂的合作使其在教科书的编辑方面得到不少宝贵经验。在日本文部省图书审查官兼视学官小谷重、高等师范学校教授长尾槙太郎等人的参与下,商务以合议制的形式着手编辑教科书。最终《最新国文教科书》编撰成功,自此,教科书之形式、内容才"渐臻完善"。[3]果然,"此书既出,其他书局之儿童读本,即渐渐不复流行"。[4]为了让教员知道如何使用教科书、节省查阅资料的时间,商务还配套出版了教授法、教参书,这种"一套三书"的形式也属首创。各大书局乃至学部的国定教科书都纷纷模仿商务《最新国文教科书》的体例,[5]由此奠定了商务教科书的权威地位。

《最新国文教科书》打开局面之后,商务又根据学校实际使用的反馈情况,编辑了《简明教科书》,于宣统初年陆续出版。商务秉持"力求适应潮流需要,以符提倡协助教育之初衷",[6]编辑出版了国文、修身、算术、珠

---

[1] 王云五:《商务印书馆与新教育年谱》,第3页。
[2] 张元济:《东方图书馆缘起》,卢震京编:《图书学大辞典》(上),(台湾)商务印书馆1971年版,第266页。
[3] 蒋维乔:《编辑小学教科书之回忆》,《商务印书馆九十年》,第56页。
[4] 同上。
[5] 同上。
[6] 《商务印书馆历年出版小学教科书概况》,《商务印书馆图书目录(1897—1979)》。

算、格致、地理、历史、理科等各科教科书。不只是普及教育最为重视的小学教科书，还陆续出版了"中学、师范、女子学校等教科书，一时教学风气为之一变"，① 是民国前唯一一家有计划地成套推出中小学教科书的出版机构。为商务人津津乐道的还有一点便是，商务对于学制变更等情形"向来是很注意很敏捷的"②：比如，1921年教育部规定国民学校一二年级使用白话文编写教科书，商务便已有《新法国语教科书》；1922年壬戌学制规定学校采用"六三三制"，商务便出《新学制教科书》；1927年北伐成功、国民政府建立，商务则有以三民主义为基础的《新时代教科书》；而1932年商务遭遇"一·二八"国难、被日方焚毁，复兴后的第一举措便是出版了《复兴国语教科书》……

需要指出的是，到了民国以后，商务印书馆在教科书市场一家独大的局面有所改变：先是有中华书局于1912年崛起，后有世界书局于1924年挤入教科书市场。商务与中华被誉为"中国近代出版的冠军与亚军"，中华的创办人陆费逵原是商务《教育杂志》主编，少年时代曾参加日知会，对时事的嗅觉极为敏锐。辛亥革命前夕，心怀大志的他暗中联络商务国文部的戴克敦、发行所沈知方等人，筹集资金另起炉灶，并联系商务的一些解职人员和留用编辑，预先编辑新教科书。辛亥革命成功后，陆费逵等人于1912年1月成立中华书局，出版了《中华新教科书》这一在当时唯一迎合了时局需要的教科书。中华的横空出世，对商务产生较大影响，自此两家成为竞争对手。在对待教科书的态度方面，无论是张元济持"扶助教育为己任"还是陆费逵言"教科书不革命，教育目的终不能达也"③，显然都视编辑教科书为救国的一种途径；在教科书的营销推广方面，早于中华编辑

---

① 曹冰严：《张元济与商务印书馆》，《商务印书馆九十年》，第21页。
② 庄俞：《谈谈我馆编辑教科书的变迁》，《商务印书馆九十年》，第66页。
③ 陆费逵：《中华书局宣言书》，《20世纪中国著名编辑出版家研究资料汇辑》（二），第242页。

教科书近十年的商务,到底具有优势示范的作用,比如,商务办教育刊物、建学校、函授学校等来培养教员,试验本馆教科书,中华办的上海国语专修学校等就是借鉴了这种"大出版"的路径。这些类同点使得中华有"'拷贝'商务"[①]之名,但两家创立的时代背景不同(商务起于维新变法前,中华建于辛亥革命后)、主事人的思想主张不同,因此,在教科书的宗旨、对普及教育的理解及由此反映到教科书的具体面貌等方面,也便呈现出一系列差异。

1921年成立的世界书局,其创办人沈知方与商务、中华两家也颇有渊源:他先入商务,后进中华,因挪用公款被扫地出门,自立门户。一开始以出版言情武打小说发家,但教科书市场丰厚的利润驱使他也想挤入分一杯羹。然而,教科书的使用延续性及世界书局的晚入都是不利因素。1924年前,中小学教科书市场的比例是:商务占十之六七,中华据十之二三。为此,世界书局在商业策略、竞争手段上颇下了一番功夫:降价、降低折扣、贿赂教育界和学校负责人……三家的恶性竞争闹得沸沸扬扬,但一直到1949年前,商务还是占据了教科书市场份额的十分之六。[②]之所以能长期占据教科书市场龙头地位,除去成熟的商业应对策略外,主要和商务教科书质量、执掌商务之人的文化理想、对"期以此新式印刷业赞助此革新运动"[③]的深切领悟有关。商务之所以能够从印刷作坊转为出版重镇,历经百余年仍为学界津津乐道,正是在于其文化地标的意义,"所谓文化商务,一言以蔽之,就是用出版来引领中国的社会文化发展"。[④]

---

① 王建辉:《商务与中华:中国近代出版的冠军与亚军》,《出版与近代文明》,河南大学出版社2006年版,第298页。
② 相关论述可见《教科书之发刊概况》,张静庐辑注:《中国近现代出版史料初编》;陆费逵:《六十年来中国之出版业与印刷业》,张静庐辑注:《中国近现代出版史料补编》。
③ 王云五:《商务印书馆与新教育年谱》,第1页。
④ 杨扬:《起步于上海的商务印书馆》,《读书》2007年第10期。

第二节　在商言商：商务教科书的商业运作

王云五认为，商务印书馆的创办初衷是应对晚清教育革新，"期以新式印刷业赞助此革新运动"。① 据《教科书之发刊概况（1868—1918年）》一文考证：

> 科举废后，正式教科书遂相继出现，有由学堂自编应用者，有由私人编辑者，有由书商发行者，有由日本教科书直译而成者。自学部公布审查制度，除审查合格各书外，又有部编教科书。在商务印书馆未成立以前，以文明书局出版之教科书为最多，广益书局等次之。光绪二十九年以后，各学堂教科书，大多出于商务印书馆……②

可以说商务印书馆既不是第一家私营书局，也不是第一个进行教科书编辑的出版机构。其之所以能够最终脱颖而出，除了教科书的内容、形式有过人之处外，领先的技术手段、成功的商业运作以及教科书市场的特殊性，都是商务制胜的因素。

首先，晚清上海特殊的区位优势给商务的发展创造了有利条件。孟悦指出，当时时局的变动、人口大幅度的迁移使得江南社会的等级形态发生松动，使得商务印书馆的创办人夏瑞芳、鲍氏兄弟等出身卑微的人员得以在上海形成新型紧密的社会群体，并成长为新兴的技术型企业管理者，将商务印书馆由印刷作坊发展为出版机构，自此改变了文人与书业的传统关系。③ 而杨扬也提到，上海作为"具有现代意义的社会空间"，

---

① 王云五：《商务印书馆与新教育年谱》，第1页。
② 李桂林、戚名琇等编：《中国近代教育史资料汇编·普通教育》，上海教育出版社2007年版，第171页。
③ 参见孟悦：《商务印书馆创办人与上海近代印刷文化的社会构成》，王晓明主编：《批评空间的开创：二十世纪中国文学研究》，第81—100页。

为商务提供了许多传统中国社会或者其他近代资本主义还不发达的城市所无法提供的机遇："以现代水平来生产和管理印刷、出版，使之成为一种社会文化产业，在中国是从上海开始的。"① 而且，上海不仅出版业繁荣，其"普通教育事业在全国是实行得最早的"。② 晚清以来，新式教育的兴起、新式学堂的建立，一直都呈现较好的发展态势。仅根据清学部的统计就可以看出，自清废科举、兴办新教育之后，各地的学校数目、学生人数一直在上升。

清学部统计 1907—1909 年各省学堂数和学生总数 ③

	各省学堂数（所）	学生总数（人）
1907 年	37,888	1,024,988
1908 年	47,995	1,300,739
1909 年	59,117	1,639,641

南洋公学、育才学塾、务本女校和爱国女校等第一批学校正是在上海陆续成立的，"在全国开风气之先"。④ 到了民国时期，上海适龄儿童的入学率高达 59%，而全国的标准只不过是 30.88%，上海用于初等教育的经费更占总支出的 70%，⑤ 这就意味着社会对适应教学需要的新式教科书有着迫切的需求。在此情形下，商务中止出版之前销路不好的社会科学著作，转而集中精力在编辑中小学教科书上，是顺理成章的。但要想真正比拼得过在上海的同业、占领如此巨大的市场，商务现有的条件是不足的。这里就不得不提及商务与日本第一教科书出版企业金港堂的合作（1903—1913）。高凤池这样回忆道："当时本馆鉴于中国的印刷技术，非常幼稚。本馆虽说是粗具规模，但是所有印刷工具能力，只有凸版，相差很远，万难与日人对

---

① 杨扬：《起步于上海的商务印书馆》，《读书》2007 年第 10 期。
② 许敏：《上海通史》（第 10 卷），第 134 页。
③ 相关数据来源于王笛：《清末新政与近代学堂的兴起》，《近代史研究》1987 年第 3 期。
④ 许敏：《上海通史》（第 10 卷），第 134 页。
⑤ 同上书，第 134—135 页。

敌竞争。"①合作之后，金港堂为商务提供了机器、印刷技术上的支持与协助，使得商务能够陆续掌握彩色石印、雕刻铜版、照相铜版、珂罗版等技术。而商务的第一套《最新国文教科书》恰是于1903年开始编辑、1904年正式出版的，如无金港堂的助力，无论是编辑经验、管理经验，还是《最新国文教科书》里被商务人员津津乐道的"除课文内有雕刻精细的插图外，每册还附有五彩图画二、三幅，是国内儿童读物附有彩色插图的开始"，②都可能无法领先同业而实现。如没有相应的技术保障，《最新国文教科书》的出版发行也就不能够达到当时的速度和规模。有学者指出："清末民初正是印刷技术在中国发生从用手工雕版印刷向用机器大规模活字印刷转变的重要时期"，而"印刷能力的扩大打开了更大的文化生产空间"。③

一直作为商务竞争对手的中华书局，就曾吃过技术、发行能力跟不上的亏。中华尽管因为率先出版《中华新教科书》抢占了先机，但由于资本、人力、技术的跟不上，使得虽然"各省函电纷驰，门前顾客坐索"，可中华却是"供不应求，左支右绌"，④并没能一举夺下龙头地位。这让陆费逵深以为憾，第二年赶紧为其印刷所添置了六台印刷机，专门用来印刷教科书。技术支持的重要性可见一斑。

因为"中国的出版、发行和印刷三种职能在1949年前没有区分。所有出版社几乎都承担了书籍从手稿到售卖的整个流通过程"，⑤这就对出版机构的商业运作手段、营销网络提出了一定的要求。事实上，正是因为商务具有了雄厚的经济实力和强大的发行网络，才使得学者认为它甚至比经费拮据的北大更能够支持新文学的传播，并使得普及知识成为可能。

---

① 高翰卿：《本馆创业史》，《商务印书馆九十五年》，第8页。
② 曹冰严：《张元济与商务印书馆》，《商务印书馆九十年》，第21页。
③ 雷启立：《晚清民初的印刷技术与文化生产》，《华东师范大学学报（哲学社会科学版）》2008年第5期。
④ 陆费逵：《中华书局二十年之回顾》，《20世纪中国著名编辑出版家研究资料汇辑》（二），第244页。
⑤ 戴仁：《上海商务印书馆（1897—1949）》，李桐实译，第3—4页。

商务在营销推广方面很有一套，可以说为后起的中华书局、世界书局等提供了有效的借鉴：比如，通过创办《教育杂志》一类的教育刊物来加强和全国各地学校的联系，使得商务与教育界的往来落实到了教育的实践层面。早期《教育杂志》中附有调查表，既为商务争取了潜在客户，收集到的反馈意见也有利于商务教科书的修订。又比如，商务建立师范讲习所、函授学校、平民女子学校、尚公小学、东方图书馆等，意在培养能教授新式教科书的人员、试验本馆教科书、普及教育。这种"大出版"的路径在当时颇有示范性，像后起的中华书局也办过上海国语专修学校等。事实上，商务被誉为"中国近代出版的母体"①并非夸大之辞，中华书局的陆费逵，开明的章锡琛、叶圣陶，世界书局的沈知方，生活书店的胡愈之等都是从商务出来的，他们的出版理念和方式都与商务颇有渊源。

商业性的考量也会影响商务的编辑出版活动。比如，商务在1932年遭遇"一·二八"后，便即刻打出"为国难而牺牲，为文化而奋斗"的口号，施行复兴计划。复兴的第一目标就选择了教科书，商务几乎倾尽余力为其开道：在全公司范围内调集银行资金及各地分馆上交的利润，动用商务在京港两地印刷厂的力量，从被毁废墟里找出印刷机器予以修复，投入使用，并在租界里租屋开小厂，恢复教科书的生产。②

应该说，商务在王云五执掌期间，已因教科书市场空间变小而决定将出版重点逐渐转向丛书，那么悲壮复业为何又会选择教科书来重振旗鼓呢？这其中当然包含"一烧就便不能复兴，也是莫大的耻辱"③希望以此进行爱国教育的目的，但更重要的，是因为教科书的确能够帮助商务尽快实现"复兴"：1932年商务遭难，也正值"教育部所颁之新课程标准即届实施之期，同业皆纷纷从事于新教科书之编辑，以应需要"。④教育章程的修改

---

① 王建辉：《出版与近代文明》，第201页。
② 参见王建辉：《文化的商务——王云五专题研究》，第82页。
③ 王云五：《卷头语》，《东方杂志》（复刊号）第24卷第4号，1932年。
④ 王云五：《岫庐八十自述》（节录本），上海人民出版社2007年版，第104—105页。

对出版机构来说，意味着可以编辑出版新的教科书来力争上位。1932年新课程标准的付诸实施，更意味着秋季开学时需要大批的新版教科书，这对遭遇劫难的商务来说，显然是一个能尽快复兴的良好契机。何况商务遭遇国难、馆难的双重危机，受到了社会各界人士的普遍关注。在复兴与爱国息息相关的情形下，商务出版新教科书也必将受到欢迎。这一系列因素都促使商务下定决心迅速地集中人力物力来加紧出版"复兴"系列教科书。

可见，教科书的编辑出版不仅是"教育救国"的文化行为，在普及教育的背后，技术、市场等因素也发挥了重要作用。使得教科书的编辑重点、资源构成、传播方式等也会相应地发生变化。

第三节　庙堂之下：商务教科书的发行渠道

在《最近三十五年之中国教育》里，时人这样来评价商务印书馆自清末开始的教科书出版：

> 在光绪三十二年学部虽然颁布了学堂章程，但借以推行新教育的教科书并未编印……我们现在谈到科举的废除，学校的创设，不能不归功于革新运动。而革新运动有此成绩，我们却又不能不归功于当时的出版业，尤其是商务印书馆。[①]

应该说，清政府并非不想"编印推行新教育的教科书"，事实上，1902年京师大学堂编书处成立，就是以编纂普通教育课本为重点的。1905年学部成立后，于第二年设立了图书局，专门编辑教科用书。但当时就有人指

[①] 庄俞、贺圣鼎：《最近三十五年之中国教育》（下），商务印书馆1931年版，第264页。

第一章　开风气之先：商务印书馆与近现代教科书的编印

出："在外间或可编出适用之书，在部则绝无其事。"学部内部的腐败混乱使其即使拥有编辑人才也不能成气候，何况居于该机构高层的又是"更不知与教育"的顽固派。① 即使学部编出了教科书，而且借助政府的力推，号称和商务的《最新国文教科书》同为"在光复之前，最占势力者"，② 其实却是自学部教科书颁行伊始，"学部教科书恶劣之声不绝于教育社会"，不断有人抨击学部耗费巨额经费却"成此十余种教人不足、害人有余之教科书"。③

这一系列问题都使得晚清政府面对蓬勃兴起的新式学堂热潮，心有余而力不足，不得不鼓励民间自编教科书，采用民间自编、官方审定后发行的方式。

这便意味着商务印书馆的出版活动，既不全仰政府鼻息，但又与政府有着千丝万缕的依赖关系。就教科书而言，由于审查制度的存在，商务的教科书不仅需要按照教育宗旨编订，"学制经一度之革新，我馆辄有新教科书之编辑，以应其需要"，④ 这才有望获得政府的审定通过；同时，作为一家成熟的企业，最积极主动的做法是要能"运用政府的力量'通令采用'自己的出版物尤其是课本"。⑤ 商务自然明白和政府打好关系、疏通关节对其占据营业大宗的教科书来说何等重要。事实上，商务的强势崛起，除了自身教科书质量过关以外，两大重要手段就是"利用政治力量和营业方法推销"⑥，它很懂得"要求同教育主管当局的联系与协调。在这方面，商务印书馆显得准备充足，游刃有余"。⑦ 有鉴于此，商务通常采取的方式有：邀请

---

① 参见江梦梅：《前清学部编书状况》，张静庐辑注：《中国近代出版史料初编》，第210—211页。
② 陆费伯鸿：《论中国教科书史having》，张静庐辑注：《中国近代出版史料初编》，第213页。
③ 江梦梅：《前清学部编书状况》，张静庐辑注：《中国近代出版史料初编》，第210—211页。
④ 王云五：《本馆与近三十年中国文化之关系》，《商务印书馆九十五年》，第285页。
⑤ 王建辉：《旧时代商务印书馆与政府关系之考察（1897—1949）》，《出版广角》2001年第1期。
⑥ 同上。
⑦ 黄警顽：《我在商务印书馆的四十年》，《商务印书馆九十年》，第95页。

343

政界人士出任董事，向政界人物赠送商务股票，接受政界人士的亲属或者子女入商务就业等等。而商务的重要决策人，无论张元济还是王云五，都在政府部门拥有一定人脉：张元济自不必说，昔日的翰林身份使得他在晚清民国时期的政界、学界都拥有丰厚的人脉，不仅和李鸿章、盛宣怀等清政府上层人物有一定交情，和蔡元培、黄炎培更是私交甚笃，又常和民国的教育总长傅增湘有着频繁的书信往来；王云五在入商务之前，则当过临时大总统府的秘书，1912年时因为在教育问题上颇有见地，得到当时教育总长蔡元培的赏识。进入商务后，他的政治活动更加频繁，并最终借助商务这个平台走向了仕途。

陈思和指出，1927年以来商务印书馆便对新文学缺乏热情，他认为商务早先对新文学的支持难脱营利目的，一旦新文学与现实发生尖锐冲突，其商业性立场便使它不愿再承担风险，而这一亲庙堂的态度妨碍了它对新文学的支持。这一批评或许苛责过严了。事实上，在现代中国，即使是像《创造》《新月》这类新文学作家自办的刊物，都曾因成员发表激进政治言论导致刊物被查封、中止的经历。商务作为一家民间出版机构，以相对中庸的姿态在政府日趋严格的审查制度之下生存是可以理解的。时人就曾指出，看待出版界"岂能责其只顾公益，不顾血本？苟如是，彼其资本，亦不转瞬而尽耳，所能为者几何？然虽如是，在无碍销场之范围内，书店亦应尽相当之责任"。[①]

商务一贯秉持的就是"在商言商"和"文化本位"的立场，这使它从来不曾有过咄咄逼人的"急先锋"姿态，也未曾以激进的姿态进入时代大潮。比如它听政府号令、应政府学制编教科书，也与学界积极联络、邀知名学人入馆编书，听各方意见，但又在此基础上做着决策微调。这固然有保守、局限之处，但也正是这样一种相对谨慎的立场使它能够更

---

① 吕思勉：《吕思勉遗文集》(上)，华东师范大学出版社1997年版，第383页。

稳定、更长期地发展，而各学派、各学科的声音也得以在其中占有一席之地。

然而，官方机制给予民间出版机构的空间越来越小。特别是1930年代之后，官方教育部开始加紧对民间教科书的控制力度，比如，1932年设立了"国立编译馆"，用以出版统编教材，1935年开始逐渐推行教科书"国定本"，1943年则明令使用"国定本"。从小学、中学乃至大学，教育部都开始逐渐收编民间力量，中小学教科书更是直接被教育部包办了。

其实即使是自顾不暇的晚清政府，在设定教科书制度时，也企图一步一步"要朝着国定制的目标前进"，[①] 只不过因为力有不逮，才给了民间出版机构较大的空间。王云五就很得意于商务在编辑教科书环节的主力作用：

> 议学制者犹坐而言，我馆即已起而行。且政府作事迟缓糜费，远过私人经营。民国以前，供给教科书者只本馆一家。苟无本馆，则全国教科书势非由政府自编自印不可。[②]

事实上，晚清的审定制度也存在着相当程度上的灵活性。时人就持论：

> 教育的兴办所倚恃的利器便是教科书，但是全国各地情况不同，不能一体视之，必须因地制宜，若是强迫使用部编的教科书，将会适得其反。[③]

在《学部第一次审定初等小学教科书凡例》（1906年4月）里则有此条：

[①] 王建军：《中国近代教科书发展研究》，第171页。
[②] 王云五：《本馆与近三十年中国文化之关系》，《商务印书馆九十五年》，第285页。
[③] 醒：《论限用部编教科书有妨教育之进步》，《申报》（宣统二年2月1日），转引自刘曾兆：《清末民初的商务印书馆——以编译所为中心之研究（1902—1932年）》，第85页。

> 此次书目未发之前，各学堂所用教科书有不在本部审定书目之内者，应报明该地方官转达本部，并将所用之书呈本部一份以凭审定。如所用者为善本，即应准通用，亦不必半途改用此次审定之书。①

这其实给学堂在采用教科书时提供了一定的自主性，当时"甚至出现了经过学部批驳的教科书也依然为学堂所采纳的现象"。这种灵活性，既给民间出版机构在编辑教科书时带来了一定的表达空间，比如，癸卯学制颁布的小学科目中有读经讲经课，但商务的编辑人员却以"新定章程所定小学科全然谬矣，不合教育公理"②为由，坚定地反对清学部之意不出经学教科书。然而，从另一方面来说，这种灵活空间的出现也是教科书市场竞争更为激烈的原因之一，而且越来越向恶性竞争发展：商务、中华、世界从广告战开始就打得难分难解，其后更一路不顾成本地打价格战，给各学校、各教育界人士赠送的已不只是行规认同的书券，世界书局更想出了送钢笔、丝袜、布料等招术。在这场竞争里，各方为了打击对手更是不遗余力。比如商务虽然已经在1913年就结束了和金港堂的合作，中华却在1919年趁着"五四"后抵制日货、提倡国货的浪潮，印行了《日本人之支那问题》，指摘商务含有日股，更分发到各学校煽动学生对商务的抵制情绪，以此争取学校不使用商务的教科书。③

恶性竞争导致出版机构对教科书市场的抢占变得更具逐利性，而在很大程度上忽略了对教科书内容的重视，逐渐有舍本逐末的举动发生。如商务和中华曾经在1925年时联合办了一家国民书局，企图用来打压世界书局，而采取的办法是将教科书的售价降低到只及世界书局的40%。可是国民书

---

① 《学部第一次审定初等小学教科书凡例》"第二十一条"，李桂林、戚名琇等编：《中国近代教育史资料汇编·普通教育》，第41页。
② 张树年主编：《张元济年谱》，第48页。
③ 参见李家驹：《商务印书馆与近代知识文化的传播》，第302—303页。

局并未在教科书的内容编订上花太多心思,只是把商务和中华的旧教科书拼拼凑凑,不受学校欢迎也在情理之中。①这一系列恶性竞争直到教育部确定使用"国定本"才结束,教育部在1942年将商务、中华、正中、世界、大东、开明、文通七家书局确立为"国定中小学教科书七家联合供应处",以明确配额的方式让各家印销"国定本"。

1942年七大书局销印"国定本"比例

	商务	中华	正中	世界	大东	开明	文通	共计
百分比	23%	23%	23%	12%	8%	7%	4%	100%

1936年上海市立小学各年级用书情况统计②

	商务	中华	世界	国民	共计
科目合计	881	546	874	433	2734
百分比	32.2%	20%	32%	15.8%	100%

对于政府的强制规定,王云五当时并无异议,表示:"对于政府之措施,仍愿极力赞助。"③他所做的,不过是尽量多争取国立编译馆的教材的出版权。对比上面两张统计表可以发现,商务不仅由自编教科书转为了销印官方教科书,其教科书市场份额也在很大程度上被削弱了。

对于政府而言,教科书这一培植"新国民"的重要基地显然需要牢牢攥在统治阶层的掌控之下,多样的民间声音是危险的,尤其是教科书这一统治需要依赖的力量本身却也蕴含着消解、抵抗的可能。从教科书的生产角度来看,民间出版机构虽然和政府有着密切的联系,但也有自身的底线。比如,当袁世凯要求"各书局在教科书中加入颂扬袁世凯之语"时,商务、中华就联合起来商议"两家应协商抵拒,不可遵者应一致进行"。④在这样

---

① 参见周秋利:《民国三大书局的教科书之争》,《中国编辑》2003年第4期;庞学栋:《解放前教科书出版的竞争及其影响》,《出版发行研究》2003年第1期。
② 参考《市校教科用书统计》,《上海教育》1936年第12期。
③ 王云五:《岫庐八十自述》,第341页。
④ 张树年主编:《张元济年谱》,第117—118页。

的情形下，官方机制的收编也是势在必行。但另一方面，民间教科书自身的发展的确也存在一些弊端，促使或者说是加快了其被收编，比如恶性竞争带来的消极影响，比如在对教科书的编辑出版上逐渐更为关注"发行"而一定程度上忽略"编辑"等。

正是基于上述这些因素，才使得国文教科书对"新国民"的想象越来越趋同。

第二章　想象"新国民"：以三代小学国文教科书为中心

晚清以来，亡国灭种的危机和焦虑使"中国现代知识分子产生和形成了'改变中国'和建立一个'新中国'的想象和知识"，[①] 如何在危局中塑造"新国民"以支撑"新中国"，就成为时代重大命题。对教科书来说，其询唤的正是潜在的理想国民，因此从教科书文本出发，可以窥见各种意识形态力量是以怎样的方式斗争、扭结在一起，形塑了特定的"新国民"。

本章将缕析商务印书馆在20世纪早期编撰、发行的三套小学国文教科书，通过文本分析来观察其在不同时期是如何来想象"新国民"的。之所以选择《最新国文教科书》（1904年出版）、《共和国新国文教科书》（1912年出版）、《复兴国语教科书》（1933年出版）这三代教科书，是因为它们都产生于中国及商务印书馆的特殊时期：《最新国文教科书》不仅是商务编辑出版的第一套新式教科书，也是中国近代第一套国文教科书；《共和国新国文教科书》是应1912年中华民国建立而出版的，其出版时间上虽然落后于中华书局的《中华新教科书》，却后来居上，被称作"文体教科书巨擘"（陆费逵语）；而《复兴国语教科书》则是在商务经历了1932年"一·二八"国难后，王云五举起"为国难而牺牲，为文化而奋斗"的旗帜，定下以教科书的编译为复业的第一目标而出版的。因此，以这三套教科书的出版活

[①] 旷新年：《民族国家想象与中国现代文学》，《文学评论》2003年第1期。

动为线索，能看出包含于危机变动中的新国民想象及现代民族国家想象的建构和演绎情形。

第一节 《最新国文教科书》：发现"儿童"

传统中国其实原本并没有"国民"一词，只有与"君"相对的臣民、庶民之"民"，隶属于传统的"家天下"范畴。"国家"①"国民"概念都是近代中国社会转型的产物。列文森就指出："近代中国思想史的大部分时期，是一个使'天下'成为'国家'的过程。"②从"天下"到"国家"，从"民"到"国民"，意味着两种不同的话语系统和结构形态实现了转换。

最先诠释"国民意识"的人当属严复，他将国民的素质视作救亡图存的根本，提出"民智、民力、民德"三者乃强国之本，其中又以开启"民智"为"最急"。③但最早使用"国民"这个概念的人则是康有为，虽然他并没有为"国民"下一个清楚的定义，不过根据他的说法，"国民"指的是那些经过初、中级学校教育的人才，"总而言之，小学中学者，教所以为国民，以为己国之用，皆人民之普通学也"。④从中可以看出，康有为理解的"国民"，是指那些接受了现代教育的人。直到梁启超的《论近世国民竞争之大势及中国前途》一文，才可说是真正地对"国民"进行了界定："国民者，以国为人民公产之称也。"⑤这个定义指出了"国民"和臣服于君王的"民"之不同："国"既然是人民的"公产"，那么"国民"显然就应该

---

① "国家"一词中国古代就有，初见于《周易·系辞下传》第八章，但指的是朝廷或皇室，现在理解"国家"一词，指的则是现代民族国家。
② 〔美〕列文森：《儒教中国及其现代命运》，郑大华、任菁译，中国社会科学出版社2000年版，第87页。
③ 严复：《原强》，王栻编：《严复集》，第14页。
④ 康有为：《请开学校折》，《康有为政论集》（上），中华书局1981年版，第305页。
⑤ 《饮冰室文集点校》，第810页。

是"国"之主人。到了1902年,梁启超又给"国民"下了另一个定义:"有国家思想,能自布政治者,谓之国民",①强调了国民应该具有的资格、能力和条件。邹容在1903年的《革命军》里则对"国民"做了更为清楚的界定:"国民者,有自治之才力,有独立之性质,有参政之公权,有自由之幸福,无论所执何业而皆得为完全无缺之人。"②

尽管在上述表述中,"国民"常常被理解为是独立的、自由的甚至应该拥有国家主人的地位,但基于中国的现实,一直以来对"国民"概念的一大争议就是:西方式的"公民"究竟有没有在中国形成?可以把这一讨论放置到国文教科书中去,来考察"新国民"形象到底是如何在本土的现实语境中得以形成的。

1904年,商务印书馆出版的《最新国文教科书》被认为是近代第一套形式和内容都比较完善的教科书。初小第1册初版发行后三天就告售罄,不到两周已售出五千余册。其余第2至第10册共计花了两年时间完成,陆续出版。同时,为了让教员知道如何使用教科书、节省查阅资料的时间,商务还配套出版了教授法、教参书,这种"一套三书"的形式至今还在沿用。在初等小学国文教科书全十册完成以后,商务又编辑出版了高等小学国文教科书共八册。其时,高等《最新国文教科书》的第1、2册已知要和初等《最新国文教科书》的第9、10册相衔接,然后渐深。其他如修身、笔算各科连同相关的教授法也同时出版,其系统性和完善性独步一时。商务方也很自豪于"只有我馆的《最新教科书》是依照学部所颁布的学堂章程各科俱有的",③学制规定初小五年、高小四年,商务的国文教科书于是就编初小十册、高小八册,每半年用一册,每册60课。紧扣学制进行设定,这也是

---

① 梁启超:《新民说》,《饮冰室专集》(四),中华书局1996年版,第12页。
② 邹容:《革命军》,丁守和主编:《中国近代启蒙思潮》(上),社会科学文献出版社1999年版,第382页。
③ 庄俞:《谈谈我馆编辑教科书的变迁》,《商务印书馆九十年》,第62页。

其出版后广受学校欢迎的原因之一。

1906年,清政府学部第一次审定初等小学教科书暂用书目共计102种,其中民营出版企业出版的教科书达85种,占教科书总数的80%以上,商务的《最新初等小学教科书》系列等就占了54种。自此,其他书局包括清学部编辑的教科书在内,大多效仿商务的体例。《最新国文教科书》一炮打响,成功奠定了商务在当时教科书市场"学校课本的托拉斯"①地位。

《最新国文教科书》之所以被认为开创了近代教科书的范式,因其与传统蒙学教材有着根本的不同之处。中国原本的传统蒙学读物,只是应付科举考试的书籍,在废科举之后被大加鞭笞为只会造出"废才""弃才"②的腐朽读物,乏善可陈:"有的没有教育的意义,有的陈义过高,不合儿童生活。"③这是新式教科书"破"旧式教材的着力点,也是"立"其自身的关键。

在编纂《最新国文教科书》之前,张元济等人就搜集了市面上包括各种蒙学读本在内的自编教材,认为这些教材"不切合儿童心理,不详教法"。④一个实例便是,被称为"我国人自编教科书之始"的南洋公学《蒙学读本》在第一辑第一课上说:

> 燕、雀、鸡、鹅之属曰禽。牛、羊、犬、豕之属曰兽。禽善飞,兽善走。禽有两翼,故善飞。兽有四足,故善走。

商务《最新国文教科书》的编辑人员之一蒋维乔点评其"决非初入学儿童

---

① 〔法〕戴仁:《上海商务印书馆(1897—1949)》,李桐实译,第14页。
② 吴研因:《清末以来我国小学教科书概观》,张静庐辑注:《中国出版史料补编》,第149页。
③ 同上。
④ 王建军:《中国近代教科书发展研究》,第108页。

所能了解"①，而晚清学部在审定过商务的《最新国文教科书》之后，则做出如下评语：

> 文词浅易，条段显明，图画美富，版本适中，章句之长短、生字之多寡，皆与学年相称，事实则取儿童易知者，景物则预计学期应有者，并将一切器物名称均附入图中，使雅俗两得其当，皆此书之特长也。②

有学者在比较了商务的《最新国文教科书》和此前的其他蒙学读物之后，认为商务"取得成功的一个很重要原因是适应儿童学习心理，从儿童日常生活中熟悉的事物入手，由浅入深，循序渐进，使小学生易于认知"。③突出的一点便是确定了以文字笔画的多少、儿童认字的难易程度作为编排课文的一大依据。尤其是一炮打响的《最新国文教科书》初小第1册，一开始就明确了其功能是教儿童认字，一至五课只举单个汉字，如第1课教"天地日月"，第4课是"上下左右大小多少"，第6课开始教"父母""兄弟""朋友""城市"等词组，而且生字的笔画数也是循序渐进的。

可以说，这套"对于近代教科书的发展确实是具有开创意义的"④编辑原则，是为了紧紧扣住照顾儿童学习心理才制定出来的，其"新"正在于此。在此之前，中国传统的教育体系官学、私学并行，尤以私学为主，其"教育阶段划分只有小学和大学两级"。⑤前者针对的是成人，后者虽然针对

---

① 蒋维乔：《编辑小学教科书之回忆》，《商务印书馆九十年》，第55页。
② 周振鹤编：《晚清营业书目》，上海书店出版社2005年版，第275页。
③ 张人凤：《商务印书馆〈高等小学堂用最新国文教科书〉简析》，《中国图书周报》2007年11月13日。
④ 王建军：《中国近代教科书发展研究》，第111页。
⑤ 吴洪成主编：《中国小学教育史》，山西教育出版社2006年版，第1页。

"蒙童",但教育是一段式的:蒙童们虽然在生理年龄上存在长幼之分,虽然也要进行识字、阅读、写作等训练,但基本上,都是聚集在同一间塾堂里上课,学习的是同一种教材。而按照学生年龄来划分等级和程度的做法,是在新式教育兴起之后才出现的:从一开始的效仿西方、日本成例创办的二等、三等学堂,再到癸卯学制明确将初小学期定为五年、高小定为四年。正是这一分级制的出现,才引入了要符合儿童生活、适应儿童心理的教科书编辑要求。

也就是说,被探讨的"儿童",其实是随着新式教育的出现才产生的,教科书被要求要对"这个"儿童具有"教育的意义"。更进一步说,在这一语境下的"儿童",遵循的显然是进化论的逻辑,暗含了一套"新国民"阶梯式、递进式的养成过程:儿童—少年—青年……尼尔·波兹曼(Neil Postman)曾经用一系列考证,指出正是由于工业社会、印刷技术的出现,"童年"这个概念才会被创制出来。[1] 柄谷行人也有类似观点:"谁都觉得儿童作为客观的存在是不证自明的。然而,实际上我们所认为的'儿童'不过是晚近才被发现而逐渐形成的东西。"[2] 在现代认识装置里,这个"儿童"是"颠倒"的,它只是在进化论的逻辑下,作为一个先验的存在而被不断思考,寻找着"应该"存在着的内涵。时人因此有这样的感叹:

> 而教科书之编纂,其斟酌取舍之间最称为难者,又以小学教科书为第一,其所难者,即在采取材料当合儿童之心理耳。盖当成人之年而回溯儿童时代之性情、智识,终觉荒邈模糊,无可捉摸。今以编纂教科书为事者,大抵系中年富于学识者流,而降作儿童所知所能之事

---

[1] 参见〔美〕波兹曼:《童年的消逝》,吴燕莛译,广西师范大学出版社2004年版。
[2] 〔日〕柄谷行人:《日本文学的起源》,赵京华译,生活·读书·新知三联书店2006年版,第112页。

业，在身任小学教科富于实地练习者，一旦举笔编纂犹恐无裨实用，若仅恃固有之学识偶为儿童境地着想，教材率尔操觚，从事编辑，其不至圆枘方凿之不相容几希矣。编纂小学教科书之用，而未见有体裁完备，毫无遗憾者出于其间也。①

某种意义上，小学国文教科书的编纂过程其实就是一群"中年富于学识者流"努力将观念层面的"儿童"转化为实践层面的"儿童"的过程。那么在《最新国文教科书》时期，他们心目中的"儿童"究竟是怎样的呢？

商务编辑《最新国文教科书》可以说是花费了极大心血，自张元济1903年接任编译所长一职后，就陆续延揽了高梦旦、庄俞、杨赤玉等一批既有教育经验又有志于教育救国的人士进入编译所，同时，在教科书编辑方面因为和日本金港堂的合作而获得了许多帮助。其实晚清的壬寅学制、癸卯学制参考的就是日本明治时期的学制，而金港堂则是"日本出版教科书的第一块牌子"。②像加入商务的日方人员中较为著名的小谷重就是日本文部省图书审查官兼视学官，长尾槇太郎是高等师范学校的教授，伊泽修二则"曾经任职文部省，制定日本的教育方针，同时著作等身"，有论者断言："商务聘请他便是要借重其丰富的教育经验，为中国的教科书重新量身制作。"③中日双方以合议制的方式编辑出版了《最新国文教科书》。在当时身为编辑人员的蒋维乔的日记里，光绪二十九年（1903年）农历三月十八日有这样一条记录，值得留意：

---

① 《论限用部编教科书有妨教育之进步》，李桂林、戚名琇等编：《中国近代教育史资料汇编·普通教育》，第196页。
② 吴相：《从印刷作坊到出版重镇》，广西教育出版社1999年版，第297页。
③ 刘曾兆：《清末民初的商务印书馆——以编译所为中心之研究（1902—1932年）》，第81页。

第四编　新文化创制的"下沉"途径

> 长尾君来，谈及修身教科书，日本所用者皆取小儿游戏故事。其实不可涉于游戏，非读本可比。日本教育家已议及此，今中国编修身宜从此着意。①

日方根据自己的经验，建议商务应沿用日本"皆取小儿游戏故事"的编辑方法，以很好地引起儿童的学习兴趣。事实上，纵观之后国文教科书的发展趋向，特别是在"新文化运动"以后，这种取材于儿童游戏故事、强调儿童趣味、将儿童文学引入国文教科书的做法十分风行。但在编辑《最新国文教科书》时期，蒋维乔等中方人员却并不同意，而是主张"必取古人事实可为模范者"作为学生学习的榜样，认为"涉于游戏"是读本等补充读物的任务，与教科书无关。结果，《最新国文教科书》初等小学总共10册的修身教科书里"共300左右故事，没有一则以儿童游戏形式，都是当时可资效法的古人嘉言善行故事"。②不仅修身科是以采古人嘉言懿行为标准来选编课文，国文教科书也同样注重"取古人事实可为模范者"，显然引起学童兴趣并不在他们的考虑范围内。在第一册《最新初等小学国文教科书》的《编辑缘起》里，商务编辑人员这样来阐述己方的编辑意图：

> 凡关于立身、居家、处世，以至事物浅近之理由与治生之所不可缺者，皆萃于此书。其有为吾国之特色，则极力表彰之；吾国之鄙俗，则极力矫正之，以期社会之进步改良……务使人人皆有普通之道德知识，然后进求古圣贤之要道、世界万国之学术艺能……庶几教者不劳、学者不困，潜移默化，蒙养之始基以此立，国民之资格以此成。是则区区编辑之微意也。

---

① 转引自汪家熔：《商务印书馆史及其他——汪家熔出版史研究文集》，第50页。
② 同上书，第51页。

第二章 想象"新国民"：以三代小学国文教科书为中心

如果对照官方宗旨来看，癸卯学制的小学教育宗旨为："以启其人生应有之知识，立其明伦理爱国家之根基，并调护儿童身体，令其发育为宗旨。"① 具体到高小宗旨，才开始使用"国民"这个概念，但定义得比较含糊，只道"皆知作人之正理，皆有谋生之计虑"。而商务的编辑大意则清清楚楚地为"新国民"做了定位，写明"本文详列有关宪政之举以养成立宪国民之资格""详列本国要政及世界大势以养成国民国家之想象"。这里的"国民"，是指在立宪背景下、居于"世界大势"之中的有着"立宪国民之资格"的"大国民"：

所谓大国民者，非在领土之广大也，非在人数之众多也，非在服食居处之蒙修也。所谓大国民者，人人各守其职。凡对于一己，对于家族，对于社会，对于国家，对于世界万国，无不各尽其道，斯之谓大国民。②

从这些定义阐述中可以看出，他们对"大国民"的要求和期待不可谓不高：不仅"立身、居家、处世，以至事物浅近之理由与治生之所不可缺者"这些"人生应有之知识"皆要掌握，还要能将繁复艰深的"世界万国之学术艺能"及优良的"古圣贤之要道"集于一身，并且，对自己、对家族、对社会、对国家乃至对世界万国，都要能"各尽其道"。应该说，商务并没有在抽象的意义上来使用这个"大国民"概念，而是在每课课文的编写上都详尽地围绕其做了具体落实。

这样设计的结果是商务的《最新国文教科书》出版后虽然销路甚佳，也获得了各方的好评，但商务的编辑人员还是从学校的使用反馈中得出

---

① 朱有瓛主编：《中国近代学制史料》第二辑上册，华东师范大学出版社1987年版，第174页。
② 《最新国文教科书》高小第8册第60课《大国民》，商务印书馆1904年版。

357

了"闭门造车,未必尽能合辙。试验经过,觉得材料太深"的认识,虽然"好在当时的小学生,大半来自私塾,教师也多半读过古典的经籍",使用《最新国文教科书》并没有太大的困难,但长此以往,显然无法符合新式教育普及迅速的学习要求。因此,商务在《最新国文教科书》之后便赶紧出版了一套《简明教科书》,"将文字改浅,材料务求合于儿童心理"。①

虽然发现了"儿童"、思考了"儿童",编纂课文也从一开始就强调"务求合于儿童心理",可一旦面对最小只有七岁②的学生时,如何操作却面临困难:新教科书貌似尊重"儿童"、实质"成人化"的设计方式和传统的"一段式"教育并不存在多大区分。对于第一部新式国文教科书来说,观念溢出了实际的负荷,因为在"国家""国民"观念始兴的当口,与之有关的一系列符号都有待引进和接受。亟待探究和解决的,是一个"新国民"应该知道哪些基本知识,并如何进行灌输和传达。

应该说,《最新国文教科书》里的"大国民"其实是立宪背景下"大国民"想象的一种折射,所以,无论是国家政体、国家机器,还是公共设施,该套教科书中都做了详尽介绍,力求建构一个"立宪"后的国家景观。

这一整套"大国民"想象的出现,和其时商务编辑人员乃至高层都是拥护立宪的"保皇派"也有关系。1907年9月晚清预备立宪的上谕刚颁布,商务就在同年12月出版的高等小学堂用《最新国文教科书》做了回应:不仅在第1册第1课"恭录"预备立宪上谕的内容,在第5课里做了《庆祝立宪歌》,更从第2课到第4课连续渐进地解释何谓君主立宪、

---

① 庄俞:《谈谈我馆编辑教科书的变迁》,《商务印书馆九十年》,第62—63页。
② 癸卯学制规定的学童入学年限是:初等小学堂,7岁以上入学,学习年限为5年;高等小学堂,招收初小毕业生,学习年限为4年。

君主立宪在世界范围内的优越性、君主立宪在中国确立后必能救国于外患等观点,甚至还直接在国文教科书里出谋划策,对国民、对国家提出了要求:

> 我国今已预备立宪,议院之设,期必不远。凡我国民,亟宜研究政法学,详考本国之现状,与世界之大势,以养成议员之资格。异日见诸施行,庶无陨越之患乎。①

"大国民"想象落实到日常生活层面,仍投射上了乡土中国的影子。《最新国文教科书》在课文里虽然加入了一系列当时中国所不具备的现代符号,如"救生船""铁路""公园""博物馆""电话""机器"等,可以看到西方现代文化技术对国民生活的逐渐渗透;然而在呈现日常吃穿用度的方面,无论是居室的门、花窗、桌、椅;吃的汤包、馒头、饺、糕、饼;使用的犁、耙、斧、锥;还是穿的褂、长袍等等,仍是"乡土中国"的产物。

一方面,这自然是和从儿童熟悉的日常事物入手的编辑理念有关,但也可以看出,《最新国文教科书》并不热衷用西方符号来构建中国的现代民族国家想象图景。仅以初小《最新国文教科书》第3册的插图为例,在共计47幅插图中,只有一幅西式马车、一幅地球仪和一幅轮船带有鲜明的西方特征。

对于被放置在这一景观中的"大国民",商务在教科书里明确提出了要从"德育""智育""体育"三方面着手培养。从下列高等小学《最新国文教科书》第1册的目录里,大略可看出商务对小学生知识结构的设计(见下表):

---

① 《最新国文教科书》高小第3册第6课《议院》。

高等小学《最新国文教科书》第 1 册目录

课数	课文题目	课数	课文题目	课数	课文题目
1	预备立宪（附彩色图）	21	俭德	41	晏安之害
2	君主立宪	22	物品	42	欧阳修
3	续	23	杨氏	43	巴律西
4	续	24	男女	44	尚勇
5	庆祝立宪歌	25	贤母	45	合群之利
6	尧舜禹	26	续	46	演说
7	子产	27	五行	47	践约
8	运动之益	28	田文	48	惜时
9	洞庭两山	29	铁路（附照片）	49	公园（附照片）
10	续	30	续（附表）	50	济南三胜
11	金焦北固	31	司替芬孙	51	衡山
12	声光	32	博爱	52	自然之音乐
13	目	33	弹鸟	53	义伶
14	耳	34	热之功用	54	救生船
15	盲哑学堂	35	电热	55	水患
16	职业	36	文武	56	续
17	续	37	马援	57	亚剌柏之马
18	深耕	38	灌夫	58	续
19	宝	39	义猴	59	鸵鸟
20	昆虫之农工业	40	真学问	60	杂说

"德育"是指要具备惜时、博爱、俭德、孝顺、戒轻率等儒家传统道德。"智育"则强调要有科学的认知观及常识，包括"声光""电热"等物理原理、"君主立宪"等西方政治知识、目耳手等人体知识，再到农业、工业、商业乃至连尺牍、账册、契约等林林总总的实用常识，皆要掌握。而"体育"这一维度的加入显然是基于中国和西方碰撞后的惨痛教训：国人因吸食鸦片损害身体、被冠以"东亚病夫"的辱名，因此"大国民"不仅应将鸦片视作禁忌，就连抽烟、喝酒也都被看作是不当行为，明确道："烟有毒，能阻身体之发育，非童子所宜也"[①]；"酒能伤脑。于儿

[①]《最新国文教科书》初小第 3 册第 25 课《烟》。

童尤甚"。① 在此基础上，全套课文还贯穿着对强健体魄和清洁观念的强调：劝诫学童勤沐浴、忌多食、忌生食、勤锻炼、多运动，连室内通风打扫都应注意。

这些设计正体现了张元济的主张，即在教育上"勿标讲西学为名"，而是要"取泰西种种学术以与吾国之民质、俗尚、教宗、整体相为调剂"。② 一方面，西方的科学观念的确成为了一个准绳，用以判定何谓需要"极力矫正"的"吾国之鄙俗"③；但另一方面它所针对的主要还在"民质、俗尚"方面。例如，《最新国文教科书》初小第 2 册第 10 课的《灯花》："李儿夜读书，灯结花。告其父曰：'今夜灯结花，我家当有大喜。'父曰：'此妄语也，火烧灯心，久则结为花，与人何涉？儿毋信之。'"这就是对儿童日常生活中一些常见的迷信思想做出了解释和纠正，以起到改良风俗的用意。

可以注意到，在表面的杂糅性——将传统中国的道德文化修养和西方的科学技术相糅在一起——背后，是对传统文化的保存。不仅"立身、居家、处世"和传统的修身、齐家、治国、平天下并无本质区别，"普通之道德知识"和"古圣贤之要道"这两项内容也与传统的小学教育要求区别不大。《最新国文教科书》初小第 2 册第 4 课《孔融》就是用耳熟能详的"孔融让梨"来教导学生要能"友兄弟"；《最新国文教科书》高小第 1 册第 23 课《杨氏》，就细细地讲述了一名姚家妇人杨氏是如何因恪守"节俭勿奢"品质，最终使她在家人"坐赃败，亲戚多被株连"时，独免此劫。这样的价值观念，其实都与传统教育基本相似。

究其根本，尽管时人承认在科学技术性领域不及西方，但若"从绝对的'文化'品质出发，对比东西方文化的质素"，而仍"对中国文化产生自

---

① 《最新国文教科书》初小第 3 册第 26 课《酒》。
② 张元济:《答友人问学堂事书》,《张元济诗文》, 第 170 页。
③ 《最新国文教科书》初小第 1 册《编辑缘起》, 商务印书馆 1907 年版。

信"。①在张元济等人看来,当时中国遭遇困境的关键在于:"吾国民多愚蠢,饮食男女之外几无所知。国之危亡非所问,种之衰灭非所计。屯蒙浑噩,蠕蠕于群动之中。临如是之民,虽有善政,行且见恶",②所以想要救国,不能寄希望于体制内的政治改革,而更需要着眼于以文化改造人心。

正是基于这种心理,商务才能为"大国民"设立更高一层的标准:"对于家族,对于社会,对于国家,对于世界万国,无不各尽其道。"③虽然承认"我国往时与各国所订条约,多不平等。每逢交涉,无不丧失权利",但将之主要归结为"我国外交家之失策也",同时也是因为"我国人民,往往不明界限,不权轻重",由此提出"对外国之人民,不可不亲厚恳切也",主张要不自卑、不忿恨于受外国侵略的现实,而坦然做到"博爱":"以国界言之,则凡四境以内之人。皆当视为同胞。"④这种略带盲目的乐观,是进入到"世界"范畴之中却还未从原先那个以"天朝大国"自居的心态中转换过来的表现,所以才会提出要将世界万国之人"皆当视为同胞"的主张。但另一方面,至少也可以看出,在这个阶段,对"新国民"的想象仍然明显有着即使面对军事、科技领域的失利也未足以撼动自视为"文化大国"的自信。

第二节 《共和国新国文教科书》:形塑"国民"

1912年1月9日,中华民国临时政府教育部建立,蔡元培任教育总长。随后,教育部通电全国,颁布了普通教育暂行法,规定:"凡各种教科书,

---

① 杨联芬:《晚清至五四:中国文学现代性的发生》,第176页。
② 张元济:《答友人问学堂事书》,《张元济诗文》,第170页。
③ 《最新国文教科书》高小第8册第60课《大国民》。
④ 《最新国文教科书》高小第1册第32课《博爱》,商务印书馆1904年版。

务合于共和国宗旨。清学部颁行之教科书，一律禁用。"[①] 向来对教育问题颇有见地的《教育杂志》主编陆费逵，早已嗅到了变革先兆，暗中联络同僚沈知方等人筹备好了适合民国需要的国文教科书。[②] 他更于1912年1月突然辞职，创办了中华书局，在同年2月抢在春季开学之前发行了《中华新教科书》。这套教科书因符合教育部"务合共和政体"的首要标准，得以分得原先由商务占领的教科书市场。

这一系列教科书紧扣"共和国"与"共和国民"，宣布："本最新之学说，遵教育部通令，以独立、自尊、自由、平等之精神，采人道、实业、政治、军国民之主义。程度适合，内容完善，期养成完全共和国民以植我国基础。"[③] 它在初小国文教科书第一册的首页上，就鲜明地印上了南京临时政府的五色国旗，后附课文则进一步表态："我国旗，分五色，红黄蓝白黑，我等爱中华。"由爱国旗到爱中华，《中华新教科书》深谙于教科书中一步步构建起共和国景象、唤起爱国情感之道，自然受到当时教育部的肯定。

而商务失了先机的原因在于：其主事人如张元济、高梦旦等多持政治改良立场，期待通过文化改良而非革命手段来达到救国目的；而且商务在运作渐趋成熟、企业规模扩大的过程中，逐渐形成了一套谨慎保守的出版方针。须知教科书是商务的营业大宗，任何关于教科书的决策都牵动着商务整体的发展，而当时正值商务资金周转不灵，业务出现萎缩情形，所以在没有看清局势之前，更不愿轻举妄动。

许多学者将商务比中华的慢了一拍视作其保守落后的表现，但是根据

---

① 陈学恂主编：《中国近代教育史教学参考资料》（中册），人民教育出版社1987年版，第167页。
② 按商务蒋维乔的说法是，陆费逵等人准备好了全部适合民国需要的初高等小学教科书及若干中等学校主要教科书。现学界多据此论。但汪家熔从1912年《申报》上刊登的商务、中华的教科书广告考据称中华书局先出了《中华初等小学国文教科书》第一册，不久商务就出了《共和国新国文教科书》初小用第一册。详情可参见汪家熔：《大变动时代的建设者》，四川人民出版社1985年版，第154页。
③ 陆费逵：《教科书革命》，《申报》1912年2月26日。

汪家熔的考证，① 中华书局的抢先之举其实并没有给商务造成重大打击：在1913年4月商务印书馆股东年会的内部报告里，就谈及现有的机器设备不足导致"去今两年教科书销路稍畅，即有供不应求之患"，并报告1913年年初，"因小学教科书销路大旺，印刷书坯假如上海现有之装钉作坊尽钉本馆之书尚难济事"。事实上，一直到1932年，商务版小学用《共和国新国文教科书》统计"复印至300余次，销售至七八千万册"。② 即使是陆费逵，也不得不承认："文体教科书至今犹以共和及新式为巨擘。"③ 为何商务失去了先发制人的优势，却能够后来居上？

尽管中华作为当时唯一一家对民国成立做出及时反应的出版机构，有着非常有利的上位条件，整套《中华新教科书》"有初等小学修身、国文、算术、习字帖、习画帖五种四十册；高等小学修身、国文、算术、历史、地理、理科、英文、英文法八种三十三册，教授书六种二十八册"，④ 确实也很全面和系统，但事实上，这套教科书一直要到1913年才全部出齐。在中华异军突起的最初，并没能形成一招制胜的规模和系统，中华的编辑、印刷、发行能力也没能匹配许多学校的实际需要。陆费逵当时深以为憾的一点就是：

> 中华书局草创之时，以少数资本，少数人力，冒昧经营，初未计及其将来如何。开业之后，各省函电纷驰，门前顾客坐索，供不应求，左支右绌，应付之难，机会之失，殆非语言所能形容。⑤

---

① 详见汪家熔：《大变动时代的建设者》，第155页。
② 庄俞：《三十五年来之商务印书馆》，《商务印书馆九十五年》，第725页。
③ 语出自陆费伯鸿：《论中国教科书史书》，是陆费伯鸿（陆费逵）于1925年12月写给舒新城的信。"至今"即指1925年。（舒新城编：《中国近代教育史料》[2]，中华书局1933年版，第325页）而新式教科书是中华书局于1916年（比商务的《共和》晚四年）由曾担任过教育总长、时任中华书局编辑长的范源廉主持编辑的。
④ 周其厚：《中华书局与近代文化》，第117页。
⑤ 陆费逵：《中华书局二十年之回顾》，《20世纪中国著名编辑出版家研究资料汇辑》第二卷，河南大学出版社2005年，第244页。

其次，不能忽视教科书使用的延续性，而学校的体制更有其延续性，不可轻易中断或者变更。所以，教育部才会根据现实情况做出了缓冲的决定：

> 凡民间通行之教科书，其中有尊崇满清朝廷，及旧时官制、军制等课，并避讳、抬头字样，应由各书局自行修改，呈送样本于本部，及本省民政司、教育总会存查。①

这些都给商务"收复失地"提供了机会。商务很快集中了优质的人力、物力，采取积极的应对措施：一方面响应教育部要求改编了现有的教科书，把其中和清廷有关的内容、年号、插图等等全部删去，适当加入和民国相关的内容，还在教科书封面上加了"订正"字样，紧急出版以应各个学校开学之用；另一方面，商务连忙汇集高梦旦、庄俞、傅运森、谭廉、杜亚泉、凌昌焕、邝富灼等编译所人员，细致研究了教育部的教育宗旨，加紧编辑符合其要求的教科书，在四个月之后终于出版了《共和国新国文教科书》系列。就国文教科书来说，其具体编纂者是庄俞、沈颐，校订者是张元济和高梦旦，每册课文由原来的60课改为50课。

有研究者认为，中华的《中华新教科书》"其体例与编写方法，则并无多少新颖之处。而且编写出版仓促，很有点粗糙之嫌"。② 而在新式教科书的编纂方面，商务一直都是珠玉在前；中华的主力人员又本都是商务出身，所以这套仓促编辑的《中华新教科书》在内容编写上并没有太多突出之处，其之所以能够得领一时风骚，关键还是在于时效性，能在同业中率先打出"共和国"这个旗号，迅速而鲜明地顺应了时局的需要。

尽管中华书局的陈寅对《中华新教科书》自评甚高：

---

① 陈学恂主编：《中国近代教育史教学参考资料》（中册），第167页。
② 王建军：《中国近代教科书发展研究》，第206页。

> 程度较旧本略浅，适合学龄儿童，一也。各科联络，初高小衔接，二也。各科不重复，不冲突，三也。修身用德目主义也，尤注重共和国民教育，四也。高小各科略分二循环，有直进之益，无直进之损，五也。①

但这些其实并不是中华首创，早在商务《最新国文教科书》时就已创立。相形之下，吴研因的评价更为客观："文字反不简明，虽然因为政治的关系，很被小学教育界采用，但是不旋踵就自然消灭。"②

由此带来了一个值得思考的问题：对教科书来说，究竟是该随时局而动，还是应该审时度势之后再做决断？对教科书编纂颇有心得的庄俞指出：

> 教育研究，日新月异，最初主张日本学说，后来参以欧美学说，或又崇拜美派，又采取法派，参差错综，是否完全适合我国国民，迄无定论。我馆编辑各书，都是折衷办理，舍短用长的。③

这应该就是商务在这个阶段编辑教科书时所秉持的态度。有意思的是，即使是为了迎合民国成立并和中华书局争夺教科书市场，《共和国新国文教科书》在编撰上也没有取激进张扬之举，哪怕是在印国旗一事上，商务也是选择置于内页而非像中华那样印刷在封面上。这和商务一贯保守稳妥、避忌跟风冒进的行事风格有关，甚至还可能带点对民国的观望心态；但同样也反映出，相比形式上求新求异，商务更愿意在内容上用心。《共和国新国文教科书》之最终能够后发制人、比《中华新教科书》更受各界欢迎，也的确表明了这套《共和国新国文教科书》较之于《中华新教科书》更加符

---

① 陈寅：《中华书局一年之回顾》，《中华教育界》1913 年第 7 期。
② 吴研因：《清末以来我国小学教科书概观》，张静庐辑注：《中国近现代出版史料补编》，第 150 页。
③ 庄俞：《谈谈我馆编辑教科书的变迁》，《商务印书馆九十年》，第 66—67 页。

合教育部及各学校对共和国教育的要求。

商务的《共和国新国文教科书》虽然慢了一拍，但并不意味着在此之前商务编辑人员对时局政策、教育理念毫无见识。他们中的一些人对民国教育部颁布的新教育其实并不陌生。蔡元培在任职教育总长之前，就曾关于教育问题专门请教过商务的蒋维乔。蒋维乔又转而"与高梦旦、陆费逵、庄俞等人共同计议，草拟了普通教育暂行办法14条"。①完成草拟后，蒋维乔就离开商务印书馆，跟着蔡元培去南京组建教育部了。商务的编辑人员既然参与了民国教育章程的讨论，在后来编辑《共和国新国文教科书》时自然也就更能有所领会。

商务的《共和国新国文教科书》在具体引入"共和国"概念时并没有太大问题，教科书里对"共和国"及与之有关的一系列建制符号都做了详细介绍：大总统、国庆日、五色国旗、共和国、自由等等新概念都被一一引入了课文，并通过使用民国纪年、梳理中国历史等方式努力使共和国的成立合法化。除了文字说明，《共和国新国文教科书》中还配以插图，务求给学生留下生动直观的印象。例如国民学校用②《共和国新国文教科书》第4册第1课《我国》里就配上了"中华民国全图"；第7册第1课所用的东西半球地图，其实和原先初小《最新国文教科书》第6册第1课《地球大势》里的插图是一致的，唯一的区别就是将"中国"改成了"中华民国"。这既是为了加深"中华民国"的印记，同时也在传达这样一种信号："中华民国"虽然取代了晚清时的"中国"，但疆界的一致表明它们属于统一的历史主体。为了在线性历史中突出民国的进步性，商务在介绍"共和国"时有着清楚的系统性和目的性。如国民学校用《共和国新国文教科书》第7册第3课是这样来定义"共和国"的：

---

① 王建军：《中国近代教科书发展研究》，第211页。
② 民国后，教育部将原先的初等小学改称作"国民学校"，高等小学称呼不变。

> 共和国者，以人民为国家主体，一切政务，人民自行处理之，故亦谓之民主国。虽然，一国之人数至多，欲人人与闻政事，为事务所不能，于是有选举之法。选举者，由多数人选举少数人，使之代理政务也。共和国以总统组织政府，以议员组织国会。总统议员，由人民公举，其职权任期，皆有限制，故无专擅之弊。

以人民为国家主体，国民有选举权，由人民公举总统……商务显然掌握了切中"共和国"要旨的一系列关键词，为了强调此政府与天子统治的政府的区别，课文紧接着在第4课里强调了"平等"。既批判了专制时期"特别阶级"以"他级人民为奴隶"的不平等，从而凸显共和国的优越性正在于"无阶级之分，人人平等，受治于同一之法律。不论何人，权利义务，无不从同"，又强调这种平等对大总统也是一视同仁，且以"大总统之地位，犹必谨守法律，不能恃势以陵人。一旦罢职，即与齐民无异，此所以无不平之患也"，其为厘清清朝与共和国的区别、替共和国树立正当性、传播共和国的理想可谓不遗余力。但人人平等不意味着人人可以妄为，共和国之要成"国"，仍需要作为统摄力量的法律。于是，在之后的第5、第6课里就明确阐述了共和国的自由观："共和国之法律，凡属个人之自由，不特他人不得侵犯，即国家亦不得侵犯，其尊重自由也如是"（第5课《自由（一）》）。法律保障下的人身自由的确不可侵犯，但其实"所谓自由者，法律范围内之自由也。苟违反法律，则刑罚随之矣"（第6课《自由（二）》）。这样便在教科书里渐进地建立了一幅法律至上、人人平等的共和国图景。

要想在长期由封建专制统治的中国建立起资产阶级共和国，最大问题就是如何使这一新的国家想象在现实层面获得真正有效的普遍认同。所以，与之有关的一系列符号、术语、形象都亟待建立。这其中，树立起典型的共和国"新国民"形象无疑更是一大要务。

在商务响应教育部号令紧急修改的订正本初小用《最新国文教科书》里，书内前页印有商务《最新国文教科书》《简明教科书》等教科书的广告，写道：

> 民国成立，政体共和。教育方针，随以变动。本馆前此编辑各种教科书，叠承海内教育家采用，许为最适用之体。今以时势移易，爰根据共和国教育之宗旨，先将小学用各种教科书分别修订。凡共和国民应具之知识与夫此次革命之原委皆详细叙入，以养成完全共和国民。

"完全共和国民"一说最早出自蔡元培。他在成为教育总长之前，就已经对共和国所需要的国民做了这样的理解："当满清政府未推倒时，自以革命为精神……至民国成立，改革之目的已达，如病已医愈，不再有死亡之忧。则欲副爱国之名称，其精神不在提倡革命，而在养成完全之人格。"[①]

既然共和国的建立被视作优越于晚清封建统治的进步结果，那么这个"完全共和国民"似乎也就应该相应地具备区别于《最新国文教科书》里那个"大国民"的特质。在主体的构成上，这个"完全共和国民"被设计成一个融汉、满、蒙、回、藏五族为一体的形象。之所以如此，是因为民国初立，需要建立统一、稳定的政权，辛亥革命时"驱逐鞑虏，恢复中华"的口号显然已不适用。为了弥合分裂，民国政府提出了"五族共和"主张。这在商务国民学校用《共和国新国文教科书》第6册第29课里也有所说明："我国土地广大，民族复杂。其尤著者，曰汉，曰满，曰蒙，曰回，曰藏。……今者，合五大民族，建立民国，休戚与共，更无畛域之可言矣。"但在具体指向上，这个"完全共和国民"则仍然以汉族为中心。

---

① 蔡元培：《在爱国女校之演说》，高平叔编：《蔡元培全集》（第2卷），中华书局1984年版，第7—8页。

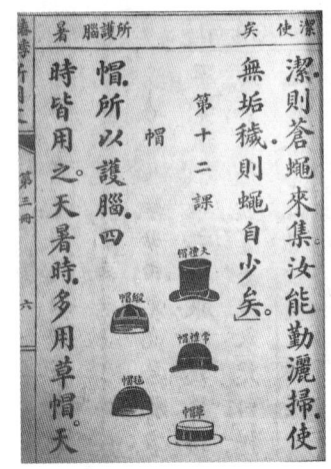

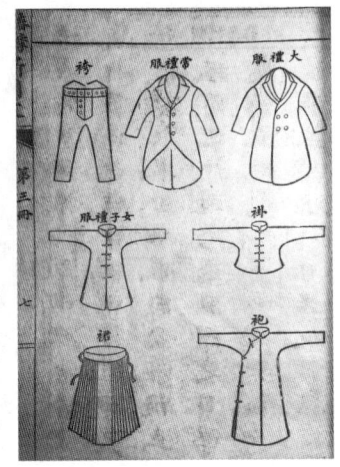

《共和国新国文教科书》第3册插图

与《最新国文教科书》中关注西方机械、但日常生活用品仍以传统器物为主不同，《共和国新国文教科书》中，西式着装打扮等元素已大量进入国民日常生活领域，中式的毡帽、缎帽、褂、袍和西式的大礼帽、常礼帽并存，如下图所示，穿西装，戴领结，做西式打扮的国民形象在全套教科书中多次出现。

《共和国新国文教科书》第3册第1课插图

应该说，这个欧化的新国民形象并非一蹴而就，以下列晚清到民国商务先后出版的小学国文教科书的插图为例，可以观察到学生的形象经历了一个逐渐变化的过程。

《最新国文教科书》　订正版《最新国文教科书》　《共和国新国文教科书》

　　这三幅插图都出自同一篇课文。第一幅中的学童无论在发型还是服饰上，都具备满人儿童的特点；而在第二幅急应教育部号令而出的订正版国文教科书里，学童已经剪去了满人的标志——辫子，不过穿的仍是满人的马褂，这一形象多少有点过渡性；一直到第三幅，学童剃了发、穿上学生装，身上的满人痕迹才被一一剔除。

　　服饰、发型等蕴含着特定的文化政治，当初满人入关建立政权时，强令汉人剃半头留长辫，并且为了这根辫子不惜屠城镇压。然而到了晚清西方列强侵略时，这根辫子却沦为西方人嘲笑的对象，也标识出中国人与西方人不同的"他者"身份。所以民国成立以后，孙中山就颁布了男子剪辫法令，既作为结束满人统治、推翻清朝政府后的决裂姿态，去除与之有关的一系列象征符号，也使得"新国民"在形象上进一步挥别了愚昧落后的传统中国特征，以对西方形象的模仿和靠拢完成其"现代"主体的确立。

　　虽然，"完全共和国民"在形象上的确与《最新国文教科书》时的"大国民"有了鲜明的区别，但其内涵是否也相应地与时俱进了呢？

　　1912年教育部的教育宗旨是："注重道德教育，以实利教育、军国民教育辅之，更以美感教育完成其道德"①，这看似和清学部的"忠君、尊孔、尚公、尚武、尚实"的教育宗旨有所重合："尚武"与"军国民教育"、"尚实"与"实利主义教育"，虽然设计的重点、具体展开的内容和路径等有所不同，但都是将国民身体强健、国内实业发展和国家命运的强盛直接挂钩。区别较为明显的是剔除了晚清时的"忠君"和"尊孔"这两条。蔡元培指出"忠君"与共和政体不合，"尊孔"和信教自由不合，且都是出于"驱使学生计，而其目的，在使受教育者皆富于服从保守心，易受政府驾驭"。②

教育宗旨里最为关键的是"道德教育"，它要求在"我国传统的伦理道德中注入资产阶级的自由、平等、博爱思想"。③可由此产生的问题是，如何来划定是否符合共和国需要的"我国传统的伦理道德"？即使要用西方的"自由、平等、博爱思想"来改造或者说是会通中国传统的伦理道德，形成新的国民素质，如何才能不致成为简单的拼接？

事实上，相关人员并没能给出现实可行的筛选标准，也没能提供如何融合中西文明的依据。上层设计的模糊不明，也给民间出版机构编纂教科书带来了难度，各方只有根据自己的理解来应对。

可从编辑要点来比较一下商务的《共和国新国文教科书》④和中华的《新制中华初等小学国文教科书》⑤。后者是紧接着中华的《中华新教科书》出版而且专门是用来和商务竞争的，由曾任教育总长的范源廉策划编订。

---

① 朱有瓛主编：《中国近代学制史料》（第三辑上册），华东师范大学出版社1987年版，第90页。
② 蔡元培：《全国临时教育会议开会词》，陈学恂主编：《中国近代教育史教学参考资料》（中册），第140页。
③ 钱曼倩、金林祥主编：《中国近代学制比较研究》，第146页。
④ 《编辑共和国小学教科书的缘起》，《教育杂志》第4卷第1期，1912年4月。
⑤ 《中华教育界》第2卷第9期，1913年。

商务《共和国新国文教科书》和中华《新制中华初等小学国文教科书》编辑要点比较①

商务《共和国新国文教科书》	中华《新制中华初等小学国文教科书》
（一）注重自由、平等之精神，守法合群之德义，以养成共和国民之人格。	乙、阐发共和及自由平等之真义，以端儿童之趋向。
（二）注重表彰中华固有之国粹特色，以启发国民之爱国心。	丙、提倡国粹以启发国民之爱国心。
（三）注重国体政体及一切法政常识，以普及参政之能力。	戊、注重国民常识以立国民参政之基础。
（四）注重汉满蒙回藏五族平等主义，以巩固统一民国之基础。	己、表章汉满蒙回藏之特色，以示五族平等。
（五）注重博爱主义，推及待外人爱生物等事，以扩充国民之德量。	甲、遵守教育部所定教育宗旨，注重道德教育，以实利教育军国民教育辅之，更以美感教育完成其道德。
（六）注重体育及军事上之知识，以发挥尚武之精神。	
（七）注重国民生活上之知识技能，以养成独立自营之能力。	
	丁、兼采欧化以灌输国民之世界知识。

从比较中可以看出，两份编辑要旨大同小异，基本都紧扣教育部的教育宗旨，除了一条：中华版"兼采欧化以灌输国民之世界知识"的主张是商务版不曾提及的。《共和国新国文教科书》中也介绍"世界"，也谈"地球大势"，②讲英、俄、法、德、美、日等"世界强国"，③"新国民"的形象也已经在向"欧化"靠拢，但商务仍没有像中华书局那样，直截了当地提出以"欧化"为知识灌输手段。在商务看来，知识的欧化并没有成为他们教育学生的基本抓手。这点从1913年出版的《小学学生必携》这一补充读

---

① 笔者省却了各编辑要旨里诸如"悉按阳历编次""均编有详细教授法"等语，择其要义而录。且为了讨论和归纳的方便，打乱了《新制中华初等小学国文教科书》的顺序。
② 参见《共和国新国文教科书》国民学校用第7册第1课《地球大势》，商务印书馆1921年版，第1页。
③ 参见《共和国新国文教科书》国民学校用第8册第47课《世界强国》，商务印书馆1920年版，第31页。

物里,也能略窥一二。《必携》的附录中,商务把以下这些书作为小学生的"书斋中之良友":《十三经》、《二十四史》、《资治通鉴》、《说部丛书》、林译小说、《少年杂志》、《学生杂志》、《教育杂志》、《东方杂志》、《法政杂志》、《小说月报》……

包天笑曾经参与过《共和国新国文教科书》的编纂,他在《钏影楼回忆录》里说道:

> 新国文的内容如何呢?我现在已完全不能记得了,大约我所持的宗旨,是提倡新政制,保守旧道德。老实说,在那个时代,也不许我不作此思想。现在的青年,也许目之为封建产物了。①

"提倡新政制,保守旧道德"可以看作商务编辑国文教科书时的关键态度,无论是在《最新国文教科书》还是在《共和国新国文教科书》里,其秉持的都是这一宗旨。教科书可以在政治制度上传达欧美理念,也可以介绍欧化的生活器物,然而一旦到了要为"新国民"进行道德教育时,"旧道德"便并非不可取。

《共和国新国文教科书》的编纂者虽然在编辑要点里阐发了"注重自由、平等之精神,守法合群之德义,以养成共和国民之人格"②的编辑方针,可如果比较一下《共和国新国文教科书》的"完全共和国民"和《最新国文教科书》里的"大国民",两者在具体的体制背景、知识、品德等设计上自有区别,是根据不同时代需要来规定国民所需的知识品德的,比如一个要求掌握有关共和国体制的政治知识,一个则要求了解君主立宪知识。但这两个系列在对学生的根本要求上,都认为学生如果能返求诸己、修养身心,才是符合现代民族国家的需要的,两者沿袭的依然是"修养

---

① 包天笑:《钏影楼回忆录》,第391页。
② 《编辑共和国小学教科书的缘起》,《教育杂志》第4卷第1期,1912年。

治平"的传统思路。可以《共和国新国文教科书》的编辑要点明确提出的"合群"为例来进一步印证这一点。从晚清开始,梁启超等知识分子就批评中国人只知有"私德"不知有"公德",在他们看来,"人群之所以为群,国家之所以为国"①,都有赖于"公德"的养成。在这一意义上,"群"的观念、"合群"的意识显然就与现代民族国家建构息息相关,蔡元培更在此基础上引入了"社会"这个概念,期待"完全共和国民"能由此"体验其在世界、在社会有何等责任"②。但具体落实到课文里,商务编辑还是忍不住要谈《自治》③:将"阅书既毕,必收置原处。习字时纸墨笔砚陈列有序,唾咦必向痰盂"的学生"陆生"视作其他学生可以效仿的榜样。这其实还是落入了传统士大夫那套独善其身的思路窠臼,蔡元培所期待的那个居于世界、社会群体中的"完全共和国民"在《共和国新国文教科书》里其实并没有出现。

当然,商务编辑对自己的主张也并非没有困惑。1913年第5卷5号的《教育杂志》上就刊登了《商务印书馆编辑小学教科书商榷书》④,向社会广泛征求改进教科书的办法和建议,其中首要的问题就是如何才算"养成共和国民之人格"。

商务的矛盾纠结在于,诸如平等、自由、独立、合群这类"新道德必宜提倡,以刷新国民之耳目",但"旧道德仍不可尽废,以保存固有之国粹";而且,即使像"忠"之一字,其实也可发展出诸如"对于职业,对于国家,亦至重要"的内涵,"又如俭朴清廉,或以易启自足之心,致妨生计之发达,然奢侈妄费,亦足以伤民财,耗国力,则又不得不以俭德相勖"。因此,所谓的"旧道德"和"新思想"之间,商务仍会在困惑"究之教育

---

① 梁启超:《新民说》,《饮冰室专集》(四),中华书局1996年版,第12页。
② 蔡元培:《全国临时教育会议开会词》,陈学恂主编:《中国近代教育史教学参考资料》(中册),第140页。
③ 《共和国新国文教科书》国民学校用第5册第49课,商务印书馆1921年版,第27页。
④ 转引自李桂林、戚名琇等编:《中国近代教育史资料汇编·普通教育》,第685页。

宗旨,必如何调和新旧而后能由过渡时代,而入于刷新时代"的同时,而采取"不敢率尔倡导"的态度。

第三节 《复兴国语教科书》:爱国意识与健全公民

1932年1月28日深夜,日本轰炸了上海的闸北。29日上午10点左右,又轰炸了商务印书馆,2月1日至3日对商务实行焚掠。商务的总管理处、总厂、编译所、东方图书馆、尚公小学和函授学校等悉数被毁。日本轰炸商务的目的很阴险:"烧毁闸北几条街,一年半就可恢复。只有把商务印书馆这个中国最重要的文化机关焚毁了,它则永远不能恢复。"①(日军海军陆战队司令盐泽幸一语)在如此沉重的打击下,商务的处境分外艰难。但商务并未就此一蹶不振,反而以"为国难而牺牲,为文化而奋斗"为口号重新振作起来。原本已经退休的张元济挺身而出,和时任总经理的王云五一起领导商务开展复业计划,最终决定在全公司范围内集中财力和京港两地印刷厂的力量,以教科书的编译为复业的第一目标。1933年全套小学、初中用复兴教科书及教学法出齐。

王云五曾在《东方杂志》复刊号的"卷头语"中言明:

> 我以为一烧就便不能复兴,也是莫大的耻辱;所以不仅要把各种旧出版物赶紧重印,而且对于新刊物也仍积极进行。试举一例,日本帝国主义者于炸毁商务印书馆后,藉口商务出版的教科书多含排日教材;揣其意一方面为暴行辩护,一方面或亦以为今后无如我何。于是商务印书馆在劫后重印的各种教科书,仍旧不止几千万册,而且每册

---

① 转引自陈传芝:《商务印书馆的文化抗战》,《编辑之友》2011年第4期。

都带有一·二八国难的创痕。①

而在此之前,商务几个系列的国文教科书里一直弥漫着雍容淡定的气度,谈博爱、谈和平、谈《待外国人之道》②:

> 是以本国人与外国人,虽不无亲疏之别,然同为人类,则应对不可以不谨,交易不可以不信。见其迷惑而指导之,值其困穷而周救之,固无分本国外国也。

而从《共和国新国文教科书》开始,这种"本国""外国"的态度就已经露出了转变的端倪。试以这两个系列课文中的插图进行比较。

初小《最新国文教科书》插图　　国民学校《共和国新国文教科书》插图

这两张都是世界地图,不同的是,左图中除了标明各大洋大洲和"中国"之外,再无其他。右图是出自国民学校用《共和国新国文教科书》第8册第47课的《世界强国》,这篇课文在介绍六大强国英、俄、法、德、美、日之后专门附上这张平面地图,除了同样标出"中华民国"和各大洋各大洲之外,还标上了课文里提到的六大强国,更密密麻麻地标注上一些课文

---

① 《东方杂志》复刊号,第 24 卷第 4 号,1932 年。
② 《最新国文教科书》订正本初小第 7 册第 41 课《待外国人之道》,商务印书馆 1904 年版。

里并没有提到的国家,如澳大利亚、印度、阿拉伯、加拿大等等。这样一种"地图的地理想象(geographical imagination),实际上是一种关于政治和文明的想象,在这种想象的历史里隐藏着很多观念的历史"。① 从《最新国文教科书》到《共和国新国文教科书》,显示出编者看待"中国"与"世界"、中国与"他国"关系的方式发生了变化:《最新国文教科书》的插图沿袭的仍是梁启超曾说的"自我一统""常处于独立之势"②的"天下"视角。而到了《共和国新国文教科书》,"中华民国"开始和其他各国处于同一个平面地图里,也就是说"中华民国"是以"他国"为参照,才确立了自己作为一个"国家"在"世界"体系中的坐标。这种转变分明包含着时局变幻带来的紧张感。但值得关注的是,紧接着这一课的却还是《最新国文教科书》已用过的《待外国人之道》,仍旧强调要爱全世界之人,强调即使是处于战时,对于外国人仍要"待之以道"。甚至到了1923年出版的《新法国语文教科书》,商务编辑还要借一个外国人之口说:

> 贵国的人,素性和平,不爱逞强,这是我最佩服的……如今贵国已经从专制国跳起来做了共和国,此后应当根据着爱和平的本性,慢慢的开豁出全国的本能来。③

《最新国文教科书》时的"博爱",是基于"文化大国"之上的优势心理,是在军事、政治受挫之下仍留有的文化自信。但随后急剧发生的内外困境,显然会使得这样一种心理余裕越来越难以为继:就国内而言,辛亥革命结束了两千年来的封建专制,但袁世凯旋即窃取了胜利的果实,1914年更解散国会,废除宪法。两次复辟帝制、军阀统治、南北内战开始,整个

---

① 葛兆光:《思想史研究课堂讲录》,生活·读书·新知三联书店2005年版,第174页。
② 梁启超:《爱国论》,《饮冰室文集》之三,中华书局1996年版,第66页。
③ 《新法国语文教科书》高小第4册第30课《奥斯东博士的演说》。

国家的局势动荡不安。从国际角度来说，1915年日本提出了意在灭亡中国的"二十一条"，第一次世界大战后中国又被重新瓜分……"中国与世界的绝对距离"开始"呈几何级数般增长"。① 在这样的背景下，新文化运动蓬勃发展，新式知识分子认为不仅要引进西方的政治体制，更要高举"科学"和"民主"的大旗来重估中国的传统文化，并建立起足以拯救中国的新文化。张元济等人半新不旧的改良主张，在沸沸扬扬的激进言论面前自是不合时宜，所以商务在新文化运动时才会首当其冲成为众矢之的。1925年"五卅惨案"、1927年大革命失败等一系列重大事件发生之后，知识界的主潮又发生了转向。有学者说："'四·一二'以及接踵而至的一连串的政治事变，产生了一个强大的反作用力，使我国文学急遽地'政治化'了。"② 其实不只是文学界，商务的《复兴国语教科书》里也可看出民族主义情绪的高昂：从"抵制洋货，不让本国的金钱，流到外国去"③，到主张牢记国耻、号召国民团结起来抵抗外侮。在浓重的社会危机之下，"国家"的地位显然会被绝对地高扬。事实上，这并不仅是商务一家的反应，吴研因回忆道：

> 民国十六年以后，革命空气弥漫了全国，小学教科书例如商务的新时代、中华的新中华、世界的新主义等，就充满了许多国民革命跟三民主义的教材。不过那时的教科书，文字既很草率，内容又未免多了些叫口号式的叫嚣。④

尽管商务在编写《共和国新国文教科书》时所持的还是稳妥的立场，对

---

① 杨联芬：《晚清至五四：中国文学现代性的发生》，北京大学出版社2003年版，第176页。
② 杨义：《中国现代小说史》（第二卷），人民文学出版社2005年版，第1页。
③ 《复兴国语教科书》初小第5册第13课《救国的方法（一）》，商务印书馆1933年版。
④ 吴研因：《清末以来我国小学教科书概观》，张静庐辑注：《中国近现代出版史料补编》，第155页。

周遭的激进意见保持着警惕态度,但如吴研因指出的,1927年以后,包括商务在内的民间出版机构所编的小学教科书,更多成为急应时势之作。普及教育本来自兴起伊始就将国民和国家命运紧密相连,而在国家危亡日深的情境下,这种联系便愈来愈被强调。在吴研因看来,以商务《复兴国语教科书》为首的小学教科书(其他还包括"中华的新小学、世界的新标准、开明的开明、大东的新生活等")一定程度上纠正了之前简单沦为时代应声筒的缺点,因为它们"叫嚣的气焰低了些,目的也逐渐正确了,各科教科书大概都能依照部定的各科课程标准编辑,国语教科书也能把民族精神做骨干,特别注重救国雪耻等的教材,而以发明故事、科学故事、读书方法指导等等参杂其间"。①"把民族精神做骨干""注重救国雪耻",这是当时学人对《复兴国语教科书》的期待与评价。

国文一科,历来有语言训练和培养道德两方面功能。从壬戌学制开始,学童的入学年龄提前到了六岁,小学教育从原来的九年改为六年,初级小学由五年变成四年,高级小学从四年缩短至两年。相应地,教科书的篇幅也随之缩短,如《复兴国语教科书》初小共有8册,每册40课(编纂者沈百英、沈秉廉,校订者是王云五和何炳松),高小则一共4册,每册36课(编纂者是丁榖音、赵欲仁,校订者王云五、何炳松)。总体教育时间缩短了,国文教育的时间也要减少,以便能有更多时间掌握其他学科知识。这也就使得教科书在知识的灌输和筛选上要更直接和明确。尤其是《复兴国语教科书》,如何使国家不再受到侵略,能够真正"复兴",是其最重要的着眼点。高小《复兴国语教科书》的编书宗旨是:

  1. 指导儿童学习平易的语体文,并欣赏儿童文学,以培养其阅读的能力和兴趣。

---

① 吴研因:《清末以来我国小学教科书概观》,张静庐辑注:《中国近现代出版史料补编》,第155页。

2. 注重体格、德性、经济、政治的训练,以养成健全公民。

3. 灌输党义,提倡科学。

在这个阶段,商务将"新国民"确定为德智体全面发展的"健全公民",并把对"体格"的要求排在了第一位。应该说强壮的身体在以前的国文教科书系列里就已经被强调,既是基于"东亚病夫"的耻辱,也是为了反抗列强的侵略与压迫。《最新国文教科书》关注"尚武"、《共和国新国文教科书》塑造"军国民"都有此意,但却不曾如《复兴国语教科书》这样将国文科原本最注重的"德性"或是"政治"放置于"体格"之后。在这样的宗旨之下,《复兴国语教科书》的编写方式就有了一定的变化。

商务的教科书编辑一直很注重采集古人嘉言懿行以为模范,到了《复兴国语教科书》,筛选、改写的侧重已经不同,更鲜明地宣扬那些"反抗压迫"的典型形象。以《复兴国语教科书》初小第8册为例,23课是《飞将军李广》、24课是《班超投笔》、25课是《梁红玉击鼓助战》……在用以"培养其阅读的能力和兴趣"的背后,指向的都是救国主题。高小《复兴国语教科书》第1册第13课的《郑所南和八大山人》在谈及这两位古人时做了这样的评价:

> 他们两人,受了异族的压迫,痛苦异常,常不得已借着笔墨来表示自己的意思,这是多么可怜的举动啊!要是他们能够积极的唤醒同胞,共起奋斗,那就更加可敬了。①

课文后附文问道:"他俩怎样就更加可敬?为什么?"特地向学生指出,国家的危难处境和每个国民息息相关,山河沦陷会给国家及国民都带来悲惨的

---

① 《复兴国语教科书》高小第1册第13课,商务印书馆1933年版。

遭遇，以此表明反抗的刻不容缓，致力提倡"唤醒同胞，共起奋斗"。而紧随其后的《郑成功》则讲了郑成功继承父亲郑芝龙的遗愿，抗击"红毛国人"（荷兰人）、收复台湾的故事。这里，"父"与"子"的形象形成了某种暗喻，既是在进化论的框架下一代总比一代好的设定，也点出了旧时中国的境遇与今日反抗的可能性。编者先是讲述郑芝龙一心想要肃清被荷兰人接济的海盗，并把荷兰人从台湾赶走，结果"红毛国人有的是大炮，轰得他大败而回"，这显然是中国遭遇帝国主义殖民侵略的惨痛经验，但显然"不因此而稍挫"，"忘不了这一战失败的耻辱"才是编者所要强调的。正是建立在这念念不忘的耻辱之下，郑芝龙的儿子郑成功"长大了"，"立志要完成他父亲的志愿"，并且最后在和"红毛国人猛烈的炮火肉搏"之后，"把红毛国人打走了"。编者通过讲述更加强大的年青一代的成长故事，强调了反抗侵略这一代代相传的志愿。

相较这类古人的典型形象，《复兴国语教科书》更注重树立"今人"模范，尤其聚焦了能直接做出爱国拯救行动的强健国民符码。课文除了对孙中山、七十二烈士等英雄人物的赞颂外，最突出的一点还是直接以一个普通的小学生"我"为主人公来编写，宣扬普通民众之于拯救国家的责任。比如，初小《复兴国语教科书》第2册第26课《大家都穿中国货》先由"我"开始，说"我的衣裳好，我的衣裳用布做。这种布，是国货"，再总结"我们都是中国人，大家都穿中国货"。从"我"扩展到"我们"，这时的"新国民"越来越多以鲜明的第一人称形象出现，并且越来越多以复数形式出现，不断被召唤进团体、被召唤进在《共和国新国文教科书》时还未成形的"群"里去，以集体的方式参与到救国行动中去。

至于要如何参与救国，初小第5册第13—14课设计了《救国的方法》，将"救中国"的方法分为"救贫"和"救弱"两种。前者强调"提倡国货"，后者则提议"第一要消灭内乱，第二要整顿军备"。这一救国方案的设计贯彻于全套国语教科书的始终。因此，在《复兴国语教科书》的课文里，才会有名字叫作"国强"和"民强"的两个学生热烈地讨论要怎么样来"买飞机救国"①：他们决心先从自己做起，"每天把买糖果的钱节省下来"，捐出一块钱给国家买飞机，再"去劝别人也照这样做"，共同为救国出力，抵抗敌人的掠夺。而且《复兴国语教科书》还在课文里承诺这样一种想象：只有学生参与到爱国事业当中，才会获得主体身份认同，国家的复兴也才能因此取得成效。如初小《复兴国语教科书》第8册第2—3课《四个爱国的小学生》就是讲"四个爱国的小学生"向市长写信，要求全上海的儿童都省糖果钱，拿来捐购飞机。于是市长即刻复信，声称"自当竭力宣扬"。

可以看到，这个以"我们"面目出现的"新国民"，不再似《最新国文教科书》《共和国新国文教科书》里的"新国民"那样老气横秋。尽管他们被直接赋予了救国任务，但不再被要求掌握过多不符合其年龄阶段的知识，而只需为国家做他们力所能及的事：只要省下糖果钱，只要穿国货，只要买国货，就能够成为爱国、救国的"新国民"。"新国民"的合格标准，由此似乎反而变得要容易一些。

但同时，这也就意味着日常生活里的吃、穿、用都要和"爱国"挂上钩。早先的《最新国文教科书》《共和国新国文教科书》等系列，也讲求取材于儿童日常生活，热衷谈国民对国家的责任，但都要经过"家庭"这一中介，所以《最新国文教科书》的许多课文里总会出现作为权威的父亲或母亲，灌输给儿童正确的科学知识和做人道理，更是由"爱家"出发，才进而推诸"爱国"：

> 国家者，家族之大聚会也。故志士之爱国，如爱其家。国家之耻，一身之耻也。国家之弊，一身之弊也。一日在世，则必一日专注于国家。无他，推爱身爱家之心，以爱其国而已。②

---

① 《复兴国语教科书》初小第4册第30课《买飞机救国》，商务印书馆1933年版。
② 《最新国文教科书》高小第2册第1课，商务印书馆1904年版。

但在《复兴国语教科书》里，父母的示范、教导作用鲜少提及，"家庭"不仅仅被边缘化，甚至可以被无视。比如，初小第8册第27课《一个兵士的信》里，就将"拼着一腔热血，为国家雪耻"置于最高地位，而对于"家里的情形，我不愿多问"。"家庭"即便出现，也会在"国家"的面前被毫不犹豫地抛弃："我爱娴妻，我亦爱椿儿。可是我更爱我们的国家！现在国事已到了如此地步。我为爱国心所驱使，不得不为国效命了！"①

缺少"家庭"作为中介及缓冲力量的结果，是"新国民"直接和国家命运挂起钩来，因而其被要求的爱国行为虽然较《最新国文教科书》《共和国新国文教科书》来得简单，但其中意义却更重大。纵观整套《复兴国语教科书》，其内部一直呈现出一种鲜明的焦虑感。比如，商务的几代国文教科书一直都强调要珍惜时间、好好学习，然而随着国难逐渐深重，这"时间"的面目也就愈发显得狰狞："时辰钟""日历"一个个都变成了"可怕的时间""催人老死的怪物"。②及至《复兴国语教科书》，即使是一个小小的"闹钟"也能够和"自强"这样的命题发生关系，更是催得人"一分一秒也不肯放松"。③

传统儒家教育里一直主张"达则兼济天下，穷则独善其身"，商务早期的国文教科书仍有此倾向，这也是《共和国新国文教科书》在"合群"之外，仍是忍不住要提"自治"的原因之一。但《复兴国语教科书》里的"新国民"被称作是"中国最有希望的人"，是各界不惜代价予以保护的对象："深愿你们做学生的，能够努力研究，预备做我们的后盾，那么，我们便败了，死了，总还有报复的机会。"④"学习"似乎成为了"新国民"唯一的人生道路，学习的任务、意义、压力、代价也就渗透到他的日常生活里。

---

① 《复兴国语教科书》初小第6册第15课《一封遗书》，商务印书馆1933年版。
② 《新法国语文教科书》高小第1册第50课《可怕的时间》、第4册第5课《日历》里有："日历！日历！你是个催人老死的怪物"。
③ 《复兴国语教科书》初小第5册第20课《自强的闹钟》，商务印书馆1933年版。
④ 《复兴国语教科书》初小第8册第26课《一个士兵的信》，商务印书馆1933年版。

第二章 想象"新国民":以三代小学国文教科书为中心

那么,究竟要学习什么?商务借"一个士兵"之口对家中的弟弟说:

> 你在校里,对于各种功课都得用心习学。因为中国最有希望的人,便是像你那般年轻的儿童。敌人欺侮我国,虽然用的是大炮毒弹,但细究起来,却无处不靠着他们猛进的学术。①

在削弱了前几系列国文教科书对立身、居家、处世的要求之后,学习西方"猛进的学术"成为"新国民"的最重要的任务。文化优势心理失落、民族主义升腾之后,"国家"成为了高于一切的统摄力量。《复兴国语教科书》为救国开出的药方(比如省下糖果钱买飞机)虽显露出焦躁与幼稚,但在国家命运悬于一线的特殊历史处境里,即使是幼稚的"团结"和"行动"也显得顺理成章。

须指出的是,中国在世界体系内的存亡问题,通过普及教育这一手段,被具象成和每个国民的素质都密切相关。即使是以解放个人、追求自由为口号的"五四",其所亮出的"个人"这一武器,到底还是和西方的个人主义有所不同。这个"个人"的发现始终和本国的社会/文化危机紧密关联,个人对社会和国家的责任感是"五四"精神无法忽视的一个重要内容。这条线索从未断绝过,并随着局势的恶劣而越来越激进,"百余年来不断更迭的改革运动,很容易使人认为每一次改革失败的原因,都在于不够彻底,因而普遍形成了一种越彻底越好的急躁心态"。②对"新国民"的想象作为一种印证,也就经历了标准的一路下探和意义的一路上扬。

---

① 《复兴国语教科书》初小第8册第26课《一个士兵的信》,商务印书馆1933年版。
② 王元化:《〈杜亚泉文选〉序》,《杜亚泉文选》,华东师范大学出版社1993年版,第4—5页。

第三章 "新国民"的养成：
从"国文"到"国语"

紧接着何谓"新国民"、何以形塑"新国民"而来的问题是，该用怎样的书面语言来加以表达。在教科书投入使用后学校的反馈意见中，商务编辑们发现文言文对学童来说太过艰深，其想要使国文教科书更符合儿童心理、更易为儿童广泛接受的目的并未达到。由此，晚清时就已萌生的"言文一致"的要求更加强烈。

通常文学史的叙述都认为是经过"文学的国语，国语的文学"的鼓吹，白话文运动才得以张目：以胡适1917年发表的《文学改良刍议》为标志，众多新文化运动的积极参与者都倡导用白话文代替文言文作为写作工具，将白话文学称作"中国文学之正宗，又为将来文学之利器"。[1] 这一倡导经由1920年北洋政府教育部通令国民学校一二年级开始使用以白话文编写的"国语"教材之后，在体制之内获得了承认，白话文自此确立了其权威的"国语"地位。有学者称此举"标志着国语运动和新文学运动的合流"。[2]

既然白话文的"正统"地位是在小学国文教科书里率先确立的，那么，其实际使用情形显然也有必要进入讨论视野。事实上，经过从"国文"到"国语"这一现代民族国家建构在语言层面上的诉求嬗变之后，对"新国民"的要求、期待也随之发生了变化。

---

[1] 胡适：《文学改良刍议》，《新青年》第2卷第5号，1917年。
[2] 刘进才：《语言运动与中国现代文学》，中华书局2007年版，第2页。

第三章 "新国民"的养成：从"国文"到"国语"

第一节 "国语"的生产：在普及的维度下

商务印书馆编辑人员很早就已经意识到了由于"语言不一"给普及教育所造成的障碍。商务《最新国文教科书》高小第8册里曾经指出：

> 今以语言各异之故，凡属传达消息、交换智识以及营共同之事业，皆有障碍。……而语言不一，实为合群爱国之阻力，此则无可疑者也。①

显然，"语言不一"已经被看作是阻碍共同体乃至国家认同形成的关键问题之一。

其实在更早之前，人们就已经意识到文言文的不合时宜，尤其是在传播西学的过程中，由于外来词汇无法在文言文中找到相对应的语言，人们往往只能按照口语习惯来为其重新命名。因此西方传教士的翻译、创作等活动，也对清代的白话文运动产生了重要的影响，"在汉语的语音、语法、词汇等各个方面，为现代汉语的确立做出了不容忽视的重要贡献"。②另外，晚清时期的教育改革深受日本影响，人们由日本将本国的表意文字改为表音文字从而达到言文合一的案例中，更看到了言文合一③的重要性。这其中，或是以卢戆章为代表，主张展开切音运动，将汉字拉丁化；或是以裘廷梁为代表，主张"崇白话而废文言"。两派尽管分歧很大，归根结底，都是为了"能让普通的国民迅速识字以普及教育"。④

《三字经》《百家姓》《千字文》等旧式启蒙读物，历来被猛烈批判的一

---

① 《最新国文教科书》高小第8册第56课《国语》，商务印书馆1904年版。
② 袁进：《中国文学的近代变革》，第123页。
③ 现代语言运动包括"国语统一"和"言文一致"两个方面。前者侧重统一读音，致力于将方言向共同的民族统一语靠拢，而后者侧重书写系统，主张由现代白话来取代艰深的文言。本文非从语言角度论述，故不详细展开。
④ 刘进才：《语言运动与中国现代文学》，第17页。

大罪状便是：文字艰深。儿童"往往读了一辈子读到老死，也读不出什么来"。① 学习难度大、学习时间又长，"在中国，一个儿童花在语文上的学习时间要长达十几年。这使得他们在短时间内就能够达到阅读新理论、掌握新知识、接受新思想的水平成为一件困难无比的事"。② 然而，取而代之的"新式教科书"，如《最新国文教科书》，收到的使用反馈仍然是"材料太深""要儿童了解，仍是很不容易"。③ 虽然当时的学童都有私塾底子，接受起来还不太困难，"教师也多半读过古典的经籍"，④ 可这显然不是普及新式教育所应当采取的正途。

商务起先采取的对策是编辑出版材料较少、文字也较浅显的《简明国文教科书》。到了1912年编辑《共和国新国文教科书》时，更在篇幅上将原来的每册60课减少到每册50课，课文文字也越改越简单。像初小《最新国文教科书》第1册第1课教的是"天、地、日、月"，《共和国新国文教科书》教的却是"人、手、足、刀、尺"。但文言文本身的语言特性，并不是减少字数、课数并尽力在内容上做到浅显就能够解决的。商务当时并未意识到，当中国要向"现代"转型时，政治体制、社会结构、价值观念、知识范型等已经有了新的变化，想要以原本的文言文及其所蕴含的概念、范畴和词汇体系去容纳、传播这些新内容和新意义，已然是力不从心了。

而白话文由于通俗易懂的特点，常常被用来翻译西方术语。但"无论是教育体制的变化，还是知识谱系的转型，最终都是在国家的制度性实践中完成的"，⑤ 在1920年北洋政府的通令之下，它才真正取代文言文进入书

---

① 吴研因：《清末以来我国小学教科书概观》，张静庐辑注：《中国出版史料补编》，第149页。
② 袁进：《中国文学的近代变革》，第5页。
③ 庄俞：《谈谈我馆编辑教科书的变迁》，《商务印书馆九十年》，第62页。
④ 吴研因：《清末以来我国小学教科书概观》，张静庐辑注：《中国出版史料补编》，第150页。
⑤ 罗岗：《危机时刻的文化想像——文学·文学史·文学教育》，江西教育出版社2005年版，第11页。

面语系统，成为一种解构传统中国、建构现代民族国家的力量。语言形式及其背后大时代环境的变化，使得教科书的话语体系及意义指向也相应发生了变化。可以从商务的三套国文教科书里挑选一些关键词，来观察一下其在不同的书面语系统中究竟经历了怎样的意义旅行。

【文明】 传统语义中的"文明"原有"文采光明"之意，在《易·乾》里，"天下文明者，阳气在田，始生万物，故天下有文章而光明也"。① 抑或是指文治教化。根据刘禾考证，"文明"一词虽然在古汉语中就已经出现，但是经历了被日语挪用来翻译欧洲的现代词语 civilization，并再被重新介绍到中国这一过程。"文明"随同其他"大量流入的语义翻译以及'重返的书写形式的外来词'深刻地改变了它们的意义和地位，打断了这些词的古代含义"。② 在推陈出新的过程中，教科书显然扮演了重要角色。商务高小《最新国文教科书》第3册第7课《司法》言道："今日文明各国，所以统治国家者，无一不明定法律，便上下皆就其范围，而不敢或违。"初小第6册第60课《科学之应用》则谈及："欧美各邦，文明程度之高，若有令人不可思议者，要而论之，广用机械而已，科学进步而已。"

在这里，"文明"一词总是在本国和世界他国的比较视域中出现，含义基本指政治、科技、军事等方面的先进，其中既有挫败于西方的直接体验，也受到进化论逻辑影响，却也流露出耐人寻味的文化自信：

> 夫文明利器，我中国创之。欧人师吾成法，乃能胜吾。若以吾人之善于创造，更取欧洲成法，而讲求焉，安知其必不如人乎？白种人也，黄种人也，有为者亦若是。吾何必自馁哉？③

---

① 刘禾:《跨语际实践——文学、民族文化与被译介的现代性》，第399页。
② 同上书，第46页。
③ 《最新国文教科书》初小第7册第60课《无自馁》，商务印书馆1904年版。

尽管在帝国主义殖民秩序的构建中,"中国"与"欧人"的确是对立的两极,但显然在教科书里并未因此显露出失败者所特有的自卑、愤怒情绪,反倒沉浸于如此先进的"文明利器"是由"我中国创之"的自豪中,视眼下欧人的取胜只是暂时性的。基于这样具有民族主义意味的文化自信,这才能有余裕教导学生不必自馁。

与此形成鲜明对照的,是在国民学校用《共和国新国文教科书》第7册第39课《勿窥私书》中,对"文明"的使用呈现出了另一种面向。在争论能否私自察看朋友书信一事时,主人公之一项君说道:

> 人心不同,如其面焉。且书信秘密,为文明国之通例。窃窥私书,不特有损道德,亦非法律所不许也。

虽然说的是"非礼勿视"这样的古训,却还要在世界范围内的"文明国"里寻找支持这一说法的"通例"。与《最新国文教科书》中的"文明"多具体指向西方科技和政治相比,《共和国新国文教科书》中对"文明"的膜拜之意更为强烈,甚至以此为依据,流露出了传统的道德约束力不及法制力量的意思。

【自由】 该词同样自古已有。《周礼》注有"去止不敢自由"之说,《玉台新咏》里有"吾意久怀忿,汝岂得自由"句,指自己做主、不受约束之意。[①]"自由"一词在1868年时就已被用来翻译freedom,被归入政治范畴,常与"民权"连用。但晚清官方对这个词的态度十分谨慎与暧昧:如"癸卯学制"就是一边谈"自由必本乎法律,能守分内之法律,即受分内之自由",一边又鄙夷所谓妄谈民权自由者。[②]而商务的《最新国文教科书》索

[①] 参见刘禾:《跨语际实践——文学、民族文化与被译介的现代性》,第404页。
[②] 参见章清:《"自由"的界限——"自由"作为学科术语在清末民初教科书中的"呈现"》,《新史学》第二卷,中华书局2008年版,第47—75页。

性连"自由"一词都未明确出现,到了《共和国新国文教科书》里才开始大谈特谈"自由":不仅在编辑要点里就表明响应教育部的宗旨,提出"注重自由、平等之精神,守法合群之德义,以养成共和国民之人格",在课文里也明确定义:"共和国之法律,凡属个人之自由,不特他人不得侵犯,即国家亦不得侵犯。其尊重自由也如是。"① 在随后的课文里更是进一步将"自由"与西方现代法律观念/制度联系在了一起:"所谓自由者,法律范围内之自由也。苟违反法律,则刑罚随之矣。"②

可以看到,这个"自由"概念与共和国政体高度匹配,既提出了对"新国民"人格的要求,也许诺了"新国民"所能获得的权利。但是到了《复兴国语教科书》,"自由"一词却呈现出两种含义:一种是类似古代语义里不受约束之意。初小《复兴国语教科书》第8册第19课《失去自由的马》,借马之口道:"我为了私怨,去求猎人援助,如今自己反受他的压迫,失去了自由,真是懊悔也来不及了。"这则寓言显然是针对中国其时的处境而发,因而"自由"所诉诸的主体并不是古代语义中的个人,而是指向整个民族。另一种"自由"意则为贬义。高小第5册第11课讲述了一只"不服从纪律的雁"的故事,编辑者借其他雁之口表示:

> 我们在团体里,当服从纪律,不可自由行动,以致害及全群。
> 那只雁真不幸,他如果知道"个人在团体里是无自由的,便不会有这样的结果了"。

《共和国新国文教科书》时还只是强调在"法律"允许的范围内,

---

① 《共和国新国文教科书》国民学校第7册第5课《自由(一)》,商务印书馆1921年版。
② 《共和国新国文教科书》国民学校第7册第6课《自由(二)》,商务印书馆1921年版。

便可享受到充分的"自由"。但到了《复兴国语教科书》,"自由"这个曾被用于描绘现代民族国家美好远景的词显然已是取"随便"之意,在"个人在团体里是无自由的"的规定情境中,个人随意的举动甚至被视作会"害及全群"的不可饶恕的错误。由此可见,在战时思维下,"团体"对"个人"的控制和掌握具有了先验的合法性:它要求"个人"只向着一个目标去,不仅古代语义里"自己做主、不受约束"的意思荡然无存,即连《共和国新国文教科书》中有条件、有限制的"自由"也不再被允许。

【革命】 在《易经》里,"革命"表示王朝兴替,是"天地革而四时成,汤武革命,顺乎天而应乎人"①的褒扬之意。但在晚清,这个词实在有些敏感。《最新国文教科书》初小第9册第49课《中国革命》里写道:

> 政治不良,民生憔悴,辄酿革命之祸,此欧美之已事,而今乃见于吾国。虽曰世运,亦由无道政府促成也。

在这里,"革命"已经从一国一家之姓的兴亡,转而成为了世界范围之内的激进社会运动。不过,从将"革命"与"祸"联结在一起,可以看出编辑人员对"革命"的否定态度。所谓"此欧美之已事"语,正表露了晚清以来学人的惶恐(尤其此时大部分商务人都是保守派),怕有人学欧美前例以革命推翻政权。即便是到了《共和国新国文教科书》里有所缓和:"国家政治,拂逆人民之公意,人民不得已,以武力颠覆政府,谓之革命"②,但"不得已"一词仍暴露出编辑者对革命的不以为然。即使是蔡元培也曾说:"当满清政府未推倒时,自以革命为精神",但民国成立后,"欲副爱国之名称,

---

① 参见刘禾:《跨语际实践——文学、民族文化与被译介的现代性》,第416页。
② 《共和国新国文教科书》国民学校第5册第31课《我国革命》,商务印书馆1921年版。

其精神不在提倡革命,而在养成完全之人格"。① 对"革命"看法的谨慎小心可见一斑。但到了《复兴国语教科书》时,"革命"褒义的一面得到了张扬,《复兴国语教科书》高小第 4 册第 24 课《不爱钱》里,借孙中山之口,为"革命"正名:"我不是为了个人的财产而革命的,我不要你从前给我的财产,我要你今后承认中国革命的要求。"在国难、馆难的双重磨难下,"革命"显然具有了相当的合法性,这与《复兴国语教科书》整个系列都在号召的"新国民"要行动、要救国、要亲身投入到抵御外侮的革命行动中去的主张是高度一致的。

第二节 "白话"的政治:历时性的考察

在促使白话成为教科书的书写用语方面,商务其实颇有贡献,尤其是张元济,很早就意识到言文合一的重要性,进而萌发以白话文编写教科书的念头。辛亥革命前,清政府成立中央教育会,会长就是张元济。他在 1911 年主持讨论了"统一国语案",试图推行"国语"。然而因为"辛亥革命"的爆发,这个机构也就停止了活动,之后袁世凯更是采取了一系列复古之举,延缓了推行国语的进程。1912 年至 1916 年,正值袁世凯当政,他不仅要复辟帝制,更重提尊孔读经,令教育部发文"要求京内中小学校修身及国文教科书采取经训,务以孔子之言为指归",② 时人更有"不读古文,不可以为人!不作古文,不可以为子!"③ 的言论。这都使得在教科书的撰写上,非但"言文一致"的尝试无法抬头,"甚至连清末人们倡导的'新文体'也全部消失了"④,更"几乎完全在科举的旧轨道中进行;不过把'老八

---

① 蔡元培:《在爱国女校之演说》,高平叔编:《蔡元培全集》(第二卷),第 7—8 页。
② 王建军:《中国近代教科书发展研究》,第 219—220 页。
③ 黎锦熙:《国语运动史纲》,商务印书馆 1934 年版,第 131 页。
④ 王建军:《中国近代教科书发展研究》,第 247 页。

股'改作了新八股"。①

不过，1916年袁世凯一下台，张元济就在同年8月1日于商务印书馆内部提出了初等小学国文教科书改用白话文编辑的建议，这比胡适的《文学改良刍议》、陈独秀的《文学革命论》的发表要早了一年。这种从教科书的实际编写、反馈中获得的灵敏度，使学者感叹出版行业是"真能得风气之先"。②不过当时商务的杜亚泉、高梦旦认为时局还不利于使用白话文编辑国文教科书，故该建议没能在馆内通过。但张元济的努力始终未歇：1917年2月4日，张元济又和同人商谈新编教科书事，再次主张"国文应言文一致"。而1918年6月27日张元济拜访沈尹默、刘崇杰、李石岑、陈独秀等人时，沈尹默明确向他提出，小学国文应该"全用白话"。可见，在"言文一致"上，商务与新文化人之间存在着共识。

"五四运动"发生后，张元济立即在馆内做出了回应，1919年10月30日议定编教科书事数例，其中便有"国文略修，译成白话""新体国语速出完"两项。③在张元济的坚持推动下，商务印书馆才能够在教育部1920年1月通令国民学校一、二年级国文改用语文体之前，就出版了《新体国语教科书》，开风气之先，并在7月出版《新法国语教科书》。紧接着更出版了洪北平编的中等学校用《白话文范》，虽然"因急于出版，内容欠精，但总算是第一部纯采语体文，全用新式标点并提行分段的中学教科书了"。④

需要指出的是，尽管张元济与学界有一定共识，但他毕竟和新文化知识分子不同，他的白话文主张，"无一例外地是针对教科书编写原则而

---

① 刘半农：《应用文之教授》，《新青年》第4卷第1期，1918年。
② 黎锦熙：《国语运动史纲》，第117页。
③ 参见张树年主编：《张元济年谱》，第178页。
④ 黎锦熙：《国语运动史纲》，第118页。

第三章 "新国民"的养成：从"国文"到"国语"

言"①，更多只是出于编撰国文教科书而生发的直接体会，也主要只是服务于普及教育这一目的。因而商务在实际对待白话文的态度上，其实与学界有着微妙的区别。

虽然张元济着力提倡以白话编写教科书，但当他看到"除个别交通便利、热心倡导的地区之外，大多数人置若罔闻"②，许多学校都不愿意采用国语教科书，仍要求出版国文教材时，也并未固执己见。商务印书馆很快采取了两种应对策略：一是出版《新法国语教科书》（新学制小学后期用）来进行缓冲，给学校以适应的过程。编辑者在《编辑大要》里称道：

> 本书加入文言文，为的是学生方面稍微懂得文言文组织的方法，将来升入中学，学习文言文，可以不感困难，就是读文言的报纸，也便利了。学校方面，有许多不能改用语体文教授的，固然可以把这书做一个绝好的过渡方法；就是改用了语体文，这书也很适合。

编制的方法就是除了诗歌外，大部分采用语（即白话文）、文（即文言文）对照，也就是先安排一课白话文，紧接着一课相同内容的文言文。商务用这种"过渡"的做法逐渐完成"和人们既有的文化心理结构的对接"③，以吸引学校使用商务的这套教科书。

商务采取的另一种办法则是索性迎合学校那些国文教科书的需求，专门编辑了一套《新撰国文教科书》投入市场，只是在选文上处处注意通俗易懂。当时使用这套教科书的学校很多。在言文还未能一致的社会语境中，学校的态度情有可原，学生出学校后面对的社会与工作环境仍以文言为主：升入中学还是主要学文言文，工作上要写的公文是文言文，许多报纸也仍

---

① 张荣华：《张元济在近代语文新潮中的建树》，《编辑学刊》1996年第2期。
② 周其厚：《中华书局与近代文化》，第86页。
③ 李宗刚：《新式教育与五四文学的发生》，齐鲁书社2006年版，第115页。

旧是文言文……

除却这类客观原因，商务与知识界在对待白话文态度方面更重要的区别则表现为：商务的国语教科书注重的是知识、道德思想的教授，针对的是中小学生，而不像新文化人的目标群是青年。商务国语教科书对语言的要求是更加通俗易懂，偏向口语；但新文化人提倡白话文运动，显然并不满足于仅仅停留在引入通俗易懂的"口语话"层面上，而更着眼于建立新的以"白语"为核心的文化革命范式。正是在这"新的范式"上，两者出现了分歧。

胡适在他著名的《建设的文学革命论》里如是说：

> 我们所提倡的文学革命，只是要替中国创造一种国语的文学。有了国语的文学，方才可有文学的国语。有了文学的国语，我们的国语才可算得真正的国语。国语没有文学，便没有生命，便没有价值，便不能成立，便不能发达。①

推行"国语的文学"，并不是囫囵吞枣式的。以胡适为代表的倡导者们认为其进行的次序应该是："要先造成一些有价值的国语文学，养成一种信仰新文学的国民心理，然后可望改革的普及。"从这关键的"普及"角度出发，也就引出了要从学校教育、尤其是要从中小学校做起的"国语文学"落地方案："一律用国语编纂中小学校的教科书"，即使教授文言文，也要将之视作"与'第一种外国'语同等。教授'古文'，也用国语讲解；一切'模范文'及'典文'的教授法，全用国语编纂"。②

---

① 胡适：《建设的文学革命论》，赵家璧主编、胡适编选：《中国新文学大系·建设理论卷》，上海文艺出版社2003年版，第128页。
② 胡适复盛兆熊：《论文学改革的进行程序》，赵家璧主编、郑振铎编选：《中国新文学大系·文学论争集》，上海文艺出版社2003年版，第43页。

第三章 "新国民"的养成：从"国文"到"国语"

先用白话创造出"国语的文学"，然后将这"国语的文学"大量引入中小学国语教科书里。循着这一思路，白话文学只要进入到教育系统，也就是以经典的面目获得了承认，并能在广泛的传播中成为一代又一代学生或者说是"新国民"的知识构成资源，这样，"国语的文学"的权威地位也就确立了。事实上，正是此举"将文学与民族国家的统一语的产生、发展、完善联系起来，实则提升了文学在民族国家中的地位"。[①]

在白话文一开始被规定为编写国文教科书的书面语言时，商务印书馆等出版机构最常用的做法是把原来的文言文翻译成白话文。当时的学者已经意识到："编纂国语教科书，并不是把现有的教科书翻成国语就可完事的。第一件要事在于选用教科的材料。"[②]然而，在当时，国语文的资源却相当有限。何仲英就曾犀利地指出：

> 第一，已有的国语文太少：不是过长，就是过短；不是杂乱无章，就是思想陈腐。要找一篇完完全全没有毛病的，实在是"凤毛麟角"。第二，现在新作的国语文尽管多，但在创造试验时期，难免有拉杂刻露等流弊，而且适合于学生程度的很少。[③]

当时的国语教科书选材，一般来自这几个方面：编辑人员的自行创作、选取符合国情的外国儿童文学翻译以及现代文学作品。试以商务出版的《新学制高级小学国语教科书》第3册为例。它初次出版于1924年，编纂者是庄适、吴研因、沈圻，校订者是朱经农、高梦旦、王云五、唐钺。

[①] 姚丹：《20世纪二三十年代中小学新文学教育——以教材为考察对象》，《广播电视大学学报》2008年第2期。
[②] 胡适复盛兆熊：《论文学改革的进行程序》，赵家璧主编、郑振铎编选：《中国新文学大系·文学论争集》，第43页。
[③] 何仲英：《国语文底教材与小说》，《教育杂志》第12卷第11期，1920年。

《新学制高级小学国语教科书》第 3 册目录

	课文题目		课文题目		课文题目
1	游恒山记	18	空城计（二）（文言）	35	姚崇灭蝗（一）
2	希望（胡适原作）	19	别弟（一）	36	姚崇灭蝗（二）
3	墨子止楚攻宋（一）	20	别弟（二）	37	救沉船将身补漏洞
4	墨子止楚攻宋（二）	21	别弟（三）	38	天象四咏
5	鲁仲连（一）	22	大明湖（一）	39	李愬雪夜下蔡州（一）
6	鲁仲连（二）	23	大明湖（二）	40	李愬雪夜下蔡州（二）
7	义伶	24	晚霞	41	塞翁之得失（文言）
8	大力士和狮子角力（一）	25	游吴淞望江海记	42	三保太监下西洋
9	大力士和狮子角力（二）	26	铁达尼邮船遇险	43	黄石公园
10	鸟（陈衡哲原作）	27	最得意的人（一）	44	自由的责任（华盛顿的演说词）
11	诸葛亮	28	最得意的人（二）	45	陈际泰的好学
12	草船借箭（一）（文言）	29	陶潜	46	苏秦求官（一）
13	草船借箭（二）（文言）	30	陶渊明杂诗	47	苏秦求官（二）
14	四时田家乐	31	急流拯溺（一）	48	苏秦求官（三）
15	淝水之战（一）	32	急流拯溺（二）	49	蔡锷护国（一）
16	淝水之战（二）	33	急流拯溺（三）	50	蔡锷护国（三）
17	空城计（一）（文言）	34	古山歌六首		

其中，属于现代文学作品的是：胡适的诗歌《希望》、陈衡哲的诗歌《鸟》，另有一篇未具名的新诗《晚霞》。现代文学作品进入国语教科书的受限是可以理解的：在白话文刚刚兴起的时候，优秀的白话文作品事实上并不多。此时，商务教科书中收录更多的是编辑自创文章，或者翻译旧的文言作品。需要注意的是，白话首先获官方首肯进入的是小学国语教科书，有论者认为，"小学'国语科'成立的意义在于'国语''儿童文学'这两个概念的合法性的确立与内涵的普及，倒不在于'新文学'作品在小学生中的普及"。[①]虽然胡适很希望"小学教材应该多取小说中的材料"，不过

---

① 姚丹：《20 世纪二三十年代中小学新文学教育——以教材为考察对象》，《广播电视大学学报》2008 年第 2 期。

第三章 "新国民"的养成:从"国文"到"国语"

他自己也承认"只可惜现在好小说太少了,不够教材的选择"。[①] 同时,从何仲英的批评里也可以看出,小学国语教科书的选文同时还要注意到不能"过长"或者"过短"。这些都是现代文学作品进入小学国语教科书的门槛。在文学革命倡导者的设计里,文学革命最终指向的是对大学的改革,而作为基础环节的中小学国语教育,选录的新文学作品只须能以潜移默化的方式普及"信仰新文学的心理"[②]就足够了。

需要指出的是,当时学界企图塑造的"现代国语"的"新的范式",主要是以欧化白话来改造汉语,这一方式还包括了融口语、古语、日语等于一体。周作人在《东方杂志》上发表《国语改造的意见》[③] 提出"想建设这种现代的国语,须得就通用的普通语上加以改造",而被列为首要项的就是"采纳古语"。他认为,"眼下求国语丰富适用是第一义",而"现在的普通语虽然暂时可以勉强应用,但实际上言辞还是很感缺乏,非竭力的使他丰富起来不可"。在周作人看来,"采纳古语"并无碍于国语教育的普及,但这一"采纳"并不是商务教科书那种取一篇文言在前、一篇白话在后的并举,而是以欧化白话为中心,将古语"化入"其中,随着时长日久,"补充的古语都化为通行的新熟语,更分不出区别来了"。这种"现代的国语"甚至也包括了"方言"及"新名词",试图以大杂烩式的、"分不出区别"的方式取消各种语言形式的特殊性,而语言形式背后的文化资源也会因此被消解。"五四"以来的白话文由此被批评为"已经欧化、日化、文言化,以至形成一种四不像的新式文言'中国洋话'去了"[④],"汉语欧化的结果,也失落了不少传统文化的内涵,促使汉语'平面化',失去了汉语原

[①] 胡适复盛兆熊:《论文学改革的进行程序》,赵家璧主编、郑振铎编选:《中国新文学大系·文学论争集》,第43页。
[②] 同上。
[③] 周作人:《国语改造的意见》,《东方杂志》第19卷第17号,1922年。
[④] 寒生(阳翰生):《文艺大众化与大众文艺》,《北斗》第2卷第3、4期合刊,1932年。

有的厚度"。①

对此，商务显然另有己见。如果仔细看前文所列《新学制国语教科书》高小第3册目录，就会发现收录的文言作品竟占了8篇之多：《草船借箭》（一）（二）、《空城计》（一）（二）、《陶渊明杂诗》（两首）、《古山歌六首》《天象四咏》（其中《咏电》《咏雪》两首注明为清朝金圣叹所作）、《塞翁之得失》。这首先和当时教育部对国文教育的设置有关。中学的国文教育需要学习大量文言文，以商务出版的《新学制国语教科书》初中第2册为例，共44篇课文里，文言课文（包括浅近文言）有26课，现代白话课文则有18课。文言占比很大，所以一般高小的国文教科书里会做好相应的衔接。商务并非是唯一一家这样做的，中华书局在《初级中学国文教科书》的编辑例言里就明确表示：

> 本书材料，文语并选。其各年级分配方法，系语体文递减，文言文递增。计一年级为七与三之比，二年级为六与四之比，三年级为五与五比。②

以这个比例来看，商务初中一年级课本选用文言课文的比重就远超中华版教科书。

这其实在很大程度上反映出商务对于"国语"的态度。商务虽然在以白话编辑国文教科书方面走得比同行，乃至比学界更早，但其初衷更多是基于教科书编写的便利性原则而定的。他们看重白话文对基础知识的普及作用，但并不以基础的国文教育为终点，也不以白话为全部主张内容。即便是推行白话编写教科书最力的张元济，他在五四新文化运动鼓吹"提倡

---

① 袁进：《中国文学的近代变革》，第92页。
② 《编辑例言》，孙怒潮编：《初级中学国文教科书》，中华书局1934年版。

白话文，反对文言文"最盛之时，也仍会安排出版陈承泽的《国文法草创》，大谈古汉语词类活用法。① 虽然学界以进化论的逻辑将文言与白话做了落后与进步、灭亡与兴盛的区分，但张元济一直对新式教育的欧化倾向保持警惕。他的这种态度在很长一段时间里也影响到了商务国文教科书的面貌：不仅在树立经典的"新国民"方面如此，在语言形式方面的择取分寸也同样如此。然而到了《复兴国语教科书》中，这一情形发生了一定程度的改变。

《复兴国语教科书》高小第 1 册目录 ②

课数	课文题目	课数	课文题目	课数	课文题目
1	读书要问个为什么	13	郑所南和八大山人	25	杯中蛇（一）
2	秋燕（刘大白作）（诗歌）	14	郑成功	26	杯中蛇（二）
3	小蚬的回家（一）（叶绍钧作）	15	游台湾博物馆	27	知道正义的儿子（一）
4	小蚬的回家（二）	16	猜谜儿	28	知道正义的儿子（二）
5	小蚬的回家（三）	17	鸽子（胡适作）	29	农工界的两个女子
6	望远镜和显微镜	18	一个卖口技的	30	种菜（诗歌）
7	种牛痘	19	街头音乐师（一）	31	淳于缇萦上书救父
8	农夫的竹篱门	20	街头音乐师（二）	32	一个勇敢的孩子
9	王冕（一）（节选《儒林外史》）	21	农夫与蚕妇（节选刘大白的《郑板桥教子》）	33	游居庸登八达岭记（一）
10	王冕（二）	22	卫生	34	游居庸登八达岭记（二）
11	随同学野外写生记	23	一个小学生的日记	35	瑞士（一）
12	雨景（诗歌）	24	不爱钱	36	瑞士（二）

从上表中可以看到，《复兴国语教科书》虽然和《新学制国语教科书》一样，是针对高小国文教育而编辑的，但是《新学制国语教科书》里大量

---

① 参见张荣华：《张元济在近代语文新潮中的建树》，《编辑学刊》1996 年第 2 期。
② 《复兴国语教科书》高小第 1 册，商务印书馆 1933 年版。

的文言课文在这里已经看不到了，全册36篇课文里，只有第21课《农夫与蚕妇》里附了四首古诗，摘录如下：

> 二月卖新丝，五月粜新谷。医得眼前疮，剜却心头肉。（其一）
> 耘苗日正午，汗滴禾下土。谁知盘中餐，粒粒皆辛苦！（其二）
> 昨日入城市，归来泪满巾：遍身罗绮者，不是养蚕人！（其三）
> 九九八十一，穷汉受罪毕：才得放脚眠，蚊虫獦蚤出！（其四）

文言课文基本被抽离了高小教科书，偶尔一篇也是因为要号召小学生同情劳动人民、唤起对剥削者的愤怒而选入。商务之前不苟同于唯白话是崇的立场，在这里基本被扭转了。其背后的原因显然在于经受一重深似一重的民族危难之后，以民族主义为标榜的《复兴国语教科书》对本民族的传统文化却发生了根本的怀疑。也正是因为这种怀疑，其所塑造的"新国民"才会在经历了意义的一路上扬之后，其设定的标准却反而降低了。

第三节　语言形式更迭的背后：文化自信何以成为问题

从以文言编写的"国文"教科书到以白话编写的"国语"教科书，这一语言形式演进的背后，其实是不同话语系统和思想体系的冲撞、缠斗与替代。

"国文"一科是作为晚清新式教育之一种出现的，在此之前的传统教育则以经学为中心。"国文"之取代"经学"，是社会文化转型所引发的知识转型的结果。而这一转型的发生，首先借助了商务印书馆这一民间出版机构的力量。

商务的《最新国文教科书》于1904年一问世，蔡元培就赞誉其使"书

第三章 "新国民"的养成：从"国文"到"国语"

肆之风气，为之一变，而教育界受其影响者，大矣"。① 其意义不仅在于它是"首先按照学期制度编辑"②的教科书，使教科书之形式、内容"渐臻完善"，③因而成为了其他书局的模仿范本，而更在于正是从商务的这一版教科书开始，中国近代教育界才有了"国文教科书"之名。在此之前，类似的清末自编教科书，有的叫《蒙学课本》（南洋公学），有的叫《蒙学读本》（无锡三等公学堂），还有的叫《字义教科书》（上海三等学堂）。"蒙学课本""蒙学读本""字义教科书"与"国文教科书"之间，并不只是字面上的差异。在"我们给予事物意义是凭借我们表征它们的方法"④的意义上，不同的命名其实包含了不同的理解方式、态度和文化价值观。"蒙学读本""蒙学课本"并未体现现代的学科分类，"字义教科书"则是将教育内容明确设定在了文字的读写训练上，这还是属于传统的教育体系范畴。"国文教科书"一名既表明其是现代学科分类的产物，也体现出了其与传统语文教育不同的新特点。

值得注意的是，"国文"这一科一开始并未在官方获得合法性。在1903年中国近代第一部由国家颁布并在全国实施的学校系统《奏定学堂章程》（即"癸卯学制"）里规定的八门必修学科中并没有"国文"科。虽然有"中国文字"，但却是"随时试课论说文字，及教以浅显书信记事文法，以资宦科实用，但取理明辞达而止"，只能勉强视作"以后国文科的先声"。⑤ "国文"这一名称在1907年清政府颁布的《学部奏定女子学堂章程》里才出现，但所授的仍是"中国文字"。一直要到1912年的11月，南京临时政府颁布《教育部订定小学教则及课程表》，才正式设置了"国

---

① 蔡元培：《商务印书馆总经理夏君传》，《商务印书馆九十年》，第2页。
② 曹冰严：《张元济与商务印书馆》，《商务印书馆九十年》，第21页。
③ 蒋维乔：《编辑小学教科书之回忆（1897—1905年）》，《商务印书馆九十年》，第56页。
④ 〔英〕斯图尔特·霍尔编：《表征——文化表象与意指实践》，徐亮、陆兴华译，商务印书馆2005年版，第3页。
⑤ 李杏保、顾黄初：《中国现代语文教育史》，四川教育出版社2004年版，第26页。

文"课。①

而商务印书馆不仅在1904年就编辑出版了《最新国文教科书》，而且在更早之前就已经对"国文"表示了重视。1902年商务印书馆编译所成立时，所长是蔡元培。他虽然并没有常驻馆内，所长一职也不过是兼职，却为商务定下了几项重要决议：一是改变原先编译西方教科书的做法，自行编辑教科书；一是确定国文、历史、地理三种教科书的编撰体例。1904年张元济、高梦旦、蒋维乔等人连同日方的长尾桢太郎、小谷重一起合议如何编辑教科书时，更是对《奏定初等小学堂章程》里规定每周读经12课时、中国文字4课时表示不满，认为"新定章程所定小学科全然谬矣，不合教育公理"，②并决定不予遵办，仍坚持将"国文"作为商务的第一册自编教科书，且按照小学一年级"每星期授国文十小时，六小时讲解诵读，四小时默写作文"③的计划来编辑教科书。

这并不是课程设置上的简单分歧，其背后是经学教育与国文教育这两套知识体系之间的龃龉碰撞。中国传统教育有"《易》端蒙养，《礼》重师教"之说，经书的任务是要定心性。"癸卯学制"注重"读经讲经"课，在课程设置上用的是以经学代语文的办法，来"强调儒家经典在语文教育乃至全部教育中的重要地位"。④而张百熙等人则希望通过小学基础教育，使学生到中学毕业之时，"皆已读过《孝经》"四书"《易》《书》《诗》《左传》，及《礼记》《周礼》《仪礼》节本，共计读过十经（《四书》内有《论语》《孟子》两经），并通大义"。⑤所谓的"读经讲经"就是对传统经学教

---

① 1878年，张焕纶在上海创办了正蒙书院，设有"国文"一科，但在官方体制中确立"国文"课，还是要到1912年。
② 张树年主编：《张元济年谱》，第48页。
③ 参见汪家熔：《大变动时代的建设者》，第87—88页。
④ 李杏保、顾黄初：《中国现代语文教育史》，第26页。
⑤ 张百熙、荣庆、张之洞：《奏定学堂章程学务纲要》，转引自朱有瓛主编：《中国近代学制史料》第二辑上册，第42页。

育的沿承，是晚清政府对"国民"进行道德教育的科目之一。而商务看重"国文"则显示出了教育变革的另一种思路。

1904年《东方杂志》的创刊号上刊登了一则有关《最新初等小学国文教科书》的出版广告，解释了商务编辑国文教科书的缘由：

> 童业入学，茫无知识；而我国文字多半艰深，往往有读书数年，不能写一信，记一帐者。欲谋教育普及，不可不于国文加之意矣。

这里提出了编辑教科书的现实针对性所在：中国古文字艰深，不利于教育普及；传统教育对儿童日常生活能力训练不够。后者显然针对的是裹挟在帝国主义殖民运动中的资本主义商业文明进入到小农经济中国之后，给中国经济社会乃至日常生活带来的种种变化，因而"癸卯学制"的高小教育宗旨才会要求"新国民""皆有谋生之计虑"。下面这张表格显示了清末新式学堂还未出现之前，学塾是如何设定上课顺序和教课内容的。

清代学塾课程顺序及教授方法 [①]

课程顺序	课程内容
认字	
教书	《三字经》《百家姓》《千字文》《幼学》《龙文鞭影》"四书"《史鉴节要》等
背书	
温书	每日下午温习旧书
讲书	教读"四书""五经"或"十三经"等
习字	每日下午练习大小字，由教师批改
读诗	读《千家诗》《唐诗三百首》之类
读史	圈点《资治通鉴》之类
对字	为学诗之起步
作文	学做八股文

[①] 该表参考自邱秀香：《清末新式教育的理想与现实——以新式小学堂兴办为中心的探讨》，第22页。

这种教育方式和授课内容明显以科举考试为目标，"一些日常生活的能力却可能因此被忽视"，这在遭遇亡国灭种危机因而急于提升实务能力的晚清语境中，越来越令人感到不满。因此，张之洞在"癸卯学制"中设计了小学堂读经后，立即引起众多人士的批评："读经讲经"的设定和学制革新与之前清代学塾的课程安排相比较，仍给人新瓶装旧酒之感。于是，才会有商务"不愿遵办"却出"国文"教科书的举动，有论者称"这已经是从体制上反抗经学教育的姿态"。①

在商务众人看来，普及教育的任务之一，便是要使学生具备谋生谋职的技能。换句话说，也就意味着一个合格的"新国民"需要拥有日常谋生能力。"国文"的功能因此不仅在于向学生灌输道德品质方面的知识，还在于需要向学生传授"有独立于伦理之外的纯文学描写，状景叙物，日常应用文字"，②同时，像"写一信、记一帐"这种日常生活中的实用技能更是被鲜明地提出来。

晚清社会转型所引发的知识体系的重组问题，显然对仍以"读经"为核心的教育方式提出了挑战。但是1911年清学部召开中央教育会，讨论要废止小学读经，却因为"旧派人员多数持反对态度，未能通过"。③

这样一套根深蒂固的教育制度及其知识谱系并不会突然终结，而是要经历一个逐渐瓦解的过程：从清末开始，经学教育已经开始逐渐和"修身"教育融合。同为晚清政府对"国民"进行道德教育的科目，"读经讲经"科奉行的是"严古尊圣"，而"修身"科则注重采集古人嘉言懿行来培养儿童约束平和之规矩，追求的是"达用适时"④。在以启发民智为第一要务的普及

---

① 毕苑：《经学教育的淡出与近代知识体系的转移——以修身和国语教科书为中心的分析》，《人文杂志》2007年第2期。
② 汪家熔：《商务印书馆史及其他——汪家熔出版史研究文集》，第51页。
③ 袁希涛：《五十年来中国之初等教育》，申报馆编：《最近之五十年》，申报馆1923年版，第294页。
④ 严复：《与熊纯如书》第十六，王栻主编：《严复集》（三），第615页。

教育中，后者显然因为"比之经书较为简单易懂，易被儿童吸收，所以渐渐承担起了道德引导的历史重任"。①"读经讲经"一科的功能、作用就这样逐渐地被削弱乃至消弥了。②正是基于"修身"与"读经讲经"功能上的重叠性，而"修身"更易服务于普及教育、缩短教育时间这一目的，③促使商务能舍"读经讲经"而另提"国文"。

不过，《最新国文教科书》时期的"国文"对经学教育乃至旧式教育，也并无多么强的反抗/决裂姿态，事实上，商务国文教科书也会选择一些桐城派骈体古文，中学教科书尤其如此。这在一定程度上折射了当时的社会环境。即使在民国成立之后，政府虽然从制度上废除了小学读经讲经课，但其实"大总统和国务总理的通电都是用骈体文做的；就是豆腐店里写一封拜年信，也必须用'桃符献瑞，梅萼呈祥，遥知福履绥和，定卜筹祺迪吉'"④。

当然并不是"国文"的旗帜一扬，经学教育就败下阵来。如果将这二者之争看作是新旧意识形态的角力的话，那么这一过程显然并不是线性式的由旧趋新，或是一方大势所趋般地压倒另一方。至少在这开端，是有

---

① 毕苑：《经学教育的淡出与近代知识体系的转移——以修身和国语教科书为中心的分析》，《人文杂志》2007年第2期。
② 毕苑在其《经学教育的淡出与近代知识体系的转移——以修身和国语教科书为中心的分析》一文里详细论述了经学教育在近现代转型时期强大的知识重组过程中，一方面，价值意义被淡化消解，另一方面，部分内容又"作为新的知识建构的一种成分而继续传承"。毕苑指出，是修身科目的出现消解了经学教育的独尊地位，而国语教育又"在知识系统内部分解了经学教育的知识结构"。
③ "修身"科的内容并非本文论述中心，但需指出，"修身"科一开始讲述人伦道理也是以经书为本，但更强调"达用适时"，且在之后的发展中更加强调"适时"的一面。蔡元培在他编辑并由商务印书馆1912年出版的《中学修身教科书》里这样阐述："本书悉本我国古圣贤道德之原理，旁及东西伦理学大家之说，斟酌取舍，以求适合于今日之社会。"他更在传统的"修身、齐家、治国、平天下"里，加入了"社会"这一元素。相关内容可参考王建军《中国近代教科书发展研究》，钱曼倩、金林祥主编《中国近代学制比较研究》，毕苑《经学教育的淡出与近代知识体系的转移——以修身和国语教科书为中心的分析》等。笔者认为，"修身"和"国文"一样，在"适时"要求的驱动下，语言的变革成为关键。
④ 胡适：《答书爱初先生》，《新青年》第4卷第5号，1918年。

着浑浊难分的尴尬。在"国文"发轫的初期,难免"承袭了旧式教育的诸多弊端,以晦涩难懂的文言文古文为教材,教师本位的逐字逐句讲解方法,八股应制式的写作教学等等"。①这对所谓"新国民"的养成,无论在何以体现国民之"新"的特质,还是普及"新国民"的想象上,都带来了难度。归根结底,使用同一套语言形式也就意味着要接受与这套语言有关的规则、逻辑和想象方式,很难不受话语背后的意识形态影响。琼·嘉治(Joan Judge)在考察商务《最新初等小学修身教科书教授法》后发现,编辑者常将"臣民"和"国民"这两个词交换使用。②在19世纪末梁启超、严复等思想家的认识中,"国民"本来应该有着和"臣民""庶民"不同的内涵。而邹容在1903年的《革命军》里对"国民"做了更加清楚的界定:"国民者,有自治之才力,有独立之性质,有参政之公权,有自由之幸福,无论所执何业而皆得为完全无缺之人。"③之所以出现词语混用的情况,除了因教科书须受学部审查而需要规避激进主张外,也跟当时商务编辑相对保守的政治立场有关:因而他们在使用"国民"这样一个被梁启超称之为"数千年来通行之语……未闻有国民二字并称者"④的"新"词汇时,对它的理解还是统摄在原来的知识结构之下。事实上,他们并不认为"国民"应该或是能够具有和"臣民"不同的特质:"上之爱民爱国,可谓至矣。凡我国民,何以报之,则亦报之以忠君爱国而已。"⑤虽然的确如一些研究者所说"纵观全书480课课文的题目,直接歌颂当代皇帝、皇太后,歌颂清代

---

① 刘浪:《新国文·新文学·新国民——以民国时期叶圣陶国文教育思想为例》,2006年中国优秀硕士学位论文。
② 参见琼·嘉治:《改造国家——晚清的教科书与国民读本》,(台湾)《新史学》第12卷第2期。
③ 邹容:《革命军》,丁守和主编:《中国近代启蒙思潮》(上),社会科学文献出版社1999年版,第382页。
④ 梁启超:《论近世国民竞争之大势及中国前途》,《饮冰室文集点校》,第810页。
⑤ 《最新国文教科书》高小第1册第4课《君主立宪》,商务印书馆1904年版。

列祖列宗，三呼万岁或万寿无疆者是没有的"，①但这个"国民"究竟和那个"君要臣死臣不得不死"的"臣民"区别在何处，很难说清。"旧"的语言究竟能够表达出来多少"新"的思想，也值得存疑。于是，凸显新式教育之"新"的困难，以及在实用层面上让儿童迅速掌握知识的困难，都促成了国文教科书书面语由"国文"到"国语"的更迭。而白话文成为教科书书面语之后，也的确对教育的普及和发展起到了很大的推动作用。吴研因就曾说到：

> 小学教科书改用白话文的结果，小学儿童读书的能力，确实增进了许多。低年级六、七岁的小孩子也居然会自动地看起各种补充读物来，高小毕业生虽然没有读过文言，可是用浅近文字写作的书报，他们也粗枝大叶能够阅读了。②

但需要指出的是，知识界力图塑造的"现代国语"，是以欧化语言为中心，而这一倾向是自"国文"一科初兴时就始终被警惕的。在初小《最新国文教科书》的《编辑缘起》里，商务是这样说的：

> 凡关于立身、居家、处世，以至事物浅近之理由与治生之所不可缺者，皆萃于此书。其有为吾国之特色，则极力表彰之；吾国之鄙俗，则极力矫正之，以期社会之进步改良。……务使人人皆有普通之道德知识，然后进求古圣贤之要道、世界万国之学术艺能……

如果将它和日本明治维新时期的学制宗旨进行比较，就会发现一些共通之

---

① 张人凤：《商务印书馆〈高等小学堂用最新国文教科书〉简析》，《中国图书周报》2007 年 11 月 13 日。
② 吴研因：《清末以来我国小学教科书概观》，张静庐辑注：《中国出版史料补编》，第 151 页。

处。日本的这一学制是以法国学制为蓝本,主张将教育作为立国立身的根本:

> 人是所以立其身,治其产,昌其业,以遂其生者,此无他,端赖修身,开智,长其才艺也。而修身,开智,增长才艺又非学不可。①

立身、治产、昌业、增长才艺,这些主张和商务的"立身、居家、处世"、具备"世界万国之学术艺能"何其相似。再看1890年颁布的天皇《教育敕语》,作为"日本明治时期教育方针政策的基础"②,这一敕语削弱了原先《学制》中的欧化倾向,更凸显了国粹主义,强调"教育之渊源"在于"我国体之精华":

> 尔臣民应孝父母、友兄弟,夫妇相和、朋友相信,恭俭持己,博爱及众,进德修业,以启智能,成就德器。进而广公益,开世务,常重国家,遵国法,一旦有缓急,则应以义勇奉公,以辅佐天壤无穷之皇运。如是者,不独如朕之忠良臣民,亦足以显扬尔祖先之遗风焉。

"孝父母、友兄弟,夫妇相和、朋友相信,恭俭持己,博爱及众,进德修业",这些都来源于儒家的道德传统,也即商务所言的"吾国之特色""古圣贤之要道",在商务的《最新国文教科书》里同样可以找到相应的课文内容;而"广公益、开世务,常重国家、遵国法",这些"近代的西方资本主义观念也被吸收"③。

同为遭遇殖民危机、亟待向现代"转型"的国家,以弱国处境行崛起

---

① 转引自钱曼倩、金林祥主编:《中国近代学制比较研究》,第94页。
② 同上。
③ 同上书,第97页。

之姿，决定了其在择取何谓于救国有用的知识上，势必要走实用的路线。但其态度也很鲜明：可以认可西方科学文明的基本原则，但前提是不能撼动本国文化的根基。日本之所以颁布《教育敕语》，一方面是担心西方自由民权思潮的兴盛会危及其封建政府统治，另一方面也是担心对西方知识才艺的崇尚、对实业的追求会引发"轻仁义忠孝，徒以洋风是竞"的流弊，[①]所以才会刻意削弱《学制》的欧化倾向。这种警惕，在商务系列国文教科书里也有所体现。然而，随着局势的愈发恶劣，对国文一科的期待与要求逐渐降低，一些教育家不再认为国文应该承担过多的思想道德灌输。叶圣陶就认为，以白话作为书面语的国文教育应该注重的是培养"善于运用国文这一种工具来应付生活的普通公民"。[②]（有意味的是，当初以文言为书写工具的"国文"之所以能在和经学教育的碰撞中逐步显现出其优越性，正是因为其有助于培养学生"应付生活"的谋生能力。）普及教育、养成"新国民"以建立"新中国"，是期望学生能快速掌握现代知识。但是，国文教育时间的缩短、语言工具性的强调、语言形式及内容丰富性的萎缩，以及愈来愈倾向用更多时间去学习西方"猛进的学术"，到底是逐渐失落了早先对本国文化的自信和坚持。

本编小结：如果说"现代性从根本上来说不外是现代民族国家主权和现代个人主体的双重建构"，[③]那么在近现代中国语境中，它是具体以"建构民族国家—普及教育—塑造符合现代民族国家需要的国民"这样一条逻辑链勾连起来的。在这一框架中，像中国这样的后发现代性国家显然试图探索对于发达资本主义国家科技文明及殖民统治的有效回应方式，即希冀借

---

① 相关内容可参见钱曼倩、金林祥主编的《中国近代学制比较研究》第二章第三节。
② 叶圣陶：《叶圣陶语文教育论集》（上），教育科学出版社1980年版，第87页。
③ 旷新年：《个人、家族、民族国家关系的重建与现代文学的发生》，《中国现代文学研究丛刊》2006年第1期。

助普及教育来寻求新的政治结构形态以及社会分层方式,通过重新想象并塑造"新国民"来完成社会/文化转型。

从1902年至1932年商务印书馆出版的国文教科书中,可以看到20世纪早期以来对"新国民"的种种想象并非千篇一律,而是构成了一个复杂渐变的序列。一方面,它汲取了当时社会/文化转型的重要资源。内忧外患导致的社会、政治、文化的嬗变,一一体现在教科书中,在一定程度上折射了晚清学界在文化层面应对资本主义科技文明及其殖民统治的努力。具体落实在国文教科书文本中,就可以看到"新国民"形象的转变。自普及教育伊始,教科书就以发现"儿童"、重塑"儿童"以成为"新国民"为己任,并推动其由观念提倡向制度实践转化:基于"文化大国"心理上的超人式"大国民"随着现实优势的失落而逐渐变小,终于小到符合他年龄"应该"有的举止,成为了"儿童";其知识结构从兼具传统的"五德"仁义礼智信与西方的声光电热,到知爱国、掌握现代白话工具即可。国文教育语言工具性的一面被突出,并且愈发提倡"快速"和"有效",缩短语文教育时间,减少语文实践,让学生能有更多时间学习其他欧化的"新知识"。诚然,儿童的确不是缩小版的成人,生理、心理的特殊性是客观存在的,但这一转变的背后,又分明蕴含着在经历现实碰撞之后对传统伦理及文化的质疑,以及在救世视野的统摄之下,"不再把修养和道德作为教育中心,而把类似西洋的科学技术作为中心,开始效仿西洋知识教育的方式,这里直接带来的知识史和思想史的后果之一,却是传统知识系统的最后崩溃和瓦解"。①

需要注意的是,国文教科书对"新国民"的重塑,是以社会/文化转型为资源,以"白话文"取代"文言文"为工具,更以现代出版机构为传

---

① 葛兆光:《中国思想史》(第二卷),复旦大学出版社2000年版,第605页。

播平台的，其中商务印书馆所起的作用不能忽视。一方面，商务把住了时代的脉搏，主动参与了"新国民"的想象与建构；另一方面，在不同历史环境、不同时期出版商业空间及利益变化的驱动之下，它也在很大程度上修改了"新国民"的形塑策略与规则。霍布斯鲍姆（Eric Hobsbawm）认为："民族，并不光只是领土国家或民族情操的产物（比方说，法国大革命即为一例），同时也深受科技与经济发展的影响。绝大多数的学者都会同意，标准化的民族语言（standard national language），无论是口语或书写文字，若不借助印刷术的发明、识字率的普及，还有公立教育的广设，将不可能出现。"[①] 西方的炮火不只轰开了中国的大门，也输入了资本主义的科技与文明，有学者认为："在一定程度上是晚清社会在'西洋'入侵过程中所引入的'市场'、'技术'等因素催生了一个新的'场域'。伴随着这种'场域'的形成，新的具有'现代'性质的思想和文化得以发生。"[②] 在商务印书馆这一场域中，"新的具有'现代'性质的思想和文化"的确是发生了。杜赞奇用"复线的历史"来揭示这样一个神话，其实"民族必须天天进行复制"才能够"稳固它作为无所不在的民族空间的透明度，尤其是在面临内部及外部的挑战的关头。同时，现代文明的启蒙话语已经让所有社会不得不向现代化靠拢……因此，民族国家一方面赞颂民族古老的、永恒的特性，另一方面又努力强调民族国家的空前性，因为只有这样，人民—民族才能成为自觉的历史主体"[③]。而商务印书馆进行的，其实也就是这样一种根据当前的需要来利用、调整过去文化资源的工作。其民间出版机构立场，一度使其能在时代风云变幻中建构自己独特的站位，比如，在官方还抱着经学的佛脚不放时，商务就竖起"国文"的旗帜，旨在培养"新国民"的日

---

① 〔英〕埃里克·霍布斯鲍姆：《民族与民族主义》，李金梅译，上海人民出版社2006年版，第10页。
② 雷启立：《印刷现代性与中国现代文学的发生》，华东师范大学2008年博士论文，未刊稿。
③ 〔美〕杜赞奇：《从民族国家拯救历史：民族主义话语与中国现代史研究》，王宪明、高继美、李海燕、李点合译，江苏人民出版社2008年版，第29—30页。

常谋生能力；在时代大潮都鼓动着要欧化、要奔向西方式"现代"而去时，商务又觉得新政制确实可取，但旧道德也并非全然不妥……正是在这样的选择中，文化转型的复杂性被清晰地呈现出来。但也基于这样的立场，商务印书馆编辑、印刷、发行、营销整个生产环节都会对"新国民"的外延和内涵产生不同程度的影响。在社会危机、官方机制、市场竞争等越来越不利的情况下，商务出版重心转移，使得教科书的"产品性"特点也越来越突出，而教科书中的"新国民"也被设定为只需掌握白话文工具、学习欧化新知，其面目因而越来越接近于资本主义世界所需要的"公民"。

从商务印书馆的出版历史中，可以看到晚清知识生产、出版机构与文化转型之间错综复杂的关系。在由晚清社会危机/文化危机引发的文化转型过程中，中国作为后发现代性国家的现实处境、对被殖民的警惕与焦虑、复杂的传统文化心理和价值立场、对打着强国烙印的西方"现代性"的质疑等互相勾连纠结，使得"国民"一经翻译引介过来就被要求为振兴国家的命运服务，而对它的塑造和传播，也在中国和世界的绝对距离越来越大的艰难处境中，变得充满流动性与复杂性。商务印书馆既成长于文化转型，又反过来作用于文化转型，以这样一种既主动又被动的方式，参与到了社会/文化转型过程之中。

1902—1933年间商务印书馆主要出版的国文教科书目录

教科书名	出版年份	备注
最新国文教科书	1904	应清季兴学出版，自此教科书形式方才初备
女子国文教科书	1907	商务首创
简明国文教科书	1910	《最新国文教科书》程度偏难，故出《简明》
共和国新国文教科书	1912	应民国成立出版
单级国文教科书	1913	针对半日制学校、各地不同编制的各类学校情况所编
实用国文教科书	1916	鉴于北方材料不及南方多而编辑
新体国语教科书	1919	我国第一部语体文教科书
新法国语教科书	1920	为配合国语运动出版

续表

教科书名	出版年份	备注
新学制国语教科书	1923	针对1922年壬戌学制规定学校采用"六三三制"出版
新撰国文教科书	1924	为配合不愿使用语体教科书的学校出版
新时代国语教科书	1928—1930	国民革命时期,为配合"三民主义教育"而出版
基本国语教科书	1931	针对新课程标准出版
复兴国语教科书	1933	商务遇"一·二八"国难,复业时出版

结　语

作为对19世纪末由帝国主义殖民扩张所引发的巨大的社会危机/文化危机一种回应，以商务印书馆为代表的新式出版媒介，在很大程度上担当了晚清中国知识/知识者转型的枢纽角色。通过这一枢纽，教育、翻译、古籍、文学等诸种资源得以被重新清理、组织和再造，共同指向了新民族国家的想象与新国民的形塑。而上层/下层、精英/大众、新/旧、雅/俗等既有的社会/文化结构内部的矛盾形态，也得以在历史转折点上，被填塞进新的历史内容，从而有可能引起结构内部的震荡甚至颠覆已有的社会/文化秩序。

具体说来，作为近现代中国最大的民间出版机构，商务印书馆通过翻译、古籍、杂志、教科书四大出版重点的建构，实际上承担着在王朝崩溃、"官学"衰败背景下新文化探索和重建的重任。某种意义上，西学翻译与古籍整理构成了商务印书馆作为知识/文化的整理者可资利用的两种不同面向的资源。尽管这两种资源本身在社会/文化转型期往往被简单而粗暴地赋予了不同的价值评价，也因此形成了一种具有内在张力性的紧张关系，然而，一旦进入商务这样的知识再生产的物质平台，往往可能因为被抽离出原先高度政治化的社会语境，更多被还原为知识本身，而可能得以平心静气地传承下来。在这个层面上，可以说，商务印书馆这样的机构虽然在历史的激烈动荡中有自己的文化/现实立场，但就其功能而言，恰恰可以使各种知识/文化在从一种意识形态化的场域向另一种意识形态化的场域的迁徙、斗争和转化的过程中，获得喘息的间隙以及彼此整合的新可能。

也正是因为置身于这样的背景中，商务印书馆出版的各种看似新旧杂糅的文学杂志，将上述不同面向的资源如何在中介性环节进行互动性整合的可能性与复杂性展现了出来。无论是新文学还是旧文学，无论是革新还是守旧，当商务以某种看似暧昧的折中姿态，允许这些选择出现在文化生产流程中的时候，简单地用"商业克服文化"或者"文化克服商业"这样的一元论判断显然已经不足以呈现作为后发现代性国家的中国在各种势力的胁迫间作历史"决断"的艰难，也无法说明在这样的特定情境中"文学"内涵建构必然会出现的多元性。而当这些因素又与商务"在商言商"的经营策略致密地结合在一起时，如何既有历史感同时又有分寸感地给予商务上述暧昧选择以合适的评价，成为了又一个难题。

这样的难题同样也显现在商务国文教科书制作中。作为新文学／新文化观念下沉到民间的一种路径，从日本教科书编纂中汲取营养开始的本土新式国文教科书编制努力，显然既针对传统的"不科学""不人道"的蒙学读本，却也隐含着对欧化的"新国民"教育方式的警惕与反省。因而，传统道德化的修齐治平的人生理念与现代以适应生存为目标的"有用"的"新国民"想象，都会成为教科书整合的资源；而沉潜内敛的编纂风格与与时俱进的编纂观念时时产生的不平衡感，同样也成为国文教科书编纂所需要处理的困扰之一。

基于这样的历史实践脉络，再来讨论商务所承担的社会／文化"转型"，就会发现，其在"语词误用"的意义上所引进、挪用的"现代"概念在晚清以降的语境中的内涵复杂性。可以看到，一方面，这种"现代"意味着后发现代性国家对于欧美列强的一种循序渐进、内容广泛的学习／模仿。就晚清中国而言，这种学习／模仿经历了从"器物"到"政制"再到"文化"的变革，其蓝本显然就是"富国强民"的欧美发达资本主义国家。另一方面，如果说欧美发达资本主义国家的"现代化"或"现代性"

结　语

进程，总是在国家内部形成所谓以"效率"为核心的经济社会的"现代性"与以"公平"为核心的伦理文化的"现代性"的"双刃剑"式的悖反的话，[①]那么，像中国这样的后发现代性国家在展开其"现代"追求时，显然无法规避殖民/被殖民、帝国主义/民族主义这样的格局，因而这种"现代"指向必然就包蕴了一种反抗帝国主义殖民扩张的意味。

这种既学习"西方"又企图反抗甚至消解"西方"的两面性，注定了中国语境中"现代"的价值指向的丰富性与复杂性，要远远超过欧美发达资本主义国家。如果说欧美发达资本主义国家的"现代化"或"现代性"进程，主要是在一种历时性的格局中进行的话，那么中国的"现代"实践必须面对"时间"和"空间"两个维度，因而在其场域内部，不仅有来自欧美发达资本主义国家经典的"现代性"矛盾，同时也有着专属于后发现代性国家的表征为"东方民族主义"的特殊内在矛盾。当这些不同类型、不同内涵的矛盾叠加在一起时，"现代"就一定会以悖论性的方式来表达自己多少带点彼此消解意味的游移立场。如果意识到在欧美发达资本主义情境中，器物性"现代"总是会生产出制度和思想的"现代"来彼此适应同时也彼此制衡的话，那么，晚清以来的中国能否在真实的"现代"冲动与实际上似是而非的"现代"实践所形成的多重矛盾的缠绕中，提供一种有效的经验，来解决欧美发达资本主义国家"现代性"追求已有的困境，甚至产生出真正能抗衡欧美发达资本主义国家的正面能量？

在这样的追问下，回到商务印书馆在1902年至1932年间的出版努力，可以发现，其至少提供了如下经验：首先，打通古/今、中/西、新/旧之间的界限与藩篱，以看似价值中立的方式保留并整理各种知识——特别是传统知识碎片，使它们能够获得类似于"仓储化"保存的机会，等待再一次被激活；其次，促动了"行动派知识分子"与"工人企业家"的结合，

[①] 参见杨联芬：《晚清至五四：中国文学现代性的发生》，第5—13页。

使他们可以以共同的"出版人"的身份参与以新式媒体为核心的文化生产中，从而使自上而下的思想启蒙与自下而上的民间救亡得以汇合；再次，"文化的商务"与"商业的商务"之间界限的模糊化、暧昧化，使其并不能等同于欧美发达资本主义国家的"现代"文化工业，在张元济时代一度存在的"文化大于商业"的出版格局，更是探索了后发现代性国家的出版业特有的以"文化引领市场"的出版规律和事实上已经呈现的生存可能性。

由此可以说，商务印书馆为中国文化的"现代"转型提供了全面的支持：通过西学翻译和古籍整理，商务系统地整理了古今中外的文化资源，为创制与当下现实相适应的新文化提供了开阔的视野和坚实的基础；商务所招募的形形色色的文化人及其所组成的不同追求的文人集团，使得其所探索的文化空间更具有张力与弹性，从而为不同阶层、不同趣味的读者提供了可供选择的多元文化消费菜单；借助国文教科书这样的教育产品，商务还探索了新文化的理念进入普及层面的有效路径。

当然，随着1920年代之后中国出版市场的日益成熟，随着百科全书式的出版人士王云五取代中西学兼修的版本目录学家张元济成为商务实际的掌舵人，特别是伴随着竞争对手中华书局越来越咄咄逼人的市场发展态势，商务日益务实，利润的追求成为企业的最主要的目标，这使其越来越接近于现代文化工业所需要的企业形象，也逐步疏离了其在晚清摸索出来的那种富有历史责任感与使命感的出版原则，使其在文化与市场间小心游走所制造出的具有后发现代性国家特征的文化生产空间日益逼仄。某种意义上，可以说，1932年日军给予商务印书馆的重创，摧毁的更多是其作为远东第一大出版社的物理存在；而1920年代以后逐渐暴露出来的文化生产意义让位于商业市场生存法则这一潜藏在企业内部的价值危机，由于在很大程度上割裂了商务与"现代"中国之间原本血肉相连的联系，其实倒是更值得关注的。

无论如何，晚清以来，商务印书馆以宽容的文化立场、先进的印刷技术和发达的传播网络,将自己深刻地嵌入到了知识分子的民间启蒙工作之中,推动了殖民危机语境下产生的以民族国家建构为目标的新文化走近更多的普通中国人,从而实实在在地参与了社会/文化的过程,为中国如何"现代"这一重要命题贡献了自己独特的智慧。

参考书目

一、报刊资料

《申报》
《时事新报》
《文学旬刊》
《小说世界》
《小说月报》
《新青年》
《新潮》
《绣像小说》
包天笑：《例言》《短引》，《小说画报》第1期，1917年。
毕树棠：《谈绣像小说》，《文学》第5卷第2号，1935年。
邓实：《国学讲习记》，《国粹学报》第7期，1905年。
顾颉刚：《北京大学研究所国学门周刊》第2卷第13期，1926年1月6日。
何炳松：《商务印书馆被毁纪略》，《东方杂志》第29卷第4号，1932年10月。
胡适：《论短篇小说》，《新青年》第4卷第5号，1918年。
蒋方震：《代军阀而兴者谁》，《改造》第3卷第3号，1920年11月15日。
觉我：《余之小说观》，《小说林》第9、10期，1907年。
君实：《小说之概念》，《东方杂志》第16卷第1号，1919年。
康有为：《琴南先生写万木草堂图题诗赠赋谢》，《庸言》第1卷第7号，1913年。
李伯元：《论〈游戏报〉之本意》，《游戏报》，1897年7月28日。
李伯元：《活地狱》，《绣像小说》第1期，1903年。
梁启超：《译印政治小说序》，《清议报》第1册，1898年11月11日。

梁启超：《论小说与群治之关系》，《新小说》第1卷第1期，1902年。
梁启超：《告小说家》，《中华小说界》第2卷第1期，1915年。
罗家伦：《今日中国之杂志界》，《新潮》第1卷第4期，1919年4月1日。
钱玄同、宋云彬：《"黑幕"书》，《新青年》第6卷第1号，1919年。
陶佑曾：《论小说之势力及其影响》，《游戏世界》第10期，1907年。
天僇生：《中国历代小说史论》，《月月小说》第1卷第11期，1906年。
天僇生：《论小说与改良社会之关系》，《月月小说》第1卷第9期，1906年。
汪康年：《论中国富强宜筹易行之法》，《时务报》，1896年11月1日。
王云五：《四十年来之中国出版界》，《东方杂志》第37卷第12期，1940年。
吴研因：《清末以来我国的小说教科书概观》，《同行月刊》第4卷第1—4期。
徐调孚：《〈小说月报〉话旧》，《文艺报》1956年第15期。
严复、夏曾佑：《〈国闻报〉附印说部缘起》，天津《国闻报》，1897年10月16日至11月18日。
周作人：《日本近三十年小说之发达》，《新青年》第5卷第1号，1918年。
志希：《今日中国之小说界》，《新潮》第1卷第1号，1919年。
仲密：《论黑幕》，《每周评论》第4号，1919年。
张东荪：《现在与将来》，《改造》第3卷第4期，1929年12月15日。

二、论文

毕苑：《经学教育的淡出与近代知识体系的转移——以修身和国语教科书为中心的分析》，《人文杂志》2007年第2期。
陈永国：《翻译的文化政治》，《文艺研究》2004年第5期。
崔波：《晚清翻译与"翻译的政治"》，《广州大学学报》2007年第4期。
崔波：《晚清的上海公共领域》，《编辑之友》2008年第3期。
冯崇义：《罗素访华缘起》，《学术研究》1992年第6期。
付建舟：《谈谈〈说部丛书〉》，《明清小说研究》2009年第3期。
高力克：《五四时期研究系的"第三条道路"》，《中共杭州市委党校学报》2002年第5期。
耿传明：《开明的保守派："谴责小说"作家群的文化性格考察》，《天津师范大学学报》2006年第6期。
郭浩帆：《张元济、夏瑞芳与〈绣像小说〉》，《明清小说研究》2001年第1期。

郭太风:《王云五在商务印书馆推行科学管理的功过是非》,《东华大学学报》2001年第3期。

郭太风:《为〈万有文库〉殚精竭虑的王云五》,《世纪》2001年第5期。

郭延礼:《近代报刊中的文学宝藏——一个应引起文学史家关注的问题》,《中华读书报》,2000年8月16日。

旷新年:《个人、家族、民族国家关系的重建与现代文学的发生》,《中国现代文学研究丛刊》2006年第1期。

旷新年:《民族国家想象与中国现代文学》,《文学评论》2003年第1期。

旷新年:《山重水复疑无路》,《读书》2001年12期。

雷启立:《印刷现代性与中国现代文学的发生》,华东师范大学2008年博士论文,未刊稿。

雷启立:《晚清民初的印刷技术与文化生产》,《华东师范大学学报(哲学社会科学版)》2008年第5期。

李辉:《从张元济到王云五:以教育为己任——商务印书馆早期出版选题普及教育内涵初探》,《中国出版》1998年第9期。

李良品:《商务印书馆近代国文(语)教科书的编写特征及启示》,《教育评论》2007年第4期。

梁严冰、刘蓉:《清代的捐纳制度》,《历史教学》1996年第9期。

刘慧英:《被遮蔽的妇女浮出历史叙述——简述初期的〈妇女杂志〉》,《上海文学》2006年第3期。

刘兰:《商务印书馆办刊物研究》,中国知网"优秀硕士生论文",未刊稿。

刘浪:《新国文·新文学·新国民——以民国时期叶圣陶国文教育思想为例》,2006年中国优秀硕士学位论文。

刘应芳:《王云五的丛书出版对近代图书馆事业的贡献》,《国家图书馆学刊》2011年第1期。

卢毅:《论民国时期"整理国故运动"的高涨》,香港《新亚论丛》2005年第1期。

罗检秋:《"整理国故"与五四新文化》,《教学与研究》2000年第1期。

罗志田:《新旧能否两立:二十年代〈小说月报〉对于整理国故的态度转变》,《历史研究》2001年第3期。

孟悦:《反译现代符号系统:早期商务印书馆的编译、考证学与文化政治》,《清华大学学报(哲学社会科学版)》2008年第6期。

聂淳:《包天笑与中国近、现代报刊业》,《新世纪图书馆》2008年第1期。

钱理群:《五四新文化运动与中小学国文教育改革》,《中国现代文学研究丛刊》2003年第3期。

史春风：《商务印书馆近代教科书出版探略——从国文（语）和历史教科书谈起》，《北京师范大学学报》2003 年第 6 期。

史春风：《原创性选题——商务印书馆早期经营管理的灵魂》，《出版发行研究》2001 年第 10 期。

史春风：《商务印书馆近代教科书出版探略》，《北京师范大学学报》2003 年第 6 期。

宋原放：《中国近代出版大事记》，《出版史料》1990 年第 2 期。

沈庆会、孔祥立：《"自由文笔"下的"自由翻译"——包天笑翻译小说研究》，《明清小说研究》2011 年第 3 期。

孙江：《后现代主义、新史学与中国语境》，《新史学》，中国人民大学出版社 2003 年版。

孙文杰：《晚清小说出版述略》，《编辑之友》2008 年第 5 期。

唐小兵：《蝶魂花影惜分飞》，《读书》1993 年第 9 期。

汪晖：《我们如何成为"现代的"？》，《中国现代文学研究丛刊》1996 年第 1 期。

汪晖：《白话的技术化与中国现代人文话语的创制》，《中共浙江省委党校学报》2005 年第 4 期。

王本朝：《从晚清到五四：中国文学转型的制度阐释》，《福建论坛》2006 年第 6 期。

王建辉：《中国现代学术文化的双子星座——北京大学与商务印书馆》，《北京大学学报》1999 年第 2 期。

王建辉：《旧时代商务印书馆与政府关系之考察（1897—1949）》，《出版广角》2001 年第 1 期。

王建辉：《旧时商务印书馆内部关系分析》，《武汉大学学报》2002 年第 4 期。

王学钧：《李伯元〈绣像小说〉编者的确认》，《明清小说研究》2001 年第 4 期。

魏绍馨：《"整理国故"的再评价》，《文学评论》1983 年第 3 期。

温秉忠：《最先留美同学录》，《近代史资料》1981 年第 3 期。

文迎霞：《从广告看商务印书馆在晚清的小说宣传》，《内蒙古大学学报》2007 年第 3 期。

吴炳守：《研究系知识分子的文化权力及其基础》，《史林》2002 年第 1 期。

肖斌如：《帝国丛书——商务印书馆最早的新学丛书之一》，《图书馆杂志》1982 年第 2 期。

姚丹：《20 世纪二三十年代中小学新文学教育——以教材为考察对象》，《广播电视大学学报》2008 年第 2 期。

杨扬：《起步于上海的商务印书馆》，《读书》2007 年第 10 期。

昝红宇：《〈绣像小说〉研究》，《沧桑》2006 年第 3 期。

张灏：《中国近代思想史的转型时代》，《二十一世纪》第 52 期，1999 年 4 月。

张人凤:《商务〈最新教科书〉的编纂经过和特点》,《编辑学刊》1997年第3期。

张人凤:《商务印书馆〈高等小学堂用最新国文教科书〉简析》,《中国图书周报》,2007年11月13日。

张荣华:《张元济在近代语文新潮中的建树》,《编辑学刊》1996年第2期。

张升:《民国时期方志搜求热考述》,《近代史研究》2004年第3期。

张天星:《1904年商务印书馆征文活动小考》,《台州学院学报》2010年第4期。

张喜梅:《张元济与古籍整理》,《太原师范专科学校学报》2002年第2期。

张亚群:《废科举与学术转型——论清末科学教育的发展》,《东南学术》2005年第4期。

周武:《张元济与近代文化》,《史林》1996年第3期。

周武:《张元济与五四新文化运动》,《史林》1998年第2期。

周武:《商务印书馆与五四新文化运动》,《社会科学》1999年第5期。

郑逸梅:《克享遐龄的包天笑翁》,《文学界(专辑版)》2007年第11期。

邹振环:《〈华英初阶〉和晚清国人自编近代英语教科书的发轫》,《近代中国》第15辑。

佐哈尔:《多元系统论》,《中国翻译》2002年第4期。

Joan Judge:《改造国家——晚清的教科书与国民读本》,《新史学》第12卷第2期。

〔美〕弗雷德里·克杰姆逊:《处于跨国资本主义时代中的第三世界文学》,张京媛译,《当代电影》1989年第6期。

〔美〕梅尔清:《印刷的世界:书籍、出版文化和中华帝国晚期的社会》,刘宗灵、鞠北平译,《史林》2008年第4期。

〔日〕井波律子:《论王国维的学风——经史子集的革命性转换》,《东方学报》第61册,京都,1989年3月版。

三、著作

阿英:《晚清文学期刊述略》,古典文学出版社1958年版。

阿英编:《晚清文学丛钞·小说戏曲研究卷》,中华书局1960年版。

包天笑:《钏影楼回忆录》,(香港)大华出版社1971年版。

蔡尚思主编:《中国现代思想史资料简编》,浙江人民出版社1981年版。

陈大康:《中国近代小说编年》,华东师范大学出版社2002年版。

陈景磐:《中国近代教育史》,人民出版社1979年版。

陈科美主编:《上海近代教育史》,上海教育出版社2003年版。
陈平原、夏晓虹编:《二十世纪中国小说理论资料》,北京大学出版社1997年版。
陈原:《陈原出版文集》,中国书籍出版社1995年版。
陈学恂主编:《中国近代教育文选》,人民教育出版社1983年版。
丁守和主编:《中国近代启蒙思潮》,社会科学文献出版社1999年版。
丁文江、赵丰田:《梁启超年谱长编》,上海人民出版社2009年版。
方东树:《汉学商兑》,清道光四年刊本。
高信成:《中国图书发行史》,复旦大学出版社2005年版。
龚自珍:《龚自珍全集》,上海人民出版社1975年版。
顾颉刚:《顾颉刚年谱》,中国社会科学出版社1993年版。
胡适:《胡适文集》,北京大学出版社1998年版。
胡适:《胡适往来书信选》,中华书局1979年版。
康有为:《康南海自编年谱》,中华书局1992年版。
康有为:《康有为全集》,姜义华、张荣华编校,中国人民大学出版社2007年版。
黎锦熙:《国语运动史纲》,商务印书馆1940年版。
李桂林、戚名琇、钱曼倩:《中国近代教育史资料汇编·普通教育》,上海教育出版社2007年版。
李希泌、张椒华:《中国古代藏书与近代图书馆史料》,中华书局1982年版。
梁启超:《饮冰室文集点校》,云南教育出版社2001年版。
梁启超:《饮冰室文集》,中华书局1996年版。
鲁迅:《鲁迅全集》,人民文学出版社2005年版。
罗云锋:《现代中国文学史书写的历史建构——从清末至抗战前的一个历史考察》,华东师范大学出版社2005年版。
茅盾:《茅盾全集》,人民文学出版社1989年版。
毛泽东:《毛泽东选集》,人民出版社1991年版。
牛仰山、孙虹霓编:《严复研究资料》,海峡文艺出版社1990年版。
璩鑫圭、唐良炎编:《中国近代教育史史料汇编·学制演变》,上海教育出版社1991年版。
全国政协文史资料委员会:《中华文史资料文库》(第16卷),中国文史出版社1996年版。
宋应离等编:《20世纪中国著名编辑出版家研究资料汇辑》,河南大学出版社2005年版。
宋原放主编:《中国出版史料·现代部分·第一卷》(下册),山东教育出版社2001年版。

宋原放、孙颙主编:《上海出版志》,上海社会科学院出版社2000年版。
苏中立、涂光久编:《百年严复——严复研究资料精选》,福建人民出版社2011年版。
上海图书馆:《中国近代现代丛书目录》,上海图书馆1979年版。
《商务印书馆九十年》,商务印书馆1987年版。
《商务印书馆九十五年》,商务印书馆1992年版。
《商务印书馆一百年》,商务印书馆1998年版。
《商务印书馆百年大事记》,商务印书馆1997年版。
《商务印书馆110年大事记》,商务印书馆2007年版。
《商务印书馆图书目录(1897—1949)》,商务印书馆1981年版。
舒新城编:《近代中国教育史稿选存》,中华书局1936年版。
舒新城编:《中国近代教育史料》,人民教育出版社1979年版。
孙邦正编:《六十年来的中国教育》,(台湾)正中书局1971年版。
孙宝瑄:《忘山庐日记》,上海古籍出版社1983年版。
谭汝谦:《中国译日书综合目录》,香港中文大学出版社1980年版。
万国鼎、储瑞棠编:《金陵大学图书馆方志目》,金陵大学1933年版。
王寿南:《王云五先生年谱初编》,(台湾)商务印书馆1987年版。
王蘧常:《民国严几道先生复年谱》,商务印书馆1985年版。
王云五:《五十年来的出版趋向·旅渝心声》,商务印书馆1946年版。
王云五:《谈往事》,(台湾)传记文学出版社1964年版。
王云五:《岫庐八十自述》,(台湾)商务印书馆1967年版。
王云五:《商务印书馆与新教育年谱》,(台湾)商务印书馆1973年版。
王云五:《王云五回忆录》,九州出版社2012年版。
王绍曾:《近代出版家张元济》,商务印书馆1995年版。
王绍曾:《目录版本校勘学论集》,上海古籍出版社2006年版。
汪康年:《汪康年师友书札》(一至四),上海古籍出版社1986年、1987年、1989年版。
魏绍昌编:《李伯元研究资料》,上海古籍出版社1980年版。
魏绍昌编:《鸳鸯蝴蝶派研究资料》,上海文艺出版社1984年版。
魏绍昌:《晚清四大小说家》,商务印书馆1993年版。
吴洪成:《中国学校教材史》,西南师范大学出版社1998年版。
吴洪成主编:《中国小学教育史》,山西教育出版社2006年版。
伍光健:《伍光建翻译遗稿》,人民文学出版社1980年版。
熊月之:《上海通史》第6、10卷,上海人民出版社1999年版。
熊月之、张敏:《上海通史·晚清文化》,上海人民出版社1999版。

许纪霖、田建业编:《杜亚泉文存》,上海教育出版社2003年版。
薛绥之、张俊才编:《林纾研究资料》,福建人民出版社1982年版。
李伯元著、薛正兴主编校点:《李伯元全集》,江苏古籍出版社1997年版。
严复:《严复集》,中华书局1986年版。
姚福申:《中国编辑史》,复旦大学出版社2004年版。
叶宋曼瑛:《从翰林到出版家:张元济的生平与事业》,(香港)商务印书馆有限公司1992年版。
叶再生:《中国近代现代出版通史》(第一卷),华文出版社2002年版。
袁咏秋、曾季光编:《中国历代国家藏书机构及名家藏读叙传选》,北京大学出版社1997年版。
张静庐编:《中国近现代出版史料》(1—8),上海书店出版社2003年影印。
张树年主编:《张元济年谱》,商务印书馆1991年版。
张元济:《张元济日记》,商务印书馆1981年版。
张元济:《张元济书札》,商务印书馆1981年版
张元济:《张元济诗文》,商务印书馆1986年版。
张元济:《张元济影印善本书序跋集录》,中华书局1995年版。
张元济:《张元济古籍书目序跋汇编》,商务印书馆2003年版。
张元济:《张元济全集》(1—10卷),商务印书馆2007—2010年版。
张元济:《中华民族的人格》,辽宁教育出版社2003年版。
张元济、傅增湘:《张元济傅增湘论书尺牍》,商务印书馆1983年版。
芷兰斋藏:《中国近代古籍出版发行史料丛刊补编》,线装书局2006年版。
郑观应:《盛世危言》,上海人民出版社1982年版。
郑逸梅:《南社丛谈》,中华书局2006年版。
郑逸梅:《书报话旧》,学林出版社1983年版。
郑振铎:《西谛书话·求书日录》,生活·读书·新知三联书店1983年版。
郑振铎编:《晚清文选》,中国社会科学出版社2002年版。
中华书局编:《回忆中华书局》,中华书局1987年版。
中国社科院近代史研究所:《胡适的日记》,中华书局香港分局1985年版。
中国社科院近代文学研究所:《近代文学史料》,中国社会科学出版社1985年版。
中国社科院近代史研究所等编:《孙中山全集》,中华书局1985年版。
周越然:《书与回忆》,辽宁教育出版社1996年版。
周振鹤编:《晚清营业书目》,上海书店出版社2005年版。
周予同编:《中国现代教育史》,上海书店1989年影印版。
朱有瓛主编:《中国近代学制史料》第二辑上册,华东师范大学出版社1987年版。

朱荫贵、戴鞍钢主编:《近代中国:经济与社会研究》,复旦大学出版社2006年版。
朱寿朋:《光绪朝续东华录》,中华书局1958年版。
朱维铮:《求索真文明:晚清学术史论》,上海古籍出版社1996年版。
朱羲胄:《林琴南先生学行谱记四种》,世界书局1949年版。

阿英:《晚清小说史》,江苏人民出版社2009年版。
曹林娣:《古籍整理概论》,北京大学出版社2007年版。
蔡佩玲:《商务印书馆:中国图书馆发展的推手》,(台湾)商务印书馆2009年版。
陈伯海、袁进主编:《上海近代文学史》,上海人民出版社1993年版。
陈福康:《中国译学理论史稿》(修订版),上海外语教育出版社2000年版。
陈明远:《文化人的经济生活》,陕西人民出版社2010年版。
陈光贻:《中国方志学史》,福建人民出版社1998年版。
陈平原:《中国现代小说的起点——清末民初小说研究》,北京大学出版社2005年版。
隗瀛涛:《智民之梦——张元济传》,四川人民出版社1995年版。
陈平原:《中国现代学术之建立》,北京大学出版社1998年版。
程焕文:《晚清图书馆学术思想史》,北京图书馆出版社2004年版。
程焕文:《中国图书文化导论》,中山大学出版社1995年版。
董进泉等:《大资本家传》,时代文艺出版社1994年版。
董丽敏:《想像现代性——革新时期的〈小说月报〉研究》,广西师范大学出版社2006年版。
范伯群:《鸳鸯蝴蝶》(上下册),人民文学出版社1991年版。
范慕韩主编:《中国印刷近代史初稿》,印刷工业出版社1995年版。
方平:《晚清上海的公共领域(1895—1911)》,上海人民出版社2007年版。
费孝通:《乡土中国》,北京大学出版社2007年版。
费正清主编:《剑桥中国晚清史》,中国社会科学出版社1990年版。
冯天瑜、黄长义:《晚清经世实学》,上海社会科学院出版社2002年版。
葛兆光:《中国思想史》,复旦大学出版社2001年版。
葛兆光:《思想史研究课堂讲录》,生活·读书·新知三联书店2005年版。
郭双林、王续添主编:《中国近代史读本》,北京大学出版社2006年版。
郭廷以:《近代中国的变局》,(台湾)联经出版社1987年版。
韩迪厚:《近代翻译史话》,(香港)东南印务出版社1969年版。
韩江洪:《严复话语系统与近代中国文化转型》,上海译文出版社2006年版。
韩洪举:《林译小说研究》,中国社会科学出版社2005年版。

何怀宏:《选举社会及其终结》,生活·读书·新知三联书店 1998 年版。

何明星:《著述与宗族》,中华书局 2007 年版。

洪九来:《宽容与理性——〈东方杂志〉的公共舆论研究（1904—1932）》,上海人民出版社 2006 年版。

胡适:《论中国近世文学》,海南出版社 1994 年版。

黄福庆:《清末留日学生》,"中央研究院"近代史研究所 1975 年版。

黄嘉德编:《翻译论集》,西风社 1940 年版。

黄士嘉:《晚清教育政策演变史》,（台湾）心理出版社股份有限公司 2006 年版。

季压西、陈伟民:《从"同文三馆"起步》,学苑出版社 2007 年版。

蒋复璁等:《王云五先生与近代中国》,（台湾）商务印书馆 1987 年版。

金观涛、刘青峰:《兴盛与危机——论中国社会超稳定结构》,香港中文大学出版社 1992 年版。

金观涛、刘青峰:《中国现代思想的起源——超稳定结构与中国政治文化的演变》（第一卷）,法律出版社 2011 年版。

焦树安:《中国藏书史话》,商务印书馆 2005 年版。

久宣:《出版巨擘商务印书馆:求新应变的轨迹》,（台湾）宝岛社 2002 年版。

康来新:《明清小说理论研究》,（台湾）大安出版社 1986 年版。

乐正:《近代上海人社会心态》,上海人民出版社 1991 年版。

李长莉:《晚清上海社会的变迁》,天津人民出版社 2002 年版。

李家驹:《商务印书馆与近代知识文化的传播》,商务印书馆 2005 年版。

李仁渊:《晚清的新式传播媒体与知识分子》,（台湾）稻乡出版社 2005 年版。

李仁渊:《晚清的新式传播媒介与知识分子:以报刊出版为中心的讨论》,（台湾）稻香出版社 1994 年版。

李瑞良:《中国古代图书流通史》,上海人民出版社 2000 年版。

李孝悌:《清末下层社会的启蒙运动:1901—1911》,"中央研究院"近代史研究所 1993 年版。

李雪梅:《中国近代藏书文化》,现代出版社 1999 年版。

李焱胜:《中国报刊图史》,湖北人民出版社 2005 年版。

李杨:《文学史写作中的现代性问题》,山西教育出版社 2006 年版。

李云泉:《朝贡制度史论》,新华出版社 2004 年版。

李宗刚:《新式教育与五四文学的发生》,齐鲁书社 2006 年版。

廖梅:《汪康年:从民权论到文化保守主义》,上海古籍出版社 2001 年版。

林庆彰:《近现代新编丛书论述》,（台湾）学生书局有限公司 2005 年版。

刘禾:《跨语际实践——文学、民族文化与被译介的现代性》,生活·读书·新知三联书店2008年版。

刘禾:《语际书写——现代思想史写作批判纲要》,上海三联书店1999年版。

刘禾编:《世界秩序与文明等级》,生活·读书·新知三联书店2016年版。

刘进才:《语言运动与中国现代文学》,中华书局2007年版。

刘纳:《创造社与泰东图书馆》,广西教育出版社1999年版。

刘曾兆:《清末民初的商务印书馆——以编译所为中心之研究(1902年——1932年)》,(台湾)政治大学历史系研究所硕士论文,1997年,未刊稿。

刘龙心:《学术与制度——学科体制与现代中国史学的建立》,新星出版社2007年版。

刘扬体:《流变中的流派——"鸳鸯蝴蝶派"新论》,中国文联出版公司1997年版。

柳珊:《在历史缝隙间挣扎:1910—1920年间的〈小说月报〉研究》,百花洲文艺出版社2004年版。

罗岗:《危机时刻的文化想象》,江西教育出版社2005年版。

罗新璋、陈应年主编:《翻译论集》,商务印书馆2009年版。

罗志田:《国家与学术:清季民初关于"国学"的思想论争》,生活·读书·新知三联书店2003年版。

罗志田:《近代中国史学十论》,复旦大学出版社2003年版。

马永强:《文化传播与现代中国文学》,安徽大学出版社2003年版。

茅盾:《我走过的道路》,人民文学出版社1981年版。

孟悦:《人·历史·家园》,人民文学出版社2006年版。

倪台瑛:《文明小史探论》,文津出版社1986年版。

皮后锋:《严复评传》,南京大学出版社2006年版。

钱基博:《现代中国文学史》,上海书店出版社2007年版。

钱曼倩、金林祥主编:《中国近代学制比较研究》,广东教育出版社1996年版。

钱锺书等:《林纾的翻译》,商务印书馆1981年版。

邱秀香:《清末新式教育的理想与现实——以新式小学堂兴办为中心的考察》,(台湾)政治大学历史学系2000年版。

桑兵:《晚清民国的国学研究》,上海古籍出版社2001年版。

桑兵:《晚清学堂学生与社会变迁》,广西师范大学出版社2007年版。

苏精:《马礼逊与中文印刷出版》,(台湾)学生书局2000年版。

商务印书馆编辑部编:《论严复与严译名著》,商务印书馆1982年版。

沈苏儒:《论信达雅:严复翻译理论研究》,商务印书馆1998年版。

史春风:《商务印书馆与中国近代文化》,北京大学出版社2006年版。

舒新城:《近代中国留学史》,上海书店出版社2011年版。

孙江主编:《新史学(第二季):概念·文本·方法》,中华书局2008年版。
孙应祥:《严复年谱》,福建人民出版社2003年版。
唐金海、孔海珠编:《茅盾研究专集》,福建人民出版社1983年版。
汤哲声:《中国现代通俗小说流变史》,重庆出版社1999年版。
王汎森:《中国近代思想与学术的系谱》,吉林出版集团有限责任公司2011年版。
王宏志:《翻译与创作》,北京大学出版社2001年版。
王宏志:《翻译与文学之间》,南京大学出版社2011年版。
王建辉:《文化的商务——王云五专题研究》,商务印书馆2000年版。
王建辉:《出版与近代文明》,河南大学出版社2006年版。
王建军:《中国近代教科书发展研究》,广东教育出版社1996年版。
王建明、王晓霞等:《中国近代出版史稿》,南开大学出版社2011年版。
王宪明:《语言、翻译与政治》,北京大学出版社2005年版。
王晓明主编:《批评空间的开创》,东方出版中心1998年版。
王元化:《清园近思录》,中国社会科学出版社1998年版。
汪晖:《汪晖自选集》,广西师范大学出版社1997年版。
汪晖:《现代中国思想的兴起》,生活·读书·新知三联书店2008年版。
汪晖、王中忱编:《区域:亚洲研究论丛》(第一辑),清华大学出版社2011年版。
汪家熔:《商务印书馆史及其他——汪家熔出版史研究文集》,中国书籍出版社1998年版。
汪家熔:《近代出版人的文化追求——张元济、陆费逵、王云五的文化贡献》,广西教育出版社2008年版。
吴相:《从印刷作坊到出版重镇》,广西教育出版社1999年版。
吴晞:《从藏书楼到图书馆》,书目文献出版社1996年版。
谢天振:《翻译研究新视野》,青岛出版社2003年版。
谢晓霞:《〈小说月报〉1910—1920:商业、文化与未完成的现代性》,生活·读书·新知三联书店2006年版。
熊月之:《西学东渐与晚清社会》(修订版),中国人民大学出版社2011年版。
熊月之:《异质文化交织下的上海都市生活》,上海辞书出版社2008年版。
许纪霖等:《近代中国知识分子的公共交往》,上海人民出版社2008年版。
许纪霖主编:《现代中国思想的核心观念》,上海人民出版社2011年版。
许钧:《翻译论》,湖北教育出版社2003年版。
严文郁:《中国图书馆发展史——自清末至抗战胜利》,中国图书馆学会出版社1983年版。
俞政:《严复著译研究》,苏州大学出版社2003年版。

袁进:《中国文学的近代变革》,广西师范大学出版社2006年版。
杨扬:《商务印书馆:民间出版业的兴衰》,上海教育出版社2000年版。
杨联芬:《晚清至五四:中国文学现代性的发生》,北京大学出版社2003年版。
姚公鹤:《上海闲话》,上海古籍出版社1989年版。
邹振环:《20世纪上海翻译出版与文化变迁》,广西教育出版社2000年版。
赵孝萱:《鸳鸯蝴蝶派新论》,(台湾)佛光人文社会学院2002年版。
张舜徽:《中国文献学》,中州书画社1982年版。
张人凤、柳和城编著:《张元济年谱长编》,上海交通大学出版社2011年版。
张荣华:《张元济传》,百花洲文艺出版社1997年版。
郑峰:《多歧之路:商务印书馆编译所知识分子研究(1902—1932)》,复旦大学博士论文,未刊稿。
周策纵:《五四运动:现代中国的思想革命》,周子平等译,江苏人民出版社1999年版。
周其厚:《中华书局与近代文化》,中华书局2007年版。
朱维铮:《维新旧梦录》,生活·读书·新知三联书店2000年版。
〔美〕艾恺:《世界范围内的反现代化思潮》,贵州人民出版社1999年版。
〔英〕埃里克·霍布斯鲍姆:《民族与民族主义》,李金梅译,上海人民出版社2006年版。
〔加〕埃里克·麦克卢汉等编:《麦克卢汉精粹》,何道宽译,南京大学出版社2000年版。
〔英〕安东尼·吉登斯:《现代性与自我认同》,赵旭东等译,生活·读书·新知三联书店1998年版。
〔英〕安东尼·吉登斯:《民族主义:理论,意识形态,历史》,叶江译,世纪出版集团2006年版。
〔美〕白露:《中国女性主义思想史中的妇女问题》,沈齐齐译,上海人民出版社2012年版。
〔美〕本杰明·史华兹:《严复传》,叶凤美译,江苏人民出版社1996年版。
〔美〕本尼迪克特·安德森:《想象的共同体》,吴叡人译,世纪出版集团2005年版。
〔日〕柄谷行人:《日本文学的起源》,赵京华译,生活·读书·新知三联书店2006年版。
〔法〕戴仁:《上海商务印书馆(1897—1949)》,李桐实译,商务印书馆1996年版。
〔美〕杜赞奇:《从民族国家拯救历史:民族主义话语与中国现代史研究》,王宪明等译,江苏人民出版社2008年版。
〔日〕沟口雄三:《中国的冲击》,孙歌注,王瑞根译,生活·读书·新知三联书店

2011年版。

〔美〕吉尔伯特·罗兹曼主编:《中国的现代化》,陶骅译,江苏人民出版社1998年版。

〔美〕柯林斯:《哲学的社会学——一种全球的学术变迁理论》,吴琼等译,新华出版社2004年版。

〔美〕柯文:《在中国发现历史》,林同奇译,中华书局2002年版。

〔意〕利玛窦:《利玛窦中国札记》,何高济等译,中华书局2010年版。

〔美〕罗伯特·达恩顿:《启蒙运动的生意:〈百科全书〉出版史》,叶桐、顾杭译,生活·读书·新知三联书店2005年版。

〔捷〕米列娜编:《从传统到现代——世纪转折时期的中国小说》,伍晓明译,北京大学出版社1991年版。

〔日〕内藤湖南、青木正儿:《两个日本汉学家的中国纪行》,王青译,光明日报出版社1999年版。

〔美〕芮哲非:《谷腾堡在上海:中国印刷资本业的发展(1876—1937)》,张志强等译,商务印书馆2014年版。

〔美〕史华兹:《严复与西方》,滕复等译,职工教育出版社1990年版。

〔印〕帕尔塔·查特吉:《民族主义思想与殖民地世界》,范慕尤等译,译林出版社2007年版。

〔美〕王斑:《历史的崇高形象——二十世纪中国的美学与政治》,孟祥春译,上海三联书店2008年版。

〔日〕樽本照雄编:《新编增补清末民初小说目录》,贺伟译,齐鲁书社2002年版。

〔日〕樽本照雄:《初期商务印书馆研究》,清末小说研究会2004年版。

〔日〕樽本照雄:《清末小说研究集稿》,陈薇监译,齐鲁书社2006年版。

Alexander Des Forges: *Mediasphere Shanghai*, Honolulu: University of Hawai'i Press, 2007.

Christopher A., Reed: *Gutenberg in Shanghai: Chinese Print Capitalism*, 1876—1937, Honolulu: University of Hawai'i Press, 2004.

King-wing Chow: *Publishing, Culture, and Power in Early Modern China*, California: Stanford University Press, 2004.

后　记

　　进入"商务印书馆与中国文化的'现代'转型（1902—1932）"的研究，似乎是顺理成章的事情，然而却没有想到自2007年开始前后整整用了十年光阴。

　　还是在做《小说月报》研究的时候，就逐渐意识到，尽管期刊作为特定的文化场域，可以打开讨论"文学"的新的视域、方法和维度，然而仅仅是冰山一角，想要更完整地讨论媒介与文学/文化的关系，必须要引入更有讨论空间的媒介对象。商务印书馆，这一在百年中国的社会/文化变迁中举足轻重的出版机构，由此就很自然地进入了我的研究视野。

　　诞生于灾难深重、内忧外患的晚清，商务印书馆在回应时代召唤而发展壮大的过程中，既极深地参与了"现代"中国的建构，同时又自觉不自觉地表现出了对中国迅速"现代化"的某种忧虑；作为后发现代性国家的文化地标，商务印书馆既具备了现代文化工业的某些特征，却又不能为现代文化工业的形态、规律和功能所全然覆盖；折中于中/西、古/今、新/旧之间，商务印书馆以看似不偏不倚的文化平衡姿态，从容不迫却又其实步履维艰地游走于逼仄的近现代中国文化生产空间中……

　　然而，真要想去如此把握商务的方方面面，困难还是如意料之中接踵而来：遭遇了历次的战争与动乱，商务原始的档案资料已所剩无几；商务早期的出版物亦是寻找不易，许多只剩下残破的书影；更具挑战性的是，如何熟悉和利用近代史、编辑史、印刷史、书籍史、传播史、教育史、学术史、文学史等多个学科领域的研究成果，开展有效的跨学科研究，这都对研究者的知识结构显然提出了极高的要求……

好在课题组在艰苦的摸索中逐渐成形：读书甚杂而对晚清颇有兴趣的周敏（目前在浙江嘉兴学院工作），腼腆而好学的陈蓓凤（目前在《ELLE世界时装之苑》杂志社工作），常常因身体原因力不从心却依然很刻苦的徐晓琴（目前在上海包玉刚实验高中工作）……在这些博士生和硕士生齐心协力、共同努力之下，经过五年的研究（2007—2012），本书的初稿基本完成，具体分工如下：导论 董丽敏；第一编 周敏；第二编 徐晓琴；第三编 董丽敏；第四编 陈蓓凤；结语 董丽敏。初稿完成后，由董丽敏用了近五年时间对书稿整体做了系统修改，尤其是对第二编进行了较大幅度的改写。裴志茹（上海大学）协助对全书进行了格式编辑、资料补充及参考文献编纂；夏天（中国人民大学在读博士生）对全书进行了文字校读。在此，深深感念师生齐心协力的努力，终于顺利地完成了研究任务。

在研究过程中，不断得到诸位师友大力襄助：商务印书馆的杨德炎先生、张稷女士惠赠了不少馆史资料，张人凤先生、汪家熔先生、邹振环先生将他们多年的研究成果与我们共享，上海辞书出版社开放部分库房允许课题组去参看早期的商务国文教科书……

上海史研究资深学者、上海社会科学院熊月之研究员和近代文学研究专家、复旦大学中文系袁进教授百忙之中慨然赐序，对本书的方方面面提出了宝贵的修改意见。商务印书馆总经理于殿利先生长期以来的关心和支持，使得本书有缘在商务出版。

国家社会科学基金（立项号：07CZW027）、上海市重点学科"中国现当代文学"和上海市一流学科"世界史"对本课题的研究先后给予了资助；本书的部分章节先后发表于《中国现代文学研究丛刊》《上海大学学报（哲学社会科学版）》《社会科学》等学术期刊。

  谨此，对所有关心和帮助本书的专家、学者、学术机构和出版机构致以深深的谢意！

董丽敏
2017 年 1 月